Ullstein Sachbuch

ÜBER DAS BUCH:

Die Bibel enthält zwei Fassungen der Schöpfungsgeschichte. Aber nicht die erste Variante, in der Mann und Frau von Gott gleichzeitig erschaffen werden, hat sich durchgesetzt, sondern die zweite, in der Eva aus der Rippe Adams entsteht. Das hatte nachhaltige Folgen für die Rollenverteilung der Geschlechter.

Ausgehend von diesem biblischen Beispiel, zeigt Carl-Heinz Mallet, daß sich zahlreiche Mythen, Märchen und Sagen ebensogut ganz anders lesen lassen, als wir es gemeinhin gewohnt sind. Voraussetzung dafür ist allerdings, daß man(n) sich Tatkraft, Originalität und Macht auch als weibliche Eigenschaften vorstellen kann.

Mallet geht auf sehr eigene Weise mit den Gestalten aus Bibel und Sage, Mythologie und Märchen um. Er kommt dabei zu verblüffenden Ergebnissen. Nicht nur Eva, Kriemhild, Medea und Schneewittchen erscheinen am Ende in einem neuen Licht – auch die jeweils dazugehörenden Männer machen nun eine ganz andere Figur. Ein Buch für alle, die das Thema »Mann und Frau« nicht in Ruhe läßt.

DER AUTOR:

Carl-Heinz Mallet, Jahrgang 1926, war fünfzehn Jahre lang Rektor einer Sonderschule; daneben arbeitete er in der öffentlichen Erziehungsberatung und als Lehrbeauftragter der Universität Hamburg. Seit 1981 lebt er als freier Schriftsteller. Besonders als Märcheninterpret hat er sich bis in die USA und nach Japan einen Namen gemacht.

Weitere Veröffentlichungen (u. a.):
Kennen Sie Kinder? (1981); *Das Einhorn bin ich* (1982); *Kopf ab!* (1985); *Untertan Kind* (1987).

Carl-Heinz Mallet

Am Anfang war nicht Adam

Das Bild der Frau
in Mythen, Märchen
und Sagen

Ullstein Sachbuch

Ullstein Sachbuch
Ullstein Buch Nr. 34897
im Verlag Ullstein GmbH,
Frankfurt/M – Berlin

Vom selben Autor
in der Reihe
der Ullstein Bücher:

Untertan Kind (34655)

Durch ein Vorwort erweiterte Ausgabe

Umschlagentwurf:
Hansbernd Lindemann
Unter Verwendung einer
Abbildung vom Archiv für Kunst und
Geschichte, Berlin
(Gemälde von John Williams Waterhouse,
1896: Hylas und die Nymphen)
Alle Rechte vorbehalten
© 1990 by von dem Knesebeck & Schuler
GmbH & Co. Verlag KG, München
Printed in Germany 1992
Gesamtherstellung:
Ebner Ulm
ISBN 3 548 34897 1

Oktober 1992

Die Deutsche Bibliothek –
CIP-Einheitsaufnahme

Mallet, Carl-Heinz:
Am Anfang war nicht Adam: das Bild der
Frau in Mythen, Märchen und Sagen /
Carl-Heinz Mallet. – durch ein Vorw. erw.
Ausg. – Frankfurt/M; Berlin: Ullstein,
1992
   (Ullstein-Buch; Nr. 34897:
   Ullstein-Sachbuch)
   ISBN 3-548-34897-1
NE: GT

Inhalt

Vorwort zur Taschenbuchausgabe 7

Vorspiel im Garten Eden 11

Überwältigende Mütter 25

Urmutter Gaia · Ödipus' Mutter Jokaste · Klytämnestra und Orest ·
Die Erinnyen – Mütter und böse Schwiegermütter aus den Märchen
»Hänsel und Gretel«, »Die alte Bettelfrau«, »Schneewittchen«, »Die
sechs Schwäne«, »Die wahre Braut«, »Der Trommler« und »Die beiden Königskinder« – Mutter Medea

Frauen der Tat 77

Hänsels Schwester Gretel · Die Kammerjungfer aus dem Märchen
»Die Gänsemagd« · Die Kopf-ab-Prinzessin aus dem Märchen
»Ferenand getrü« · Allerleirauh – Frau Jokaste und Frau Medea ·
Ariadne · Prinzessin Skylla – Die Dirne Rahab aus Jericho
· Die Richterin, Heerführerin und Prophetin Debora · Judith –
Die Witwe Kriemhild

Die Macht weiblichen Zaubers 141

Siegfried, Brunhild und Kriemhild – Dornröschen und der Märchenprinz · Die Königstochter vom Goldenen Dach – Gretchen aus Goethes »Faust« – Pygmalion und seine Elfenbeinschöne – Rapunzel im
Turm und weitere zauberhafte Märchenschönheiten – Lorelei – Die
schaumgeborene Aphrodite · Hera und Zeus – Salome und Herodes –
Kleopatra

Und er soll dein Herr sein 201

Xerxes und Vasthi · Esther und Xerxes – Emilia und die Männer aus Boccaccios »Dekameron« · Griseldis und der Markgraf von Saluzzo – Aristoteles und Phyllis – Der Widerspenstigen Zähmung im Märchen vom Zornbraten und bei Shakespeare – Der Fischer und seine Frau

Epilog im Paradies 247

Literaturverzeichnis 251

Vorwort zur Taschenbuchausgabe

Mit diesem Buch habe ich es als Autor nicht leicht. Schon der Titel gilt vielen als Provokation. So hieß es im *Rheinischen Merkur/Christ und Welt*, »wider alle historische Wahrheit« behauptete ich, beide Geschlechter seien gleichzeitig geschaffen worden; und die These, am Anfang sei das Weib gewesen, nahm man mir übel. Dem Rezensenten fiel ferner unangenehm auf, daß ich kaltblütigen und unerschrockenen Frauen wie Medea, Judith und Kriemhild Respekt zolle, und er fragte, ob ich denn nicht verstünde, daß derartige weibliche Tatkraft einigen Leuten nicht geheuer sei.

Der Buchkritiker im *Hamburger Abendblatt* fand es alarmierend, daß sich immer mehr männliche Autoren »feige auf die Seite der Frauenbewegung« schlügen. Mir, dem seiner Meinung nach »bisher unbescholtenen Schriftsteller«, warf er vor, mir sei nun auch die Zivilcourage abhanden gekommen, versuchte ich doch allen Ernstes nachzuweisen, die Frauen in Märchen und Sagen seien »besser, klüger, mutiger«. Den Grund für einen solchen Verrat an der männlichen Sache vermutete er in einschlägigen Ehe-Erfahrungen, womit er tückisch andeutete, ich stünde unter dem Pantoffel meiner Frau. Diese Unterstellung verdanke ich der Widmung, die ich dem Buch vorangestellt habe. Ein Mann, der sagt, ohne seine Frau hätte er ein bestimmtes Buch nicht schreiben können, und der offen zugibt, er habe sich von ihr einen guten Teil seiner männlich-allzumännlichen Vorurteile austreiben lassen – ein solcher Mann konnte einfach kein rechter Mann sein.

In der Fernseh-Talkshow *Berliner Salon* sprach mir der Moderator glatt das Recht ab, derart frauenfreundliche Interpretationen zu machen, und er bestritt meine Kompetenz.

Mit den Männer scheine ich es mir also gründlich verdorben zu haben. Aber dafür, so sollte man annehmen, müßten mir die Sympathien der Frauen gewiß sein. Weit gefehlt! Vielen von ihnen ist mein Buch ein Ärgernis. Kompetent über Frauen zu schreiben, so hielt man mir vor, könnten nur Frauen. Entsprechend war die Reaktion: Nicht nur

Alice Schwarzers *Emma* schwieg dieses Buch tot – es wurde in keiner einzigen Frauenzeitschrift besprochen. Bei einer Lesung gab es von feministischer Seite geharnischten Protest, weil ich, wie man meinte, die hehre Medea schlechtgemacht hätte. Und nach einem Vortrag über »Heldinnen und Helden in Mythen und Märchen« fand es die erste Diskussionsrednerin unerhört, daß die Veranstalterin einen Mann als Referenten eingeladen hatte.

Auch etlichen Fachleuten war und bin ich ein Dorn im Auge – weiblichen wie männlichen. Jemand, der wie ich, ein ebenso unterhaltsames wie lehrreiches Buch geschrieben hat, das spannend zu lesen ist – so die Rezensentin der Europäischen Märchengesellschaft –, wird von ihnen nicht ernst genommen. Übel nahm man mir außerdem, daß ich mich über traditionelle Vorstellungen und Denkschemata unbekümmert hinwegsetze und altehrwürdige Geschichten gegen den Strich lese – und das auch noch, wie Brigitte Haber in der *Süddeutschen Zeitung* feststellte, in einem »pseudolockeren Plauderton«.

Nun, jedenfalls habe ich mich fein zwischen die Stühle gesetzt. Das bin ich indes gewohnt, und für meine Bedürfnisse sitze ich da ganz bequem. So wünsche ich allen Leserinnen und Lesern viel Spaß an diesem Buch, das immerhin etliche für eine ebenso aufschlußreiche wie vergnügliche Lektüre halten.

C.-H. M.

Für H. M.

Ohne sie hätte ich dieses Buch nicht schreiben können, mehr noch: Ohne sie wäre ich bis heute der, zu dem man mich erzogen hat: ein Angehöriger des stärkeren, besseren, klügeren Geschlechts.

Sie hat mir meine männlich-allzumännlichen Vorurteile ausgetrieben – die meisten jedenfalls. Das war ein langwieriger und nicht immer friedlicher Prozeß, denn ich habe mich gewehrt, bisweilen heftig gewehrt. So ohne weiteres wollte ich mich nicht aus der seit Adams Zeiten bestehenden männlichen Vormachtstellung verdrängen lassen. Bei unseren oft nächtelangen Gesprächen und Debatten habe ich alle Argumente ins Feld geführt, mit denen wir Männer seit eh und je unsere Überlegenheit über die Frauen begründet und bewiesen haben. Aber ich bin an ihr gescheitert. Ebenso klug wie geduldig hat sie mich schließlich weitgehend eines Besseren belehrt.

Der Lohn für die langjährigen Auseinandersetzungen blieb nicht aus: Ich habe zum erstenmal ein Buch geschrieben, dem sie ohne Vorbehalte und fast ohne Einschränkungen zustimmte – jedenfalls in der Fassung, in der es jetzt vorliegt. Fragen Sie mich nicht, wie viele Stellen ich aufgrund ihres Einspruchs umschrieb – was nicht heißt, daß ich alles, was sie beanstandete, auch änderte. Manches blieb stehen, meistens dann, wenn ich sie von meinem Standpunkt überzeugen konnte.

Wer nun allerdings glaubt, ich sei hoffnungslos unter die Kuratel einer Frau geraten und zu einem glühenden Verfechter des Feminismus geworden, den muß ich enttäuschen. Einen Rest männlicher Selbstherrlichkeit habe ich mir durchaus bewahrt, und daraus mache ich an manchen Stellen dieses Buches auch keinen Hehl. Weiblicherseits ist man heutzutage schließlich auch nicht nur bescheiden – milde gesagt.

C.-H. M.

Vorspiel im Garten Eden

Ausgerechnet im Paradies wurde jene latente Feindschaft zwischen Mann und Frau begründet, die bis heute so vielen Paaren zu schaffen macht. Dabei wäre dies vielleicht nicht geschehen, wenn es bei der ersten Schilderung der Menschwerdung geblieben wäre. Es gibt in der Tat deren zwei. Zweimal werden Welt und Menschen geschaffen, nämlich im ersten Kapitel der Genesis, dem Anfang der Bibel, und dann noch einmal in deren zweitem Kapitel. Die erste Version ist als Priesterschrift bekannt und trägt die Überschrift »Die Erschaffung der Welt«. Als Höhepunkt von Gottes siebentägigem Schöpfungswerk wurde der Mensch geschaffen, genauer: Es wurden Menschen geschaffen; denn Gott sprach: »Laßt uns Menschen machen.« Das tat er, und er schuf sie nach seinem Bild, daß sie über die Erde und alle Tiere herrschen sollten, und zwar als Mann und Frau. »Als Mann und Frau schuf er sie«, heißt es, und er segnete sie.

So steht es da – und ach, wäre es doch dabei geblieben! Hier steht Adam nicht am Anfang und nicht an erster Stelle. Mann und Frau werden zusammen erschaffen von der Hand des Herrn, unterschiedlich zwar, wie es recht und billig und wie es auch reizvoll ist, aber gleichwertig und gleichberechtigt. Was alles wäre uns erspart geblieben, wenn diese Rollenverteilung das gute Beispiel gegeben und den Maßstab gesetzt hätte für das Verhältnis von Mann und Frau. Aber es hat nicht sollen sein. Nicht diese Version der Schöpfungsgeschichte setzte sich durch und wurde zum bestimmenden Mythos, sondern die andere, die zweite. Im Gegensatz zu der schlichten und eher nüchternen Priesterschaft wird hier eine spannende, ja auf dem Höhepunkt höchst dramatische Geschichte erzählt. Schon von daher ist diese Fassung attraktiver. Und sie spielt in einer nicht minder attraktiven Umgebung: im Paradies. Paradies! Das ist ein uralter Wunschtraum, nachgewiesenermaßen so alt wie die Menschheit und bis heute faszinierend geblieben. In der Bibel heißt dieser einladende Ort Garten Eden, und dort spielt sich jene menschliche Urszene ab, die jedermann kennt und die viele bewegt. Aber nicht nur das: Sie hat tiefgreifende Spuren in unserem Verhalten hinterlassen; vor allem hatte sie einen prägenden Einfluß auf die Rollen von Mann und Frau. Welcher Art, das zeigt sich gleich am Anfang: Anders als in der ersten Fassung werden Adam und Eva nicht zusammen geschaffen und nicht unter gleichen Bedingungen. Der erste Mensch wird aus einem Erdenkloß geformt. Gott bläst ihm seinen Atem ein, und da beginnt er zu leben, steht da und ist ein Mann: Adam. So nennt Gott ihn, aber Adam heißt nichts anderes als »Mensch«. Diese Namengebung ist bezeichnend und hatte Folgen, denn dadurch ist Mensch gleich Mann und Mann gleich Mensch. Das ist kein Zufall, nomen est omen, denn, verehrte Leserin, bis vor kurzem waren Sie Leser, wurden ganz selbstverständlich bei der männlichen Form miterfaßt. Ebenso, wenn vom Bürger, Mieter oder Kunden die Rede war. Gemeint waren dabei stets auch die Frauen, aber die fielen unter den Tisch. Das tun sie auch beim kleingeschriebenen »man«, und es versteht sich, daß das Wort Mensch den männlichen Artikel führt. Auch die Sprache zeigt, wer die erste Rolle spielt.

Diese erste Rolle des Mannes wird im Paradies begründet. Für den männlich-patriarchalischen Gottvater ist tatsächlich Adam der Mensch. Nachdem er ihn geschaffen hat, greift er keineswegs zum nächsten Lehmklumpen, um daraus die Frau zu machen. Er gibt sich mit Adam, mit seinesgleichen, zufrieden. Für ihn, und zwar allein für ihn, legt er den Garten Eden an, und dann produziert er erst einmal die Tiere. Er formt sie aus Lehm, genau wie den männlichen Menschen, und er bringt sie Adam, bringt ihm alle Tiere des Feldes und alle Vögel des Himmels, damit er sie benenne. Es ist nicht zu übersehen: Adam ist das Haupt der Schöpfung, und dabei ist es geblieben. Als ein solches wird er noch in den Anmerkungen der Einheitsübersetzung der Bibel aus dem Jahr 1980 bezeichnet, und es wird dort auch begründet, warum man ihn so nennt: weil er noch vor den Pflanzen und den Tieren erschaffen wurde. Und was ist mit Eva? Die existiert immer noch nicht. Aber Gott fällt zumindest auf, daß da irgend etwas fehlt. Er überlegt sich, daß sein Schützling jemanden braucht, der um ihn ist, denn, so befindet er, »es ist nicht gut, daß der Mensch allein sei«. Bedauerlicherweise ist unter allen Tieren keines, das diese Aufgabe hätte erfüllen können, und das ist der Grund, warum Gott beschließt, ein neues Wesen zu machen, eines, das Adam eine Hilfe ist, eine Gehilfin. Wie hinreichend bekannt, fertigt er sie aus Adams Rippe, und das ist diskriminierend. Zum einen, weil hier ein natürlicher Vorgang auf den Kopf gestellt wird, denn niemals entstehen aus Männern neue Menschen; Gebären ist ein weibliches Privileg. Zum anderen, weil diese krumme männliche Rippe nicht gerade ein besonders edler oder wenigstens ein bedeutender Teil ist. Es hätte nicht die Rippe sein müssen. Wieviel schöner wäre etwa die folgende Version gewesen: »Da ließ Gott der Herr einen tiefen Schlaf auf Adam fallen, nahm sein Herz, teilte es und machte aus dem einen Teil Eva, Adams Frau. Den anderen Teil gab er zurück in Adams Brust, verschloß die Stelle und sprach: ›Ihr sollt sein ein Herz und euch lieben.‹« Selbstverständlich spricht er nichts dergleichen. Die biblische Urmythe ist weit davon entfernt, den beiden ersten Menschen einen solchen Segen mit auf den Weg zu geben. Eva ist nicht Herz von Adams Herzen, sondern Bein von seinem Bein, und sie wird von Gott als Männin bezeichnet, weil sie vom Mann genommen ist. Erst später gibt Adam ihr den Namen Eva.

Schlecht steht sie da, diese Männin. Sie ist kaum mehr als ein Anhängsel des Mannes, gilt nicht als Ebenbild Gottes und ist lediglich dazu bestimmt, Adam zu helfen und ihn vor dem Alleinsein zu bewahren. Das ist ihre gottgewollte Rolle, und die steht fest, bevor Eva auch nur ihre Augen aufgetan und die Szene betreten hat. Also war doch am Anfang der Mann? Richtig, aber eben nur in einer Mythe, die, wie die Märchen, in Bildern spricht und durch Symbole und Allegorien. Sie enthält keine naturwissenschaftlichen Fakten. Außerdem ist Adams Zuerst-da-Sein nur ein zeitlicher Faktor, der absolut nichts mit seiner Qualität zu tun haben muß. Aber das sind müßige Überlegungen; so ist die Sache nicht gelaufen. Die Mythe mit ihren einprägsamen Bildern war wirksamer und stärker als auf der Hand liegende Fakten und alle Logik.

Seine Ersterschaffung bedeutete und bedeutet noch immer eine hohe Auszeichnung für Adam. Sie war es, die ihn als Haupt der Schöpfung gelten ließ, als alleiniges Ebenbild Gottes. Er, Adam, der Mann, war und ist die Nummer eins. Das ist die Botschaft, die überkommen ist. Und nicht nur das: Mit Adam wurden alle Männer ausgezeichnet, und mit Eva wurden alle Frauen zur Zweitrangigkeit verurteilt. Hinfort galt die Frau als »der Abglanz des Mannes«. Warum? Weil nicht der Mann von der Frau stammt, sondern die Frau vom Mann. So argumentiert der Apostel Paulus im ersten Brief an die Korinther (11,7-9). Er nimmt den Mythos kurzerhand für bare Münze, tut so, als sei die Frau tatsächlich aus der Rippe des Mannes entstanden, und so kommt es, daß er etwas behauptet, was biologisch Unsinn ist. Entsprechend seinem Bild vom Menschen ignoriert er sie simple Tatsache, daß auch der Mann von einer Frau stammt, von einer Mutter geboren wird. Ähnlich verfährt Paulus mit Adams Ersterschaffung. Von keinem Zweifel angekränkelt, folgert er, daß die Frau nicht lehren dürfe, sondern sich »in aller Unterordnung« belehren lassen müsse und auch ansonsten sich still zu verhalten habe, »denn« – für Paulus ganz klar – »zuerst wurde Adam geschaffen, dann Eva« (1. Tim. 2, 11–13). Die Verbindung zwischen Adams Ersterschaffung und männlicher Vorherrschaft ist zwar alles andere als logisch, aber sie machte Schule. Das ist verständlich: Die Männer haben sich nur zu gern mit ihrer herausgehobenen Rolle identifiziert. Generationen von ihnen hielten sich mit großer Selbstverständlichkeit für den besseren Teil der Menschheit, und manche tun dies noch heute. Ebenso selbstverständlich war jahrhundertelang die Stellung der Frau als einer dem Mann untergeordneten Helferin. Und ob die Frau eine Seele hat, war lange Zeit sehr die Frage, was nicht verwunderlich ist, hatte doch Gott ihr seinen lebenspendenden Atem verweigert, was heißt, daß er ihr keine Seele eingehaucht hatte. Woher sollte sie sie also haben? Bis weit in die Neuzeit hinein war es hingegen keine Frage, daß es Frauen für eine gehobene Lehrtätigkeit an dem dafür notwendigen Verstand fehle, und noch heute schockiert die meisten Kirchenoberen, daß eine Frau das Amt des Priesters ausüben könnte, ein Amt immerhin, das Frauen in alten Kulturen ohne weiteres innehatten. Damals gab es auch noch Göttinnen. Aber damit hat eine männlich orientierte Gesellschaft aufgeräumt. Der moderne Himmel ist ein männlicher Himmel.

Doch zurück ins Paradies. Mit entsprechender Verspätung hat unser aller Urmutter Eva endlich auch die Szene betreten, und sofort kommt Leben in den Garten Eden, denn die eben der Rippe entsprungene Dame begnügt sich keineswegs damit, ihren Adam anzuhimmeln. Sie unternimmt etwas, und zwar etwas sehr Entscheidendes. Sie interessiert sich für den Baum der Erkenntnis. Der war, wie man weiß, den Menschen verboten – strikt verboten. Wer von den Früchten dieses Baumes esse, so hatte Gott gedroht, der werde umgehend sterben. Adam hatte Gottes Gebot befolgt, hatte nicht vom verbotenen Baum gegessen, ihn vermutlich nicht einmal eines Blickes gewürdigt. Ganz anders Eva; sie übt eine solche Zurückhaltung nicht. Für sie ist der verbotene Baum eine »Augenweide«, und ungeniert und mit größter

Selbstverständlichkeit führt sie das schicksalsträchtige Gespräch mit der Schlange. Was das kluge Tier sagt, gibt ihr zu denken. Es behauptet nämlich, Eva werde mitnichten sterben, wenn sie von den Früchten esse. »Sobald ihr davon eßt«, sagt die Schlange, »gehen euch die Augen auf; ihr werdet wie Gott und erkennt Gut und Böse.«

Woher kommt sie, diese Schlange? Sie sei klüger als alle Tiere, die der Herr gemacht hat, heißt es. Hat er die Schlange nicht gemacht? Von ihrer Erschaffung ist in der Tat nicht ausdrücklich die Rede. Gott würde wohl auch kaum ein Wesen in die Welt gesetzt haben, das ihn hintergeht, seine Autorität untergräbt, ja behauptet, daß er, Gott, lüge. Und wenn es sein Geschöpf gewesen wäre, dann hätte er es sofort wieder aus dem Verkehr gezogen, wie er dies wenig später mit der Menschheit tat, weil sie ihm mißfiel. Mit wieviel weniger Aufwand hätte er die einzelne Schlange beseitigen können! Keine Sintflut wäre dafür vonnöten gewesen. Setzte also die Schlange seiner Allmacht Grenzen? Fraglos. Sie war nicht sein Wesen, ihm nicht untertan. Sie war älter als er, war vor ihm da. Er, der einzige männliche Gott, war das Novum. Vor ihm waren die Göttinnen, war die Magna Mater, die Große Mutter, und ihr Symboltier ist die Schlange gewesen.

Heute ist die Schlange ein vielschichtiges, schillerndes Symbol, mal männlich, mal weiblich, mal gut, mal böse. Damals war sie das nicht. Im Paradies ist die Schlange der weibliche Gegenspieler des Genesis-Gottes, und Eva ist ihre gelehrige Adeptin. Aber wie anders ist ihr Verhältnis zueinander als das des Vater-Gottes zu seinen Geschöpfen! Die Schlange befiehlt nicht, verbietet nicht, erläßt keine Gebote. Sie rät nicht einmal. Sie gibt eine Information und damit einen Denkanstoß. Diese Information hat es allerdings in sich, was Eva jedoch damit anfängt, ist allein ihre Sache. Die Schlange drängt sie nicht und beschwatzt sie nicht, so daß man kaum von einer Verführung reden kann. Sie sagt nur zwei Sätze und überläßt Eva alles weitere.

Eva bedenkt, was sie gehört hat, und ihre Gedanken könnten folgendermaßen abgelaufen sein: Gott hat gesagt, man werde sterben, wenn man von den Früchten esse. Er hat aber auch gesagt, daß man dann wisse, was Gut und Böse sei. Stirbt man aber, sobald man von den Früchten probiert, wie kann man dann davon klug werden? Und überhaupt: Warum sollte ein Baum der Erkenntnis einen umbringen? Ist es nicht viel wahrscheinlicher, daß Gott will, daß wir dumm bleiben, und er uns darum den Baum verbietet und behauptet, wir würden sterben, wenn wir von den Früchten äßen?

Was immer Eva gedacht haben mag, sie zieht aus der Mitteilung der Schlange die naheliegende Konsequenz. Sie befindet, daß »es köstlich wäre, von dem Baum zu essen«, und zwar darum, weil der Baum klug macht. So steht es geschrieben, das ist ihr Motiv. Das Risiko kennt sie; sie geht es ein, pflückt die Frucht, beißt hinein und läßt auch Adam davon kosten. Was hätte ein denkender Mensch anderes tun sollen?

So zu handeln, Risiken einzugehen, um zu Erkenntnissen zu gelangen, gehört zu den hervorstechenden Eigenschaften des strebenden Menschen, und die werden viel gelobt. Eva, die Frau, wird nicht gelobt, erntet keine Lorbeeren; vielmehr häuft man Schuld und Schande auf ihr Haupt. Die Bibelauslegung und christliche Tradition machten ihre Tat zur Ursünde, zur Urschuld, zur Erbsünde, zur Sünde der Welt und Eva zur Sünderin schlechthin. Warum?

Zunächst einmal, weil sie es war, die zur verbotenen Frucht griff. Sie, die Frau, die nur Gehilfin hätte sein sollen, erlaubte es sich, dem Höchsten nicht zu gehorchen. Schon allein darum wäre sie verdammt worden. Noch schlimmer aber war, daß sie an den Worten des Herrn zweifelte. Sie glaubte ihm nicht, unterstellte ihm, die Unwahrheit gesagt zu haben. Das wäre nicht so verhängnisvoll gewesen, wenn sie nach dem Biß in den Apfel wenigstens tot umgefallen wäre. Aber das war eben nicht der Fall. Sie überlebt den angeblich tödlichen Genuß der Frucht und entlarvt dadurch Gottes Drohungen als leer. Und nicht nur das: Statt daß die beiden Menschen ihre Augen für immer schließen, werden sie ihnen aufgetan. »Da gingen beiden die Augen auf«, heißt es. Sie ziehen also auch noch einen Vorteil aus ihrem Ungehorsam – ein Geschehen, das jedwede Autorität zutiefst empört. Rückgängig machen läßt sich der Vorgang jedoch nicht. Adam und Eva wissen nun, was gut und böse ist, und dazu noch einiges mehr.

In seinem Buch *Ihr werdet sein wie Gott* sieht Erich Fromm die Szene unter dem berühmtesten aller Bäume folgendermaßen: »Die christliche Interpretation der Geschichte vom Ungehorsam des Menschen hat die augenfällige Bedeutung dieser Geschichte verdunkelt. Im biblischen Text kommt das Wort ›Sünde‹ überhaupt nicht vor; der Mensch fordert vielmehr Gott in seiner Vormachtstellung heraus, und er ist dazu befähigt, weil er selbst potentiell Gott ist. Der erste Akt des Menschen ist Rebellion, und Gott straft ihn, weil er aufbegehrte und weil Gott selbst die Vormachtstellung behalten will.« Schön und gut. Warum aber spricht Fromm so distanziert und neutral von »dem Menschen«? Der Mensch, der Gott herausfordert, ist eine Frau, ist Eva. Sie tat den Griff zur klug machenden Frucht, und Adam, der Mann, bekam sie aus zweiter Hand, aus ihrer, aus weiblicher Hand: »Sie gab auch ihrem Mann, der bei ihr war, und er aß auch.« Wäre sie nicht gewesen, hingen die Früchte noch immer unversehrt am Baum, und Adam und Eva lebten weiter in tumber Unschuld im Paradies, ihrer selbst nicht bewußt und ohne das entscheidende Wissen. Sie hätten sich nicht geschämt, aber sie hätten auch niemals das Gebot erfüllt, fruchtbar zu sein und sich zu mehren. Adam mag der zuerst Erschaffene sein – am Anfang aber stand Eva, stand die Frau, nämlich am Anfang der menschlichen Entwicklung, der menschlichen Geschichte. Ohne Evas Tat – mag man sie nun als mutig oder aber als sündig ansehen – existierten wir alle nicht. Eine solche weibliche Tatkraft war nicht vorgesehen. Bei der Erschaffung Evas muß dem Schöpfer etwas danebengegangen sein, denn seine Männin entspricht absolut nicht der für sie vorgesehenen Rolle. Eva begnügt sich keineswegs damit, dem Mann zu helfen und ihn zu unterhalten, und sie verhält sich auch nicht wie eine brave und gehorsame Untertanin, die kritiklos alles hinnimmt, was man ihr sagt. Vielmehr ergreift sie sofort denkend und handelnd die Initiative.

Fromm meint, der Mensch rebelliere. Von Adam kann man das gewiß nicht sagen; ihm fehlt dazu der Schneid. Und was Eva tut, das ist nicht Rebellion. Sie fordert auch Gott nicht in seiner Vormachtstellung heraus. Sie verschwendet keinen Gedanken an die Hierarchie im Garten Eden, und als letztes wäre ihr eingefallen, mit Gott konkurrieren zu wollen. Sie wird zwar deswegen bestraft, aber diese Motive spielten bei ihr überhaupt keine Rolle. Sie wollte klug werden – allein darauf kam es ihr an, so steht es geschrieben. Für Gott hingegen war der Ungehorsam des Menschen das Wichtigste. Den bestrafte er, weil er fürchtete, seine eigenen Produkte könnten ihm über den Kopf wachsen.

Eine solche Furcht haben vornehmlich Männer. Eva ist sie fremd; sie ist Frau, ist anders. Entsprechend geht sie mit patriarchalischer Autorität um, nämlich auf ihre eigene, spezifisch weibliche Weise: Sie ignoriert sie ganz einfach. Gottes Verbot interessiert sie nicht, und seine Drohungen berühren sie nicht. Gottes Autorität hat keinen Einfluß auf ihre Entschlüsse. Unter dem verbotenen Baum wägt sie ihre Chancen ab und tut dann, was sie für richtig und nützlich erachtet, und zwar ohne weitere Bedenken. Ohne zu zittern und ohne zu zagen, pflückt sie die vielversprechende Frucht.

Adam gehorchte, und ohne Eva hätte er weiterhin gehorcht. Es sind in der Tat die Männer, für die Gehorsam eine Tugend ist. Fast alle ihre Systeme sind auf Gehorsam aufgebaut und auf Unterordnung unter Autoritäten: das Militär, die politische Herrschaft und nicht zuletzt die streng hierarchische Kirche. Und Männer fürchten sich vor Autoritäten. Adam führt das vor: Er hat Angst.

»Wo bist du?« ruft Gott, und Adam antwortet: »Ich habe dich in den Garten kommen hören; da geriet ich in Furcht, weil ich nackt bin, und versteckte mich.« Tatsächlich ist er gar nicht mehr nackt, denn inzwischen hat er längst das berühmte Feigenblatt angelegt. Und auch nicht weil er nackt ist, versteckt er sich, sondern weil er ein schlechtes Gewissen hat und sich vor Gott fürchtet. Eva fürchtet sich nicht. Aber ihr Auftritt ist noch nicht gekommen; zunächst muß Adam Rede und Antwort stehen. Gott will wissen, ob er von dem verbotenen Baum gegessen hat. Was nun, Adam? Ein schlichtes Ja hätte dem Urvater der ganzen Menschheit wahrlich gut angestanden; aber dazu ringt er sich nicht durch. Er drückt sich, schlimmer noch: Er versteckt sich hinter seiner Frau, belastet lieblos sie, um sich zu entlasten. Er antwortet: »Die Frau, die du mir beigesellt hast, sie hat mir von dem Baum gegeben, und so habe ich gegessen.« Er steht nicht zu seiner Tat, übernimmt keine Verantwortung für sich und sein Tun. Vielmehr schiebt er die Schuld auf andere, in erster Linie auf Eva, aber hinterlistig versucht er auch Gott eine Mitschuld anzuhängen: »Die Frau, die du mir beigesellt hast...« Im Hildesheimer Dom, auf den bronzenen Bernwardstüren des frühen 11. Jahrhunderts, gibt es eine hinreißende Darstellung von Adam. Die eine Hand hält er vor seine Scham, mit der anderen zeigt er rückwärts, unter dem Arm hindurch, anklagend auf Eva: Die hat schuld. Zu einem Helden ist dieser Ersterschaffene dem lieben Gott fraglos nicht geraten.

Nun ist Eva an der Reihe, die Frage zu beantworten. Sie sagt nur einen Satz: »Die Schlange hat mich verführt, und so habe ich gegessen.« Wir wissen es besser: Sie aß, weil sie klug werden wollte. Eva zieht es jedoch vor, Gott keinen Einblick in ihre Motive zu geben. Im übrigen gebraucht sie ganz wie Adam eine Ausrede, aber keine auf Kosten des Partners.

Evas Motiv ist klar. Aber warum biß Adam in den Apfel? Die Antwort erscheint einfach und auf der Hand liegend: Weil Eva ihm die Frucht reichte. Sie hat ihn dazu gebracht, sie hat ihn verführt, und darum ist Eva auch als Verführerin in das gesellschaftliche Bewußtsein eingegangen.

Der Apostel Paulus ist nicht dieser Meinung; er sieht die Sache völlig anders. Apodiktisch stellt er fest: »Und nicht Adam wurde verführt, sondern die Frau ließ sich verführen und übertrat das Gebot« (1. Tim. 2,14, Einheitsübersetzung). Das ist nun schlicht nicht wahr, denn allenfalls wurden beide verführt, und unzweifelhaft übertraten beide das Gebot. Auch Gott selbst läßt keinen Zweifel zu der Ursache von Adams Sündenfall: Weil er auf seine Frau gehört hat, biß er in die verbotene Frucht, stellt er ausdrücklich fest.

Warum besteht Paulus darauf, daß Adam nicht verführt worden sei? Weil die Vorstellung von einem verführten Adam seinem Bild vom Mann höchst unangenehm entgegensteht: Männer lassen sich nicht verführen, auf keinen Fall in wichtigen Angelegenheiten und schon gar nicht von einer Frau. So sah Paulus Männer, und daher war es für ihn unmöglich, daß Adam, der erste Mensch, ein derart schlechtes Beispiel gäbe. Ebenso unmöglich war es ihm, einer Frau zu gestatten, einen so entscheidenden Einfluß auf den Mann auszuüben. Das widersprach dem Bild, das Paulus von der Frau hatte. Streng an Gottes Wort orientiert, war sie für ihn die Gehilfin des Mannes, die ihm untertan war, ihm zu gehorchen und in der Öffentlichkeit zu schweigen hatte. Für Paulus waren offenbar allein Männer Tatmenschen. Im Anfang war die Tat – aber doch um Himmels willen nicht die Tat einer Frau! Nein, das durfte nicht sein. Die ungeheuerliche Tat, durch welche die Sünde in die Welt gekommen ist, konnte unmöglich von einer Frau begangen sein. Auch böse Taten sind Männersache. Also konnte für den Sündenfall nur Adam verantwortlich sein. Paulus sorgte dafür. Er befördert Adam vom Hehler zum Stehler, und statt der Nebenrolle, die er tatsächlich spielt, bekommt er die Hauptrolle. Mit Eva hingegen geschieht, was sich in solchen Fällen immer wieder als zweckmäßig erweist: Sie wird ganz einfach nicht mehr erwähnt und verschwindet in der Versenkung. Was bleibt, ist Adam. Paulus stellt fest, daß er allein der Täter sei. »Durch einen einzigen Menschen kam die Sünde in die Welt« – durch Adam, heißt es im fünften Kapitel des Römerbriefs. Diese These ist dem Apostel so wichtig, daß er sie im folgenden ständig wiederholt.

Adam ist also auch als Sünder die Nummer eins, und Eva zählt nicht. Diese Auffassung wurde zur herrschenden Meinung, als Dogma festgelegt beim Konzil von Trient im Jahr 1546, niedergeschrieben im katholischen Katechismus der Bistümer Deutschlands von 1956: »Weil Adam als Haupt der ganzen Menschheit gesündigt hat, geht die Sündenschuld Adams auf alle seine Nachkommen über.« Auch Luther bekennt: »daß die Sünde von Adam, dem einen Menschen, hergekommen ist« (*Die Schmalkaldischen Schriften*), und Augustinus spricht von der Adamssünde.

Adam ist also der Täter. Und was ist mit Eva? Mit feiner Dialektik klärt Paulus die Rollen: Adam hat die Übertretung begangen, Eva aber hat sie »eingeführt« (1. Tim. 2,14, Luthers Formulierung). Paulus nimmt ihr die Täterschaft und macht sie zur Anstifterin. Das ist sie bis heute geblieben. Sie gilt als diejenige, die Adam zum Ungehorsam, zum Bösen, zur Sünde anstiftete. Nur aufgrund ihres unseligen Einflusses beging Adam die verhängnisvolle Tat – sie bestimmte ihn dazu. So blieb er zwar der Täter, wurde aber gleichzeitig ihr Opfer, weil sie es war, die ihn zum Sünder machte. Das gewünschte Fazit: Sie hat schuld. Auf Evas Kosten wird Adam entlastet. Es versteht sich, daß bei dieser Argumentation völlig außer acht bleibt, daß es Adams freie Entscheidung gewesen ist, in den Apfel zu beißen. Er mußte schließlich nicht auf Eva hören. Aber soviel männliche Standfestigkeit mutet man dem armen Adam offensichtlich nicht zu.

Eva muß es ausbaden. Offiziell wird sie ignoriert. Im Gegensatz zu Adam wird sie in der ganzen Bibel nur einige wenige Male erwähnt. Aber das machte sie nicht vergessen. Im gesellschaftlichen Bewußtsein spielt sie weiterhin eine Hauptrolle, selbstredend keine positive, sondern die der bösen Verführerin. Aus der simplen Tatsache, daß Eva Adam die Frucht gab, konstatiert man einen verhängnisvollen Einfluß der Frau auf den Mann, leitet man ab, daß sie eine Gefahr für ihn sei. Das aber geschieht nicht von ungefähr, denn so sah schon der Gott der Genesis die Sache, und dementsprechend bestrafte er Eva. Niemals wieder sollte sie über den Mann bestimmen, und darum setzte Gott den Mann über sie. »Er soll dein Herr sein«, verfügte er, und dieser Ausspruch machte Geschichte.

Etliche Jahrhunderte vor Christi Geburt wurde dieses Verdikt im ersten Buch Mose niedergeschrieben. Kurz nach der Zeitenwende fordert Paulus: »Ihr Weiber, seid untertan euren Männer.« Am Beginn der Neuzeit verlangt Martin Luther von der Frau Folgsamkeit gegenüber ihrem Mann, und bis vor kurzem bekam jedes Brautpaar bei der Trauung das Bibelwort zu hören: »[. . .] und er soll dein Herr sein.«

Der Mann hat diesen Auftrag angenommen; er wurde zum »Eheherrn« und erwartete von der Frau, daß sie sich seiner Herrschaft füge. Man kann es ihm kaum übelnehmen; schließlich hat Gott es so gewollt. Und die Frau? Wäre sie tatsächlich jenes Wesen geworden, das irgendwo zwischen Tier und Mensch steht, gerade klug genug, um dem Mann eine Hilfe zu sein, und gerade so weit entwickelt, um ihm die Einsamkeit zu vertreiben, dann hätte sie ihre Rolle vielleicht akzeptiert. Aber so? Sie ist kein solches Geschöpf, war es schon im Paradies nicht. Bereits dort spielte sie die tragende Rolle. Adam wirkt neben ihr blaß, und er verhält sich kläglich.

Und dieser Mann soll nun ihr Herr sein, dem sie untertänig anhangen soll? Das war nicht zu machen mit einer Frau, der nicht einmal Gottes Verbote und Drohungen etwas galten. Nein, das hätte nicht funktioniert. Dafür gibt es ein Beispiel aus späterer hebräischer Überlieferung. Danach wurden Adam und Lilith, seine legendäre erste Frau, beide aus Erde gemacht. Kaum erschaffen, erhebt Adam seinen Machtanspruch und befiehlt Lilith, ihm zu gehorchen. Sie denkt nicht daran und antwortet: »Wir sind gleich, wir sind aus der gleichen Erde geschaffen«, verläßt ihn, erhebt sich in die Lüfte und zieht es vor, statt einer gehorsamen Ehefrau ein Dämon zu werden.

Eva erhält die Chance eines solchen Auswegs nicht. Gott sorgt dafür, daß sie seinen männlichen Schützling nicht einfach schnöde im Stich lassen kann. Er schafft einen Umstand, der sie auf Gedeih und Verderb an Adam fesselt, indem er bewirkt, daß Eva diesen Mann, den sie schwerlich achten und vermutlich noch weniger lieben kann, begehren muß. »Du hast Verlangen nach deinem Mann; aber er wird über dich herrschen«, bestimmt Gott und liefert auf diese Weise die Frau dem Manne aus. Die männliche Gesellschaft fügte diesem inneren Zwang einen äußeren hinzu: die Entrechtung der Frau im öffentlichen Leben – »schweigen soll sie in der Gemeinde« (1. Kor. 14,34). So war sie in doppelter Weise gedemütigt und unterdrückt. Sie hatte kaum eine Chance, sich aus dieser Situation zu befreien, aus der Rolle auszubrechen, die man ihr aufgezwungen hatte.

Die Frau wird sich nicht klaglos mit dieser Lage abfinden. Sie wird gegen diesen Stachel löcken, sich gegen Zwang und Unterdrückung wehren, auf ihre Weise und mit Mitteln, wie sie ihr die Umstände erlauben.

Und der Mann? Genau das wird er fürchten, und genau wie sein Gott wird er Angst haben, das Weib könne ihm über den Kopf wachsen. Dieser Gefahr wird er, Mann, der er ist, primär mit Gewalt begegnen, mit um so mehr Gewalt, je unterlegener er sich fühlt. Was soll er anderes machen? Nur durch Gewalt ist er der Frau überlegen. Die ihm zugewiesene Herrscherrolle überfordert ihn.

Die Folgen dieser Konstellation liegen auf der Hand: Wenn Mann und Frau unter solchen Bedingungen zusammenleben müssen, können sich Partnerschaft, Vertrauen, Verständnis, gegenseitige Achtung oder gar Freundschaft kaum entwickeln, und das sind, wen wird dies wundern, in der Tat rare Tugenden in unseren Ehen.

Die Misere begann im Paradies. Wer zwei Menschen unter derartigen Voraussetzungen aneinanderbindet, der stiftet nicht Freundschaft, sondern Feindschaft. Genau das ist geschehen.

Und der Herr stiftet weitere Feindschaft, Feindschaft zwischen Eva und der Schlange. Das ist sogar das erste, was er tut, nachdem er von der Übertretung der beiden Menschen erfahren hat. Seine Abrechnung mit ihnen beginnt er damit, die Schlange zu verfluchen. Auf sie richtet sich sein erster und sein größter Zorn: »Weil du das getan hast, bist du verflucht unter allem Vieh und allen Tieren des Feldes. Auf dem Bauch sollst du kriechen und Staub fressen alle Tage deines Lebens.« Und dann fährt Gott fort: »Feindschaft setze ich zwischen dich und die Frau, zwischen deinen Nachwuchs und ihren Nachwuchs. Er trifft dich am Kopf, und du triffst ihn an der Ferse.« Danach erfolgt die Schicksalsverkündigung für die Frau: Unter Schmerzen soll sie gebären, Verlangen nach ihrem Mann haben und ihm untertan sein.

Adam wird nicht verflucht und kommt vergleichsweise glimpflich davon. Die wesentliche Auseinandersetzung findet zwischen Gott und dem Weiblichen statt. Es geht um die Vormachtstellung der Vatergottheit. Sie ist zu der Zeit noch nicht endgültig etabliert; die großen Göttinnen, die Große Mutter sind noch nicht vergessen, ihre Wirkungen noch nicht aus der Welt. Im Paradies manifestieren sie sich in der Schlange und im Baum der Erkenntnis. Der ist sowenig Gottes Werk wie die Schlange. An beiden endet die bestimmende Macht des Herrn. Ihm blieb keine andere Möglichkeit, als den gefährlichen Baum mit Verbotstafeln zu umstellen und zu behaupten, der Genuß seiner Früchte bringe den unverzüglichen Tod. Auch die Früchte sind weiblich; der Apfel ist ein weibliches Symbol schlechthin und von alters her. Kurzum: Schlange, Baum und Früchte repräsentieren weibliche Weisheit, weibliche Wahrheit und weibliche Fruchtbarkeit. Davon will der männliche Gott seine Menschen mit allen Mitteln fernhalten. Vergeblich – Eva ignoriert Verbot und Drohungen und lernt von der klugen Schlange. Die durchschaut den männlichen Herrscher des Paradieses, wie weibliche Intelligenz bis heute die eher simplen Gemütsregungen der Männer durchschaut. Das ist peinlich für Gott und erklärt seinen Zorn, den er auf die Schlange hat.

Weit schlimmer für ihn ist, daß die Menschen von den Früchten aßen und dadurch so klug wurden wie er. Resignierend konstatiert er: »Siehe, der Mensch ist geworden wie unsereiner.« Kein Patriarch kann so viel Gleichheit ertragen oder gestatten. Also versucht Gott als erstes, das Weib Eva von den muttergöttlichen Erkenntnisquellen abzuschneiden. Nie wieder soll sie, gestützt auf solche Hilfe, ihn durchschauen oder sich gegen ihn auflehnen können. Und die Schlange degradiert er zu einem niederen, im Staub kriechenden Tier. Mit dieser Abrechnung, die weit eher eine Rache ist, programmiert der Genesis-Gott einen Teil der männlichen Einstellung zum Weiblichen. Faktisch bis heute sehen Männer in weiblichem Wissen und weiblichem Denken eine Bedrohung ihres Selbstwertes.

Die kirchliche Tradition verstärkte noch Gottes Verfluchung der Schlange. Ohne plausiblen Grund machte sie aus ihr den Antichrist, den Teufel. Auch das hatte seine Wirkung: Immer wieder hat man Frauen verteufelt; auf dem Höhepunkt einer solchen Einstellung hat man Hunderttausende von ihnen als Hexen verbrannt.

Belastet mit solcher Vorgeschichte, sollen sich Mann und Frau nun lieben, schätzen und vertrauen. Die Chance dafür ist gering. Immer wieder wird die programmierte Feindschaft zwischen ihnen stehen, wird zu Spannungen, Streit, zermürbenden Auseinandersetzungen führen. Und bei diesem Kampf der Geschlechter wird es nie einen Sieger, stets nur Besiegte geben – wahrhaft eine Tragik.

Gott begnügt sich nicht mit Fluch und Verdammung. Er vertreibt die allzu klug gewordenen Menschen aus dem Paradies, und damit sie niemals zurückkehren können, läßt er den Eingang zum Garten Eden durch Engel mit loderndem Flammenschwert bewachen – durch männliche Engel, versteht sich. Dieser Hinauswurf ist mitnichten als Strafe gedacht. Adam und Eva müssen den Garten Eden verlassen, damit sie nicht auch noch vom Baum des Lebens essen. Dann nämlich würden sie ewig leben und dadurch endgültig werden wie Gott. Das will Gott verhindern; er handelt also in eigener Sache. Es geht ihm um seine Macht, um die Bewahrung seiner Einzigartigkeit.

Fortan sind die beiden ersten Menschen auf sich allein angewiesen; sie müssen zusehen, wie sie miteinander und mit der unwirtlichen

Welt zurechtkommen. Manchen erscheint dies als Unglück, als Katastrophe gar, und viele trauern dem verlorenen Paradies nach. Auf den ersten Blick scheint dies verständlich. Aber wie lange hält der Mensch denn tatsächlich paradiesische Zustände aus? Nachgewiesenermaßen nicht sehr lange. Ein paradiesisches Leben ist eben auf die Dauer kein Leben.

Das Schlaraffenland haben Adam und Eva also verloren, aber dafür haben sie etwas Wesentlicheres und Wichtigeres gewonnen: ihre Freiheit und ein Leben, über das sie selber bestimmen. Beides – und ihre Gottähnlichkeit noch dazu – haben sie sich dadurch erworben, daß sie ungehorsam waren. Sie übertraten ein Verbot, das ihnen verwehren sollte, klug zu werden, Erkenntnis zu erlangen. Als denkende Menschen mußten sie dieses Verbot übertreten, durften sie nicht gehorchen. Sie wären sonst weder zum Homo sapiens, zum klugen, vernunftbegabten Menschen, geworden noch zum Homo faber, zum schaffenden, kreativen Menschen. Bis heute aber wird die Tat unserer Ureltern als Sünde diffamiert. Gelten uns Unterordnung unter Autorität und unbedingter Gehorsam immer noch mehr als Freiheit und Erkenntnis?

Überwältigende Mütter

»Das vorgeschichtliche Europa kannte keine männlichen Götter« (Robert von Ranke-Graves). Die heute berühmten Vatergötter sind zweite Garnitur. Jahwe, Brahma, Zeus und Wotan haben die alten Muttergöttinnen abgelöst – allerdings in frühester Vorzeit. Zu Zeiten der Großen Mutter, der Magna Mater, wäre es undenkbar gewesen, daß männliche Götter Menschen machten. Menschen wurden von Müttern geboren – und nicht nur Menschen. Eine der großen alten Muttergottheiten ist die aus dem Chaos entstandene Erdmutter Gaia. Wie der Gott des Alten Testaments unsere Welt erschuf, so schuf die breitbrüstige Mutter Erde die Welt der Griechen. Sie tat es auf ihre ureigene weibliche Weise: Gebärend treibt sie aus ihrem Inneren den Himmel und das Meer, die Berge und die Wälder. Dieses gewaltige Kreißen ist alles andere als ein passiver Akt; es ist weiblich-mütterliche Passion, es ist, wie es heißt, ein leidenschaftliches Verlangen, die Betätigung eines allgegenwärtigen mütterlichen Schaffenstriebes.

»Das Urmysterium ist die Mutterschaft« (Ranke-Graves), und unzweifelhaft steht am Anfang jeden menschlichen Lebens die Mutter. Sie ist das Erste, sie ist das ursprünglich Gegebene. Der Mann hingegen muß erst werden, und er wird aus ihr; sie gebiert ihn, er ist ihr Sohn. Naturbedingt steht die Frau an erster Stelle, der Mann an zweiter. Die Paradiesgeschichte und so manche andere männlich initiierte Ursprungsmythe versuchen, dieses Faktum in sein Gegenteil zu verkehren: Männer treten als Menschenmacher auf. Unser alter Gott knetete Adam aus Ton. Zeus gebar Pallas Athene aus seinem Kopf, Prometheus schuf Menschen aus Wasser und Sand, Hephästos, der Schmiedegott, bastelte das erste sterbliche Weib zusammen, die berühmt-berüchtigte Pandora, Rabbis schufen den Golem aus Lehm. Männer stellen sich als das dar, was sie nicht sind. Sie okkupieren die Gebärfähigkeit, um die sie die Frauen immer wieder beneidet haben. Männer wollen den Müttern nicht nachstehen, Götter nicht den Göttinnen. Die weibliche Fruchtbarkeit ist ihnen ein Ärgernis. Aus diesem Grund verurteilte der Gott der Genesis Eva dazu, mit Schmerzen zu gebären. Weil er nicht fertigbringt, was sie, sein Geschöpf, kann, soll sie wenigstens leiden bei der Geburt.

Die männliche Psychologie entdeckte nur den Penisneid der Frauen. Den Gebärneid der Männer entdeckte sie nicht. Er zeigte sich beim Herrscher des Paradieses, und er zeigt sich heute. Auf der anderen Seite: Wie heftig giften manche Frauen gegen die Männer! Auch da ist der Neid unübersehbar. Gewiß nicht allein der Neid auf das männliche Anhängsel, sehr wohl aber der Neid auf die männliche Vormachtstellung, die im Paradies installiert wurde, und auf die verbreitete Bevorzugung der Söhne, die oft schon gleich nach deren Geburt beginnt. Es liegt auf der Hand, daß dieser gegenseitige Neid der Liebe nicht gerade dienlich ist, und auch im gesellschaftlichen Bereich belastet er immer wieder die Beziehungen von Mann und Frau.

Gaias erstes Kind ist Uranos, und da er der einzige vorhandene Mann ist, paart sie sich mit ihm. Dieser Akt hat wenig mit Liebe und von seiten Gaias auch kaum etwas mit Lust zu tun. Ihre Leidenschaft ist Gebären, und der frönt sie. Zuerst bringt sie die zwölf Titanen zur Welt, sechs männliche und sechs weibliche, danach die drei Kyklopen, riesige Ungeheuer mit einem einzigen runden Auge mitten auf der Stirn, und schließlich drei weitere Wesen mit je fünfzig Köpfen und hundert Armen, die Hekatoncheiren.

Uranos sieht seine Kinder mit wenig freundlichen Augen an. Vielmehr packt ihn das Grauen. Die Titanen hat er noch hingenommen, aber die letzten sechs Ungeheuer sind ihm verhaßt, so verhaßt, daß er beschließt, sie zu beseitigen. Er stößt sie dahin zurück, woher sie gekommen sind: in den mächtigen Leib der Mutter Erde. Er macht sie wieder zu Embryonen, weil die ihm nicht gefährlich werden, ihm nicht über den Kopf wachsen können. Sein Motiv ist Eifersucht; er hat Angst vor der Konkurrenz. Es ist die gleiche Angst, die Gott Jahwe bewog, Adam und Eva aus dem Paradies zu weisen.

Diese männlich-väterliche Angst gibt es nicht nur in alten Mythen. Viele Väter haben sie, und das ist der Grund für so manchen Vater-Sohn-Konflikt. Solche Väter unterdrücken ihre Söhne aus Angst vor deren Konkurrenz. Damit haben sie oft Erfolg, weil sie die Stärkeren sind – zunächst wenigstens. So nutzen weder den Hekatoncheiren ihre hundert Hände noch den Kyklopen die Blitze, die sie schleudern können, gegen ihren Erzeuger. Auch Gaia muß Uranos' Tat geschehen lassen, weil er, der Mann, ihr an Kraft überlegen ist. Gegenüber dieser körperlichen Gewalt ist sie machtlos. Aber sie haßt ihn für das, was er getan hat. Sie haßt ihn doppelt, weil er sich weiterhin allabendlich bei ihr einstellt, um sie zu begatten. Das beleidigt sie, und es ist ihr unerträglich, weil er die Früchte dieses Tuns, die Kinder, verabscheut, die ihr über alles gehen.

Weil niemand da war, der Gaia zu einer stillen Dulderin oder zu einer gehorsamen Ehefrau hätte machen können, wetzt sie das Messer. Tatsächlich fertigt sie eine Sichel an, eine Sichel aus Feuerstein, mit scharfen Zähnen, wie es heißt, und dann ruft sie die ihr verbliebenen Kinder, die Titanen, zusammen. Ihre Rache beginnt, und sie fädelt sie klug ein. Sie zeigt sich nicht rachsüchtig, wie sie es tatsächlich ist, sondern zutiefst betrübt und erregt damit das Mitgefühl ihrer Kinder. »Ach meine Kinder...«, beginnt sie und setzt dann hinzu: »Ihr Kinder eines verruchten Vaters.« Es ist gewiß nicht einfach, die Kinder gegen den Vater aufzuhetzen, aber Gaia schafft es. Kein Titane, keine Titanin protestiert, und Gaia schildert nun Uranos' Schandtaten. Sie tut das, um damit ein Recht für die Schandtat abzuleiten, die sie plant – eine Methode, die bis heute von ihrer Wirksamkeit kaum etwas eingebüßt hat.

Gaias Kinder zeigen sich wunschgemäß betroffen. Ihre Mutter fragt nun: »Wollt ihr nicht auf mich hören und euren Vater für diese böse Mißhandlung strafen?« Sie hören auf ihre Mutter; dies tut man als Kind, tat es offensichtlich schon damals. Als die Kinder jedoch erfahren, welche Art von Hilfe sie von ihnen erwartet, verschlägt es ihnen dann doch die Sprache. Sie schweigen; keines drängt sich zu einer solchen Tat, heißt es. Es muß ein sehr gespanntes Schweigen gewesen sein. Wird Gaias Plan aufgehen? Er geht auf. Kronos, ihr jüngster Sohn, bricht das Schweigen. Das ist sicherlich kein Zufall, denn jüngste Söhne haben oft ein besonders gutes Verhältnis zu ihren Müttern. »Mutter«, erklärt er, »ich tue das Werk«, und er läßt sich willig die Sichel in die Hand drücken. Es ist bemerkenswert, was er allein seiner Mutter zuliebe zu tun bereit ist. Ihm hat der Vater schließlich nichts getan; er hat keinen Grund, sich über ihn zu beklagen.

Damit sind die Würfel gefallen; das von Gaia maßgeblich beeinflußte Schicksal nimmt seinen Lauf. Die Mutter versteckt Kronos in dem Raum, den man heutzutage das eheliche Schlafgemach nennen würde, und gibt ihm genaue Anweisungen. Er verspricht, demgemäß zu handeln, was er dann auch tut.

Uranos erscheint wie jede Nacht, um zu tun, was Gaia so zuwider ist. In dem Augenblick aber, als er zur Tat schreitet, sich, wie es heißt, über seine Gemahlin ausbreitet, springt Kronos wie mit Mutter verabredet aus dem Hinterhalt hervor, erfaßt mit der Linken des Vaters Männlichkeit und schneidet sie mit der Rechten durch einen Hieb mit der scharf gezähnten Sichel ab. Er wirft das Glied hinter sich, es fällt ins Meer, das Wasser schäumt auf, und aus diesem Schaum wird Aphrodite geboren, die Venus der Römer, die schaumgeborene Göttin – von Künstlern als solche immer wieder dargestellt. Wir werden auf die berühmte Göttin der Liebe zurückkommen.

Gaia hat getan, worauf sich so manche Frauen und Mütter glänzend verstehen: Sie hat ihren Mann an einer empfindlichen Stelle getroffen – an seiner allerempfindlichsten Stelle. Den meisten Männern geht ihre Männlichkeit über alles, und von der Frühzeit an haben sie damit einen Kult getrieben: Die Welt ist voll von Penissymbolen, die beeindrucken sollen.

Daß Gaia die Tat nicht eigenhändig begangen hat, lag gewiß nicht daran, daß sie dazu nicht fähig gewesen wäre. Ihr und vieler Frauen Dilemma ist die physische Überlegenheit der Männer. Sie sind nun einmal in der Regel größer und kräftiger, und wenn sie ihre Muskelkraft ausspielen, dann sind Frauen der männlichen Gewalt ausgeliefert. Darum stiftet Gaia ihren Sohn zu der Tat an.

Viele Mütter verstehen sich darauf, ihre Söhne wirksam und erfolgreich zu beeinflussen. Das funktioniert nicht zuletzt deshalb so gut, weil die meisten Kinder ihren Müttern nicht zutrauen, daß sie sie ebenso bewußt wie geschickt zu manipulieren verstehen; und sie können sich nicht vorstellen, wie wenig Skrupel Mütter unter Umständen haben. Gaia hat keine Skrupel, und leicht zu schockieren ist sie auch nicht. Die unmittelbar vor ihren Augen sich abspielende blutige Tat bringt sie nicht im mindesten aus der Fassung. Sie hat auch keinerlei Mitleid mit dem nunmehr verstümmelten Sohn und Zeugungspartner, und schon gar nicht regen sich bei ihr Gewissensbisse. Die Tat ist getan, wie sie es gewollt hat, und Gaia ist es zufrieden. Sie verschwendet keinen weiteren Gedanken daran.

Mutter Gaia ist weder empfindlich noch sentimental, und mit unnützen Gefühlen hält sie sich nicht auf. Statt dessen handelt sie, und zwar noch in derselben Sekunde: Sie fängt das Blut auf, das aus Uranos' Wunde fließt, und benutzt es für den Zweck, der ihr am wichtigsten ist: zum Gebären. Sie produziert aus Uranos' Blut die ungeheuren Giganten, die gräßlichen Erinnyen, auch Furien genannt, schlangenhaarige Rachegöttinnen, die Muttermörder und Meineidige grausam verfolgen, und, ganz im Gegensatz dazu, etliche reizende Nymphen, die in Bäumen wohnen und die Menschen erfreuen.

So ist es mit den Großen Müttern der Urzeit: Sie bringen Schönes und Häßliches hervor, Gutes und Böses. Ihnen ist das eine wie das andere recht, sie werten nicht. Sie werten auch ihr Tun und Lassen nicht. Ob sie ihre Nachkommen pflegen oder ihren Mann kastrieren – sie handeln so, wie es ihnen paßt und nutzt. Entsprechend wählen sie ihre Methoden. Ängste und Schuldgefühle sind ihnen dabei fremd; die überlassen sie dem Mann. Das tat auch Urmutter Eva.

Heute hat man von Müttern ein ganz anderes Bild. Ich will nicht unterstellen, der archaischen Göttin Gaia Tun und Lassen sei beispielhaft für Mütter; aber es ist auch nicht untypisch. Nicht von ungefähr ist Gaia eine der Urmütter der Menschheit. Sie hat ihr Erbe hinterlassen; wenn es auch noch so tief in der Seele der Frauen und Mütter versteckt sein mag – vorhanden ist es, und manchem Mann oder Sohn zeigt es sich.

Uranos ist also erledigt, als Mann sowieso, aber ebenso als Herrscher. Nach seiner Entmannung werden auch Gaias andere Kinder aktiv: Sie stoßen den Vater vom Thron. Kronos befreit die Kyklopen und die Hundertarmigen. Gaia hat ihr Ziel erreicht.

So wie Adam im Paradies spielt auch Uranos nur die zweite Geige. Gaia setzt sich durch; sie wurde als Göttin verehrt, und sie wurde die erste Prophetin des Delphischen Orakels. Homer preist sie: »Die Erde will ich besingen,/ die festgegründete Allmutter,/ die ehrwürdige Ahnin, die alles, was existiert,/ auf dem Boden ernährt.« Damals war Gaia beispielhaft, und auch heute sind die Großen Mütter wieder ungemein gefragt. Man lobt sie allerorten. Genauer gesagt: Vornehmlich Frauen loben sie. Männer packt vor diesem kastrierenden Urweib aus grauer Vorzeit eher das Grausen. Aber auch das zeigt, wie aktuell die alte Gaia immer noch ist. Männer haben in der Tat eine tiefwurzelnde Angst, ihr bestes Stück könne ihnen durch eine Frau abhanden kommen. Das seit Urzeiten bekannte Bild von der Vagina dentata, der mit Zähnen bewehrten weiblichen Vulva, geistert noch heute durch die Träume der Männer. Die Sichel der Gaia hat ihren Schrecken nicht verloren.

Man mag einwenden, derartige Ängste seien wirklichkeitsfern und nur das Problem einiger Neurotiker; aber das ist nur bedingt richtig. Gewiß greifen heutige Frauen nicht mehr zur Sichel. Aus dem archaischen Zeitalter sind wir heraus. Was Gaia tat, ist heute überholt, aber es ist nicht aus der Welt. Lediglich die Methoden haben sich verändert; sie sind subtiler geworden. Der Mann muß nicht mehr befürchten, daß er auf derart martialische Weise um seine Männlichkeit gebracht wird. Aber es kann ihm sehr wohl passieren, daß sie ihm den Dienst verweigert. Wenn er nicht kann, obwohl er will, dann erlebt er die schmähliche und ihm höchst peinliche Niederlage seines männlichen Willens gegenüber seiner männlichen Natur. Manchmal ist die Frau an einer solchen Niederlage nicht ganz unschuldig. Wenn das so ist, dann hat sie ihn, genau wie Gaia, an einer seiner empfindlichsten Stellen getroffen. Wenn er sich dann grämt und schämt, kann sich seine Frau ins Fäustchen lachen – heimlich, versteht sich, was in vielen Fällen ein Ausgleich für erfahrene Geringschätzung und fast immer ein kleiner Triumph im ehelichen Kampf der Geschlechter ist. Mit solchen eher gering dimensionierten Siegen müssen sich heute die Frauen begnügen. Aber die kleinen weiblichen Siege tun dem Mann auch ganz schön weh.

Es sind nicht spektakuläre Siege, die Mütter so gefährlich machen. Es ist die Stärke ihres Einflusses, den das »Opfer« meistens nicht einmal bemerkt. Man führe sich doch bitte einmal vor Augen, was es bedeutet, wenn eine Mutter es schafft, ihren erwachsenen Sohn dahin zu bringen, seinen Vater zu kastrieren. Das ist ein eklatantes Beispiel für die Macht einer Mutter über ihren Sohn, und diese Macht ist mit Gaia keineswegs ausgestorben. Viele Söhne werden oft bis ins hohe Alter von ihren Müttern beherrscht und tun, was diese ihnen sagen und raten. Es mag für ein Kind recht und billig sein, auf die Mutter zu hören. Wer aber nicht rechtzeitig damit aufhört, der riskiert, daß er, wie einst Kronos, dazu mißbraucht wird, ihren Zwecken zu dienen.

Wie aber verhält es sich mit den Töchtern? Haben sie Grund, für die Großen Mütter zu schwärmen, wie dies heutzutage etliche tun? Meines Erachtens haben sie dafür keinen Grund. Wenn sie das Verhalten Gaias unter die Lupe nehmen, werden sie nämlich feststellen, daß es ihr allenfalls am Rande um die Töchter geht. Tatsächlich hat sie mit ihnen wenig im Sinn, und das ist bezeichnend, denn nicht nur bei Vätern, auch bei vielen Müttern zählen vornehmlich die Söhne. Bei Gaia zählt Kronos; er ist für sie Trumpf, ihn bringt sie in eine herausgehobene Stellung: Kronos wird König.

Aber man sollte sich besser nicht von seiner Mutter in den Sattel heben lassen. Es tut einem nicht gut, und Kronos zeigt dies: Es endet böse mit ihm. Er ist nur seiner Position nach König, kann aber das hohe Amt nicht ausfüllen. Er ist nicht königlich, ist kein Souverän. Wie könnte er auch! Kronos ist nicht frei; er ist immer noch Sohn. Er handelte nicht aus eigenem Willen, sondern tat, was seine Mutter von ihm erwartete. Kronos ist ein Muttersohn, und so verhält er sich auch.

Zunächst erweist er sich seiner Mutter dankbar, befreit seine Geschwister, die Kyklopen und die Hundertarmigen, und sitzt dann stolz auf dem Thron und freut sich des Ruhmes und der Ehre. Aber seine Freude währt nicht lange. Uranos trübt sie beträchtlich, obwohl er in den letzten Zügen liegt. Bevor er aber endgültig abtritt, verflucht er seinen Sohn und prophezeit ihm, er werde ebenfalls durch einen seiner Söhne um Macht und Männlichkeit gebracht werden.

Kronos kann nun zeigen, ob er Manns genug ist, mit einer solchen Situation fertig zu werden. Er ist es nicht. Weder besitzt er die Verwegenheit, auf den väterlichen Fluch zu pfeifen, noch ist er bereit, auf Macht und Herrschaft zu verzichten, um auf diese Weise der Drohung zu entgehen. Ihn packt die Furcht, und nichts ist schlimmer als ein Mann, der Angst hat. Er ist zu den schäbigsten Handlungen fähig. Das zeigte schon Adam. So wie er sieht Kronos sich ängstlich um. Söhne, die ihm gefährlich werden könnten, hat er nicht, aber da sind die Brüder, die starken, denen er gerade wieder auf die Welt verholfen hat. Schließlich könnten auch sie ihn vom Thron stoßen. Was also tut Kronos? Er schafft sie dahin zurück, wo er sie gerade herausgeholt hat. Damit handelt er genauso wie sein Vater, den er für ebendiese Tat verstümmelt hat. Aber das ficht ihn nicht an. Muttersöhne sind Egoisten, und sie sind rabiat und rücksichtslos, wenn es um ihre Macht geht.

Mutter Gaia hat das Nachsehen. Abermals verliert sie ihre Kinder, und sie kann nicht noch einmal tun, was sie mit Uranos getan hat. Ihre Lage hat sich dramatisch verschlechtert, und das ist beispielhaft für die historische Entwicklung: Die großen Muttergöttinnen verloren ihre Macht. Fast überall in der Welt wurden die alten Muttergottheiten entthront, abgesetzt, eliminiert.

Von verschiedenen Seiten wird dies heute bedauerlich gefunden. Das ist verständlich, denn was die Männer aus unserer Welt gemacht haben, ist nicht gerade eine Empfehlung für ihre vieltausendjährige Herrschaft. Als Alternative bietet sich das Matriarchat an, über das von weiblicher Seite sehr viel Positives gesagt wird. Aber niemand scheint sich ernstlich zu fragen, wie eine Mütterherrschaft wohl aussehen würde. Dabei gibt es in der Mythologie genügend Vorbilder, beispielsweise Erdmutter Gaia. Aber sie statt Gottvater – wäre das wirklich eine bessere Alternative? Die meisten anderen Urmütter waren auch nicht viel anders. Sie stehen nur sehr bedingt für Sanftheit, Güte und Friedfertigkeit. Manche waren rechte Dämonen, paarten sich mit Tieren oder brachten Tiere zur Welt, fraßen Menschen, initiierten wilde Orgien, ließen ihre Priester sich entmannen, töteten Kinder. Auch die heute so viel gelobte Demeter tat dies, und rücksichtslos hat sie die ganze Erde verdorren lassen, weil ihre Tochter entführt wurde.

Wie man auch immer dazu stehen mag – die Herrschaft solcher Göttinnen ist uns erspart geblieben. Von den meisten wurde sie auch gar nicht angestrebt, beispielsweise von Gaia. Sie ergriff nicht die Macht, bestieg nicht den frei gewordenen Thron, was ihr als mächtiger Göttin ohne weiteres möglich gewesen wäre. Aber ihr waren die Kinder wichtiger als Macht und Herrschaft. Wie viele andere Mütter auch überläßt sie das Regieren dem Mann.

Gaia begnügt sich mit der Rolle der Gebärerin. Sie verbindet sich mit ihrem nächsten Sohn, mit Pontos, und hat bald weitere fünf Kinder geboren. Damit aber hört sie auf, die Nummer eins zu sein. Die Geschichte der Welt bestimmt Kronos, und er herrscht rabiat – auch in der eigenen Familie. Die Leidende ist seine Frau Rhea, Tochter Gaias und deren Nachfolgerin – die Muttergöttin der zweiten Generation. Als Frau des Königs hat sie keine eigene Macht, steht endgültig im zweiten Glied. Ihr Mann herrscht; er hat das Sagen. Diese Herrschaft geht ihm über alles. Um sie zu erhalten, frißt er sogar die eigenen Kinder, damit sie ihn nicht vom Thron stoßen können. Rhea ist dagegen machtlos.

Sie findet sich damit ab, weil sie keine andere Wahl hat. Das aber heißt nicht, daß sie fortan kuscht. Sie gibt nicht auf; nur ihre Methoden passen sich den neuen Machtverhältnissen an: Sie werden indirekt. Ändern kann sie Kronos nicht; er läßt auch nicht mit sich reden. Also hintergeht sie ihn, täuscht ihn. Als er sich anschickt, ihr nächstes Kind zu fressen, gibt sie ihm statt dessen einen in Windeln gewickelten Stein. Den schluckt er hinunter und glaubt, er habe seinen Sohn Zeus gefressen. In ihm wächst Rhea der Rächer heran – die Prophezeiung des Uranos erfüllt sich. Das mag Rhea befriedigt haben; ihre Stellung aber verbessert sich dadurch nicht. Mehr denn je bestimmen die Männer die Geschichte, und diese Geschichte besteht in der Hauptsache aus Kriegen. Frauen spielen dabei kaum eine Rolle. Ihr Wirkungsbereich wird auf den häuslichen Herd und auf die Kindererziehung reduziert. Rhea verschwindet aus der Götterdynastie – die weiblichen Überlebensstrategien verändern sich.

Gebären war der Urmutter Gaia ein und alles; doch sollte man von daher nicht auf eine entsprechende Mutterliebe schließen. Wäre das so, dann hätte sie Uranos, der ja schließlich auch ihr Sohn war, nicht kaltblütig entmannen lassen können. Eine bedingungslose Mutterliebe wurde zwar immer wieder behauptet und besonders im vergangenen Jahrhundert in unzähligen Liedern, Gedichten und Geschichten gefühlvoll besungen und gepriesen, aber es gibt sie nicht – so gut wie nicht. Das hat Elisabeth Badinter in ihrem Buch *Mutterliebe* unmißverständlich vor Augen geführt. Kaum weniger unmißverständlich zeigen dies die alten Volksdichtungen. Man denke nur an die vielen bösen Mütter in den Märchen. Zumeist sind sie als Stiefmütter getarnt, damit der Mutterkult nicht gefährdet werde. Sie stellen die Kehrseite einer emphatisch-sentimentalischen Mutterverehrung dar, wie sie im vergangenen Jahrhundert ihren Höhepunkt erreichte. Die mütterlichen Antiheldinnen vieler Mythen und Märchen lassen jegliche angeblich naturgegebene Mutterliebe vermissen und vieles andere, was heutzutage als Inbegriff der Mütterlichkeit gilt, ebenfalls. Geht es um ihre vitalen Interessen oder um Gefühle, die ihnen lebenswichtig erscheinen, dann scheren sie sich einen Deut um ihre Kinder oder bringen sie gar um, meistens ohne dabei auch nur mit der Wimper zu zucken. Beispielsweise Medea. Um sich an ihrem Mann zu rächen, der eine andere Frau begehrte, erdolchte sie eigenhändig ihre beiden Söhne. Wir kommen auf sie zurück. Oder Hera, olympische Himmelskönigin, Frau des Zeus, Schutzgöttin der Ehe und der Geburt. Mutter einer Mißgeburt wollte sie dennoch nicht werden. Als sie bemerkte, daß die Füße ihres ersten Sohnes, Hephästos, verkrüppelt waren, nahm sie das Neugeborene und warf es voller Wut vom hohen Olymp ins Meer. Nur einem Zufall verdankte der spätere Gott des Feuers und der Schmiede sein Leben: Die Göttin Thetis fing den Knaben auf und rettete ihm so das Leben. Aber auch Thetis hatte ein zwiespältiges Verhältnis zu ihren Kindern. Sie wollte sie unbedingt unsterblich machen und hielt sie deshalb ins Feuer. Sechs von ihnen überlebten die Prozedur nicht; aber das hinderte die ehrgeizige Göttin keineswegs daran, es auch mit ihrem siebten Kind, mit Achilleus, zu versuchen. Nur das Eingreifen seines Vaters Peleus rettete dem Knaben das Leben. Thetis war darüber derart erbost, daß sie ihren Mann verließ.

Im Gegensatz zu Medea meinte es Thetis mit ihren Kindern immerhin gut. Das möchte man jedenfalls glauben. Wäre es aber wirklich so gewesen, dann hätte sie nach dem ersten tödlichen Ausgang ihres Experiments keine weiteren Versuche angestellt. Sie aber gefährdet rücksichtslos das Leben weiterer fünf Kinder. Deretwegen? Eben nicht! Sie selbst wollte sich mit ihren unsterblichen Kindern schmücken; das hätte das Ansehen der Mutter gehoben. Thetis brauchte eine solche Bestätigung, denn sie hatte gegen ihren Willen statt eines Gottes einen Sterblichen heiraten müssen. Also sollten wenigstens ihre Kinder unsterblich sein. Hätte aber Achilleus sie gefragt, warum sie sein Leben riskierte, dann hätte Thetis vermutlich die Antwort gegeben, mit der viele Mütter ihren Kindern etwas vormachen: Weil ich es gut mit dir meine. Das ist eine schwer zu entkräftende Behauptung. Wer wagt es schon, daran zu zweifeln, daß seine Mutter es gut mit ihm meine, oder gar, sich gutmeinende mütterliche Maßnahmen zu verbitten?

Damit kommen wir zu Ödipus. Er hatte eine gutmeinende Mutter. Das jedenfalls behauptet sie von sich selbst. »Nur um dein Bestes bin ich treu besorgt«, versichert Jokaste emphatisch ihrem Sohn. Was soll ein braver Sohn tun, wenn ihm solches gesagt wird? Mütter erwarten, daß Söhne einer solchen Versicherung dankbar zustimmen, und die meisten erfüllen diese in sie gesetzte Erwartung. Was Wunder – gilt doch seit etlicher Zeit als Selbstverständlichkeit, daß Mütter es stets gut meinen mit ihren Kindern.

Ödipus stimmt der Behauptung Jokastes nicht zu. »O dieses Beste: meine Qual«, erwidert er ihr. Dabei ahnt er nicht im entferntesten, wie wenig seine Mutter einstmals um sein Bestes besorgt gewesen ist. Er war gerade drei Tage alt, da wurde er von seinen Eltern ausgesetzt, nach einer Version nackt in einem Topf, nach einer anderen, bekannteren mit durchbohrten Füßen. Die trugen ihm seinen Namen ein. Ödipus heißt Schwellfuß. Der Grund für die Aussetzung war ein Orakel, das besagte, der Sohn werde den Vater töten und außerdem seine Mutter heiraten. Vater Laios fürchtete die Konkurrenz seines Sohnes genauso, wie Uranos, Kronos und etliche andere Heroen die Konkurrenz ihrer Söhne gefürchtet hatten, und er reagierte ebenso rabiat.

Das ist eine in den Mythen und in der Geschichte immer wiederkehrende Konstellation: Die Väter bangen um ihren Thron, um ihre Macht, um ihre Autorität, und entsprechend bekämpfen sie ihre Söhne. Damit diese gar nicht erst auf den Gedanken kommen, sich aufzulehnen, werden sie sowohl getäuscht wie unterdrückt. So war es früher, und so ist es weitgehend geblieben. Von klein auf lernen viele Kinder, daß ihre Eltern es gut mit ihnen meinen – und zwar stets, auch dann, wenn sie strafen und prügeln. Außerdem lernen sie, daß die Eltern die Größeren sind und daß sie Vater und Mutter zu ehren und zu lieben haben – ohne Einschränkung, um jeden Preis und lebenslang. Dafür sorgen Religion und Erziehung. Luther erklärte kurzerhand die Eltern zu Stellvertretern Gottes auf Erden, und das vierte Gebot, die Eltern zu ehren, nimmt im Katechismus den größten Raum ein. Außerdem ist es das einzige Gebot, das durchweg befolgt wurde. Seit Moses die Gesetzestafeln vom Berg Sinai heruntergebracht hat, ist weiterhin getötet, gestohlen, die Ehe gebrochen, verleumdet und geneidet worden. Aber die Kinder haben Vater und Mutter geehrt und ihnen gehorcht. Man ließ ihnen keine andere Wahl. So wurde elterliche Gewalt abgesichert, insbesondere die väterliche. Die Väter mußten im Gegensatz zu Uranos und Kronos weit weniger um Macht und Männlichkeit bangen. Erst in jüngerer Zeit wurde mit einigem Erfolg an ihren patriarchalischen Thronen gerüttelt.

Doch zurück zu Ödipus. Sein Schicksal stand Pate für den auch in Laienkreisen bekannten und berühmten Ödipuskomplex. Grob vereinfacht besagt er, daß der Sohn unbewußt seine Mutter begehrt und den Vater als Konkurrenten haßt und seinen Tod wünscht. Vergegenwärtigt man sich die tatsächliche Geschichte, so wird man stutzen. War es nicht der Vater, der die Konkurrenz des Sohnes fürchtete? Haben die Eltern ihn nicht deshalb grausam ausgesetzt mit dem Ziel, ihn zu beseitigen? Genau das haben sie getan und dadurch das Drama erst möglich gemacht. Aber auf dem Hintergrund abendländischer Tradition ging es selbstredend nicht an, Eltern zu beschuldigen. Sie galten als unantastbar. Also begehen sie keine bösen Taten, und sie haben keine schlimmen Wünsche, weder bewußte noch unbewußte, und unmoralisch sind sie schon gar nicht.

Also wird die vielzitierte ödipale Situation nur vom Sohn heraufbeschworen, und allein er macht sich schuldig. Mutter und Vater haben damit nichts zu schaffen, sie sind nur Objekte der bösen Wünsche und Begierden ihrer Kinder. Folglich gibt es keinen Uranoskomplex und schon gar nicht einen Jokastekomplex. Väter verfolgen ihre Söhne nicht, und Mütter begehren sie nicht – basta. Das wäre ja noch schöner!

Auch Ödipus rettet nur ein Zufall vor dem Tod. Er wächst bei Pflegeeltern auf, die er für seine wirklichen Eltern hält. Zum Mann herangewachsen, erfährt er beim Orakel von Delphi, er werde seinen Vater töten und seine Mutter heiraten. Von diesem Spruch zutiefst erschreckt, tut er sein möglichstes, um ihn nicht wahr werden zu lassen. Er kehrt nicht zu seinen Pflegeeltern zurück, wendet sich in die entgegengesetzte Richtung und verzichtet für immer auf alle früheren Bindungen und auf seine Heimat. Ihm zu unterstellen, unbewußt wünsche er dennoch, was das Orakel verkündet hat, ist eine Annahme, für die es keinerlei faktische Anhaltspunkte gibt.

Das Schicksal nimmt gleichwohl seinen Lauf. Bei einem Handgemenge erschlägt er in Notwehr Laios, ohne zu ahnen, daß dieser sein Vater ist. Ein unglücklicher Umstand oder ein von den Göttern herbeigeführtes Drama – was auch immer: Ödipus wird ohne Schuld darein verwickelt. Hätte er in Laios seinen Vater erkannt, niemals hätte er die Hand gegen ihn erhoben. Aber weder die Notwehrsituation noch seine völlige Ahnungslosigkeit sprechen ihn frei. Ödipus gilt heutzutage aller Welt als Vatermörder. Laios hingegen ist keineswegs als potentieller Kindermörder in die Geschichte eingegangen.

Es kommt noch schlimmer. Ödipus gelangt nach Theben, dessen König er erschlagen hat. Das aber ahnt weder er, noch weiß es sonst jemand. Ödipus befreit die Stadt von der menschenfressenden Sphinx und erhält von den dankbaren Thebanern den dafür ausgesetzten Preis: den Thron und die Hand der verwitweten Königin Jokaste, seiner Mutter. Ihm geschieht, was er mit allen Mitteln zu vermeiden trachtete – das ist sein Schicksal. Er kann tun und lassen, was er will: Er landet im Bett seiner Mutter. Aber gewiß nicht, weil er dies – wie bewußt auch immer – gewünscht hätte! Doch genau das unterstellt ihm die Psychoanalyse. Nicht nur als Vatermörder gilt er, sondern auch als Mutterschänder. Und indem man diese Unterstellung verallgemeinerte, wurde sie zur ödipalen Situation, der man generelle Bedeutung beimaß.

Für die ganz kleinen Jungen, das heißt für die Drei- bis Siebenjährigen, hat die Ödipuspsychologie durchaus ihre Berechtigung, und sie läßt sich belegen: Es ist unzweifelhaft, daß viele kleine Jungen ihre Mütter am liebsten ganz für sich allein haben möchten und darum ihre Väter zum Teufel wünschen. Warum das aber so ist, das heißt, welchen Anteil die Mütter möglicherweise an der ödipalen Bindung haben, das hat kaum jemand zu fragen gewagt. Wir kommen dazu.

Freud, der die ödipalen Beziehungen entdeckte und ihnen den Namen gab, sah sie keineswegs als Einbahnstraße. Er hat den Anteil der Mütter durchaus ins Kalkül gezogen; das jedoch hat man geflissentlich nicht zur Kenntnis genommen, und heute ist es so gut wie vergessen.

Für die psychoanalytische Praxis hatte das höchst bedenkliche Auswirkungen. Wer auf der Couch eines Analytikers lag, mußte damit rechnen, daß ihm unbewußte Mord- und Inzestgelüste in bezug auf die Eltern unterstellt wurden. Daß diese Gelüste von Vater und Mutter initiiert oder gar provoziert sein könnten, war für viele klassische Analytiker ein schockierender Gedanke. In ihren Augen – und nicht nur in ihren – waren Eltern für Böses tabu. Tatsächlich erweisen sie sich, was erotische und Machtgelüste betrifft, oftmals um keinen Deut besser als ihre Kinder.

Neuerdings wird dies bemerkt, beispielsweise von Christiane Olivier. In ihrem Buch *Jokastes Kinder* spricht sie von einer »Verschwörung des Schweigens«. Verschwiegen wird ihrer Meinung nach der Anteil der Eltern, vor allem der Mütter, am ödipalen Prozeß. Stets sei nur von Ödipus die Rede, beklagt die Autorin, von seinen Wünschen und Ängsten und von seiner Schuld. Jokaste gerate darüber zur Nebenfigur – ein Schicksal, das sie übrigens mit Eva teilt. Madame Olivier korrigiert mutig diese Einseitigkeit. »Wer kümmert sich um Jokaste...?« fragt sie und fährt in schonungsloser Offenheit fort: »Um sie, um ihr Begehren, das sie ins Bett ihres eigenen Sohnes treibt, der Fleisch ist von ihrem Fleisch und das Geschlecht hat, das sie nicht hat, denn sie ist eine Frau?«

Nicht anders sieht Judith Viorst in ihrem Buch *Mut zur Trennung* die Geschichte. Sie hat keinen Zweifel, »daß auch Jokaste mit Ödipus schlafen will«, und konstatiert: »[...] in der ödipalen Phase, in der Kinder sich sexuell zu ihren Eltern hingezogen fühlen, fühlen sich auch Eltern sexuell zu ihren Kindern hingezogen.«

Vermutlich ist es kein Zufall, daß vornehmlich Frauen ein altes Tabu brechen, daß sie aussprechen, was Männer bisher kaum zu denken wagten. Sie unterstellen Müttern, ihre Söhne zu begehren. Seit Sophokles' Drama *König Ödipus*, entstanden gegen 425 v. Chr., hat dies kaum jemand gewagt. Auch Sigmund Freud behandelte das kritische Thema eher marginal. Das ist nicht verwunderlich. Wer beschuldigt schon gern Mütter?

Es gibt Bearbeitungen des Ödipusstoffes, die unterstellen, Ödipus habe gewußt, zumindest aber geahnt, was er tat. Niemand jedoch unterstellt Jokaste ein solches Wissen, obwohl sie sehr viel eher als ihr Sohn die Möglichkeit hatte zu erkennen, mit wem sie ihr Bett teilte. Aber wie gesagt: Mütter sind tabu für sündige Wünsche, sündiges Begehren und schon allemal für entsprechende Taten. Kaum hinterfragt, steht ihre moralische Integrität außer Zweifel. Also gilt Jokaste stets nur als Opfer; ihr wird keine Schuld angelastet.

Die französische Analytikerin Olivier räumt mit dieser Einstellung auf. Sie hat in bezug auf Mütter keine Hemmungen, schont sie nicht. Ungeniert fragt sie: »Hat Jokaste um den Inzest mit ihrem Sohn gewußt und ihn gewollt?« Sie stellt noch weitere provokante Fragen: »Wußte Jokaste also etwas über die Herkunft des Ödipus, über den Tod seines Vaters und das Verbrechen, das sie mit ihrem Sohn fortwährend beging? Jokaste noch schuldbeladener als Ödipus? Ödipus als Spielzeug Jokastes und ihres Begehrens?«

Das sind durchaus nicht nur psychologische Spekulationen. Christiane Olivier begründet ihre Zweifel mit Jokastes eigenen Worten: »Erfahre niemals, wer du bist!« beschwört diese im Drama des Sophokles ihren Sohn und Ehemann. Bisher hat offenbar niemand recht wahrgenommen, was diese Worte besagen, nämlich daß sie wußte, wer ihr Mann war. Und das ist nicht das einzige Indiz. Allein an seinen Fußnarben hätte sie ihn erkennen müssen! In einem frühen Epos geschieht dies auch, und zwar in der Hochzeitsnacht. Hinzu kommt der auffällige Altersunterschied, und außerdem ist Jokaste aufgefallen, wie sehr ihr junger Gatte ihrem erschlagenen Mann Laios ähnlich sieht. Sie kennt schließlich das Orakel. Und dennoch soll sie nichts gemerkt haben, ahnungslos geblieben sein? Das wäre zuviel an Arglosigkeit.

Ödipus hingegen ist ahnungslos. Hätte er sonst mit allen Mitteln versucht herauszufinden, wer er ist? Er tat's, und Jokaste versuchte ebenfalls mit allen Mitteln, seine Nachforschungen zu verhindern. Ihr ist klar, daß sie in eine Katastrophe führen müssen. »Wenn dir dein Leben lieb ist, forsche nicht nach diesen Spuren!« drängt sie Ödipus und setzt hinzu: »Meine Qual genügt!« Diese Qual ist verständlich. Jokaste fürchtet die Folgen, die eine Entdeckung der Wahrheit heraufbeschwören würde. Ödipus versteht nicht. Wie sollte er? »Wozu die Qual?« fragt er und fährt fort: »Wäre ich im dritten Glied schon Sklavensohn, du bleibst die Edelfrau!« Jokaste weiß, daß sie es nicht bleibt, was sie ihm naturgemäß unmöglich erklären kann. Statt dessen fleht sie abermals: »Laß die Hand davon!« Aber er will Gewißheit, und auch von ihr läßt er sich nicht davon abbringen. Da führt Jokaste ihr letztes Argument ins Feld, das Argument so vieler Mütter, die eigene Interessen verschleiern wollen. Wir kennen es schon: »Nur um dein Bestes bin ich treu besorgt.« Wahr ist, daß Jokaste in erster Linie um ihr eigenes Bestes besorgt ist, denn fällt Ödipus, dann fällt auch sie, und mit ihrer sündigen, aber nichtsdestoweniger glücklichen Mutter-Sohn-Beziehung ist es vorbei. Tatsächlich hat sie mit Ödipus jahrelang eine glückliche Ehe geführt, was ausdrücklich vermerkt wird.

Das ist eine für uns völlig neue Dimension des Mutter-Sohn-Verhältnisses: Eine Mutter wünscht und genießt den Inzest mit ihrem Sohn. Allein der Gedanke an eine solche Verbindung löst Unmutsgefühle, Ablehnung, wenn nicht gar Abscheu aus. Aber das war nicht immer so, und so neu ist eine solche Liaison auch nicht. Denn was tat Urmutter Gaia anderes als Jokaste? Sie verband sich mit ihrem Sohn, zeugte mit ihm Kinder, und das war kein Drama, wurde nicht als ungeheuerlich empfunden, verstieß nicht gegen Moral, Recht oder gegen den Willen der Götter. Gaia selbst war Göttin und tat, was ihr beliebte. Allein von ihr ging die Initiative aus; Uranos spielte dabei keine eigene Rolle. Sie war es, die ihn zu ihrem Zeugungspartner machte. Man mag einwenden, daß sie keine Wahl hatte, denn schließlich war Uranos der einzige verfügbare Mann auf der Welt. Aber das Argument sticht nicht, zeichnete sich doch Urmutter Gaia gerade dadurch aus, daß sie, wie viele andere Muttergöttinnen auch, ohne männliche Hilfe gebären konnte – und nicht nur Berge und Täler, Himmel und Meer. Auch den männlichen Menschen Uranos brachte sie auf diese Weise hervor. Hätte sie nicht auf gleiche Weise weitere Menschen gebären können? Sie hätte, denn auch ihren zweiten Sohn, Pontos, brachte sie ohne Eros, ohne Begattung, wie es heißt, zur Welt.

Nein, nein, das ödipale Verhältnis ist keine Einbahnstraße, war es von Anfang an nicht, wie Gaia zeigt. Und wenn im dtv-Lexikon von 1978 unter dem Stichwort »Ödipuskomplex« zu lesen ist: »libidinöse Bindung des Sohnes an die Mutter«, so ist das allenfalls die halbe Wahrheit. Der Volksmund trifft den Nagel auf den Kopf, wenn er eine Mutter lapidar konzedieren läßt: »Ödipus hin, Ödipus her, Hauptsache, du hast Mama lieb.«

Freud sagte am Ende seines Lebens, er habe nur einen Zipfel, eine Seite des Vorhangs über der Ödipustragödie gelüftet, und das ist wohl wahr. Christiane Olivier entdeckte eine weitere Seite. Sie zeigte die Kehrseite des frühkindlichen Mutter-Sohn-Verhältnisses: Der kleine Junge genießt die zärtliche Bindung an die Mutter – der Mann flieht sie. Er haßt nichts so sehr wie mütterliche Arme, die ihn weiterhin liebevoll umschlingen, die ihn festhalten wollen. Nicht zuletzt vor dieser Gefahr flieht Ödipus, so weit die Füße ihn tragen, und er glaubt sich sicher im fernen Theben. Dann muß er entdecken, daß er allen seinen Bemühungen zum Trotz in seiner Mutter Armen, in seiner Mutter Bett gelandet ist. Es wird gesagt, daß ihn ob dieser Entdeckung das Grauen packe; aber das ist die moralische Sichtweise einer späteren Zeit. Tatsächlich packt ihn die Wut – so ist es bei Sophokles zu lesen –, und diese Wut treibt Ödipus zum Äußersten. In der dramatischen Schlußszene plant Ödipus Mord, Muttermord. Laut schreiend stürzt er ins Haus, verlangt ein Schwert und begehrt zu wissen, wo Jokaste ist. Er ruft: »Wo ist die Gattin, nein, der Schoß, der meine Kinder und mich selbst gebar?« Man verrät es dem Rasenden nicht, aber er weiß sie zu finden, drückt die Tür zu ihrem Gemach ein und stürzt hinein, das Schwert erhoben. Für diesen unermeßlichen Zorn gibt es, so scheint mir, nur eine Erklärung: Er hat erkannt, daß sie wußte, und er macht sie für die unerträgliche Situation verantwortlich. Für ihn hat sie erreicht, was er mit allen Mitteln zu verhindern trachtete. Dafür will er sie mit ihrem Leben büßen lassen. Sie ist für ihn nicht mehr Mutter, nicht mehr Frau, nur noch der Schoß, der Schoß, in den er, wie es heißt, nie gedurft hätte und in den er obendrein auch nie gewollt hat. Aber er kommt zu spät. Jokaste hat sich erhängt.

Mit zwei Nadeln aus seiner Mutter Gewand sticht er sich die Augen aus. »Nun könnt ihr nie die Übel sehen, die ich erfuhr und die ich selbst getan«, spricht er. Die Übel, die er erfuhr, kamen von seiner Mutter. Das bestätigt der Chor, und er versagt Ödipus nicht das Mitgefühl: »Ruhmreicher Ödipus, ach, der gleiche bräutliche Hafen empfing den Sohn und den Vater! Wie konnte, wie konnte der Acker des Vaters schweigend so lang, ach, so lang dich Unseligen dulden?«

Das ist in der Tat die Frage. Wie konntest du nur, Jokaste? Sie konnte, sie duldete, mehr noch: Sie genoß lange und beharrlich schweigend ihren Sohn als Ehemann.

Eine solche Ehe ist kein Traum von Söhnen, es ist ein Müttertraum, und nicht wenige Mütter träumen ihn. Es ist ihr oft gar nicht sehr verdrängter Wunsch, mit dem Sohn bis ans Ende ihrer Tage zusammenzuleben, und immer wieder werden solche mütterlichen Wünsche wahr. Wie viele Söhne bleiben ihrer Mutter ein Leben lang treu, heiraten nie, hören nicht auf, ihrer Mutter liebevolle und zärtliche Söhne zu sein! Was Mütter an solchen Söhnen finden? Sie sind in aller Regel weit angenehmere und befriedigendere Partner als die meisten Ehemänner.

Um hier keine Mißverständnisse aufkommen zu lassen: Solche

Mutter-Sohn-Beziehungen gleichen nicht der Jokaste-Ödipus-Ehe. Sie schließen den Inzest aus und sind daher nicht mit Schuldgefühlen belastet. Kein Tabu wird verletzt, das Gewissen bleibt rein. Ohne alle Skrupel und Hemmungen können Mütter ihre Söhne an die Kette legen. Auf Sex können sie dabei gut und gern verzichten, denn in der Regel sind sie auf diesem Gebiet eh nicht verwöhnt. Was bietet ihnen normalerweise schon das eheliche Liebesleben? Sie liebende Söhne sind für viele Mütter das Beste, was sie an Männern haben können. Darum stellen sie rechtzeitig ihre Liebesfalle auf, und viele Söhne tappen arglos hinein, denn sie haben wenig Chancen, sie auch nur zu bemerken. Oft heiraten sie, aber das liebe Mütterlein bleibt dennoch als Frau die Nummer eins dieser Männer, und dem angetrauten Weib wird der Platz in ihrem Herzen verwehrt; nur sehr selten kann es sich gegen die schwiegermütterliche Konkurrenz durchsetzen.

Manche Männer bemerken die Falle und wehren sich gegen mütterliche Umschlingungs- und Bestrickungsversuche. Gelingt es ihnen, sich aus den liebevollen Netzen zu befreien, bleiben zumeist tiefliegende Blessuren zurück. Viele haben lebenslang Angst vor zu großer weiblicher Nähe und blocken sie immer wieder ab. Christiane Olivier geht noch weiter; aus der physischen und psychischen Nähe, die Mütter ihren Söhnen aufdrängen, entstehen nach ihrer Meinung »Panik vor jeder Symbiose mit jeder anderen Frau«, demzufolge Mißtrauen gegenüber Frauen und die weitverbreitete Frauenfeindlichkeit der Männer. Sie schreibt: »Ziel des männlichen Kampfes wird es sein, die Frau weit von sich wegzuhalten, sie festzuhalten an den einzig und allein für sie vorgesehenen Orten«, nämlich: »Familie, Erziehung, Haus«. Wer hätte vermutet, daß die Mütter dahinterstecken? Laut Madame Olivier sind sie noch für weiteres verantwortlich, nämlich für der Männer Scheu vor Gefühlen, die sich sogar in der Sprache niederschlägt. Das ist in der Tat wahr: Je Intimeres Worte beschreiben, um so sachlicher, distanzierter, ja medizinischer werden sie. Der Grund dafür: Der Mann »wird Gesten und Worte verkürzen, die ihn an Momente der symbiotischen Zärtlichkeit mit der ›Mutter‹ erinnern«.

Das Fazit: Man kann als Mann tun, was man will – man entkommt der Mutterbindung nicht. Es geht uns wie Ödipus: Immer wieder landen wir bei der Mutter. Deshalb nennen wir unsere Frauen, wenn sie uns zu Vätern gemacht haben, auch so gern Mama, Mutti oder Mami. Ansonsten dürften wir bei unserer Vorgeschichte und Programmierung die denkbar schlechtesten Liebes- und Ehepartner sein. Unser

Mißtrauen gegenüber dem Weiblichen wurzelt tief. Aber was bleibt den Frauen anderes übrig, als uns schließlich doch zu heiraten? Sie haben ja kaum eine Wahl. Und wir auch nicht. Also sind wir gezwungen, die feindseligen Spannungen zu ertragen, welche die schöne Zweisamkeit zwischen Mann und Frau immer wieder stören.

Schuld an dieser Misere sind maßgeblich die Mütter. Warum krallen sich so viele an uns fest, statt uns mit ebensoviel Engagement unter die Haube zu bringen, wie sie dies so gern bei ihren Töchtern tun? Und warum verwöhnen sie uns derart mit ihrer mütterlichen Erotik, daß wir uns ein Leben lang danach zurücksehnen und nicht loskommen von ihrem Rockzipfel, das heißt, von ihrer mütterlichen Zärtlichkeit, Liebe und Wärme? Gleichzeitig aber hassen wir diese Bindung und die daraus resultierende Abhängigkeit. Und diesen Haß übertragen wir nicht eben selten auf andere Frauen, besonders auf jene, die unsere Nähe wünschen oder gar fordern. Nicht wenige von uns schrecken davor zurück, fühlen sich unangenehm berührt, und manche können dann sogar bösartig werden – so, wie Ödipus bösartig geworden ist.

Er mußte schwer dafür büßen. Ihm war es bestimmt, als armer Bettler durch die Lande zu irren. Die Erinnyen wollten es so, jene sagenhaften Töchter der Gaia, schwarze Unterweltsgöttinnen, schlangenhaarig und mit Fledermausflügeln. Entsprechend ihrer Herkunft waren sie den Muttergottheiten verbunden, ihnen verpflichtet; sie waren deren Rächerinnen. Als Personifizierungen des Gewissens quälten und straften sie insbesondere jene, die sich gegen das mütterliche Prinzip vergangen hatten.

Ödipus hatte sich dagegen vergangen und ein Tabu gebrochen. Nicht aber, wie man vielleicht denken könnte, das Inzesttabu. Die Erinnyen verfolgten Ödipus, weil sie ihn für den Selbstmord Jokastes verantwortlich machten. Nach heutigem Verständnis wird man ihm dafür kaum Schuld anlasten, aber die Erinnyen hatten eben andere Maßstäbe – mutterrechtliche. Damit jedoch stießen sie zunehmend auf Widerstand.

Zu einer entscheidenden Auseinandersetzung zwischen dem alten, mütterlich-weiblichen und dem neuen, väterlich-männlichen Prinzip kam es um das Schicksal Klytämnestras und das ihres Sohnes Orest. Klytämnestra war Königin wie Jokaste und Mutter wie sie, verheiratet mit Agamemnon, dem sagenhaften König von Mykenä und Heerführer der Griechen im Trojanischen Krieg. Sie ermordete ihren Mann, und dafür gab es verschiedene Gründe. Hier interessiert, daß Mutterliebe für den Auslöser des Mordes gehalten wird. Das ist naheliegend, denn Klytämnestras Mann opferte der beiden erstgeborene Tochter, die schöne Iphigenie, und zwar aus politischen Gründen.

Eine Windstille verhindert seit Monaten das Auslaufen der griechischen Flotte aus dem Hafen von Aulis. Dafür ist die Göttin Artemis verantwortlich; sie will jedoch nur dann die Flotte nach Troja auslaufen lassen, wenn Agamemnon ihr seine älteste Tochter opfert. Er will das ganz und gar nicht, entschließt sich aber dennoch dazu, weil die Umstände es erfordern. Da seine Frau aber kaum freiwillig ihr Kind zur Schlachtbank führen wird, lockt er beide unter dem Vorwand nach Aulis, er wolle Iphigenie mit Achill verheiraten. Doch anstatt dem tapferen Helden angetraut zu werden, stirbt sie unter dem Opfermesser – dem Anschein nach. Tatsächlich rettet Artemis sie in letzter Sekunde, entrückt sie, und statt ihrer liegt eine tote Hirschkuh auf der Opferbank.

Die Wendung zum Guten kann Klytämnestra nicht trösten. Zu tief verletzt sind ihre Gefühle. Aber es sind eben nicht vornehmlich die Gefühle der liebenden Mutter, die verletzt sind, sondern ihr weiblicher Stolz und ihre Eitelkeit. Klytämnestra ist aufs äußerste gekränkt, dazu beleidigt und verbittert. Wie steht sie auch da als schmählich Betrogene und Hintergangene! Entsprechend reagiert sie. Nicht Trauer um die verlorene Tochter erfüllt ihr Herz, sondern Rachedurst. Sie will ihrem Mann die Schmach, die er ihr antat, heimzahlen.

Zehn Jahre später bringt sie Agamemnon um. Das ist Gattenmord, fraglos ein schwerwiegendes Delikt, aber manch einer mag ihre Motive für diese Tat verstehen. Was sie jedoch danach tut, dürfte weit weniger Verständnis wecken: Sie handelt nicht anders als ihr Mann, den sie – angeblich dafür – ermordete. Genau wie er setzt sie das Leben ihres Kindes aufs Spiel. Genau wie ihm sind ihr andere Werte wichtiger, namentlich einer: Macht. Im Gegensatz zu Gaia reizt sie der nunmehr leerstehende Thron, und es reizt sie die Herrschaft über das reichste Königreich Griechenlands. Folglich denkt sie nicht daran, ihrem Sohn Orest zur Krone des Königs von Mykenä zu verhelfen. Die aber gebührt ihm, denn er ist der Erbe seines Vaters und dessen rechtmäßiger Nachfolger. Es wäre Klytämnestras Pflicht, ihrem Sohn den Königsthron zu sichern. Doch sie denkt nicht daran; kaltlächelnd setzt sie sich über bestehendes Recht hinweg, und moralische Bedenken hat sie ebenfalls keine. Es stört sie nicht im mindesten, als Mörderin ihres Mannes dessen Nachfolge anzutreten; ebensowenig behindert Mutterliebe ihre ehrgeizigen Pläne. Sie hat sich einen Geliebten genommen, Ägisth, dem sie in jeder Weise überlegen ist und über den sie verfügt. Ihn schickt sie, den kleinen Orest – er ist neun Jahre alt – zu ermorden. Ägisth schleicht sich nachts ins Zimmer des Prinzen und erdolcht ihn im Schlaf. Aber die beiden haben Pech gehabt. Die Liebe der Amme zu ihrem Zögling rettet Klytämnestras Sohn das Leben. Die treue Seele hatte ihren eigenen Sohn ins königliche Bett gelegt und Orest in Sicherheit gebracht. Diese vielgepriesene Amme ist ein weiteres Beispiel für eine Mutter, die ihr Kind höheren Zielen opfert, was zeigen mag, daß Mütter nicht immer und unter allen Umständen ihre Söhne lieben. Schon gar nicht ihre Töchter.

Auch Elektra, Orests Schwester, wird von ihrer Mutter bedroht. Zugegeben, sie fordert sie heraus. Gäbe es indes eine unbedingte Mutterliebe, so wäre wenigstens Elektras Leben nicht in Gefahr. Das aber ist es. Der Grund dafür: Sie verstößt gegen alle geschriebenen und ungeschriebenen Gesetze kindlichen Wohlverhaltens. Sie gehorcht ihrer Mutter nicht, ehrt und achtet sie nicht, und sie handelt nicht solidarisch mit ihr. Laut nennt sie sie Mörderin und Ehebrecherin. Damit spricht sie zwar die Wahrheit, doch Wahrheiten stellen von Zeit zu Zeit höchst gefährliche Werte dar, besonders dann, wenn sie gegenüber Eltern und Autoritäten ins Feld geführt werden. Elektra bekommt das zu spüren. Sie verliert ihre Freiheit, wird unter ständige Bewachung gestellt und muß ein Leben in Elend und Armut führen. Und damit sie nicht einen standesgemäßen Thronerben gebären kann, zwingt ihre Mutter sie, einen Bauern zu heiraten. Als Elektra versucht, mit Orest Verbindung aufzunehmen, um ihn zu veranlassen, den Vater zu rächen, hätte Ägisth sie am liebsten umgebracht. Aber das verwehrt ihm Klytämnestra, jedoch nicht deshalb, weil sie sich einen Rest mütterlicher Gefühle bewahrt hätte; sie befürchtet lediglich, durch eine weitere Bluttat die Ungnade der Götter auf sich zu ziehen. Die beiden finden einen Kompromiß. Sie wollen Elektra in eine ferne Stadt verbannen und dort auf Nimmerwiedersehen in einem Verlies verschwinden lassen. Aber dazu kommt es nicht mehr.

Klytämnestra handelt nicht so, wie man von Müttern gemeinhin erwartet, daß sie handeln, und das hat man ihr zu allen Zeiten angelastet. Tatsächlich verhält sie sich nicht anders als die männlichen Götter und Herrscher, die ihre Kinder verstoßen, verdammt oder gar gefressen haben, weil sie deren Konkurrenz fürchteten. Männern sieht man ein solches Verhalten eher nach.

Und ein weiteres scheint nicht zu Klytämnestras weiblicher Rolle und schon gar nicht zu ihrer Rolle als Mutter zu passen: ihre Rigorosität. Wie schon Gaia ist sie weder empfindlich noch sentimental, verschwendet wie diese keine Zeit mit unnützen Gefühlen, und wahrhaft kaltblütig verfolgt sie ihre Ziele. Das hat sie mit vielen ihrer Geschlechtsgenossinnen in Mythen und Märchen gemein. Es ist ein weitverbreiteter Irrtum, dies seien keine weiblichen Eigenschaften und schon gar nicht Eigenschaften einer Mutter. Wenn es um Macht und Besitz geht, gehen Frauen wie Männer, Mütter wie Väter über Leichen. Klytämnestra darf durchaus als Repräsentantin des Weiblichen gelten und als Beispiel einer Mutter – allerdings einer schlechten. Schlechte Mütter gibt es schließlich, und nicht nur als böse Stiefmütter in den Märchen.

Für Männer ist Klytämnestra eher eine Schreckensgestalt. Das aber liegt zum großen Teil daran, daß Männer von Frauen Falsches erwarten, ganz besonders von Müttern. Sie halten sie gern für lieb, gut und aufopfernd. Tatsache ist, daß Klytämnestra für ihre Kinder gefährlich ist. Einer solchen Tatsache sieht man ungern ins Auge, aber es ist nun einmal so: Manche Mütter sind für ihre Kinder gefährlich.

Elektra wehrt sich gegen ihre Mutter und bekommt deren Macht zu spüren. Dennoch kriecht sie nicht zu Kreuze. Sie betet um Rache und drängt den in der Fremde lebenden Bruder, der inzwischen zum Manne herangewachsen ist, diese endlich zu vollziehen. Sie haßt ihre Mutter, wie Klytämnestra den Gatten gehaßt hat, und in diesem Haß sind sich die beiden Frauen bemerkenswert ähnlich.

Orest ist anders. Er schwankt, hat Zweifel, weiß nicht recht, was er tun soll. Ihm fehlen Entschlossenheit und Bedenkenlosigkeit, die sowohl seine Mutter wie seine Schwester auszeichnen, und er haßt nicht, wie sie es tun. Er sucht Rat, und er will sich absichern. Zu diesem Zweck sucht er das Delphische Orakel auf, zu der Zeit Heiligtum des Gottes Apoll. Er will wissen, ob er seine Mutter töten soll. Das ist eine schwerwiegende Frage, die auch Apoll nicht beantwortet, ohne sich rückzuversichern. Er stimmt sich mit Gottvater Zeus ab, der auch sein leiblicher Vater ist, und erhält von ihm volle Rückendeckung. Das paßt in seine Pläne, denn er will Agamemnon gerächt sehen. In diesem Sinne nimmt er sich den schwankenden Orest vor. Er rät ihm nicht nur, Rache zu üben – er befiehlt es ihm, und er droht ihm die

Lepra an den Hals, falls er seinen Vater nicht räche. Sie werde sein Fleisch zerfressen und seinen Körper mit Schimmel bedecken, gibt Apoll ihm zu bedenken; als Aussätziger werde er von der Gesellschaft ausgeschlossen und von jedem Tempel verbannt sein.

Damit hat Orest, was er braucht, um die Tat zu begehen: Rückendeckung und den notwendigen Druck zum Handeln. Dessen scheinen Männer zu bedürfen, bevor sie Gewalttätigkeiten begehen. Klytämnestra brauchte derlei nicht. Sie zögerte keine Sekunde, ihren Mann zu töten, und ohne jedes Wenn und Aber wollte Elektra den Tod ihrer Mutter. Hier zeigen sich die feinen Unterschiede zwischen den Geschlechtern.

Orest erscheint also in Mykenä, das Schwert gezückt. Ohne Schwierigkeiten streckt er den Ehebrecher Ägisth nieder, und dann steht er mit der noch blutigen Waffe vor seiner Mutter. Lähmt der Schreck Klytämnestras Glieder? Mitnichten. Wer hat nur die Geschichte von den schwachen Nerven der Frauen erfunden! Klytämnestra zuckt mit keiner Wimper, und sie denkt nicht daran aufzugeben. Sie entblößt ihre Brust – die Brust, die ihn genährt – und fleht ihn an, seine Pflicht als Sohn nicht zu vergessen. So versucht sie, wie es heißt, sein Herz zu erweichen. Sie weiß, daß es weicher ist als das ihre, aber er weiß das nicht; viele Söhne wissen das nicht, und nicht zuletzt darum haben Mütter häufig solche Macht über sie. Klytämnestras Appell an ihren Sohn ist, wenn man recht bedenkt, der schiere Hohn, denn wie sehr hat sie ihre Pflichten gegenüber Orest vergessen. Aber das bekümmert sie nicht, verunsichert sie nicht und nimmt daher ihrem Auftritt nicht die Wirkung. Sie kämpft um ihr Leben und verbannt dabei jeden Gedanken an Vergangenes aus ihrem Bewußtsein. Sie lebt ganz dem Augenblick und verkörpert mit Worten wie mit Gesten einen einzigen Gedanken: daß ein Sohn niemals die Hand gegen seine Mutter erheben darf. Das wirkt unglaublich suggestiv, und ohne Apolls Befehl und Drohung wäre Orest mit Sicherheit in letzter Minute schwach geworden. In Apoll hat Klytämnestra jedoch einen gleichwertigen Gegenspieler. Er dürfte vorausgesehen haben, daß sie alles Erdenkliche versuchen würde, ihren Sohn von seiner Tat abzuhalten. Darum hat Apoll Orest so unter Druck gesetzt. Nun zeitigt es Wirkung. Orest wird nicht schwach. Er sticht zu, Klytämnestra stirbt.

Das Volk steht starr, aber es lyncht Orest nicht. Es ist auf seiner Seite, und es atmet auf, denn zu sehr hat es unter der Willkürherrschaft der Königin und Ägisths gelitten. Orest handelt jetzt klug. In beredten

Worten entschuldigt er seine Tat, indem er sie durch das Gesetz rechtfertigt, das den Tod für Ehebrecher vorschreibt. Das unterscheidet ihn von seiner Mutter. Ihren Gattenmord deckte kein Gesetz, und das Volk sprach sie nicht frei. Aber durfte Orest sie umbringen? Diese Frage wird zur Schlüsselfrage und leitet einen gesellschaftlichen Umbruch ein.

Das Gesetz mag Orests Tat decken, und Apoll und sogar Göttervater Zeus mögen auf seiner Seite stehen – die Erinnyen interessiert das nicht. Sie folgen ihren eigenen Gesetzen, ihrer eigenen Moral, und die Meinungen der männlichen Götter respektieren sie nicht. Für sie ist Orest ein schändlicher Frevler, der eines der gewichtigsten Tabus verletzt hat. Als Rächerinnen stürzen sie sich auf ihn, verfolgen ihn auf Schritt und Tritt, lassen nicht mehr ab von ihm. Sie schwingen ihre erzbeschlagenen Geißeln gegen ihn und verursachen ihm dadurch schier unerträgliche Qualen. Apoll hat auch dies vorausgesehen und Orest einen hörnernen Bogen gegeben, mit dem er die Angriffe der Rachegöttinnen abwehren soll. Der Bogen erweist sich jedoch als wenig wirksam. Orest ist dem Wahnsinn nahe.

Zur inneren Qual kommt die äußere Gefährdung. König Tyndareos von Sparta, Klytämnestras Vater, stellt ihn unter Acht und Bann. Er steht auf dem Boden mutterrechtlicher Überzeugungen. Danach hätte Orest seine Mutter nicht nur niemals töten dürfen, sondern sich vielmehr mit allen Mitteln für sie einsetzen müssen, falls man ihren Tod verlangt hätte. Tyndareos fordert, Orest und seine Schwester Elektra zu Tode zu steinigen. Auch Menelaos, Orests Onkel, stellt sich gegen Orest. Ausgerechnet er! Für ihn, den Bruder, war Agamemnon schließlich nach Troja gezogen, um dessen verletzte Ehre zu rächen. Menelaos erweist sich als wenig dankbar. Er veranlaßt das Gericht, den tödlichen Spruch gegen seinen Neffen zu fällen.

Orest steht allein, gejagt von Menschen wie von den schwarzen Göttinnen, dazu vom Wahnsinn gequält: ein geächteter Verbrecher in einer Welt, die noch weitestgehend von der mutterrechtlichen Moral der Erinnyen bestimmt ist. Er flieht nach Athen, zur Akropolis, zum Tempel der Göttin Athene. Ihr Bild umklammernd, fleht er sie um Hilfe an. Die Göttin verspricht ihm einen fairen Prozeß – nicht vor einem Blutgericht, das nach Rache schreit, sondern vor einem demokratisch organisierten Schöffengericht, dem Areopag. Athene selbst vereidigt die edelsten Bürger der Stadt als Richter. Sie werden über Schuld oder Unschuld des Muttermörders abstimmen. Es ist der zweite große Prozeß dieses Tribunals.

Auf dem Hügel des Ares, der Gerichtsstätte, stehen sich Apoll als Verteidiger des Orest und die Erinnyen als Anklägerinnen gegenüber. Die Göttin Athene führt den Vorsitz. Bei Stimmengleichheit wird ihre Stimme entscheiden.

Der Standpunkt der Erinnyen ist klar und unmißverständlich: Mutterblut ist geflossen, der Täter bekannt und geständig. Unter diesen Voraussetzungen gibt es für sie nichts mehr zu reden und zu rechten, nur noch zu strafen, und das, so vertreten sie, sei allein ihre Aufgabe. Dem Frevel entsprechend wollen sie grausam strafen. Mit Qualen soll Orest für den Muttermord büßen, so lange, bis er nur noch ein Schatten seiner selbst ist, zerstört, seiner Sinne beraubt, »ausgeweidet von uns Göttinnen«. Und noch im Hades soll er einsam leiden, freudlos auf ewig.

Für die Erinnyen zählt nur die Tat, und sie richten, ohne zu fragen. Schon gar nicht fragen sie den Täter. Seine Beweggründe sind für sie ohne Belang, ebenso die Umstände, die zur Tat führten – von mildernden Umständen ganz zu schweigen. Ihr Recht heißt Rache, Mitleid kennen sie nicht, und sie strafen mit freudiger Befriedigung. Martern, foltern und quälen sei eine Art Fest für sie, wirft Apoll ihnen vor. Und er zeiht sie der Inkonsequenz und der Ungerechtigkeit, weil für sie Tat nicht gleich Tat, Mord nicht gleich Mord sei. Rachgierig verfolgten sie Orest, während sie die Gattenmörderin Klytämnestra ungeschoren ließen. Er verlangt zu wissen, wie sie die Tat einer Frau beurteilen, die ihren Mann erschlagen hat.

Ungerührt erklärt ihm die Sprecherin der Erinnyen, das sei kein Mord, weil der Mann mit der Frau nicht blutsverwandt sei. Ihnen seien die Bande des Blutes heilig. Orest habe sie verletzt, indem er sich »mit eigener Hand am eigenen Blut« verging, und darum sei sein Leben verwirkt.

Apoll verdammt diese Rechtsauffassung und eine solche Blutmoral als archaisch und wirft den Erinnyen Rechtsbruch vor. Nicht die Bande des Blutes gälten, stellt er fest, sondern die Bande der Ehe und die von Hera und Zeus geheiligten Ehegesetze. Die Ehe, so führt er ins Feld, stehe unter strengerem Recht als selbst der Eid. Er beschuldigt die Anklägerinnen, und fordert sie auf, ihre Anklage zurückzuziehen, denn, so folgert er, da sie Klytämnestra vom Mord freisprächen, könnten sie Orest nicht des Mordes für schuldig befinden.

Den Erinnyen verschlägt es die Sprache. Ihnen fehlt jedes Verständnis für eine solche Argumentation, für eine solche Moral, und sie argumentieren nicht auf dieser Ebene. Sie reagieren mit Empörung, fühlen sich von Apoll beleidigt, in ihrer Ehre verletzt und ihrer Würde beraubt. Sie nennen ihn Mörder und Heuchler, werfen ihm vor, wo er herrsche, sterbe die Gerechtigkeit, und sein Thron triefe von Mord. Und sie beklagen, daß man ihr altes, ehrwürdiges, überkommenes Recht mißachte, es stürze durch neuen Brauch.

Nach diesem Angriff zieht auch Apoll vom Leder. Er schilt die Anklägerinnen dumpfe, finstere Mächte des Blutes und nennt sie allverhaßte Ungeheuer, einen Abscheu für Götter; die Würde, die sie für sich beanspruchen, will er nicht geschenkt.

Schroff, unversöhnlich und von gegenseitiger Ablehnung erfüllt stehen sich beide Parteien gegenüber. Es geht bei diesem Streit um weit mehr als um Schuld oder Unschuld des Angeklagten. Hier spielt sich ein Urstreit ab zwischen Männlich und Weiblich, Mutterbestimmt und Vaterbestimmt. Beide Prinzipien schließen einander aus. Die uralten Erinnyen, Töchter der Erdmutter Gaia, im Dunkel der Erde beheimatet, kämpfen um ihr Überleben. Der junge Gott Apoll, Sohn des Zeus, auf dem lichten Olymp zu Hause, will die alten, magischen Auffassungen und Vorstellungen abschaffen und einer männlich bestimmten Vernunft den Weg ebnen.

Die bisherige Auseinandersetzung dürfte keiner Partei ein Übergewicht gegeben haben. Aber ganz wie ein moderner Anwalt hat sich Apoll sein stärkstes Argument für das Schlußplädoyer aufbewahrt. Darin holt er zu einem wahrhaft vernichtenden Schlag gegen die Erinnyen aus: Er bestreitet den Primat der Mütterlichkeit. Bis zu diesem Augenblick galt er als selbstverständlich, und was Apoll jetzt ausspricht, hat bisher kaum jemand auch nur gedacht. Respektlos fegt er uralte Traditionen vom Tisch. Er befindet: »Die man wohl Mutter heißt, ist des Gezeugten Zeugerin nicht«, und er degradiert die Mütter zu passiven Ausbrüterinnen des männlichen Samens. Nicht mehr als eine träge Furche seien Mütter, in die der Mann seinen Samen werfe, behauptet er und erklärt den Vater zum einzigen Elternteil, der dieses Namens würdig sei.

Das sind Ungeheuerlichkeiten für die Erinnyen – und nicht nur für sie. Aber so ist es eben: Neues, das einen Wechsel, eine neue Entwicklung einleitet, klingt, wird es zum erstenmal ausgesprochen, vielen wie eine Ungeheuerlichkeit, und mancher, der die Verwegenheit besaß, als erster bisher Unsagbares in Worte zu fassen, wurde selbst wie ein Ungeheuer behandelt. Apoll passiert das nicht, und es ist nicht allein sein Status, der ihn davor schützt; auch Götter hat man gelegentlich gestürzt. Dreierlei bewahrt ihn davor, daß ein allgemeiner Entrüstungsschrei ihm entgegenbrandet und die Erinnyen ihn zerfetzen. Erstens: Die schwarzen Rachegöttinnen sind am Ende ihrer Kraft. Von der ehemaligen Ehrfurcht ist ihnen nichts geblieben; man fürchtet sie nur noch. Sie sind schrecklich anzusehende Reminiszenzen aus einer archaischen Vorzeit. Zweitens: Apoll steht nicht allein gegen sie; hinter ihm steht Zeus, und daraus macht er keinen Hehl vor den Richtern. Nicht ein einziges Wort habe er hier gesagt, das Zeus, der Vater der Olympischen, ihm nicht befohlen habe, läßt er wissen. Das gibt ihm eine starke, vielleicht sogar eine unangreifbare Position. Drittens schließlich erbringt er einen Beweis für seine ungeheuerlichen Thesen über die Mütter und dafür, »daß Vaterschaft auch ohne Mutter sein kann«. Er weist auf die Vorsitzende des Gerichts, auf Athene, und verkündet: »Als lebendiges Zeugnis steht vor euch die Tochter Zeus'. Kein dunkler Schoß hat sie gebildet, und doch ist so herrlich sie geschaffen wie kein Götterkind.« In der Tat: Keine Mutter hat Athene geboren – sie entsprang ihres Vaters Kopf.

Die Auseinandersetzung mit den Erinnyen gewinnt Apoll. Sie haben ihm nichts mehr entgegenzusetzen. »Wir schossen unserer Pfeile reichen Vorrat ab«, bekennen sie. Aber es bleibt nicht bei diesem resignierenden Eingeständnis. Sie drohen und klagen: »Weh eurer jungen Göttermacht! Uraltes Gesetz rittet ihr nieder und entwandet's meiner Hand.«

Den Prozeß gewinnt Apoll dennoch nicht; die Abstimmung geht unentschieden aus. Die Entscheidung liegt bei Athene. Sie, die Vatertochter, stimmt gegen die Erinnyen und bekennt, daß ihr Herz dem Vater und dem Männlichen gehöre. Das ist die Entscheidung; Orest ist frei.

Die Erinnyen nehmen die Niederlage nicht hin. Uralte Göttinnen wie sie geben sich nicht ohne weiteres geschlagen. Sie denken nicht daran, den Spruch des Gerichts zu akzeptieren, obwohl sie dies Athene hoch und heilig versprochen hatten. Sie wüten. Sie fühlen sich ihres Rechtes beraubt und obendrein geschmäht und verhöhnt. Sie beugen sich nicht, sie lechzen nach Rache. Ihr Rachedurst richtet sich jedoch nicht gegen die Götter und auch nicht gegen Orest. Dem Volk wollen sie es heimzahlen, das von ihnen abgefallen ist, das sie nicht mehr respektiert. Aus ihren bitteren Herzen soll vergeltendes Gift tropfen und das Land verheeren, »daß Blatt euch stirbt und Kind euch stirbt«, ja, daß alles, was sterblich ist, untergehe. Und wie begründen sie diesen Vergeltungsschlag? »Recht will, daß es also geschieht.«

Hier sieht man ein weiteres Mal, wozu sich das vielgepriesene Recht immer wieder gebrauchen und mißbrauchen läßt. Wie oft sind im Namen des Rechtes die schlimmsten Grausamkeiten und Gewalttaten begangen worden! Und immer hat das Volk einschließlich seiner Kinder sie erdulden müssen. Es ist gewiß kein Zufall, daß die Erinnyen auch die Kinder nicht verschonen wollen. Sie wurden bei Exzessen dieser Art selten verschont. Und noch eines: Es sind Göttinnen, Muttergöttinnen, die diese Apokalypse planen. Wer denkt und gern verbreitet, nur Männer seien solcher Grausamkeiten fähig, lernt hier entsprechende Aspekte des Weiblichen kennen.

Die Drohung der Erinnyen ist eine Herausforderung. Hätte Apoll die Götter des Olymp gegen sie aufgeboten, wäre es wohl zu einem unerbittlichen Kampf gekommen, und vermutlich hätte es am Ende nur Besiegte gegeben. So aber, Zeus sei Dank, begegnet nicht der Gott Apoll dieser Herausforderung, sondern die Göttin Athene. Sie löst die Aufgabe, mit den Erinnyen fertig zu werden, mit wahrer Meisterschaft. Die Verhandlung mit den vor Wut schäumenden Rachegöttinnen darf als ein Musterbeispiel weiblicher Diplomatie und Taktik gelten. Zunächst läßt sich Athene von den »zornschäumenden« schwarzen Göttinnen nicht provozieren. Welcher Mann wäre bei derartigen Haßtiraden ruhig geblieben? Athene akzeptiert die Wut, und das sagt sie auch; sie billigt sie als das Recht der Älteren. Und sie tut ein Weiteres: Sie bestätigt den ehrwürdigen Alten, daß sie sie an Weisheit überträfen, und unbeeindruckt davon, daß sie ihren Haßgesang mit den schrecklichen Drohungen wiederholen, meint sie, diese aus uralter Erfahrung stammende Weisheit der Menschheit dürfte nicht verlorengehen. Und das ist nicht nur so dahergesagt – die Göttin wird konkret, indem sie den Erinnyen einen Hort anbietet, diese Weisheit zu hüten. Sie stellt ihnen einen reichen Tempel in Aussicht, ihnen geweiht, als ihr alleiniges Eigentum, eine Stätte zum Zweck ihrer Verehrung.

Kaum jemand huldigt noch den schlangenhaarigen Alten, und selbst Zeus sind sie zuwider. Aber darin liegt gerade der Reiz dieses Angebots. Athene führt den Erinnyen vor Augen, wie Männer und Frauen in feierlichem Zug zu ihnen kommen, sie zu verehren, ihnen zu opfern, ihren kostbaren Rat einzuholen. Im Gegenzug erwartet sie allerdings, daß die dunklen Göttinnen ihren »zornwetzenden Haß« aufgeben und nicht das Menschenland mit ihrem Gift zur Wüste machen.

Athenes Erwartung erfüllt sich nicht. So leicht sind die verbitterten Göttinnen nicht zu besänftigen und umzustimmen. Ungerührt stoßen sie weiter ihre Haßrufe aus. Da wechselt Athene die Methode: Sie droht, aber das tut sie so geschickt, daß die Erinnyen ihr Gesicht nicht verlieren. Sie demonstriert nicht prahlerisch ihre Macht, und sie besteht nicht auf Unterwerfung. Diskret, aber dennoch unmißverständlich weist sie auf die gegebenen Verhältnisse hin. »Ich habe Kraft von Zeus«, sagt sie und fragt: »Bedarf es noch des Worts?« Als auch das nicht fruchtet, macht sie den Erinnyen klar, daß sie Zugang zu des Göttervaters alles vernichtenden Blitzen hat. Gleichzeitig jedoch erneuert sie ihr Angebot, ja verstärkt es noch. Künftig könne kein Haus mehr gedeihen ohne ihren, der altehrwürdigen Göttinnen, Segen, verspricht sie, und sie sichert dem neuen, segensreichen Wirken ihre Unterstützung zu. Allen, die ihnen verehrend dienten, werde sie das Glück richten. Gleichzeitig mit dieser neuen Aufgabe gibt sie ihnen einen neuen Namen, nennt sie die Eumeniden, die Wohlwollenden, die Wohlmeinenden.

Damit ist das Eis gebrochen, der Haß besiegt; der Rachegesang endet. Statt dessen ergreift die schwarzen Göttinnen Bezauberung, und freudig stimmen sie dem Vorschlag Athenes zu. Die setzt das Versprochene sogleich in die Tat um. Unter ihrer Führung formiert sich ein langer Zug, und man zieht, von Fackelträgern begleitet, zum neuen Heiligtum. Der Chor der Geleitenden singt: »Wandelt nach festlichem Brauch, ihr mächtigen, greisen Töchter der Nacht. In Ehrfurcht schweige das ganze Volk.«

Athene besiegt die Erinnyen nicht durch Gewalt, nicht dadurch, daß sie sie vernichtet oder auch nur unterdrückt. Das hätte Apoll versucht. Athene besiegt sie durch sachte Überredung, sanfte Drohung, in der Hauptsache aber durch Wandlung. Sie macht aus ihnen die Eumeniden. So auch der Titel der Tragödie des Aischylos, aus der ich zitiert habe.

Bei dieser exemplarischen Auseinandersetzung bringt Athene fertig, was sonst so selten gelingt: Der Streit, so erbittert er auch geführt wurde, endet versöhnlich, und niemand muß sich als Besiegter fühlen.

Dennoch, da gibt es keinen Zweifel, sind die Erinnyen besiegt, und es siegte das männliche Prinzip. Die letzten mächtigen Vertreterinnen des Matriarchats sind entmachtet. Gewiß, sie haben eine neue Funktion, und die ist ehrenvoll. Aber sie ist ohne Einfluß und ohne Rechte; sie ist weitgehend dekorativ.

In diesem denkwürdigen Prozeß wurden nicht nur die Erinnyen entmachtet. Es wurden auch die Mütter entthront – elegant entthront von der Vatertochter Pallas Athene, weit weniger elegant von Apoll. Mit der von ihm betriebenen Entwertung der Mütter wurde er zum Wegbereiter für weitere Menschen erschaffende Männer – bis hin zum Gott der Genesis – und für eine Unzahl selbstherrlicher Patriarchen und Eheherren.

Auf jeden Fall siegte der damals »moderne« Olymp. Das bedeutete keinen radikalen Machtwechsel vom Mütterlichen zum Männlichen, denn dort spielten die Göttinnen wahrhaftig keine Nebenrolle. Sie waren einflußreich genug, Männlich-Allzumännliches nicht zu sehr ins Kraut schießen zu lassen. Das hat sich geändert. Der christliche Himmel ist ein männlicher Himmel, und im säkularen Bereich sieht es nicht viel besser aus.

Bevor wir in männlich-patriarchalischer Einseitigkeit ausarten wie die Erinnyen in weiblich-matriarchalischer, sollten wir versuchen, zumindest jenen Proporz zu erreichen, wie er einst auf dem Olymp geherrscht hat.

Die Heldinnen und Helden der Mythen und Sagen sind bis heute unvergessen. Durch die Jahrhunderte haben Dichter und Wissenschaftler in immer neuen Bearbeitungen und Abhandlungen die Schicksale jener Gestalten aufgegriffen und lebendig gehalten. Das gilt für Orest und Klytämnestra ebenso wie für Ödipus und Jokaste.

Im Gedächtnis geblieben sind aber auch die Heldinnen und Helden einer ganz anderen Art von Geschichten: der Märchen. Weltweit kennt man Rotkäppchen und Schneewitchen, das tapfere Schneiderlein, Hänsel und Gretel. Kein noch so berühmter Dichter hat mit dem von ihm ersonnenen Personal einen derartigen Bekanntheitsgrad, eine so weite Verbreitung und ein so langes Überleben erreicht.

Mythen gehören zur klassischen Bildung, Märchen sind Bestandteil des Volksbewußtseins geworden. Über beide ist unendlich viel geschrieben und gestritten worden. In einem aber sind sich die Mehrzahl der Experten einig: Die alten Geschichten schildern beispielhaft Menschliches. Der ungarische Philologe und Religionswissenschaftler Karl Kerényi hält die Mythen für »Urformen des Lebens«, Goethe bescheinigt den Märchen »uralte Gegenwart«.

Der Unterschied zwischen den Heldinnen und Helden der Mythen und denen der Märchen ist verständlicherweise groß. Es liegen Welten zwischen Mutter Klytämnestra und der Mutter von Hänsel und Gretel, zwischen Elektra und Schneewittchen. In literaturwissenschaftlicher Hinsicht sind diese Unterschiede von gravierender Bedeutung, für den Zweck dieses Buches sind sie es nicht. In beiden Fällen geht es um Mutter-Kind-Beziehungen. Beide Mütter behandeln ihre Kinder schlecht, beide Töchter hassen ihre Mütter. Mögen die Ebenen der Darstellung auch höchst ungleich sein, das Thema ist dasselbe. Um dieses geht es uns, und dafür sind die Märchen ebenso aufschlußreich wie die Mythen. Letztere zeigen und dramatisieren Menschheitsprobleme von eher grundsätzlicher Bedeutung und von zeitloser Gültigkeit. Erstere sind mehr dem menschlichen Alltag verpflichtet. Ihre Heldinnen und Helden, und seien sie noch so prächtige Könige und Prinzessinnen, sind Menschen wie du und ich. Märchen handeln von Eltern und Kindern, von Männern und Frauen. Konkret, sinnlich und bildhaft, häufig symbolisch verdichtet, stellen sie dar, was Menschen antreibt und bewegt. Sie definieren und kommentieren nicht, sie sind eindimensional, und ihre Handlung ist schlicht. Dafür aber lassen sie Konflikte, Gefühle und Taten unmittelbar erleben. Anschaulicher als jede andere Literaturgattung setzen sie menschliche Dramen und menschliche Komödien ins Bild und in Szene, und sie schildern beileibe keine heile Welt. An Grausamkeit und Gewalt stehen sie den alten Mythen in nichts nach. Die Schrecklichkeiten in den Märchen sind jedoch von anderer Qualität; sie fußen nicht auf realen Begebenheiten. Der Trojanische Krieg fand wirklich statt, und Agamemnon ist mit großer Wahrscheinlichkeit in der Tat hinterhältig ermordet worden, seine Frau der Blutrache anheimgefallen. Zumindest ist ähnliches tausendfach geschehen, und weitgehend auf solche realen Geschehnisse beziehen sich Sagen und Mythen.

Anders die Märchen. Bei Märchenmorden fließt nicht wirklich Blut, und die Grausamkeit, mit der in der Regel Schurken und Bösewichte zu Tode gebracht werden, ist meistens bloße Fiktion. So hat keine böse Mutter sich jemals in glühenden Pantoffeln zu Tode tanzen müssen, und kein Wolf hat erst eine Großmutter, dann ein kleines Mädchen gefressen. Gewalt im Märchen ist weitgehend Gewalt in der Phantasie; auf diese Weise werden Gefühle inszeniert. Ungeniert und ohne alle Hemmungen werden Haß, Neid und Eifersucht in Mord, Totschlag und gnadenlose Strafen umgesetzt. Wenn jemand wen haßt und dafür gute Gründe hat, so muß der sterben, und zwar je grausamer, desto schöner. So geht es zu in den Märchen, und das haben Hörer und Leser zu allen Zeiten zu schätzen gewußt – ganz gleich, was Pädagogen und Moralisten dagegen einzuwenden hatten.

Vorzugsweise sind es Mütter, die in den Märchen grausam sterben, und damit wären wir beim Thema. Es wimmelt von Müttern in den Märchen. Doch die meisten sind schlecht und böse. Die wenigen guten leben nicht lange. Kurz tauchen sie am Anfang einer Geschichte auf, sind lieb und gut zu Mann und Kindern und segnen dann das Zeitliche. Sie werden von bösen Stiefmüttern abgelöst, denen die armen Kinder dann ausgeliefert sind – und manchmal auch deren Väter.

Die meisten Märchenstiefmütter sind aber gar keine Stiefmütter. Sie sind Fälschungen, Erfindungen der Bearbeiter der Märchen, der Brüder Grimm. Sie ließen die alten, überkommenen Geschichten nicht immer so, wie sie im Volk lebten. Insbesondere machten sie aus so mancher Märchenmutter eine Stiefmutter. Das Motiv kennen wir schon: Mütter haben gut, edel und aufopfernd zu sein, nicht aber böse und schlecht. So hatten Hänsel und Gretel ursprünglich, nämlich in der Urfassung des Märchens, eine Mutter, und die gilt weltweit als Inbegriff einer schlechten Mutter. Das ist nicht verwunderlich, setzt sie doch ihre beiden Kinder aus und gibt sie dem Tode preis. Und sie bringt es fertig, ihren Mann derart zu beeinflussen, daß er sich an der Untat beteiligt. Pfui über sie!

Die Hänsel-und-Gretel-Mutter verstößt gegen nahezu alles, was wir, was man, was besonders Männer von Müttern erwarten: Sie ist nicht gut, nicht mütterlich zu ihren Kindern, und sie ist hart zu ihrem Mann, den sie außerdem beherrscht. Eigentlich gehört sie in jene Rubrik böser Antihelden, die am Schluß auf dem Scheiterhaufen landen. Doch sie landet nicht dort, wird nicht einmal bestraft. Die Märchenmoral deckt sich keineswegs immer mit der üblichen Moral, schon gar nicht den Müttern gegenüber. Märchen teilen nur sehr selten den sentimentalen Mutterkult, und das liegt daran, daß die meisten älter sind als dieser. Viele Märchen sind auch älter als die Vorstellung, Frauen seien schwach, gefühlvoll und dumm, Männer hingegen das starke Geschlecht. Die Hänsel-und-Gretel-Eltern bieten dieses Bild jedenfalls nicht, sondern ein ganz gegensätzliches. Die Situation ist folgende: Die Familie hungert. Das Essen reicht nicht für alle vier, und wenn nichts geschieht, dann müssen alle verhungern. Der Mann klagt und jammert über diese hoffnungslose Lage; die Frau hingegen denkt darüber nach, und dabei kommt auch etwas heraus. Sie macht einen Vorschlag, wie das Problem zu lösen ist. Sie will die Kinder im Wald aussetzen. Nach heutigem Gefühl ist dies ein ummenschlicher, ein grausamer Vorschlag. Ähnlich empfindet der Vater. Er bringt es nicht übers Herz, die Kinder im Wald allein zu lassen, wo die wilden Tiere sie zerreißen werden. Die Frau hat für die Einstellung ihres Mannes kein Verständnis. Sie schilt ihn einen Narren, denn ginge es nach ihm, so folgert sie durchaus logisch, müßten sie alle vier verhungern, und er könne schon die Bretter für die Särge hobeln. Ihm fehlt für eine solche Logik der Sinn. Er möchte, daß seine Frau den letzten Bissen mit den Kindern teilt.

Bei diesem Paar ist die übliche Rollenverteilung in ihr Gegenteil verkehrt: Die Mutter denkt, denkt realistisch, und sie macht Pläne. Der Vater ist sentimental, läßt sich von Gefühlen leiten und ist Vernunftgründen nicht zugänglich. Diese Märchenpsychologie mag auf den ersten Blick ungewöhnlich erscheinen; sie ist es jedoch nicht. Sie steht lediglich einem vorwiegend von Männern propagiertem Bild geschlechtsspezifischen Verhaltens gegenüber. Es ist in der Tat weitgehend männliche Propaganda, daß die »Herren der Schöpfung« vernunftgeleitet, willensstark und emotional stabil seien, Frauen hingegen labil und ihren Gefühlen unterworfen. Und es ist vornehmlich ein männlicher Wunschtraum, daß Mütter mit nie versiegender Liebe ihren Kindern wie ihren Männern zugetan seien, stets bereit, sich für sie zu opfern. Diese ach so schöne Vorstellung haben schon Klytämnestra und Medea relativiert.

Tatsache ist, daß Männer im Berufsleben sich durchaus der Vernunft bedienen. Bei Ehemännern indessen bleibt diese nur zu oft auf der Strecke, ganz besonders bei häuslichen Auseinandersetzungen. Viele Männer agieren und reagieren dann kaum anders als der Vater im Märchen, nämlich emotional. Man weiß das aus dem Ehealltag, und es gibt Psychologen, die dies erkannt haben; man denke nur an Carl Gustav Jungs Anima-Animus-Theorie. Viel gefruchtet hat das bisher nicht. Es wurde zwar kräftig am Bild des Mannes gerüttelt, aber kaum daran gezweifelt, daß Männer sich primär von der Vernunft leiten ließen. Und fast gar nichts hat sich am idealisierten Mutterbild geändert. Auch heute werden vermutlich viele meinen, die Hänsel-und-Gretel-Mutter hätte gemeinsam mit ihren Kindern sterben sollen.

Für das Problem im Märchen gibt es zwei Lösungen. Die eine, männliche, ist moralisch sentimental; sie hat zur Folge, daß weder die Eltern noch die Kinder überleben. Die andere, weibliche Lösung ist praktisch und realistisch. Da nur zwei überleben können, müssen dies die beiden Erwachsenen sein. Die Kinder allein hätten keine Überlebenschance; also müssen sie weg.

Wer aber möchte sich hinter eine solche Forderung stellen, und mag sie noch so vernünftig erscheinen? Es zählt auch nicht, daß dadurch immerhin zwei Menschen das Leben gerettet wird. Wer so wie diese Mutter argumentiert, der kann nur eine Rabenmutter sein. Darin ist man sich einig. Noch niemand – außer Mallet in *Kennen Sie Kinder?* – hat je eine Lanze für die Hänsel-und-Gretel-Mutter gebrochen.

Bliebe also nur die andere Alternative. Wie es sich für ein lieb Mütterlein geziemt, müßte die Märchenmutter den letzten Bissen mit ihren Kindern teilen. Dann wären zwar alle tot, aber die Mutter hätte heroisch gehandelt, und Heroismus ist schließlich etwas Gutes, für das zu sterben sich lohnt – sagt man. Für heroisches Sterben haben aber fast ausschließlich Männer plädiert, und was dabei in der Regel herausgekommen ist, sind ausgedehnte Gräberfelder. Ein solcher Untergangsheroismus hat immer wieder und vielerorts als hehr gegolten, ja wurde gelegentlich zum völkischen Mythos erhoben. Dennoch ist er unmenschlich, und das ist die Märchenmutter nicht. Sie versucht lediglich, aus der schlechten Situation das Beste zu machen. Als einzige in der Familie benutzt sie ihren Verstand, um wenigstens die Eltern zu retten. Bedenkt man das Ende der Geschichte, so haben sogar alle überlebt. Kein wildes Tier ist den Kindern auch nur nahe gekommen. Des Vaters düstere Annahme erwies sich als falsch – wie so manche unheilschwangere Prophezeiung, für die moralisierende Männer offenbar ein Faible haben.

Es gibt eine weitere Mutter in dieser Geschichte. Sie sticht als solche allerdings nicht in die Augen: die Hexe. In der Bechstein-Version des Märchens wird sie jedoch ausdrücklich als Mütterlein bezeichnet. Genauso tritt sie zunächst auch auf, als sehr liebes Mütterlein sogar, und sie spricht mit »feiner Stimme«. Obwohl die Kinder an ihrem Haus herumbrechen und Gretel gerade eine süße Fensterscheibe herausbricht, ist die Alte freundlich, nennt Hänsel und Gretel »liebe Kinder« und lädt sie ein, in ihr Haus zu kommen.

Zunächst erschrecken Hänsel und Gretel gewaltig, aber nicht etwa darum, weil die Alte so abstoßend aussieht. Sie erschrecken, weil sie wegen ihres Tuns ein schlechtes Gewissen haben. Das beruhigt sich jedoch schnell, als sie so freundlich angesprochen und eingeladen werden. Vertrauensvoll lassen sie sich von der Knusperhausbesitzerin an die Hand nehmen und ins Haus führen, was sie besser nicht hätten tun sollen. Fürs erste läßt sich die Sache jedoch gut an, bestens sogar. Die beiden bekommen zu essen, und zwar keineswegs Spinat, Steckrüben oder Kohl, sondern nur vom Feinsten und nur Süßes: Pfannkuchen mit Zucker, Äpfel und Nüsse. Es ist wie Weihnachten. Bedient werden sie außerdem, und von etwaiger Hilfe beim Abwasch ist keine Rede. Waschen und Zähneputzen fallen auch aus. Es werden »zwei schöne Bettlein weiß gedeckt«, Hänsel und Gretel legen sich hinein und meinen, »sie wären im Himmel«.

Eine derart verwöhnende Mutter, die nur gibt und nichts verlangt, ist für Kinder im Hänsel-und-Gretel-Alter wahrhaftig eine »himmlische« Mutter. Leider sind sie noch zu klein und zu unerfahren, um hinter die Kulisse eines solchen mütterlichen Verhaltens zu schauen. Selig in ihrem weißen Bettlein liegend, ahnen sie nicht, welchen Preis sie für so viel Süßigkeit zahlen müssen.

Im Märchen währt ihre Seligkeit nicht länger als bis zum anderen Morgen. Da zeigt »das Mütterlein« sein wahres Gesicht. Es steht vor dem Bett, sieht auf die Kinder hinunter, die »so lieblich ruhen«, kichert boshaft und murmelt vor sich hin: »Das wird ein guter Bissen werden«, und dann langt das jetzt zur Hexe verwandelte Mütterlein hinein ins Bett und packt das erste der beiden Kinder – den Jungen. In Wahrheit muß die Hexe ihn recht liebevoll hochgenommen haben, denn er wacht dabei nicht einmal auf, sondern schläft weiter in ihren Armen, bis sie ihn ins Ställchen gebracht und dort eingeschlossen hat.

Ganz anders verfährt sie mit Gretel. Die rüttelt sie wach, ruft: »Steh auf, Faulenzerin« und sagt ihr, was sie zu tun hat: Wasser tragen, Feuer machen und dem Bruder »das beste Essen« kochen. Gretel selbst bekommt nur Krebsschalen zu essen, muß früh aufstehen und arbeiten, und wenn sie ihr karges Mädchenschicksal beweint, bekommt sie zu hören: »Spar nur dein Geplärre.« Sie wird gering gehalten, heißt es bei Bechstein.

Als die beiden Märchenhelden das Haus betraten, waren sie Kinder, waren gleich und sich noch nicht bewußt, daß das eine von ihnen männlich, das andere weiblich ist. Mutter Hexe macht ihnen unmißverständlich klar, daß sie alles andere als gleich sind. Hänsel, der Junge, wird gehegt und gepflegt, und täglich kommt sie zu ihm, um ihn zu befühlen. Gretel, das Mädchen, wird herumgestoßen und muß Dienste tun wie eine Magd.

Was das Märchen hier überspitzt und drastisch auf den Punkt bringt, ist die simple Tatsache, daß Mütter zu ihren Söhnen ein anderes Verhältnis haben als zu ihren Töchtern. Der Grund ist die Andersgeschlechtlichkeit und, was den Jungen betrifft, die daraus resultierende Anziehung. Sie ist naturgegeben und, das mag einem gefallen oder auch nicht, nimmt wenig Rücksicht auf den Verwandtschaftsgrad. Da sind auch Mütter keine Ausnahme. Sie lieben ihre Söhne anders als ihre Töchter. In aller Regel gehen sie mit ihren Töchtern sachlicher um, neigen ihnen gegenüber zu mehr Härte und Kälte, und wenn »Bübchen« draußen spielen darf, muß dessen Schwester beim Einmachen helfen und für das kleinste Brüderchen die Flasche fertig machen – Gretelschicksal. Apropos Flasche: Töchter müssen im Durchschnitt nach zwölf Monaten selber essen, Söhne erst nach fünfzehn. Auch gestillt werden die männlichen Babys länger, und der Stillvorgang währt länger, nämlich fünfundvierzig Minuten. Den kleinen Mädchen hingegen wird die mütterliche Brust im statistischen Mittel nur fünfundzwanzig Minuten gegönnt, und auch sonst bekommen sie weniger mütterliche Zuwendung als ihre Brüder. Darum weinen sie in den ersten Monaten ihres Lebens mehr und reagieren weit häufiger als kleine Jungen mit Ernährungsstörungen. Andererseits werden sie früher sauber, allerdings nicht freiwillig. Die Sauberkeitserziehung der Mädchen ist rigider. Mit ihren Söhnen sind die Mütter nachsichtiger, die dürfen länger in die Hose machen. Derart verwöhnt, ist der kleine Junge weniger ehrgeizig. »Er fühlt sich behaglich, da, wo er ist, wie er ist«, schreibt Christiane Olivier. So wie Hänsel in seinem Ställchen. Er hat nichts auszustehen, wird mit allem Notwendigen versorgt. Was soll er sich groß anstrengen? Die Mädchen lernen auch früher sprechen. Dieses Phänomen gilt als gegebene Norm. Sie ist nicht von Natur aus gegeben, sondern von den Müttern gemacht. Ihre früher entwöhnten und früher abgenabelten Töchter lernen zwangsläufig früher, sprachlich zu kommunizieren, und sie reifen schneller. Sie wollen, meint Christiane Olivier, so schnell wie möglich heraus aus dem für sie wenig befriedigenden kindlichen Zustand. Sie umgibt schließlich nicht die warm-erotische mütterliche Aura, in der sich verständlicherweise Söhne so wohl fühlen. Darum ist es im Märchen auch Hänsel, der sich die größte Mühe gibt, nach Hause und damit zur Mutter zurückzukehren. Um dieses Ziel zu erreichen, wird er ehrgeizig, wird er aktiv, läßt er sich etwas einfallen. Er steigt aus seinem warmen Bett und sammelt draußen bei Nacht Kieselsteine.

Mädchen sind für Mütter Neutren, so wie Gretel für die Hexe. Sie sind für sie nicht »kleine Frauen«, so, wie Söhne ohne weiteres schon kleine Männer sind. Das ist keine Frage der Schuld, sondern geschlechtsbedingt. Etwas anderes ist es, wenn Mütter ihre Kinder für eigene Zwecke einspannen. Das tut die Hexe. Sie benutzt Gretel wie ein Dienstmädchen und behandelt sie entsprechend. Hänsel hingegen mästet sie, um ihn zu fressen. Das ist ein typisches Märchenbild und nicht wörtlich zu nehmen, trifft aber den Nagel auf den Kopf: Sie will ihn sich einverleiben, will ihn ganz für sich haben; sie will ihn sozusagen aus Liebe fressen. Das ist nichts Gutes, sondern ein Anschlag, und mancher Sohn ist einem solchen mütterlichen Anschlag zum Opfer gefallen. Wie Hänsels Schicksal eindrücklich zeigt, kostet er die Freiheit, und alle Verwöhnung wiegt sie nicht auf: Hänsel sieht die Welt nur noch durch die Gitter seines kleinen Gefängnisses. Immerhin merkt er, was ihm geschieht; er schreit, und er verweigert sich den täglichen Berührungen der Hexe. Statt seines Fingers gibt er ihr einen Knochen zu befühlen. Wirkliche kleine Jungen haben diese Chance kaum. Wie sollten sie? Sie genießen die mütterliche Zuneigung und Zärtlichkeit und erwidern sie nur zu gern. Erotische Anziehungskraft beginnt beileibe nicht erst jenseits der Pubertät. Viele Kinder erleben ihre erste große Liebe im Kindergarten, und das ist ganz in Ordnung. Auch die erotisch gefärbte Beziehung zwischen Söhnen und Müttern, Töchtern und Vätern ist ganz in Ordnung und normal. Die Psychoanalyse nannte sie inzestuös und hatte dafür ihre guten Gründe. Dennoch ist es ein irreführender Begriff, weil diese Eltern-Kind-Beziehungen so gut wie nichts mit dem zu tun haben, was Inzest zwischen Erwachsenen bedeutet. Die Liebe zwischen Mutter und Sohn, zwischen Vater und Tochter ist normalerweise nicht nur nicht schädlich, sondern vielmehr für die Kinder förderlich, machen sie doch an den Eltern ihre ersten Gefühlserfahrungen, schulen an ihnen ihre weiblichen beziehungsweise männlichen Kräfte, die sie im späteren Leben dringend brauchen. Das Problem ist jedoch: »Normalerweise« ist selten. Allzu häufig geschieht, was die Hexe demonstriert: Mütter halten ihre Söhne fest, sperren sie ein, lassen sie nicht heraus aus dem Ställchen, wollen sie für sich behalten. Die Tendenz dazu ist weit verbreitet. Wir wiesen schon darauf hin, daß Mütter nicht gerade dazu neigen, ihre

Söhne schnellstmöglich an die Frau zu bringen. Und wie gern mäkeln Väter an den Freunden ihrer Töchter herum!

Die Lösung des Problems bleibt an den Kindern hängen. Sie müssen sich aus den Gefühlsverstrickungen der Kindheit befreien. Das ist für Jungen besonders schwer, denn sie sind viel intensiver an ihre Mütter gebunden als die Töchter an ihre Väter. Die Mutter ist nun einmal die hauptsächliche Kontaktperson. Das beginnt mit dem Stillen und setzt sich fort beim Waschen und Windeln. Vorzugsweise sind die Mütter zärtlich zu ihren Kindern. Jahrhundertelang galt es als unmännlich, zärtlich zu sein. Der klassische Patriarch und Hausvater wahrte Distanz zu seinen Kindern; für ihn wäre es undenkbar gewesen, ein Baby zu waschen oder zu windeln. Glücklicherweise beginnt sich an dieser Einstellung einiges zu ändern, so daß in Zukunft auch die bisher arg frustrierten Töchter ein wenig mehr auf ihre Kosten kommen dürften.

Der Trick mit dem Knochen nutzt Hänsel letztlich nichts. Aus seinem Ställchen kann er sich nicht allein befreien. Die Hexe rüstet zum kannibalisch-erotischen Festmahl: Hänsel soll in die Suppe. Dort wäre er auch mit Sicherheit gelandet, wenn Gretel nicht gewesen wäre. Wie viele Männer kann ihn nur weibliche Hilfe davor bewahren, endgültig von der Mutter vereinnahmt zu werden. Aber ihn rettet nicht in erster Linie die Liebe, sondern Mut, Härte und Entschlossenheit eines Mädchens. Seine Schwester stößt die Hexe in den Ofen. Die schreit wie am Spieß, aber das stört Gretel nicht. Sie läuft und befreit den Bruder. »Hänsel, wir sind erlöst, die alte Hexe ist tot«, jubelt sie ihm zu.

Mütter, die ihre Söhne festhalten, sind brandgefährlich. Für sie das Bild einer gottlosen Hexe zu wählen ist durchaus angemessen. Ebenso angemessen ist die Lösung des Problems: Die alte Hexe muß verbrennen. Dafür sorgt Gretel. Hänsel hätte das kaum geschafft. Die Mutterliebe hinterläßt tiefe Spuren in den Söhnen, oft so tiefe, daß diese sich niemals von ihren Müttern befreien können. Um wirklich von ihnen loszukommen, so lautet die Märchenmoral, müssen sie sie brennen lassen.

Dieses drastische Bild wählen Märchen immer wieder für die Befreiung von der Mutter, zum Beispiel das Grimmsche Märchen Nr. 150. Es trägt den Titel »Die alte Bettelfrau« und ist eine jener unscheinbaren, kurzen Geschichten, die oft wahre psychologische Kabinettstücke sind. Hier werden die perfiden Machenschaften einer Mutter ihrem Sohn gegenüber entlarvt. Hat die Hexe gezeigt, wie eine Mutter den kleinen Sohn zu eigenen Zwecken mißbraucht, so zeigt die alte Bettelfrau, wie eine Mutter dies mit ihrem erwachsenen Sohn versucht.

Viele alte Frauen gehen betteln, berichtet das Märchen, und Altmutter bettelt eben auch. Bekommt sie etwas, so bedankt sie sich mit »Gott lohn Euch«. Sie kommt an die Tür eines jungen Mannes, eines freundlichen jungen Mannes, wie es ausdrücklich heißt. Er steht am Feuer und wärmt sich. Die alte Bettelfrau klopft nicht, sagt nichts, steht nur da und zittert, zittert vor Kälte. Sie steht aber so, daß der junge Mann sie bemerken muß. Das tut er auch, und er handelt, wie dies von der alten Bettelfrau erhofft und erwartet wird. Freundlich spricht er zu der »armen alten Frau«: »Kommt, Altmutter, und erwärmt Euch.«

Es wird nicht gesagt, daß es sich bei den beiden Akteuren dieser Geschichte um Mutter und Sohn handelt. Wenn man bedenkt, wie sie endet, ist das nicht verwunderlich. So viel Offenheit kann sich selbst ein Märchen nicht leisten. Man darf aber getrost bei der Anrede des Jünglings das »Alt-« weglassen und in der Bettlerin die Mutter des jungen Mannes sehen. Nur dann nämlich ergibt die Geschichte einen Sinn.

Mutter tritt also näher, geht zum Feuer und wärmt sich. Den sonst üblichen Dank erspart sie sich. Der Sohn bekommt kein »Gott lohn Euch« zu hören. Schließlich ist es seine Pflicht, die arme alte Mutter hereinzubitten und sie nicht draußen frieren zu lassen. Nun gut, dieser Pflicht kommt er nach, wie es sich gebührt, und freundlich bleibt er außerdem.

Bemerkenswert ist die indirekte Methode. Altmutter kommt nicht offen daher, bittet ihren Sohn nicht ganz einfach, sie einzulassen. Nein, arm, alt und in Lumpen steht sie da und zittert. Statt zu sagen, was sie wünscht, inszeniert sie diesen mitleiderregenden Auftritt. Der aber hat durchaus seinen Sinn. Auf diese dramatische Weise übt sie Druck aus auf den jungen Mann. Und in der Tat: Auf derlei Druck verstehen sich Mütter. Viele beherrschen auch die Kunst theatralischer Appelle. Sie erzeugen dadurch ein nahezu unwiderstehliches Gefühl von Verpflichtung, dem sich besonders Söhne kaum zu entziehen vermögen. Fast ausnahmslos fallen sie auf derartige mütterliche Machenschaften herein; sie merken nicht einmal, daß sie manipuliert werden, geschweige denn, auf welche Weise dies geschieht. Gegenüber solchen Beeinflussungen sind die meisten Männer ausgesprochen arglos; die Mütter – und überhaupt Frauen – haben leichtes Spiel mit ihnen.

Aber was ist eigentlich dabei, wenn der Sohn seiner Mutter gestattet, sich an seinem Feuer zu wärmen? Soll er sie vielleicht draußen auf der Schwelle frierend stehenlassen? Und haben alte und vereinsamte Mütter nicht ein Anrecht auf ein wenig Wärme und Zuwendung? Gewiß, gewiß – aber das Problem ist: Die Mutter läßt dem Sohn keine Wahl. Ob er will oder nicht, er muß sie hereinbitten. Andernfalls stünde er als gefühlloser Rohling da. Er handelt nicht frei und selbstbestimmt, sondern unter massivem mütterlichem Druck.

Gegenüber ihren Müttern haben Söhne häufig keine Wahl. Das Märchen läßt uns eine weitere solche Situation erleben. Altmutter wärmt sich also. Dabei tritt sie jedoch zu nahe ans Feuer heran, so nahe, daß ihre Lumpen zu brennen anfangen. Das könnte man noch als Unfall ansehen, nicht aber das folgende, heißt es doch: »und sie ward's nicht gewahr«. Steht in Flammen und soll es nicht gemerkt haben? Sie hat es gemerkt, und nicht nur das. Ihr Brennen ist gewollt, ist Absicht, ist eine Provokation. Sie ist so angelegt, daß der Jüngling aufmerken muß, genauso, wie er die zitternde Alte vor der Tür bemerken mußte. »Der Junge stand und sah das«, heißt es. Er sieht also seine Mutter brennen. Der Aufforderungscharakter dieser Szene ist unwiderstehlich. Der Sohn muß ganz einfach zur Mutter hinstürzen, sie packen, vom Feuer fortziehen und dann mit allen Mitteln das Feuer löschen. Am besten mit den Tränen, die er weint, denn im Text heißt es: »Und wenn er kein Wasser gehabt hätte, dann hätte er alles Wasser in seinem Leibe zu den Augen herausweinen sollen, das hätte zwei hübsche Bächlein gegeben, zu löschen.«

Das klingt so richtig herzergreifend, und viele »brennende« Mütter würden es gewiß zu schätzen wissen, wenn der Sohn ihre Flammen mit seinen Tränen löschte. Wie schön wäre es gewesen, wenn es im Märchen zu einer solch liebevollen Sohnestat gekommen wäre! Doch es hat nicht sollen sein. Schlimmer noch: Das ergreifende Bild ist nichts als perfide Ironie. Bis nämlich der Junge so viele Tränen geweint hätte, wäre er damit, selbst wenn er zwei so hübsche Tränenbächlein zustande gebracht hätte, hoffnungslos zu spät gekommen; die arme Mutter wäre längst verbrannt gewesen. Die Löschanweisung ist purer Hohn. Was aber geschieht wirklich? Mutter brennt, er sieht's. Was tut er? Damit kommen wir zur lakonischen Pointe des Märchens:

Nichts tut er. Seelenruhig bleibt er, wo er ist, rührt sich nicht und läßt die Alte brennen. Das ist das überraschende Ende der Geschichte. Und darum steht der zitierte Satz – er ist der letzte – im Konjunktiv: Der Märchenheld hätte – aber er hat nicht. Das war's, und damit ist Schluß.

Eine solche Verweigerung gibt es selbstredend nur in einem Märchen. In Wirklichkeit wäre der junge Mann gesprungen, hätte er gelöscht. Welcher Sohn wäre stark genug, dem Zwang zu widerstehen, der von einer solchen dramatischen Inszenierung – und nichts anderes ist dieser Auftritt – ausgeht? Wie alle ähnlichen Szenen hat diese nur den Anschein eines echten Dramas. Aber wer merkt das schon? Die Mutter hätte also bekommen, was sie gewollt hat: Mitleid, Anteilnahme und Nähe. Vor allem Nähe. Darauf sind Mütter aus, sehr viele Mütter jedenfalls. Am weitesten hat es darin Jokaste gebracht. Sie erreichte die größte denkbare Nähe zu ihrem Sohn.

Nähe zu Töchtern ist bei Müttern weit weniger gefragt. Eine der berühmtesten Märchentöchter hat dies schmerzlich erfahren müssen: Schneewittchen. Seine Mutter wünschte sich ein Kind, so weiß wie Schnee, so rot wie Blut und so schwarz wie Ebenholz. Sie bekam eine Tochter. Wäre dieses Kind ein Sohn gewesen, die Geschichte wäre niemals erzählt worden.

Die Mutter starb bei der Geburt, heißt es. Aber das stimmt nicht. Es ist wie bei Hänsel und Gretel: Die Brüder Grimm haben aus Pietät gegenüber den Müttern in beiden Fällen aus der Mutter eine Stiefmutter gemacht. Eine solche gab es jedoch nicht, wie in der Urfassung nachzulesen ist.

Nun, das Kind ist da, doch die Mutter schätzt es nicht sonderlich. Sie sitzt lieber vor ihrem Spiegel und läßt sich von ihm jeden Morgen aufs neue bestätigen, daß sie die schönste Frau im ganzen Land sei. Ihre Schönheit ist ihr wichtiger als ihr Kind, und allein dadurch erscheint sie böse – heutzutage jedenfalls. Aber das war nicht immer so. Es gab Zeiten, in denen eine solche Einstellung als durchaus legitim galt. Da wurden die Mädchen zu Ammen gegeben, und zwar vor allem deswegen, weil die Mütter sich ihre schlanke Figur bewahren wollten – und ihre Unabhängigkeit. Für viele Babys war dies ebenso lebensgefährlich wie die Anschläge der Mutter auf Schneewittchen. In Paris beispielsweise wurden Säuglinge auf Leiterwagen verfrachtet und aus der Stadt hinausgeschafft zu Ammen auf dem Lande. Etliche überlebten den Transport nicht, weitere nicht die Behandlung durch die Ammen; aber das regte niemanden groß auf. So schrieb der französische Schriftsteller und Philosoph Michel de Montaigne im 16. Jahrhundert: »Ich habe zwei oder drei Kinder bei Ammen verloren – nicht ohne Bedauern, aber ohne Kummer.« Und so dachte man nicht nur in Adelskreisen. Wer immer sich eine Amme leisten konnte, der tat dies – und nicht nur in Frankreich.

Schneewittchen wächst heran, und eines Tages läßt der Spiegel die Königin wissen, sie sei zwar die Schönste, Schneewittchen jedoch sei tausendmal schöner als sie. Der Königin fährt darob der Schreck gewaltig in die Glieder, und vor Neid wird sie gelb und grün, heißt es. So herzlos soll eine Mutter reagieren? Unmöglich! möchte man meinen. Aber immerhin haben wir gesehen, daß Väter fast genauso reagierten, und zwar auch gegenüber den Kindern des eigenen Geschlechts. Sie waren eifersüchtig auf ihre Söhne, und so wie Schneewittchens Mutter schreckten auch sie vor Mordanschlägen nicht zurück. Sie hatten Angst um ihren Thron.

Ein solches Problem haben Mütter weit weniger. Sie müssen nur sehr selten um einen Thron fürchten, denn auf dem sitzen zumeist Männer. Mütter fürchten weit eher um ihr Ansehen und um ihre Position, vor allem um ihre Position gegenüber ihrem Mann. Die wird bisweilen durch eine andere Frau, mitunter aber auch durch ein Kind gefährdet. Das ist beispielsweise am Anfang einer anderen, weniger bekannten Version des Schneewittchenmärchens der Fall. Da wünscht sich ein Mann eine Tochter mit roten Wangen und schwarzem Haar, und kaum hat er diesen Wunsch getan, da erscheint ein so schönes Schneewittchen. Der Mann, er ist ein Graf, bittet es sofort in seine Kutsche. In der aber sitzt auch seine Frau, die Gräfin, und die hat das gar nicht gern. Sie entbrennt in Eifersucht; für sie ist die schöne Kleine eine Konkurrentin, die sie sich so schnell wie möglich vom Halse schaffen möchte. Zu diesem Zweck wirft sie ihren Handschuh aus der Kutsche, läßt halten und heißt das Mädchen, ihn zu holen. Sobald das Kind ausgestiegen ist, befiehlt sie dem Kutscher weiterzufahren, und damit ist sie das Problem erst einmal los.

In einer weiteren Fassung des Märchens entdeckt nicht ein schöner Prinz, sondern der Vater Schneewittchen im gläsernen Sarg, und es heißt, er sei tief traurig über den Tod seiner geliebten Tochter. Eine solche Liebe zur Tochter kann durchaus zu Konflikten à la Schneewittchen führen, dann nämlich, wenn ein Vater seine Tochter höher schätzt als seine Frau, wenn er liebevoller mit ihr umgeht, zärtlicher zu ihr ist, ihr mehr Aufmerksamkeit widmet. Eine derartige Situation kann die mütterliche Liebe zur Tochter auf eine harte Probe stellen, und manch einer Mutter wird es schwerfallen, der Tochter den Erfolg beim Vater nicht anzulasten und ihre Eifersucht zu unterdrücken.

In der bekannten Schneewittchen-Fassung steht der mütterliche Neid im Vordergrund, der Neid auf das immer schöner werdende Kind, der schließlich zu handfestem Haß eskaliert. Die Mutter kann das hübsche Kind ganz einfach nicht mehr sehen. In der Urfassung der Geschichte ist zu lesen, warum: weil sie durch Schneewittchens Schuld nicht mehr die Schönste auf der Welt ist. Sie bestellt den Jäger; der soll Schneewittchen umbringen.

Auch das klingt unwahrscheinlich. Kann Schönheit für Mütter wirklich von so großem Belang sein? Sie kann, denn Mütter sind in dieser Hinsicht kaum anders als Väter, und die ärgert es oftmals gewaltig, wenn die Söhne ihnen über den Kopf wachsen. Müttern geht es ähnlich, wenn auch auf andere Weise. Sie müssen erleben und tatenlos dabei zusehen, daß sie immer älter und faltiger, ihre Töchter hingegen immer schöner und reizvoller werden. Manche Mütter mögen davon nicht betroffen sein, und etliche werden es weit von sich weisen, auf die Tochter neidisch zu sein; doch die Tatsache als solche bleibt bestehen. Sie offenbart sich, genau wie bei Schneewittchens Mutter, beim täglichen Blick in den Spiegel. Eine »gute« Mutter, die sich mit der Rolle identifiziert, welche die Gesellschaft ihr zuteilt, wird selbstverständlich nicht tun, was die böse Märchenmutter tut: einen Vergleich mit der eigenen Tochter anstellen. Sie wird die Meinung vertreten, Aussehen und Ansehen seien für sie keine bestimmenden Werte. Dies wird sie schon deswegen äußern, weil die gegenteilige Auffassung sich für eine Mutter angeblich nicht schickt. Tatsache ist jedoch, daß Schönheit und Geltung von jeher für Frauen, also auch für Mütter, einen hohen Stellenwert hatten. Dafür gibt es ein klassisches Beispiel: das Urteil des Paris. Nicht von ungefähr ist es in Kunst und Literatur zu einem Begriff geworden. Die Vorgeschichte ist folgende: Eris, die Göttin der Zwietracht, ist beleidigt, weil sie zu einer Götterhochzeit nicht eingeladen worden ist. Um sich zu rächen, wirft sie einen goldenen Apfel mit der Aufschrift »Der Schönsten« unter die Gäste. Hera, Aphrodite und Athene bewerben sich um diesen Titel, und Zeus soll entscheiden, wem er zukommt. Aber Zeus denkt nicht daran, eine solche Entscheidung zu treffen. Ihm ist klar, was er sich damit einhandeln würde. Mit Sicherheit würde er sich zwei der olympischen Damen zu erbitterten Feindinnen machen. Man stelle sich nur vor, er würde seine Frau Hera übergehen und einer der beiden anderen den Preis zuerkennen. Sein Haussegen hätte ganz schön schief gehangen.

So schiebt Zeus dem schönen Paris die Entscheidung zu, der gerade am Fuß des Berges Ida als Hirt die Schafe hütet. Zu ihm begeben sich unverzüglich die drei Göttinnen, und sie scheuen sich nicht, sich Paris zwecks Begutachtung zu präsentieren. Das tun sie nach einem Schönheitsbad im Idafluß und, je nach Erzähler, in prächtigen, verlockenden Gewändern oder völlig nackt. Der Preis ist es ihnen offensichtlich wert. Er ist ihnen auch eine Bestechung wert – allen dreien. Hera verspricht dem schmucken Schiedsrichter Macht und Größe, Athene Weisheit und Ruhm. Aphrodite, die sich in männlicher Psychologie zweifellos am besten auskennt, verspricht Paris die schönste Frau Griechenlands zum dauernden Besitz.

Nach diesen Präliminarien begann er dann – der erste Schönheitswettbewerb der Weltgeschichte. Es handelte sich dabei beileibe nicht um eine Mißwahl. Die Teilnehmerinnen waren gestandene Frauen. Hera und Aphrodite waren verheiratet und mehrfache Mütter; nur die kampferprobte Athene war und blieb jungfräulich. Auf jeden Fall ging es keiner der drei darum, mit ihrer Schönheit einen Mann zu ködern. Hera war mit Göttervater Zeus bestens versorgt. Aphrodite liefen die Männer so oder so nach; dazu brauchte sie weder einen Preis noch ein besonderes Prädikat. Und Athene war kaum etwas so egal wie Männer.

Wenn aber ihr Ehrgeiz nicht auf Männer bezogen war, worauf dann? Es ging ihnen um ihr ganz persönliches Ansehen, um ihre Geltung, um das Aufsehen, das ihre Schönheit und der Status, die Schönste zu sein, mit sich brachten. Für den französischen Philosophen Descartes galt die Devise: »Ich denke, also bin ich.« Für Frauen hingegen gilt die Maxime: »Ich gefalle, also bin ich.« Das jedenfalls behauptet Christiane Olivier, und sie muß es als Frau wissen.

Wie egozentrisch weiblicher Schönheitsehrgeiz sein kann, zeigt auch Schneewittchens Mutter, wenn sie täglich allein vor ihrem Spiegel sitzt. Und wie trifft es sie, als sie den Status, die Schönste zu sein, verloren hat! Jetzt will sie der Tochter ans Leben. Ähnlich reagierten die hintangesetzten Göttinen Hera und Athene. Sie wollten Paris töten, und das, obwohl sie alle vor der Wahl feierlich versprochen hatten, dem Schiedsrichter nicht zu zürnen. Tatsächlich verfolgten Hera und Athene nicht nur ihn, sondern auch sein Volk, die Trojaner. Sie schadeten ihnen, wo immer sie konnten – allein darum, weil Paris ihnen den Preis verweigert hatte. Athene ging dabei so weit, daß sie den zu Ende gehenden Trojanischen Krieg durch einen üblen Trick wieder anheizte.

Dem Haß der beiden Göttinnen steht jener der bösen Märchenmutter kaum nach. Nachdem der Jäger versagt hat, nimmt sie das Morden selbst in die Hand und versucht es mit einem Strick, einem vergifteten Kamm, einem vergifteten Apfel. In der Wirklichkeit bedienen sich Mütter selbstverständlich nicht so rabiater Mittel. Sie benutzen subtilere Methoden; doch die sind nicht weniger wirksam, und wenn man bedenkt, daß die Mordanschläge der Märchenmutter nicht fruchteten, sind sie sogar noch wirksamer. In der Tat wissen es die meisten Mütter erfolgreich zu verhindern, daß ihre Töchter über sie triumphieren.

Den totalen Sieg über die Mutter darf ein Mädchen nur im Märchen feiern. Darum ist die Geschichte von Schneewittchen so beliebt. Sie ist eine grandiose Aufwertungsphantasie einer Tochter gegenüber der überwältigenden Mutter: Das kleine Schneewittchen zahlt es der großen und schönen Königin-Mutter heim. Das ist der faszinierende Inhalt des Märchens. Es ist aus der Kinderperspektive erzählt, zeigt eine Mutter aus der Sicht der Tochter. Das ist ein höchst subjektiver, dennoch nicht unergiebiger Aspekt.

Zunächst ist die siebenjährige Heldin armes, verfolgtes Opfer. Doch das ist unter Umständen eine hochgradig befriedigende Rolle. Schneewittchen bietet sie genau das, was ihm die Mutter anfangs versagt: ungeteilte Aufmerksamkeit. Es ist eine mörderische Aufmerksamkeit. Aber was schadet das? Sie ist besser als gar keine. Man könnte die Oliviersche These abwandeln und sagen: »Solange ich beachtet werde, bin ich«, wobei sich hinzufügen ließe: »und solange man mir Gefühle entgegenbringt«. Kann man Liebe nicht haben, dann tut es notfalls auch Haß. Von Herzen gehaßt zu werden ist immer noch besser, als jene kalt-sachliche Behandlung erleben zu müssen, die beispielsweise die Hexe Gretel widerfahren ließ.

Nun haßt aber nicht nur die Mutter die Tochter – es haßt auch die Tochter die Mutter. Wie sehr, zeigt das Ende des Märchens. Nicht die Hochzeit der Heldin ist der Höhepunkt, sondern die Bestrafung der Mutter. Auf diesen Triumph läuft die Geschichte von Anfang an hinaus. Der Tanz in den glühenden Pantoffeln ist die süße Rache an der ach so machtvollen und überlegenen Mutter. Alle negativen Gefühle, die ein kleines Mädchen gegenüber der Mutter haben kann, reagieren sich in dieser letzten Szene des Märchens ab. Sie ist der Trost für all den Frust, den der Mütter Mädchenerziehung für viele zur Folge hat. Es ist nur gut, daß Töchterphantasien wie diese kaum jemals wahr werden. Wäre das der Fall, so lebten nicht wenige Mütter ausgesprochen gefährlich – nicht nur Töchtermütter. Ginge es nach den Märchen, dann müßte so manche Mutter über die Klinge springen. Unter der Oberfläche allgemeiner Mutterverehrung scheint sich einiges an mütterfeindlichen Aggressionen angesammelt zu haben. Dafür mag es etliche Gründe geben. Einer davon dürfte das hehre Mutterbild sein, auf das wir etwa seit der Neuzeit fixiert sind. Das Märchen stellt mit seiner ebenso bösen wie überwältigenden Königin-Mutter ein Gegenmodell vor. Es könnte helfen, die reichlich verschobenen Maßstäbe ein wenig zurechtzurücken.

Von ganz besonderer Art sind die Beziehungen mancher Mütter zu Sohn und Schwiegertochter. In diesem Dreiecksverhältnis geht es bisweilen recht spannungsgeladen zu. Das zeigt beispielhaft das Märchen von den sechs Schwänen, Nr. 49 der Grimmschen Sammlung. Die Entwicklung dieses Drei-Personen-Dramas beginnt ganz und gar unüblich, nämlich mit einer Szene, die man in einem Märchen kaum erwarten würde: einem Striptease, vermutlich dem ersten, der jemals in dieser Form beschrieben wurde. Er findet im Wald statt. Unten jagt der König mit seinen Jägern, oben, in einem hohen Baum, sitzt das Mädchen. Es wird entdeckt, die Jäger fragen, wer es sei, aber es antwortet nicht; es kann nämlich nicht sprechen. Statt dessen wirft es seine goldene Halskette hinunter. Die Männer fragen weiter, das Mädchen antwortet, indem es erst seine Strumpfbänder hinabwirft und dann, ich zitiere, »nach und nach alles, was es anhatte und entbehren konnte, so daß es nichts mehr als sein Hemdlein behielt«. Was die Männer unten dazu meinten, ist nur in der Urfassung der Geschichte zu finden: Ihnen »war das alles nicht genug«. Sie wollten auch noch die letze Hülle, das Hemdlein fallen sehen; aber das ließen die Brüder Grimm nicht zu, und so setzten sie ihren zensierenden Rotstift an. Die Jäger klettern also ohne lüsterne Gedanken den Baum hinauf und holen das Mädchen herunter. Wer weiß, was sie nun getan hätten – doch da ist der König. Zu ihm bringen sie die fast entblößte Schöne. Er will wissen, wer sie ist, aber auch bei ihm bleibt sie stumm. Der Sprache bedarf es auch gar nicht. Was jetzt geschieht, wird allein von der Erscheinung des Mädchens ausgelöst. Sie hat auf den König die heftigste Wirkung. Er ist von der Schönheit der Unbekannten hingerissen; sein Herz wird gerührt, heißt es. Unwiderstehliche Liebe erfaßt ihn, und die bringt ihn in Fahrt. Er hebt das Mädchen auf sein Pferd, wickelt es in seinen Mantel, galoppiert mit ihm auf sein Schloß und verkündet dort, daß er es sofort und ohne weiteres heiraten wolle.

Derartige männliche Kurzschlußhandlungen sind nur allzu bekannt. Bereits der römische Dichter Properz (um 50–nach 16 v. Chr.) wußte, daß für den, den Amor erwischt, alle anderen Güter der Welt im Preis sinken. Das bewies schon Paris, und den hatte Amors Pfeil noch nicht einmal getroffen. Allein die Verheißung eines schönen Weibes ließ ihn Ruhm und Ehre, Macht und Weisheit ausschlagen, als handle es sich um nichts.

Weit seltener verlieren Frauen in Liebessachen den Kopf, und die wenigsten von ihnen können begreifen, daß ein Paar schöne Mädchen- oder Göttinnenbeine einen Mann im Nu um den Verstand zu bringen vermögen. Schon gar nicht haben Mütter für derartige männliche Ausnahmezustände Verständnis, vor allem dann nicht, wenn sie zu Konsequenzen führen, wie sie der Märchenkönig zieht. Dessen Mutter ist schier entsetzt, als ihr Sohn mit dem halbnackten Mädchen angeritten kommt und es sofort zu heiraten begehrt. Sie protestiert und konstatiert, diese hergelaufene Dirne sei eines Königs nicht würdig, kann jedoch die Ehe nicht verhindern.

Sie meint es gut, möchte man denken. Doch wir haben schon einmal erfahren, daß mütterliches Gutmeinen seine Tücken haben kann. So auch hier: Der Mutter geht es nicht um das Wohl ihres Sohnes, sondern um ihr eigenes. Die Bechstein-Fassung des Märchens verrät ihre Motive: Es geht ihr um ihre Herrschaft im Haus. Die Schwiegertochter ist ihr zuwider, weil sie bisher »das Regiment ganz allein geführt« hat, und das möchte sie weiterhin. Unter allen Umständen will sie sich ihre bisherige Position sowohl auf dem Schloß als auch ihrem Sohn gegenüber erhalten. Beides gefährdet die Frau ihres Sohnes, und darum tut sie ihr möglichstes, um die Konkurrentin aus dem Felde zu schlagen. Sie tut es auf eine Weise, deren sich Mütter nicht eben selten bedienen: Sie ermahnt ihren Sohn immer wieder, »jene« – das heißt, seine Frau »nicht allzu lieb zu haben«. Solche mütterlichen Ermahnungen gibt es nicht nur im Märchen. Sie dürften etlichen Söhnen (und deren Frauen) wohlbekannt sein. Das Ziel der mütterlichen Einmischung in die Ehe des Sohnes ist klar, und das Märchen nennt es beim Namen: Die Mutter will zu Unfrieden und Zwietracht anstiften.

Das gelingt ihr jedoch zunächst nicht; jungverheiratete Paare sind gegenüber solchen Angriffen meistens noch immun. So auch hier: Der Sohn will ihre Worte nicht hören, ist jedesmal ungehalten über sie. Das entmutigt die Mutter indessen nicht. Sie gibt nicht auf, sondern ändert lediglich ihre Strategie. Sie stellt ihre bisherigen destruktiven Versuche ein, wird sanft und freundlich, begegnet ihrem Sohn und seiner Frau, wie es heißt, »willfährig«, zeigt sich dienstgefällig und besonders der Schwiegertochter gegenüber ehrerbietig. Auch solche mütterlichen Gesinnungswandel dürften manchen Paaren vertraut sein. Nicht immer sind sie echt. In diesem Fall ist die neue Freundlichkeit nichts als perfide Taktik, die »aus einem falschen Herzen« kommt. Damit plant Schwiegermutter Übles, und zwar langfristig. Ihre Stunde kommt, als die junge Königin ihr erstes Kind zur Welt bringt. Heimlich nimmt die Alte es ihr weg und bestreicht der Schwiegertochter im Schlaf den Mund mit Blut. Dadurch schafft sie die Voraussetzung für eine der schlimmsten Anklagen. Die Königin gerät in den Verdacht sowohl des Kindesmordes als auch der Menschenfresserei – jedes für sich ein todeswürdiges Vergehen. Über das Motiv der schwiegermütterlichen Bosheit gibt wieder das Bechstein-Märchen Auskunft: »Das tat sie ihrem Sohn aus Rache an, weil er die junge Frau so lieb hatte.« Frau Mutter ist also nicht nur auf ihre herrschende Position bedacht, die sie mit allen Mitteln verteidigt – sie ist außerdem eifersüchtig, gönnt ihrem Sohn seine Liebe nicht und nicht die schöne junge Frau.

Der hinterhältige Anschlag der Mutter hat jedoch keinen Erfolg. Der Märchensohn hält brav zu seiner Frau, wie dies auch wirkliche Söhne zunächst oft tun. Er glaubt seiner Mutter nicht, weist ihre Anschuldigungen zurück und sorgt dafür, daß es nicht zur Anklage gegen die junge Königin kommt. Aber böse Schwiegermütter haben einen langen Atem. Die im Märchen wartet, bis die Schwiegertochter das nächste Kind bekommt, und verfährt wie beim erstenmal. Abermals glaubt der Sohn seiner Mutter nicht; ihm kommen jedoch erste Zweifel. Als sie ihren Betrug beim dritten Enkelkind wiederholt, da, so heißt es, kann er nicht anders: Er muß seine Frau dem Gericht übergeben. Das tut er, und sie wird erwartungsgemäß dazu verurteilt, »den Tod durchs Feuer zu erleiden«. Mutter hat es geschafft. Auf die denkbar radikalste Weise ist die Ehe ihres Sohnes kaputt, und in Wirklichkeit wäre sie es auch. Da es sich hier jedoch um ein Märchen handelt, geschieht in letzter Sekunde ein Wunder. Die junge Königin kann wieder sprechen, erklärt alles, auch die Kinder tauchen wieder auf, und dann wird die böse Schwiegermutter auf den Scheiterhaufen gebunden und zu Asche verbrannt.

Das Bild ist hart, aber die Psychologie stimmt: Mutter muß aus der Ehe herausgehalten werden, der Sohn muß von ihr loskommen, von ihr frei werden, so wie schon der Held in der Geschichte von der alten Bettelfrau; auch die mußte brennen. Erst dann können die beiden Eheleute miteinander glücklich werden. Das ist es, was zu Recht der Schlußsatz des Märchens verheißt: Sie »lebten lange Jahre in Glück und Frieden«.

Es gibt unendlich viele Variationen dieses Themas; die Konstellation ist immer die gleiche: Mit allen erdenklichen Intrigen stört die Mutter des Mannes – stets sie, kaum jemals die Mutter der Frau – die Ehe, verleumdet die Schwiegertochter und wird dafür am Schluß umgebracht. Das ist nicht nur in den Grimmschen Märchen so. Das uralte Motiv findet sich schon in der Schwanenrittersage von Johannes de Alta Silva aus dem Jahr 1190 und in etlichen anderen mittelalterlichen Erzählungen. Es ist in ganz Europa verbreitet, und selbst die Eskimos und die Massai in Afrika kennen solche Geschichten und damit das Problem.

Die Folgerung daraus liegt auf der Hand: Die Rede von der bösen Schwiegermutter ist kein Witz; Schwiegermütter sind tatsächlich gefährlich. Das wußte schon der römische Dichter Juvenal (um 60–140 n. Chr.). Er konstatierte, solange die Schwiegermutter lebe, könne man den Hausfrieden vergessen. Juvenal war Satiriker, und das ist bezeichnend. Selbst im alten Rom dürfte die Macht der Mütter so groß gewesen sein, daß ernsthafte Kritik an ihnen nur schwer möglich war.

Die Mütter der Männer sind nicht erst als Schwiegermütter gefährlich. Etliche erweisen sich schon vorher als bemerkenswerte »Liebeskiller« – jedenfalls in den Märchen, zum Beispiel in der Geschichte von der wahren Braut (Grimm, *Kinder- und Hausmärchen* Nr. 186). Das glücklich sich liebende und verlobte Paar sitzt traulich unter einer grünen Linde und beschließt dort, schnellstens zu heiraten. Der Bräutigam will nur kurz nach Hause, um die Einwilligung seiner Eltern zur Hochzeit einzuholen. In wenigen Stunden, so verspricht er der Braut, sei er zurück, und sie möge derweil unter der Linde auf ihn warten. Ihr ist das nicht recht; sie ahnt, welche Gefahr für ihre Liebe im Elternhaus des Mannes lauert. Aber mit welcher Begründung könnte sie ihn aufhalten? Also versucht sie, ihn wenigstens gegen böse Einflüsse zu wappnen. Sie küßt ihren Liebsten auf die Wange und legt ihm ans Herz: »Laß dich von keiner anderen auf diesen Backen küssen.« Doch es nutzt ihr nichts. Er läßt sich küssen, und zwar von seiner Mutter – und vergißt daraufhin prompt seine Braut. Die wartet vergeblich unter der Linde.

Ähnliches geschieht in dem Märchen »Der Trommler« (Grimm Nr. 193). Auch hier schärft die Liebste dem Freund ein, er solle um Himmels willen seine Eltern nicht auf die rechte Wange küssen. Doch er vergißt den guten Rat, küßt die Eltern sogar auf beide Wangen, und alsbald entschwindet auch ihm jeder Gedanke an die Braut. Daß er den Vater küßt, wird ihm schwerlich geschadet haben. Der Kuß jedoch, den er der Mutter gab, war sein Verhängnis; der habe ihn, wie er selbst später sagt, betäubt. Im Märchen gibt es dieses Später, und damit das gute Ende, in der Wirklichkeit kaum. Da hätte ihm die Mutter für alle Zeiten das Mädchen seiner Wahl, das Mädchen, das er liebte, ausgeredet.

Nachdem sie ihren Sohn erfolgreich »betäubt« hat – ein treffendes Bild –, sucht sie ihm eine Frau aus und bestimmt: »In drei Tagen soll die Hochzeit sein.« So machen es Mütter, denen es nicht gelingt, ihren Sohn überhaupt vom Heiraten abzuhalten. Sie finden ein Mädchen *ihrer* Wahl, und das ist mit Sicherheit eines, das ihnen den Rang nicht streitig macht. Ohne weiteres akzeptiert der Märchensohn die Wahl seiner Mutter. Es heißt, er »war mit allem zufrieden, was die Eltern wollten«. Das Märchen lehrt, daß man dies wahrhaftig nicht sein sollte, und in der Tat: Der Muttersohn von Märchenheld hätte sich besser ein Beispiel an dem jungen Mann aus der Geschichte von der alten Bettelfrau nehmen sollen.

Es ist erstaunlich und überdies aufschlußreich, wie viele Märchen gerade dieses Thema behandeln. In der Geschichte von den beiden Königskindern – bei den Grimms die Nr. 113 – wird die Mutter von sich aus aktiv: Sie gibt ihrem Sohn den Vergessenskuß. Dabei ist schon der Wagen angespannt, die Bedienten sitzen darauf, harren nur noch des Prinzen, um die im Dorf wartende Braut abzuholen. Der Prinz aber kommt nicht – der mütterliche Kuß sorgte dafür –, und die Mutter übernimmt nun auch alles weitere. Sie läßt wieder ausspannen, beschafft eine andere Braut und dringt auf sofortige Hochzeit. Sie ist sich darüber klar, daß die richtige Braut, genau wie sie, ihren Sohn nicht kampflos aufgeben wird. Die in Vergessenheit Geratene läßt sich etwas einfallen: Sie erkauft sich eine Nacht vor der Tür ihres Bräutigams und erzählt ihm alles. Doch er kann sie nicht hören. Dafür hat seine Mutter gesorgt. Sie hat den Bediensteten befohlen, ihrem Sohn einen Schlaftrunk zu geben. Das haben sie getan; sie haben aber auch die ganze Geschichte gehört, welche die vergessene Braut erzählte, und sind davon gerührt. Als sie sich eine zweite Nacht erkauft, geben sie dem Prinzen statt des befohlenen Schlaftrunks einen Wachtrunk. Sie sind ihrer Herrin weniger gehorsam als manche Söhne ihren Müttern.

Dieses Mal hört der Prinz, und ihm fällt alles wieder ein. Er springt aus dem Bett, will zu seiner Braut – aber Mutter hat die Tür abgeschlossen. Das nutzt ihr jedoch nichts mehr. Ihr Sohn hat hinzugelernt. Er weiß sich zu befreien, und er küßt auch die Frau Mama kein zweites Mal, sondern hält mit der richtigen Braut Hochzeit. Die Mutter wird nicht eingeladen, was der Erzähler ausdrücklich billigt. Kategorisch stellt er fest: Die falsche Mutter mußte weg.

Nicht immer gewinnt die wahre Braut das Rennen. Das Lied von den beiden Königskindern, die einander so lieb hatten, aber zusammen nicht kommen konnten, endet tragisch. Ein tiefes Wasser trennt die beiden. »Ach, Liebster, könntest du schwimmen«, seufzt die Prinzessin. Er kann schwimmen, und in dunkler Nacht stürzt er sich in die Fluten. Sie zündet ihm drei Kerzen an, damit er zu ihr finde. Sie glaubt, die falsche Nonne schlafe. Doch die ist auf der Hut und paßt auf. Sie pustet die Kerzen aus, und »der Jüngling ertrank so tief«. Dreimal darf man raten, wer die falsche Nonne ist.

Mütter sind Meister im Stören einer Beziehung, und manchen von ihnen ist dazu jedes Mittel recht; notfalls gehen sie über Leichen. In etlichen Mythen und Märchen gehen sie auch über die Leichen ihrer eigenen Kinder, dann nämlich, wenn ihr Eigeninteresse größer ist als ihre Mutterliebe. Das ist der Fall bei Medea. Sie liebt Jason, verschafft ihm das Goldene Vlies, verrät seinetwegen ihre Familie, flieht mit ihm, rettet ihm mehrmals das Leben und führt jahrelang eine glückliche Ehe mit ihm. Jason dankt es ihr schlecht: Er verstößt sie, um eine Jüngere zu heiraten. Medea nimmt das nicht hin. Sie bringt ihre Nebenbuhlerin um und deren Vater gleich mit. Nun, dafür mag man noch Verständnis haben. Doch Medea reicht das nicht. Sie will ihren treulosen Mann bis ins Mark treffen, will ihn vernichten, und das gelingt ihr. Sie erdolcht ihre beiden Söhne. Ihr Verlangen nach Rache ist stärker als ihre mütterliche Liebe. Jason gibt sich aus Verzweiflung selbst den Tod. Medea hat ihr Ziel erreicht.

Klar, daß man über sie den Stab bricht, und das nicht nur in Männerkreisen. Eine Mutter, die aus niedrigen Beweggründen ihre Kinder ermordet, begeht nun einmal ein abscheuliches Verbrechen. Aber damit hat es nicht sein Bewenden. Man verunglimpft sie auch. Das zeigt sich in den diversen Bearbeitungen des Stoffes. Medea wird als ein dämonisches Machtweib dargestellt (Friedrich Maximilian Klinger), als Barbarin (Franz Grillparzer), als Negerin (Hans Henny Jahnn), als Zigeunerin (Jean Anouilh), und dem modernen Mattias Braun gilt sie als Vertreterin eines chaotischen Prinzips. Man schiebt sie ab in die Randzonen des Menschlichen, und das passiert ihr nur, weil sie eine Mutter ist, die nicht ins Schema paßt. Denn mit größter Selbstverständlichkeit erwartet man von Müttern, daß sie ihre Kinder bedingungslos lieben und sich notfalls für sie aufopfern. Von Vätern erwartet man das nicht. Wenn die ihre Kinder fressen, gelten sie noch lange nicht als Dämonen und schon gar nicht als Barbaren. Und Väter müssen nicht eine Art Heilige sein, wie dies nach verbreiteter Auffassung Mütter zu sein haben. Doch die sind das nicht, können es nicht sein. Mütter sind auch nur Menschen. Und manche Mütter sind Schurkinnen, wie manche Männer Schurken sind. Für die paßt der Begriff, für Mütter paßt er nicht. Er ist für Männer reserviert. Die dürfen Schurken sein; das gilt als normal, und man sieht es ihnen nach. Müttern sieht man es nicht nach. Sie müssen gut sein – so will es die gängige Moral. Aber das ist eine doppelte Moral, allerdings eine, die man bisher kaum bemerkt, geschweige denn revidiert hat.

Was hätten wir heute mit Medea gemacht? Sie wäre zu lebenslänglicher Haft verurteilt worden. Doch ich möchte wetten, daß ihre Mithäftlinge sie verachtet hätten. Auch viele Frauen haben die Rolle akzeptiert, welche die bürgerliche Gesellschaft ihnen auferlegt hat, und die Mütter haben sich weitgehend damit identifiziert. Eine Mutter, die gröblichst aus dieser Rolle ausbricht, fällt daher der Verachtung anheim. Das war nicht immer so. Klytämnestra hat man nicht verachtet, obwohl sie ihrem Sohn nach dem Leben trachtete, und niemand hat daran gedacht, Jokaste zu einer Barbarin zu stempeln, weil sie Ödipus aussetzte. Auch Medea geschah nichts Vergleichbares. Sie fand einflußreiche Helfer sowohl auf der Erde wie auf dem Olymp. Sie floh, doch man schützte sie, und sie fand einen Mann, der sie heiratete. Sie bekam einen weiteren Sohn, wurde schließlich sogar Königin, Königin der Meder, die sich nach ihr benannten. Man stieß sich nicht an ihrer Vergangenheit. Sie hatte eine böse Tat begangen, wie manche

Menschen böse Taten begehen. Als Mutter hatte sie keinen Sonderstatus, wurde deswegen nicht mit einem strengeren moralischen Maßstab gemessen.

Später tat man das. Man setzte Mütter unter nicht geringen gesellschaftlichen Druck. In Wort und Bild, in Gedichten und Geschichten, oftmals begleitet von rührseligen Illustrationen, wurde dargestellt, was man von ihnen erwartete. Und die Repräsentanten der Gesellschaft, die geistlichen wie die weltlichen, sagten ihnen außerdem, wie sie zu sein und was sie zu tun und zu lassen hatten. Einerseits stellte man sie auf ein hohes Podest, andererseits unterdrückte man sie, beutete sie aus und versuchte ihr Wirken auf Kinder, Küche und Kirche zu beschränken. Eine Chance, sich gegen diesen allgegenwärtigen Druck zu wehren, hatten sie kaum. Wer jedoch glaubt, sie hätten sich kleinkriegen lassen, der täuscht sich. Viele sind so überwältigend geblieben wie eh und je, wenn auch auf eine neue, weniger auffällige und schwer zu bemerkende Art und Weise. Mütter sind klug, anpassungsfähig und zäh – auf alle Fälle klüger und zäher, als die meisten Männer und erst recht die meisten Söhne es wissen oder wahrhaben wollen. Mütter üben weiterhin Macht aus, und nach wie vor sehen viele von ihnen zu, daß sie bei dem bestehenden Dilemma auf ihre Kosten kommen. Dabei entsprechen sie oft gar nicht den in sie gesetzten Erwartungen.

Wie anders Mütter sein können, wie weit entfernt von gängigen Vorstellungen und Wünschen, das haben uns die Akteurinnen dieses Kapitels von Klytämnestra über Jokaste bis zur Mutter von Hänsel und Gretel und zu Schneewittchens Mutter gezeigt. Gewiß gibt es auch Mütter, die so lieb und gut sind, wie viele Kinder und Ehemänner es sich von ihnen erträumen. Ebenso gewiß gibt es jedoch solche, die keineswegs ihren ganzen Lebenssinn darin sehen, sich selbstlos für das Wohl von Mann und Kindern aufzuopfern. Wer wollte es ihnen verargen? Mütter sind, wie gesagt, auch nur Menschen, nicht besser und nicht schlechter als die Vertreter des anderen Geschlechts. Damit müssen wir Männer und wir Söhne leben, ob uns dies nun gefällt oder nicht.

Frauen der Tat

Frauen der Tat – gibt es denn die überhaupt? Nun, es gibt sie jedenfalls nicht im Sinne dieses Begriffs; der ist für Männer reserviert. Man spricht nur von einem Mann der Tat. Taten gelten als männliche Domäne. »Am Anfang war die Tat«, ließ der Mann Goethe seinen männlichen Helden Faust den ersten Satz des Johannesevangeliums übersetzen. Weder unser großer Dichter noch die Mehrzahl seiner Leser dachten dabei an weibliche Taten. Nach männlichem Verständnis sind Frauen keine Tatmenschen, und wehe, sie erlauben sich, durch Taten von sich reden zu machen. Eva hat es zu spüren bekommen; ihr Ruf ist bis zum heutigen Tag ruiniert. Dennoch darf sie mit Fug und Recht als erste Frau der Tat gelten. Aber weibliche Taten und weiblicher Tatendrang passen eben nicht in das Bild, das Männer sich von Frauen machen. An den Tatsachen ändert das jedoch nichts. Taten von Frauen haben von jeher die Welt und so manchen Mann nicht unerheblich bewegt. Denken wir nur an Gaia, Rhea und Medea und nicht zuletzt an die tapfere kleine Gretel. Selbst sie bekam zu spüren, daß ein kleines Mädchen niemanden in den Ofen zu schieben hat, nicht einmal eine böse Hexe. Männliche Moralisten schrieben das Märchen um, beispielsweise Otto F. Gmelin. Er wetterte gegen die Grausamkeiten der Märchen und verfaßte entschärfte Neufassungen. So machte er die Tat der mutigen Gretel ungeschehen und ließ die Hexe zum Sozialfall werden, die zum Happy-End in die dörfliche Gemeinschaft reintegriert wird. Kinder haben solche »Entschärfungen« nicht zu schätzen gewußt, und darum darf heute Gretel wieder tun, was seit Urzeiten Märchenleser für gut und richtig befunden haben.

Bemerkenswert ist, wie es Gretel gelingt, die Hexe zu besiegen. Zunächst einmal verliert sie nicht ihre Nerven und widerspricht damit der Ansicht, die Angehörigen des weiblichen Geschlechts reagierten in bedrohlichen Situationen hysterisch. Das tun sie vielleicht, wenn sie ihren Autoschlüssel nicht finden können, aber nicht in entscheidenden Situationen, nicht, wenn es wirklich ernst wird. Für Gretel ist es ernst – es geht um ihr Leben. Sie soll in den Ofen kriechen, und sie weiß, daß dies ihr Ende wäre. Ihr ist klar, daß die Hexe sie umbringen, braten, fressen will. Es wäre sinnlos, sich zu wehren, gegen die weit überlegene Alte anzugehen. Gretel versucht es gar nicht erst, und sie schreit auch nicht vor Angst, obwohl sie dazu allen Grund hätte. Doch damit würde sie sich aufgeben. Sie gibt nicht auf; statt dessen sinnt sie auf einen Ausweg, und sie findet einen. Sie tut etwas sehr Gescheites: Sie stellt sich dumm, gibt vor, nicht zu wissen, wie sie in den Ofen hineinkommen soll. Dummheit glaubt man Mädchen nur zu gern. Auch die Hexe tut das; sie schilt Gretel eine »dumme Gans« – bezeichnenderweise gibt es keinen ähnlich geläufigen Ausdruck für ein männliches Wesen. Wir wissen, wie die Geschichte weitergeht: Gretel bringt die Hexe dazu, ihr vorzumachen, wie man in den Ofen kriecht, und gibt ihr im entscheidenden Moment einen Stoß. Die Hexe stirbt, die beiden Kinder sind gerettet.

Gretel ist ein beachtliches Mädchen. Sie handelt entschlossen, geistesgegenwärtig und letztlich rücksichtslos. Und sie kann denken, sehr schnell denken sogar. Ihr Plan, den sie in kürzester Zeit entwickeln muß, ist ebenso zweckmäßig wie originell und entsprechend erfolgreich. Gefühle haben darin keinen Platz. Gretel läßt ihren Verstand walten und sich von der Angst nicht unterkriegen. Bravo! werden viele sagen und dieses Mädchen großartig finden. Doch es gibt auch andere. Die kreiden Gretel die mutige Tat an, weil sie finden, so zu handeln zieme sich nicht für ein »kleines Mädchen«. Diese Leute stellen sich etwas Falsches vor. Die doppelte Verkleinerung – wer spricht von einem Jüngchen? – zeigt ihre verfehlten Erwartungen. Mädchen sind nur sehr bedingt lieb, niedlich und zart, und sie sind keineswegs so hilflos, wie viele sie gern hätten. Dafür haben sie eine Menge anderer Eigenschaften, die nicht wenigen entgehen, weil sie sie ihnen nicht zutrauen und weil sie kleine Mädchen nicht für voll nehmen. Viele Mädchen sind so schlau und mutig wie Gretel, und die meisten sind zäher als Jungen. Was hätte wohl Hänsel an Gretels Stelle getan? Bestenfalls wäre er mutig, wie dies von Jungen erwartet wird, mit seinen kleinen Fäusten auf die Hexe losgegangen. Das aber wäre weiter nichts als eine typische männliche Demonstration gewesen, die Hänsel nicht das geringste genutzt hätte. Er hätte braten müssen. Nur Gretel, das Mädchen, konnte die entscheidende und befreiende Tat begehen. Das ist das Fazit dieser aufschlußreichen Szene.

Gretels Tat war gerechtfertigt: Die Hexe hatte den Tod verdient, und juristisch gesehen wäre der Stoß, den Gretel ihr versetzte, mit Sicherheit Notwehr gewesen.

Nicht immer haben Täterinnen Recht und Moral auf ihrer Seite. Die Kammerjungfer in dem Märchen »Die Gänsemagd« (Grimm Nr. 89) schert sich weder um das eine noch um das andere. Kühl, berechnend und rücksichtslos hat sie nichts anderes im Auge als ihren Vorteil. Sie soll die Heldin der Geschichte, eine Königstochter, zu deren Bräutigam geleiten und auf dem Weg beschützen. Sie verfolgt jedoch ganz andere Pläne, spielt die ihr zugewiesene Rolle nicht länger als notwendig. Als die Prinzessin zu trinken begehrt und von ihr verlangt, Wasser aus dem Bach zu schöpfen, erklärt sie: »Wollt Ihr trinken, so trinkt allein, ich mag nicht Eure Magd sein.« Die Königstochter muß sich selber bequemen, und das muß sie ein weiteres Mal. Als sie danach wieder auf ihr berühmtes sprechendes Pferd Falada steigen will, erklärt ihr die Dienerin: »Auf Falada gehöre ich, und auf meinen Gaul gehörst du.« Damit nicht genug, befiehlt sie ihr, die königlichen Kleider auszuziehen und ihre schlechten anzulegen, und dann läßt sie sie schwören, keinem Menschen je davon zu erzählen. Die Prinzessint tut's, und sie schwört. An anderer Stelle werden wir auf sie, die eigentliche Heldin dieses Märchens, zurückkommen. Hier sei nur so viel gesagt: Was soll sie anderes tun? Sie hat gegenüber der Kammerjungfer keine Chance. Das weiß sie, und darum wehrt sie sich nicht. Frauen wehren sich selten um jeden Preis, sondern für gewöhnlich nur dann, wenn es ihnen auch nutzt. »Sich wehren bringt Ehren« ist ein Männerspruch. Im Falle der Märchenheldin ist nichts zu tun die einzig richtige Tat. Die Prinzessin wartet auf ihre Chance; derweil überläßt sie das Handeln der Kammerjungfer.

Die zieht ohne weiteres als Braut ins Schloß ein. Doch auch jetzt spielt sie nicht die erwartete Rolle, das heißt, sie gibt sich keinerlei Mühe, wie eine Prinzessin zu wirken. Weder benimmt sie sich so, noch sieht sie so aus. Sie ist nicht »fein, zart und gar schön«, wie die wirkliche Königstochter; aber das macht ihr nicht das geringste aus. Sie tritt auf, als sei sie schon die Herrin des Schlosses, und läßt die beiden Männer springen. Den König, ihren zukünftigen Schwiegervater, veranlaßt sie, die wahre Braut als Gänsemagd zu beschäftigen. Vom Prinzen verlangt sie, daß er ihrem Pferd »den Hals abhauen« lasse, weil es sie unterwegs geärgert habe. Das ist ebenso kaltschnäuzig wie gefühlsroh, und ihr Ansinnen müßte eigentlich ein Schock für die beiden Männer gewesen sein. Denn: Wie wird sich das Mädchen nach der

Hochzeit erst verhalten, als Ehefrau! Man sollte erwarten, daß beide diese ganz und gar unmögliche Braut umgehend wieder nach Hause schicken. Doch nichts dergleichen geschieht. König und Prinz lassen sich von ihr, ohne zu murren, herumkommandieren und tun, was sie sagt. Der Prinz ruft den Schinder und beauftragt ihn, Falada zu töten.

Da kommt also ein einfaches Kammermädchen daher und schafft es, zwei gestandene Männer ohne weiteres unter den Pantoffel zu bekommen. Man fragt sich, wie das möglich ist. Offensichtlich lähmt rigoroses weibliches Handeln und Auftreten die angeblich so starken Männer. Wie wäre es sonst zu erklären, daß so viele von ihnen vor ihren bestimmenden Ehefrauen kuschen? Der Pantoffelheld ist wahrlich keine Erfindung der Witzblätter. Schon der weise Sokrates hatte bei seiner Xanthippe keine Chance und nichts zu sagen – das jedenfalls behauptete einer seiner Schüler, der Schriftsteller Xenophon (um 430–um 354 v. Chr.). In den Mythen und Märchen haben sich etliche Heldinnen nicht damit begnügt, die Vertreter des anderen Geschlechts herunterzumachen. Sie haben Männer, die ihnen aus verschiedenen Gründen zuwider waren, schlicht und einfach beseitigt, sprich: umgebracht, ermordet, und zwar ohne mit der Wimper zu zucken und so geschickt, daß sie für die Tat nicht zu belangen waren. Im Grimmschen Märchen Nr. 126, »Ferenand getrü und Ferenand ungetrü«, fällt ein König einem solchen speziell weiblichen Anschlag zum Opfer. Es ist nicht sonderlich schade um ihm, denn weder als Mann noch als Herrscher war er eine Leuchte. So ist er nicht Manns genug, Gefahren auf sich zu nehmen, um die Frau, die er begehrt, zu gewinnen. Er schickt den getreuen Ferenand, seinen Stallmeister. Dem gelingt es, die Gefahren zu meistern und die Prinzessin herbeizuschaffen. Diese ist von ihrem Zukünftigen allerdings gar nicht erbaut. Viel lieber wäre ihr der getreue Ferenand als Mann; den mochte sie leiden, und den König mochte sie nicht leiden, heißt es. Dennoch widersetzt sie sich nicht der Heirat. Die Hochzeit findet statt. Das heißt freilich nicht, daß sich die nunmehrige Ehefrau dem Mann fügt. Vielmehr dient alles, was geschieht und was sie geschehen läßt, ihren eigenen Plänen; sie wartet nur auf eine Gelegenheit, sie zu verwirklichen. Diese kommt, als einmal alle Herren des Hofes beisammen sind. Die Königin erklärt, sie könne Kunststücke machen. Das hört man gern, weil man sich davon angenehme Unterhaltung verspricht. Sie wird gefragt, auf welche Kunst sie sich denn verstehe. Sie könne jemandem den Kopf abschlagen und ihn ohne weiteres wieder aufsetzen, sagt sie und meint, das solle doch mal einer versuchen. Die Begeisterung, sich auf ein solches Experiment einzulassen, ist verständlicherweise gering, und die meisten werden geglaubt haben, aus der Vorstellung werde nichts. Doch da meldet sich Ferenand freiwillig. Sie schlägt ihm den Kopf ab, setzt ihn wieder auf, und sofort wächst er an. Nur ein dünner roter Strich am Hals bleibt zurück. Es wird für diese Leistung herzlichen Beifall gegeben haben. Nun fragt die Königin ihren Gemahl: »Soll ich es bei dir auch einmal versuchen?« – »O ja«, sagt er. Er ist wirklich nicht sehr helle. Sie schlägt auch ihm den Kopf ab, setzt ihn jedoch nicht wieder auf. Zwar tut sie so, als gäbe sie sich alle Mühe; doch der Kopf will einfach nicht festsitzen. Lakonisch schließt das Märchen mit folgendem Satz: »Da ward der König begraben, sie aber heiratet den Ferenand getrü« – und niemand macht ihr auch nur einen Vorwurf.

So kann es einem Ehemann ergehen. Und wie elegant wird er erledigt! Aber nicht nur das: Das Unternehmen war so organisiert, daß die Täterin ihren Status behält. Sie bleibt Königin. Genau darum hat sie den ihr unsympathischen Mann geheiratet, statt mit Ferenand durchzubrennen. Status ist Frauen nicht weniger wichtig als Männern, und wenn es um ihr Ansehen und außerdem noch um Geld und Gut geht, folgen sie nicht irgendwelchen irrationalen Gefühlen, sondern benutzen ihren Verstand – heute wie eh und je.

Es gibt viele solche erfolgreiche Gattenmorde in den Märchen, und das Motiv ist weit verbreitet. In dem russischen Märchen »Das Höckerrößlein« gewinnt es politische Dimensionen. In dieser Geschichte handelt es sich nämlich bei dem Opfer nicht um irgendeinen König, der ebensogut ein beliebiger Mann sein könnte, sondern um den Zaren, und davon gab es in Rußland nur den einen. Den soll die Heldin heiraten. Sie will aber nicht, denn der Zar ist alt und fies, nämlich eitel, häßlich und lüstern. Sie liebt Iwan, des Zaren Stallmeister; ihn will sie zum Mann, denn er ist jung, kraftvoll, mutig und klug. Doch so einfach ist das nicht. Sie kann dem mächtigen Zaren ihre Hand unmöglich verweigern. Aber sie kann ihn bitten, ein Schönheitsbad in heißer Milch zu nehmen, und genau das tut sie. Der Zar hat nichts dagegen; aber der alte Fuchs ist vorsichtig. Bevor er selbst in den Kessel steigt, läßt er dies erst einmal Iwan tun. Dank einem Zauber übersteht dieser die Kur in der siedenden Milch und steigt noch schöner aus dem Bottich. Der Zar hingegen übersteht das Bad nicht. Er zerkocht, heißt es kurz und bündig. In einer jüdischen Version dieser Geschichte übergießt die Heldin den mißliebigen König mit Höllenwasser, und er verbrennt zu Asche. Dem Volk erklärt sie: »Seht, er war ein gottloser Mensch, sonst hätte er überlebt«, heiratet ihren Freund und macht ihn zum König. Im »Höckerrößlein« ehelicht die Heldin Iwan und läßt ihn zum neuen Zaren avancieren. In all diesen Geschichten kommt die Heldin mit dem, was sie tut, davon, und sie behält auch ihr Ansehen und ihren Status, was zeigt, daß ihr weibliches Geschick ihrer Tatkraft in keiner Weise nachsteht.

Cherchez la femme – auch in der Politik? Warum nicht? Schließlich haben Revolutionäre wie Regierende in aller Regel eine Frau. Offiziell haben diese Frauen kaum eine Funktion. Aber wissen wir, wie viele Entscheidungen mächtiger Männer von Frauen inspiriert sind? Wer kann ahnen, was Königinnen, was First Ladies, was Ministerpräsidentengattinnen ihren Männern im ehelichen Schlafzimmer flüstern? Bekannt geworden ist der Einfluß, den so manche Mätressen auf französische Herrscher gehabt haben; doch das ist die Ausnahme. Über den Einfluß, den ihre Ehefrauen auf sie haben, reden Männer im allgemeinen nicht. Man könnte sie ja für Pantoffelhelden halten; nur wenige Vorwürfe treffen einen Mann tiefer als dieser.

In der Politik mußten sich Frauen überwiegend mit kümmerlichen indirekten Einflüssen zufriedengeben. Die Gesellschaftsordnung gab ihnen kaum andere Möglichkeiten. Die Beispiele aus Märchen und Mythen zeigen jedoch, welcher Taten Frauen fähig sind. Unglaublich viele Herrscher enden in Milch-, Pech- oder Spiritusbädern oder werden vergiftet. Die Frauen zucken bei diesen Morden nicht mit der Wimper, haben kein schlechtes Gewissen, und keine denkt auch nur daran, sich für ihre Tat zu entschuldigen. »Seht, er war ein gottloser Mensch« – das ist alles, was die Heldin in dem jüdischen Märchen nach ihrem Gatten- und Königsmord vorbringt; es reicht zur Rechtfertigung aus.

Die Könige, die in diesen Märchen ein Opfer der Frauen wurden, hatten zwar Macht; doch als Männer taugten sie nicht viel. Sie waren alt, verbraucht oder einfach nur kindisch. Vom mörderischen Ritter Blaubart kann man das nicht sagen. Er ist einer der bekanntesten Märchenmänner, und wie kein anderer wurde er zum Helden unzähliger literarischer Bearbeitungen, von Eugenie Marlitts *Blaubart* über Anatole France' *Blaubarts sieben Frauen* bis zu Max Frischs Blaubart-Hörspiel. In vier Opern und in etlichen Filmen spielt er die Hauptrolle, und vielfacher Comic-Held wurde der Ritter mit dem blauen Bart außerdem.

Den vielen Märchenversionen des Blaubart-Themas ist gemeinsam, daß Blaubart seine Frauen umbringt, wenn sie ihm nicht bedingungslos gehorchen. Er tötet sie auf grausam-blutige Weise und hängt ihre Leichen, wie es die Jäger mit den Geweihen zu tun pflegen, an die Wände seiner Blutkammer, oder er nagelt die Köpfe der Frauen auf einen großen Tisch – Trophäen seiner blaubärtigen Männlichkeit. Dennoch, oder gerade deswegen, übt der Frauen mordende Blaubart einen faszinierenden Reiz aus, und das nicht nur auf Männer. Viele seiner Gegenspielerinnen in den Märchen zeugen dafür. Die meisten von ihnen kommen freiwillig zu ihm oder gehen freiwillig mit ihm, obwohl er ihnen unheimlich ist und es schlimme Gerüchte über ihn gibt. Manche lassen sich nicht einmal durch massive Warnungen davon abhalten, sein finsteres Schloß zu betreten. Die schöne Müllerstochter in dem Märchen »Der Räuberbräutigam« (Grimm Nr. 40) wird von der Stimme eines Vogels gewarnt; sie solle umkehren, wenn ihr das Leben lieb sei. Um Blaubart zu besuchen, hat sie einen dichten Wald durchquert und steht nun vor dem einsamen, düsteren Haus des Mannes, der zwar ihr Bräutigam ist, vor dem ihr aber graust. Es muß etwas geben, das stärker ist als alles Grausen und alle Gefahren, denn sie schlägt die Warnung des Vogels in den Wind und betritt das Haus. Abermals warnt die Stimme: »Kehr um, du junge Braut, du bist in einem Mörderhaus.« Doch sie läßt sich nicht aufhalten. Der Vogel wiederholt seine Warnung ein weiteres Mal. Aber das Mädchen beachtet sie nicht; von Zimmer zu Zimmer erforscht es das ganze Haus.

Viele werden für ein so leichtfertiges Verhalten kein Verständnis haben oder die Heldin für maßlos dumm halten. Das aber ist nur darum so, weil es sich um ein weibliches Wesen handelt. Wenn Männer sich auf ähnliche Risiken einlassen, zweifelt kaum jemand an ihrer Intelligenz; vielmehr gelten sie als mutige Abenteurer, und man lobt ihre Verwegenheit. Daß auch Mädchen ein gefahrvolles Abenteuer reizt, ist im männlichen Denkschema nicht vorgesehen – es sei denn, es handelt sich um ein sexuelles Abenteuer, und Mädchen, die sich auf ein solches einlassen, sind sowieso schlecht. Schlecht aber sind auch so mutige Mädchen wie diese Müllerstochter. Als einziges Motiv unterstellt man ihnen Neugier, und es versteht sich, daß weibliche Neugier etwas ganz und gar Schlechtes ist. Die hat man schon Urmutter Eva als Sünde angelastet. So verwundert es nicht, daß einige Bearbeiter des Blaubart-Stoffes die ihrer Meinung nach sündig-neugierigen Mädchen mit Eva gleichsetzen, wobei sie den Lesern unmißverständlich klarmachen, daß diese Mädchen Evas Erbübel beispielhaft vorführen. Aus ebendiesem Grund finden sich auf einigen Illustrationen zu diesen Märchen Darstellungen von Eva mit der Schlange. So wird weibliche Neugier angeprangert, weibliche Abenteuerlust hingegen diffamiert.

Was immer die schöne Müllerstochter auch bewegt, sie scheut keine Gefahren. Nachdem sie das Haus leer findet, steigt sie auch noch in den Keller hinab, und es erschreckt sie nicht weiter, als sie dort auf eine steinalte Frau trifft, die mit dem Kopf wackelt. Sie geht stracks auf sie zu und fragt nach dem Bräutigam. Kichernd gibt ihr die Alte zur Antwort, der wolle sie keineswegs heiraten, sondern sie zerhacken, kochen und dann essen; er sei ein Menschenfresser und werde gleich mit seinen Kumpanen erscheinen, kündigt sie an. Das schreckt die Müllerstochter ganz und gar nicht. Statt voller Angst Reißaus zu nehmen, läßt sie sich von der Alten hinter ein großes Faß führen, hinter dem sie gut versteckt ist, aber das in Aussicht gestellte Geschehen bestens beobachten kann.

Es ist ein schlichter Irrglaube, Mädchen seien ängstlicher als Jungen und vermieden jedwede furchterregende Situation. Das tat schon das berühmte Rotkäppchen nicht. Die Märchenheldin hatte zwar durchaus Angst, als sie das Haus der Großmutter betrat; doch das war für sie beileibe kein Grund fortzulaufen. Sie ging weiter hinein ins Haus, trat mutig ans Bett, zog, ohne zu zögern, die Vorhänge fort, und als sie dahinter den Wolf in der Großmutter Nachthemd liegen sah, veranlaßte sie auch das nicht zur Flucht. Sie stellte vielmehr eine Menge wißbegieriger Fragen und wollte alles ganz genau erfahren.

Moralisten mögen auftrumpfen und dagegenhalten, das neugierige Kind sei zur Strafe ja auch gefressen worden. Doch das ist bekanntlich nicht das Ende der Geschichte. Im Märchen wie im Leben kommt es darauf an, wer zuletzt lacht, und das ist mitnichten der Wolf.

Auch den vielen Blaubärten geht es nicht besser als ihm. In allen Fällen sind sie es, die letztlich ihr Leben lassen müssen, und ihre Frauen erben die Schlösser und alle Reichtümer – ein Punkt, der leicht übersehen wird.

Der Menschenfresser-Blaubart wird auch bald nichts mehr zu lachen haben. Er feiert seine letzte Orgie; die hat es allerdings in sich. Trunken stürmt er mit seinen Spießgesellen in den Keller. Die Horde schleppt eine geraubte Jungfrau mit sich, die schreit und jammert, was jedoch die Männer nicht kümmert. Sie flößen ihr Wein ein; danach reißen sie ihr die Kleider vom Leib, legen sie auf einen Tisch, und nun heißt es wörtlich, daß sie ihren schönen Leib in Stücke hacken. Als ein Ring, den sie ihr rauben wollen, sich nicht abziehen läßt, hauen sie ihr den Finger ab, und der fliegt der hinter dem Faß Zuschauenden genau in den Schoß.

Selbst für uns Heutige, die wir Dutzende von Fernsehleichen pro Woche gewohnt sind, ist dies starker Tobak. So ist es kein Wunder, daß die Müllerstochter in ihrem Versteck zittert und bebt. Doch das ist ein Zusatz zum Originaltext, der von den Brüdern Grimm stammt. Entsprechend ihrem romantischen Bild von der Frau mußte die Heldin in dieser Situation ganz einfach vor Angst schlottern; laut Urfassung tat sie das nicht. Sie verliert auch nicht die Nerven, und ihr Verstand hört nicht auf zu arbeiten. Sie gibt keinen Mucks von sich, wartet, bis die Räuber schlafen, steigt dann behutsam über die Schläfer hinweg und verläßt das Schloß. Bei aller Abenteuerlust war sie vorsichtig genug, den Weg zu markieren. Also findet sie sicher aus dem finsteren Wald hinaus, gelangt zu ihrem Vater und erzählt ihm alles. Man lädt den mörderischen Freier ein, und bei Tisch erzählt die Müllerstochter ihr Abenteuer, als sei es ein Traum gewesen. Das ist für den bösen Räuber zwar ein ziemlicher Schock, und er wird ganz weiß im Gesicht. Aber was muß er eigentlich fürchten? Dafür, daß die schauerliche Geschichte wahr ist, gibt es schließlich keinen Beweis. Das stellt sich jedoch sofort als Irrtum heraus. Die ehemalige Braut greift in die Tasche und hält ihm den abgehackten Finger unter die Nase, den sie nicht etwa voller Abscheu fortgeworfen, sondern in weiser Voraussicht eingesteckt hat. Da ist es aus mit dem Mordgrafen. Er wird gefangengenommen und hingerichtet.

Als Fazit all dieser Beispiele ergibt sich, daß so manche Frauen es großartig verstanden haben, mit Männern umzugehen und gegebenenfalls mit ihnen fertig zu werden, und daß sie es waren, die zuletzt lachten.

Das größere Problem vieler Frauen bestand jedoch darin, an einen Mann zu kommen. Jahrhundertelang waren Ehemänner für Frauen überlebenswichtig, denn als Unverheiratete galten sie so gut wie nichts, hatten kaum Möglichkeiten, ein menschenwürdiges Leben zu führen. Initiativen auf diesem für sie so wichtigen Gebiet waren ihnen jedoch versagt. In dieser Hinsicht waren sie von der Gesellschaft zu absoluter Passivität verurteilt. In bezug auf Liebe und Ehe hatten sie kein Wahlrecht; sie mußten warten und sich wählen lassen. Nach uraltem Herkommen galt der Mann als Jäger und die Frau als Gejagte. Wer als Frau gegen das Schema verstieß, gelangte nur selten als Braut vor den Traualtar. Man mag diese Situation beklagen, aber so war sie eben, und die Frauen konnten sie kaum ändern. Sie mußten sich mit der ihnen zugewiesenen Rolle abfinden oder versuchen, das für sie Beste daraus zu machen. Viele haben letzteres getan. Trotz aller damit verbundenen Schwierigkeiten und Widerstände haben sie die Initiative ergriffen und zugesehen, daß sie an einen Mann kamen. Sie mußten das notgedrungen so tun, daß weder der Mann noch alle anderen die Absicht bemerkten und sie durchkreuzen konnten. Das war schon eine Kunst, und sie gehört eigentlich in das Kapitel über die Macht weiblichen Zaubers. Doch der Zauber allein reicht eben nicht aus, denn in erster Linie sind bei einem solchen Unterfangen Tatkraft und Taktik erfolgsentscheidend.

Den Feministinnen sind derlei weibliche Methoden äußerst suspekt. Es ist ihnen zuwider, wenn eine Frau versucht, sich mit Hilfe weiblicher Tricks einen Mann zu angeln. Sie sind der Meinung, das entwürdige sie, und plädieren für Geradheit und Offenheit in den Beziehungen zwischen Mann und Frau. Die moderne, emanzipierte Frau, so behaupten sie, habe es nicht nötig, Männer zu manipulieren. Schön und gut. Solche löblichen Verlautbarungen besagen jedoch keineswegs, daß Frauen diese uralte weibliche Kunst verlernt hätten, und man kann sicher sein, daß sie – auch die emanzipiertesten unter ihnen – sie anwenden werden, sofern sie ihnen von Nutzen ist.

Etliche Märchen geben Einblick in die weibliche Kunst, erfolgreich mit Männern umzugehen. Wie dies geschehen kann, zeigte bereits die Kammerzofe in dem Märchen »Die Gänsemagd«. Ihre eher rabiate Methode führte jedoch letztlich nicht ans Ziel. Ganz anders, aber weit erfolgreicher gehen die Heldinnen der vielen Aschenputtelmärchen vor. Es gibt davon sage und schreibe dreihundertfünfzig Versionen, und sie alle lösen das Problem, wie ein armes, rechtloses, unterdrücktes Mädchen einen passablen Mann dazu bringt, es zu heiraten. Stets ist die Ausgangslage derart schlecht, daß man der Heldin kaum eine Chance einräumt, ihr hochgestecktes Ziel zu erreichen. Sie erreicht es dennoch, und zwar durch Klugheit, Geschick und nicht zuletzt durch Aktivität. Sie legt nicht die Hände in den Schoß und wartet nicht darauf, daß etwas geschieht, sondern nimmt selber ihr Schicksal in die Hand. Selbstverständlich setzt sie auch ihre erotischen Möglichkeiten ein, doch die spielen dabei durchaus nicht die Hauptrolle. Das zeigt sehr schön die Heldin in der Aschenputtel-Variante »Allerleirauh« (Grimm Nr. 65). Das Mädchen hat einen möglicherweise nicht untypischen Lebensweg hinter sich. Erst war der eigene Vater hinter ihm her, dann im Wald die Jäger, und schließlich landet es als Küchenhilfe in einem Schloß. Dort muß Allerleirauh »alle schlechte Arbeit« tun, in einem Ställchen unter der Treppe hausen und dem Herrn Prinzipal – dem König – allabendlich die Stiefel ausziehen, die er ihr jedesmal an den Kopf wirft. Dieses bezeichnende Detail findet sich allerdings nur in der Urfassung; die Brüder Grimm unterschlugen es. Zu Anfang des 19. Jahrhunderts waren Darstellungen, die obrigkeitskritisch verstanden werden konnten, weder beliebt noch erwünscht. Allerleirauh zieht die Bilanz ihres bisherigen Lebens und kommt zu dem Ergebnis, daß sie den unerfreulichen Zustand ändern muß. Sie beschließt, den König zu heiraten. Dieses Ziel erscheint selbst dann utopisch, wenn man in diesem König lediglich einen nicht ganz unvermögenden Mann sehen wollte. Ferner wird man sich heute fragen, wie sie nur auf die Idee kommen kann, die Frau dieses gewalttätigen Chauvis zu werden. Diese Frage ist indes leicht zu beantworten: Weil sie realistisch denkt. Als Ehefrau steht sie auf jeden Fall besser da denn als Magd, und sie darf mit einigem Recht darauf hoffen, daß er ihr nicht mehr die Stiefel an den Kopf wirft, wenn sie erst mit ihm verheiratet ist.

Auf dem Schloß findet ein großes Fest statt, und Allerleirauh fragt den Koch, ob sie nicht ein wenig dabei zusehen dürfe. Sie verspricht, sich nur außen vor die Tür zu stellen. In Wirklichkeit hat sie ganz andere Pläne, doch die bindet sie dem Koch nicht auf die Nase. Wo käme ein Mädchen in ihrer Situation hin, wenn es sich immer engstens an die Wahrheit hielte? Das kann sie sich nicht leisten, das konnten Frauen sich nicht leisten, wenn sie nicht an die Wand gedrückt werden wollten. Also verzichteten bemerkenswert viele Mädchen auf die strikte Wahrheitsliebe, die man ihnen von klein auf abverlangte. Sie erwiesen sich einer diesbezüglichen Erziehung gegenüber als resistent. Wie das zu machen ist, führt beispielhaft das kleine Rotkäppchen vor. Gelassen hört es sich die pädagogische Tirade seiner Mutter an, verspricht, alles zu tun, was die Mutter von ihm fordert, und gibt ihr darauf sogar die Hand. Tatsächlich hat es ihr kaum zugehört. Auf jeden Fall schert es sich keinen Deut um sein Versprechen. Es läuft vom Weg ab, parliert mit dem Wolf, als sei dies das Selbstverständlichste von der Welt, und es guckt neugierig in alle Ecken. Auch Allerleirauh denkt keine Sekunde daran, ihr Versprechen zu halten. Ich will nicht behaupten, daß Mädchen mehr lügen als Jungen; aber ganz gewiß lügen sie besser.

Allerleirauh schwindelt so gut, daß der Koch ihr glaubt und sie für eine halbe Stunde beurlaubt. In ihrem Ställchen zieht sie sich ein Kleid an, das sie einer Nußschale entnimmt. Es glänzt wie die Sonne. Dieses Kleid ist selbstverständlich nicht realistisch. Außerdem sind kostbare Kleider kein unabdingbares Attribut, um auf einen Mann zu wirken. Das Sonnenkleid will besagen, daß die Heldin einen Glanz ausstrahlt wie die Sonne, und das können Frauen – manchmal von einer Minute auf die andere, besonders dann, wenn es sich lohnt, das heißt, wenn ein interessanter Mann in der Nähe ist. Allerleirauh beherrscht diese Kunst; sie versteht es, auf den König strahlend schön zu wirken. Dadurch erweckt sie seine Aufmerksamkeit; er kommt zu ihr, tanzt mit ihr und tanzt schließlich nur noch mit ihr. Damit hat sie ihn, wie man sagt, am Band. Das ist ein erster Erfolg. Er besagt jedoch zunächst wenig, denn wenn sie nicht aufpaßt, könnte er sehr leicht zu dem führen, was Männer gern ein Abenteuer nennen. Doch Allerleirauh ist auf der Hut. Kaum daß der König Feuer gefangen hat, entwindet sie sich ihm, verschwindet und läßt ihm keine Chance, sie zu finden. Das ist ein altes weibliches Spiel, aber nach wie vor wirksam. Es wirkt auf die Gefühle der Männer und beflügelt ihre Phantasie. Allerleirauh wird für den König zu einer geheimnisvollen Schönen, nach der er sich sehnt. Genau das soll er. Sie hat ihre halbe Stunde optimal genutzt, ruht sich jedoch keineswegs auf ihren Lorbeeren aus. Auf den ersten Schritt läßt sie gleich einen zweiten folgen: Auch als Magd erregt sie des Königs Aufmerksamkeit. Sie kocht eine Suppe und legt einen goldenen Ring hinein. Der König befindet, daß er nie eine bessere Suppe gegessen habe und läßt Allerleirauh rufen. Sie kann ihm nicht nur schöne Augen machen – sie kann auch kochen, und wunschgemäß ist er davon beeindruckt. Sie weiß die sprichwörtliche Erkenntnis, daß die Liebe durch den Magen geht, zu nutzen.

Mit dem Ring gibt sie dem König ein Rätsel auf, und zwar eines, das gleichzeitig seine Gedanken in die gewünschte Richtung lenkt. In der Tat fragt er sie nach dem Ring, doch sie hütet sich, ihm darauf eine Antwort zu geben. Sie stellt sich dumm, weiß von nichts und beantwortet auch alle anderen Fragen nicht oder ausweichend. Der König kann nichts erfahren, heißt es, und muß sie wieder fortschicken. Aber auch als Magd ist sie nun für ihn ein geheimnisvolles Mädchen geworden, mit dem er sich in seinen Gedanken zwangsläufig beschäftigt.

Beim nächsten Fest erscheint Allerleirauh in einem silbernen Mondkleid, das laut Urfassung »noch reiner und glänzender als der gefallene Schnee« ist. Auf eine solche Weise zu glänzen, bezaubert Männer, und was sie von jeher in ganz besonderer Weise anrührt, ist mädchenhafte Reinheit. Weiß wie Schnee zu sein zeichnete schon Schneewittchen aus, und die Wirkung liegt eindeutig in der Symbolik der Unschuldsfarbe Weiß. Sähe ein Mädchen wirklich weiß wie Schnee aus, wäre es blaß wie der Tod.

Der König ist hoch erfreut, die schöne Unbekannte wiederzusehen, reicht der so mondhaft sanft und rein Glänzenden die Hand, führt sie zum Tanz und fängt an, in ihr die Braut zu sehen. Na bitte! Allerleirauh macht jedoch nicht den Fehler, sich zu früh zu freuen. Sie reagiert nicht auf seine Bewunderung, sondern entzieht sich ihm abermals. Zurückverwandelt in das »Rauhtierchen«, angetan mit dem unförmigen Mantel aus tausenderlei Pelz, mit rußigem Gesicht und rußigen Händen, bringt sie ihm eine weitere Suppe, die er köstlich findet. Seinen Fragen weicht sie wieder aus, entzieht sich ihm auch diesmal und läßt ihn verwundert, unsicher und neugierig zurück.

Ein weiteres Fest wird anberaumt, und die Heldin rüstet sich für ihren entscheidenden Auftritt. Sie legt ihr Sternenkleid an; es funkelt wie die Sterne in der Nacht, heißt es. Die Nacht ist die Zeit der Liebenden, und unter funkelnden Sternen werden so manches Mal die Wechsel der Liebe eingelöst. Macht Allerleirauh dem König an diesem Abend solche Hoffnungen? Auf jeden Fall ist er hingerissen. So schön habe er sie noch niemals gesehen, sagt er, und tanzt mit ihr; er hat befohlen, daß der Tanz lange dauern soll.

Sie hat ihr Ziel erreicht. Er wünscht sie sich zur Frau, und das zeigt er ihr: Er holt den Ring aus der Tasche und steckt ihn an ihren Finger. Das ist der entscheidende Schritt. Doch sie ist weiterhin auf der Hut und sinkt ihm nicht etwa glücklich an die Brust. Kaum ist der Tanz zu Ende, macht sie sich los und entflieht ihm. Die Wachen, die er vorsorglich überall aufgestellt hat, nutzen ihm nichts; sie entkommt ihnen. In ihrem Ställchen zieht sie das Sternenkleid aus und den Pelzmantel wieder an. Das tut sie allerdings nur in der Urfassung. Die moralpingeligen Brüder Grimm lassen sie den Allerleirauhmantel über das Sternenkleid ziehen und wollen damit, wie wir gleich sehen werden, eine Pointe verderben.

Allerleirauh kocht dem König zum drittenmal eine Suppe, macht sich aber dieses Mal nicht ganz schwarz, und den Ring behält sie auch an. Er entdeckt ihn, sie will fortspringen – aber dieses Spiel kann sie mit ihm nicht immer wieder spielen. Er paßt auf und hält sie fest. Genau das soll er nun auch, und das folgende darf er jetzt ebenfalls, da sie nun als Sicherheit seinen Ring am Finger trägt. Er reißt ihr den Pelzmantel herunter, und nun vergessen selbst die Grimms, daß sie eigentlich das Kleid anhaben müßte, denn es heißt: »Da kamen die goldenen Haare hervor, und sie stand da in voller Pracht ...« Das ist noch immer eine reichlich riskante Situation für die Heldin, und sie geht fraglos ein Risiko ein. Aber wer nichts riskiert, der kann auch nichts gewinnen. Allerleirauh hat riskiert und gewinnt: Sie erscheint dem König schöner, als man je jemand auf Erden gesehen hat, heißt es. Erscheint einem Mann eine Frau aber derart schön, und glaubt er außerdem noch, daß sie als Jungfrau vor ihm steht, dann bekommt sie so etwas wie himmlische Dimensionen, und wenn das so ist, fällt er nicht über sie her, sondern macht ihr einen Heiratsantrag. Das tut der König. Allerleirauh hat es geschafft.

All die vielen Aschenputtel der Märchen schaffen es, und zwar darum, weil sie wissen, was sie wollen, aktiv sind und sich etwas einfallen lassen – und weil sie sich nicht selber in Gefühle verstricken. Das überlassen sie dem Mann; sie bleiben, wie man heute gern sagt, cool, und das ist ihre Stärke. Das berühmte Gretchen aus Goethes *Faust* blieb nicht cool und wurde prompt sitzengelassen.

Gretchen ist die Erfindung eines Mannes, ebenso die züchtig-verschämten Jungfrauen aus Schillers *Lied von der Glocke*, dazu die vielen anmutigen Feinsliebchen und die Tausende brav-lieber Mädchen auf den Bildern und in den Geschichten des vorigen Jahrhunderts. Sie sind weitgehend idealisierte männliche Wunschbilder. Allerleirauh und ihre Märchenschwestern entsprechen diesem Idealbild nur dem äußeren Anschein nach. So, wie sie handeln und taktieren, entsprechen sie dagegen in hohem Maße tatsächlicher Weiblichkeit.

Noch viel weiter entfernt von dem, was sich im allgemeinen Männer von Frauen wünschen, sich von ihnen vorstellen und was sie von ihnen erwarten, ist die Art und Weise, wie Jokaste König Laios dazu bringt, sie zu heiraten. Die Ehe kommt nicht nur allein aufgrund ihrer Initiative zustande, sondern sogar gegen seinen ausdrücklichen Willen. Um unter solchen Bedingungen Erfolg zu haben, reichen die Aschenputteltechniken selbstredend nicht aus.

Die Situation der Jokaste ist in der Tat verzwickt. Zunächst nämlich bestehen gar keine Schwierigkeiten: Laios, der König von Theben, will sie heiraten, und sie will ihn zum Mann. Soweit bei der gegenseitigen Wahl Sympathie oder Liebe eine Rolle gespielt hat, ändert sich daran nichts. Die beiden zerstreiten sich nicht etwa; das Problem wird von außen herangetragen, nämlich durch das Orakel von Delphi. Es warnt Laios vor der Ehe, warnt ihn dreimal. Nur wenn er kinderlos sterbe, bleibe Theben von Unheil veschont, heißt es. Das bedeutet für ihn: Er darf nicht heiraten. Ihn hätte das nicht sonderlich getroffen, denn er war nicht unbedingt auf eine Frau angewiesen. Laios galt als Erfinder der Knabenliebe; er hatte gerade den schönen Chrysippos geraubt, konnte sich also diesbezüglich trösten.

Wie aber stand Jokaste da? Nur weniges trifft eine Frau schwerer, als wenn sie verschmäht wird. Darauf aber lief es hinaus, ganz gleich, wie gut die Gründe waren, die Laios hatte, Jokaste nicht zu heiraten. Keine noch so guten Gründe konnten Jokaste trösten, und das Schicksal Thebens läßt sie kalt. Es liegt ihr weit ferner als ihr eigenes, und für das kämpft sie mit allen Mitteln. Sie will Laios heiraten, sie will Königin von Theben werden; das Unheil, das daraus erwachsen könnte, interessiert sie nicht. Sie tut, was sie irgend kann, und greift zu den Mitteln, die ihr nutzen. Dabei führen ihr weder Liebe noch erotische Wünsche die Hand, und auf Moral und gute Sitten nimmt sie keine Rücksicht – allein auf den Erfolg kommt es ihr an. Entsprechend verfährt sie: Sie macht Laios trunken, und in diesem Zustand bringt sie ihn dazu, das zu tun, was er um jeden Preis vermeiden wollte. Bei Euripides heißt es: Von Brunst und Wein besiegt, zeugen sie einen Sohn; und bei Aischylos vollziehen sie wie im Wahnsinn die Ehe.

Wieder weichen Männer dem eigentlichen Sachverhalt aus: Jokaste war es, die diesen Wahnsinn heraufbeschwor; sie flößte Laios den Wein ein, und sie zwang ihn zu sich ins Bett. Nicht Brunst und Wein besiegten ihn – Jokaste tat es. Sie erreichte ihr Ziel durch zweckgerichtetes, am Erfolg orientiertes Handeln. Letztlich bringt ihr das Bravourstück jedoch nichts ein, und das hätte sie wissen müssen, denn wenn Theben unterginge, dann würde auch sie untergehen. Sie dachte zu sehr an sich, bedachte zu wenig die Folgen, die ihr Tun haben würde, und das hatte, wie wir wissen, tragische Konsequenzen.

Frauen der Tat sind nicht notwendigerweise auch Frauen, die den gängigen moralischen Normen entsprechen. Tatkraft ist eine wertneutrale Eigenschaft, die so oder anders genutzt werden kann. Wir werden im folgenden auf die verschiedensten Motivationen stoßen, die wahrhaftig nicht immer gut und edel sind. Nur ein verbreitetes Vorurteil bewirkt, daß man von Frauen gern Gutsein, Güte und einwandfreie Moral erwartet oder solche Tugenden bei ihnen gar voraussetzt. Männern gegenüber tut man dies weit weniger. Zu einer realistischen Gleichberechtigung gehört aber, daß man den Frauen ihr menschliches Maß an Schlechtsein und auch an Gewalttätigsein zubilligt. Das haben die Feministinnen nicht begriffen. Sie machen die Frauen pausenlos gut, propagieren sie als das bessere Geschlecht. Damit übernehmen sie genau die falschen Maßstäbe, die sie eigentlich revidieren sollten. Die simple Erkenntnis, daß Männer und Frauen Menschen sind und das eine Geschlecht nicht besser oder schlechter ist als das andere, droht dabei verlorenzugehen.

Eine der entschlossensten und tatkräftigsten Frauen des klassischen Altertums war Medea – eine »gute Frau« war sie indes gewiß nicht. Sie verliebt sich in Jason, und damit nimmt das Drama seinen Anfang, denn Jason ist der Feind ihres Landes. Er kommt in böser Absicht, nämlich um ihrem Vater Aietes, dem König von Kolchis, das Goldene Vlies zu rauben. Medea steht also zwischen der Solidarität, die sie ihrem Vater wie ihrem Land schuldet, und ihrer Liebe zu dem Eindringling. Verschärft wird der Konflikt noch dadurch, daß Vater Aietes alle Fremden zu opfern pflegt. Ihr Geliebter ist also in doppelter Gefahr, sein Leben zu verlieren: als Fremder sowieso und zusätzlich als Feind.

Es ergibt sich, daß Jason nicht sofort umgebracht wird. Der König wählt einen eleganteren, einen politischen Weg, um ihn zu beseitigen: Er gewährt ihm Gastfreundschaft und trägt ihm Aufgaben auf, die er lösen muß. Gelingt ihm dies, so verspricht er ihm, soll Jason das Goldene Vlies erhalten. Das Ganze ist selbstverständlich eine Farce, denn die Aufgaben sind unlösbar.

Medea steht vor einer schweren Entscheidung, die aber für sie nicht zweifelhaft ist. Sie entscheidet sich gegen Vater und Vaterland und für Jason. Das tut sie jedoch nicht bedingungslos. Sie sagt Jason ihre Hilfe bei der Lösung der Aufgaben zu, sofern er schwört, sie als seine Frau mit in die Heimat zu nehmen. Er schwört es und schwört außerdem, ihr für immer die Treue zu halten.

Medea rückversichert sich, und das ist klug gehandelt. Doch von derartiger weiblicher Klugheit sind Männer in der Regel wenig erbaut. Sie sehen es viel lieber, wenn Frauen sich ihnen bedingungslos anvertrauen. Tun sie es nicht, fordern sie den Männern Zusagen, Verpflichtungen oder gar Schwüre ab, so machen sie sich dadurch unbeliebt, und nur zu häufig zeigt sich, daß die Männer nicht zu ihrem Wort, nicht zu ihren Versprechungen und Schwüren stehen. Wir wissen, daß auch Jason später seinen Schwur brechen wird.

Durch ihre besonderen Kenntnisse und Fähigkeiten verhilft Medea Jason dazu, die Aufgaben zu lösen. Ihm stünde daraufhin das Goldene Vlies zu. König Aietes bricht jedoch sein Wort. Schlimmer noch – er will das Schiff der Fremden, die »Argo«, verbrennen und alle Männer töten. Medea verhindert dies, und sie sorgt nicht nur dafür, daß Jason und seine Männer fliehen können, sondern auch dafür, daß er das schwerbewachte Goldene Vlies mitnehmen kann. Sie betäubt den riesigen Drachen, der es hütet, mit einem Schlaftrunk, so daß Jason ihn ohne Gefahr töten kann. Danach fahren sie ab. Medea nimmt ihren kleinen Halbbruder Apsyrtos mit, um mit ihm gegebenenfalls die weitere Sicherheit der Argonauten zu gewährleisten.

Als König Aietes von der Flucht und dem Diebstahl erfährt, tobt er vor Wut gegen Medea und gegen die Fremden. Daß er sein Wort gebrochen und die Gastfreundschaft gröblichst verletzt hat, beschwert ihn nicht. Nach Rache lechzend, läßt er die schnellsten Galeeren seiner Flotte auslaufen, um die Argonauten zu verfolgen. Die »Argo« hat kaum eine Chance, ihnen zu entkommen. Darüber ist sich Medea im klaren gewesen; darum hat sie das Kind mitgenommen. Sie hat sich auch in diesem Fall rückversichert.

Es geschieht, was passieren mußte: Die Verfolger rücken immer näher; an ein Entrinnen ist nicht mehr zu denken, und allen ist klar, was mit ihnen geschehen wird, wenn man die »Argo« entert. In diesem Augenblick höchster Not tritt Medea mit Apsyrtos ans Heck des Schiffes. Sie steht vor der Wahl, zu sterben oder ein Verbrechen zu begehen. Sie begeht das Verbrechen und führt es perfekt aus. Sie stößt dem Kind ein Messer ins Herz, zerstückelt den Körper und wirft die Teile ins Wasser. Das tut sie nicht aus Grausamkeit, sondern allein darum, die Flucht der »Argo« zu sichern. Das Bestattungsritual ihres Landes macht es notwendig, daß der ganze Mensch beigesetzt wird. Also sind die Verfolger gezwungen, alle Stücke der Leiche einzusammeln. Die »Argo« entkommt.

Ernst Kroker, Verfasser eines Standardwerks zur Mythologie, und etliche andere unterstellen, Medea habe diese Tat »von Leidenschaft verblendet« begangen. Doch das trifft nicht zu. Die Behauptung stimmt schon deshalb nicht, weil Medea die Tat geplant und vorbereitet hat. Es handelte sich um eine wohlüberlegte Kriegslist – zugegebenermaßen um eine grausame. Aber was haben sich Männer zu allen Zeiten auf diesem Gebiet geleistet! Medeas List war zwar grausam, aber höchst nützlich, was man von vielen Kriegsgreueln der Männer nicht behaupten kann.

Karl Kerényi vergleicht Medeas Tat mit der des Tantalos und zeigt damit, um wieviel härter ein heutiger Mann die Untat einer Frau beurteilt. Tantalos schlachtete seinen Sohn Pelops und setzte ihn den Göttern als Speise vor. Aus purem Übermut beginnt er diesen Frevel: Er wollte die Allwissenheit der Götter prüfen. Was er tat und was Medea tat, kann man wahrhaftig nicht gleichsetzen, und das hat man im alten Griechenland auch nicht getan. Tantalos hatte im Hades schwer für sein Verbrechen zu büßen und leidet dort vielleicht heute noch seine Tantalosqualen. Medea mußte sich zwar von ihrer Blutschuld reinwaschen, wurde jedoch nicht bestraft.

Was man, was Männer Medea in erster Linie anlasten, dürfte sein, daß sie bewußt planend und aus taktischen Gründen eine Untat beging. Das gilt nach heutigem männlichen Verständnis als zutiefst unweiblich; man möchte nicht, daß Frauen so sind. Darum wird auch der spätere Kindermord, den Medea an ihren beiden Söhnen beging, gern als Wahnsinnstat bezeichnet, was sie keineswegs war. Medea wollte ihren Mann vernichten, und genau wie bei ihrem Brudermord benutzte sie dafür das Mittel, durch das sie mit größter Wahrscheinlichkeit ihr Ziel erreichen konnte. Sie erreichte es.

Bezeichnenderweise ist kein Mann auf die Idee gekommen, Tantalos zu unterstellen, er habe seinen Sohn in einem Anfall geistiger Umnachtung geschlachtet. Die Einstellung vieler Männer zu Medea dürfte Ausdruck ihrer Angst sein, die sie vor taktisch denkenden und entschlossen handelnden Frauen haben.

Medea ist so eine Frau, und das beweist sie auch weiterhin. Nach langer Fahrt erreichen die Argonauten endlich Jolkos, Jasons Heimat. Dort herrscht Pelias als König. Pelias ist ein Schurke. Er hatte Jasons Vater entthront und wollte dem Sohn den ihm zustehenden Thron nur dann übergeben, wenn er das Goldene Vlies herbeischaffte. Das war ein Himmelfahrtskommando, von dem Jason niemals zurückkehren sollte. Nun aber ist er zurückgekehrt, hat das Vlies und fordert sein Recht. Er bekommt es nicht, denn Pelias bricht sein Wort. Nach Jason und Aietes ist er der dritte Mann in dieser Geschichte, den wir bei einem Wortbruch ertappen, und die griechische Mythologie kennt weitere Männer, die ihr Wort brechen. Der verbreitete Glaube, Männer stünden zu ihren Aussagen, und der Spruch »Ein Mann, ein Wort« dürften weit mehr auf männlicher Propaganda denn auf Tatsachen beruhen.

Der Machtpolitiker Pelias konnte es sich leisten, sein Wort zu brechen, denn die fünfzig Argonauten waren nicht in der Lage, die Stadt zu erstürmen, und die meisten von ihnen wären dazu auch gar nicht bereit gewesen. So deutete alles darauf hin, daß Jason abziehen würde, ein König ohne Land und Krone, Pelias als triumphierenden Usurpator hinterlassend. Doch Jason hat Medea, und die verspricht ihm, Jolkos für ihn zu erobern und ihn zugleich an Pelias zu rächen. Sie hält ihr Wort. Als alte Frau zurechtgemacht, versehen sie mit einer Statue der Artemis und die Rolle einer Priesterin dieser Göttin spielend, betritt sie die Stadt, und es gelingt ihr, die Einwohner in religiöse Ekstase zu versetzen. Pelias, vom Auftreten der Priesterin und von ihrer Wirkung beunruhigt, bittet sie zu sich. Sie besänftigt ihn und zerstreut dann alle seine Bedenken dadurch, daß sie ihm eröffnet, die Göttin habe beschlossen, seine Frömmigkeit zu belohnen. Artemis wolle, daß er verjüngt werde, verkündigt sie ihm, und sie, die Priesterin, habe die Aufgabe, die Verjüngung vorzunehmen. Als Beweis dafür, daß ihr dies möglich sei, wirft sie vor seinen Augen die Attribute des Alters ab und bemerkt dazu: »Dies ist die Macht der Artemis.« Da die Prozedur bei Pelias so einfach nicht sein kann, liefert sie einen zweiten Beweis ihrer Fertigkeit. Sie tötet einen alten, triefäugigen Widder, zerschneidet ihn in dreizehn Teile, zerkocht diese in einem Kessel, und aus dem springt nach einiger Zeit ein junges Böckchen. Wir kennen solche Experimente aus den Märchen. Die Methode scheint große Überzeugungskraft zu haben. Sie überzeugt auch Pelias. Falls er überhaupt Zweifel gehabt hat – jetzt hat er keine mehr. Er befiehlt seinen Töchtern, alles zu tun, was die Priesterin verlange. Danach legt er sich beruhigt schlafen. Medea befiehlt den Töchtern, ihren Vater zu töten, zu zerschneiden und die Stücke in den Kessel zu geben, wie sie es bei dem Widder gesehen hätten. Sie tun's, und mit Pelias ist es aus. Vom Dach des Hauses gibt Medea Jason mit Fackeln das verabredete Zeichen. Daraufhin dringt er mit den Seinen in die Stadt ein.

Medea weiß zu handeln, grausam zwar, doch stets erfolgreich. Hier hat sie faktisch eine Armee ersetzt; das aber hat ihr niemand zugute gehalten. Medea geht es ähnlich wie Eva: Sie gilt nicht als Täterin und schon gar nicht als Heldin. Diese Rolle spielt der Mann, spielt Jason. Medea gilt als Zauberin; was sie tat und damit bewirkte, verdankt sie folglich nicht ihren Fähigkeiten, sondern verwerflichen Zauberkünsten. Ihr erkennt man keine eigene Macht, sondern nur magische Kräfte zu. Ihre Taten seien von niederer, verräterischer Zauberei bestimmt, heißt es bei Herbert Jennings Rose. Er irrt. Medea zaubert nicht; ihre »Magie« ist Können, ist Klugheit, Geschick und praktisch angewandte Menschenkenntnis.

Wie, beispielsweise, versetzt sie die Jolker in religiöse Ekstase? Sie zieht mit ihren Dienerinnen, die in seltsame Gewänder gehüllt sind, durch die Stadt, vorweg die Artemisstatue, und schreit immer wieder und wie in Verzückung, die Göttin werde mit einem von fliegenden Schlangen gezogenen Wagen in die Stadt kommen, um Jolkos und seinen Bewohnern das Glück zu bringen. Mit einem solchen Auftritt, der Ankündigung eines Wunders und dazu einer glückverheißenden Prophezeiung, kann man Leute leicht in Enthusiasmus versetzen. Dazu bedarf es keiner Zauberei, sondern nur geschickter Demagogie, und auf die versteht sich Medea. Selbst Pelias ist beeindruckt. Wie nicht wenige Männer hat er Respekt vor Autoritäten, zumal vor Göttern sowie deren Abgesandten und Beauftragten. Außerdem hat er ein schlechtes Gewissen. »Voll Schrecken« fragt er Medea, was die Göttin von ihm verlange. Er erwartet seine Verurteilung, zumindest Kritik; statt dessen erfährt er, daß er belohnt werden solle. Diese unerwartete freudige Überraschung schaltet bei ihm alle gesunde Urteilsfähigkeit aus, und er vertraut der angeblichen Priesterin blind. Medea zeigt hier, daß sie um die verstandesbetörende Wirkung gezielt eingesetzter Schmeicheleien weiß. Und der »Zauber«, den sie dann vorführt, ist nichts als ein Taschenspielertrick: Die Statue der Artemis ist hohl, und in diesem Hohlraum befindet sich der junge Ziegenbock, den sie dann ohne weiteres aus dem Kessel springen lassen kann.

Bliebe die Frage, ob Medea eine Verräterin ist. Sie verrät zweifellos ihr Land und ihren Vater; doch dafür gibt es Gründe. Sie hatte sich nämlich schon vor Jasons Ankunft gegen ihren Vater gestellt, weil er alle Fremden umbrachte, und die Fremden immer wieder gewarnt. Daraufhin ließ der König sie ins Gefängnis werfen, weil er befürchtete, sie strebe nach seiner Krone – wir kennen diese männliche Angst schon. Medea konnte sich befreien und flüchtete in einen dem Sonnengott geweihten Tempel, der eine Freistatt war und am Meeresufer lag. Dort befand sie sich, als die Argonauten ankamen, und sie warnte auch die.

Verrat ist häufig eine Sache des jeweiligen moralischen Standpunkts und der jeweils politischen Lage. Nicht in jedem Fall gelten Landesverräter als Verbrecher. Manchmal gelten sie als Helden, und man setzt ihnen ein Denkmal. Eine allgemeingültige Ethik gegenüber dem Verrat gibt es kaum.

Medea ist fraglos eine Frau der Tat und eine kluge dazu. Ebenso gewiß ist sie aber auch eine Mörderin, die wohl eklatanteste Mörderin des Altertums, und ihre Morde zeichnen sich durch besondere Ungerührtheit aus. Medea ist von einer buchstäblich mörderischen Zielstrebigkeit, und der Zweck heiligt bei ihr so gut wie jedes Mittel.

Mit dieser Haltung dürfte sie die meisten Männer weit in den Schatten stellen. Wer sie jedoch deswegen zu einer Psychopathin oder zu einer Abartigen machen wollte, wird ihr genausowenig gerecht wie alle jene, die sie in die Randbezirke des Menschlichen abzudrängen versuchen. Medea mag keine typische Frau sein – eine anomale ist sie auch nicht. Etliche Eigenschaften, die sie auszeichnen, dürften so manchen ihrer Geschlechtsgenossinnen nicht fremd sein. Sie werden sie nicht gerade zur Schau stellen und Propaganda damit machen; aber sie wissen um solche Kräfte, und manch eine wird sie in entsprechend modifizierter Weise auch anzuwenden verstehen.

Und was Medeas erbarmungslose Gewalttätigkeit betrifft – findet diese sich nicht heutzutage bei etlichen Terroristinnen wieder? Oftmals hatten sie die Finger schneller am Abzug als ihre männlichen »Kollegen«. Dennoch und vielleicht gerade deswegen ist Medea heute eine besonders bei Feministinnen vielbeachtete Frauengestalt. Die Autorin Olga Rinne-Goedeke ging sogar so weit, Medea als Identifikationsfigur für heutige Frauen zu empfehlen. Anläßlich einer Lesung aus ihrem Buch *Medea – Das Recht auf Zorn und Eifersucht* fand sie mit dieser These bei ihren Zuhörerinnen große Zustimmung, teilweise sogar emphatische Zustimmung. Ein Mann, der sich dagegen aussprach, eine exemplarische Mörderin zum Vorbild für heutige Frauen zu ernennen, fand mit diesem Argument keinen Beifall; statt dessen bekam er von etlichen Zuhörerinnen giftige Bemerkungen zu hören. Der Mann, der da zu widersprechen wagte, war ich.

Medea mordet weiter und ist dabei von einer schier unglaublichen Konsequenz. Seitdem sie sich für Jason entschieden hat, steht sie auf Gedeih und Verderb zu ihm, und um ihm zu helfen, schreckt sie vor nichts zurück. Sie kann nicht verhindern, daß Pelias' Sohn Akastos Jason den Thron streitig macht und sie beide aus dem Land weist; schon aber überlegt sie, wie sie Jason ein anderes Königreich verschaffen könne. Dafür bietet sich Korinth an, auf dessen Thron Medea einen Erbanspruch hat. Diesen Thron hält indes der Usurpator Korinthos besetzt – doch nicht mehr lange. Medea vergiftet ihn und macht Jason zum neuen König. Zehn Jahre leben die beiden dort glücklich miteinander. Da verliebt Jason sich in die jüngere Glauke, und das Verhängnis nimmt seinen Lauf.

Was für ein Dummkopf ist dieser Jason! Wie konnte er darauf hoffen, daß Medea sich widerstandslos verstoßen lassen werde? So arglos, naiv und unvorsichtig kann nur ein Mann sein. Mit wem glaubte Jason verheiratet zu sein! Hatte er vergessen, daß diese Frau um seinetwillen ihre Heimat aufgab, ihren Bruder umbrachte und zwei Königsthrone für ihn freimordete? Eine solche Frau verläßt man nicht, wenn einem das Leben lieb ist.

Daß Jason es dennoch tut, hat seinem Ruf so gut wie gar nicht geschadet. Er ist und bleibt der Held, der Heros, der berühmte Führer des Argonautenzuges. Er gilt als Eroberer des Goldenen Vlieses und als Drachentöter. Ohne Medea wäre er jedoch tot gewesen, bevor er auch nur einen Blick auf das berühmte Fell hätte werfen können. Jason ist nicht, was er zu sein scheint, und nicht der, als der er dargestellt wird. Er ist Held und König von Medeas Gnaden. In der reichhaltigen, von Männern verfaßten Sekundärliteratur ist davon jedoch nicht einmal in einem Nebensatz die Rede. Und Medea, welche die Schmutzarbeit für Jason getan hat, wird an keiner Stelle für ihre Taten gelobt. Ihr bleibt kaum etwas anderes als die unrühmliche Rolle der Kindermörderin, die mit ihr für alle Zeiten verknüpft ist. Das verdankt sie dem Dichter Euripides, der sie in seiner 431 v. Chr. verfaßten Tragödie *Medea* erstmals dazu machte. Seitdem gilt sie vielen als weibliches Ungeheuer.

Medea tötete ihre Kinder aus Haß, Eifersucht und aus Rachedurst, und alle Welt verdammt sie. Agamemnon opferte seine Tochter Iphigenie aus politischen Gründen, und das fand man in Ordnung. Abraham ist bereit, seinen geliebten einzigen Sohn Isaak zu opfern, weil Gott es ihm befiehlt. Er fesselt Isaak, legt ihn auf den Altar, packt das Messer und holt aus, »um seinen Sohn zu schlachten« (Gen. 22,9). Weder ein starkes Gefühl noch politische Gründe treiben ihn zu dieser Tat, und sie hat keinen Sinn. Abrahams einziges Motiv ist Gehorsam, bedingungsloser, blinder Gehorsam. Doch niemand verdammt ihn dafür. Seine Tat trägt ihm vielmehr höchstes Lob ein, Lob vom Höchsten, von Gott. »Weil du das getan hast, will ich dir Segen schenken in

Fülle«, spricht Jahwe (Gen. 22,16f.). Medea hat ihre Söhne umgebracht, und das ist gewiß eine Untat. Aber nur um des Gehorsams willen hätte sie keinem ihrer Kinder auch nur ein Haar gekrümmt. Gehorsam ist eben Männersache; ob es immer eine Tugend ist, sei dahingestellt.

Medea ist keine Ausnahme. Ariadne, die Tochter des Königs Minos, handelte faktisch genauso, weil sie Theseus liebte. Beide Frauen wandten sich aus Liebe zu einem Mann gegen Vater und Vaterland, opferten ihren Bruder und brachen alle Brücken hinter sich ab. Ihnen ist gemeinsam, daß sie alles, was sie taten, ganz taten. Sie gingen keine Kompromisse ein, nahmen auf nichts und niemanden Rücksicht. Dennoch handelten sie niemals blind und ließen sich auch nie von Gefühlen verwirren. Sie überlegten und planten, bevor sie handelten, und ließen sich nur auf solche Unternehmungen ein, die machbar waren und ein Gelingen versprachen. Darum hatten sie Erfolg. Ganz anders die beiden Männer – die wären kläglich gescheitert. Im Gegensatz zu der gängigen Meinung, Männer handelten verstandesbetont, folgten Jason und Theseus Gefühlen. So läßt sich Jason ohne weiteres auf ein Todeskommando schicken. Pelias will ihm nur dann den Thron übergeben, wenn er das Goldene Vlies holt. Jason ist bekannt, daß ein riesiger, nie schlafender Drache es bewacht, und er hat keine Ahnung, wie er ihn überwinden könnte. Trotzdem fährt er; blindlings stürzt er sich in dieses Abenteuer. Er erkennt nicht, daß Pelias ihn ganz bewußt in den Tod schickt. Den Usurpator hätte er totschlagen müssen – das wäre konsequent, folgerichtig und erfolgreich gewesen, hätte ihm zur Krone verholfen, um die es ihm schließlich ging.

Ähnlich verhält sich Theseus. Seine Vaterstadt Athen mußte alle neun Jahre dem König Minos von Kreta sieben Jungfrauen und sieben Jünglinge ausliefern. Sie wurden in das Labyrinth gebracht, in dem der Minotauros hauste, und der zerriß und fraß sie. Theseus, einen der berühmtesten Helden des klassischen Altertums, verdroß diese Schande, und freiwillig nahm er die Stelle eines der sieben Jünglinge ein. Nach einer anderen Version bewog ihn eine Frau, die ihn losein wollte, zu dieser vielgelobten Heldentat. Die Frau war übrigens Medea.

Theseus hat, stark wie er ist, durchaus Chancen, den Minotauros zu besiegen, und das schafft er auch. Aber wie sollte er danach wieder aus dem Labyrinth herauskommen? Das weiß er nicht, und er macht sich darüber auch keine Gedanken. Er weiß aber, daß noch niemals jemand aus diesem ausweglosen Bau herausgefunden hat. Ohne Ariadnes Hilfe wäre er kläglich darin verhungert, und ohne sie wäre ihm auch die Flucht nicht geglückt. Ariadne sorgt dafür, daß Löcher in die Schiffe der Kreter geschlagen werden – eine Idee, auf die der große Held wahrhaftig selbst hätte kommen können. Aber er war verliebt und darob vermutlich zu keinem anderen Gedanken mehr fähig.

Jason und Theseus lassen sich aus Gründen auf tödliche Abenteuer ein, die Medea und Ariadne völlig fremd gewesen wären. Sie ziehen los, weil ihre männliche Ehre es ihnen gebietet. Sie riskieren als Helden ihr Leben, und zwar mit größter Selbstverständlichkeit, denn was ein richtiger männlicher Held ist, der fragt nicht viel, denkt, überlegt und zaudert nicht – er handelt. Entsprechend sieht das Ergebnis aus: Auf derart leichtfertige Weise haben unendlich viele solcher Helden ihr Leben lassen müssen, und ohne Medea und Ariadne wären auch Jason und Theseus diesem Heldenschicksal nicht entgangen, woran sie selbstverständlich keinen einzigen Gedanken verschwenden. Wer wird als Mann schon freiwillig zugeben, daß er Leben und Erfolg einer Frau verdankt? Die Biographen dieser heldenhaften Männer handeln nicht anders: Der Anteil der Frauen an deren Taten fällt unter den Tisch. So verfuhr schon Paulus gegenüber Eva. Tatsache ist, daß das vielgepriesene männliche Heldentum nur zu oft mit Borniertheit und Ignoranz einhergeht. Auch Frauen mögen häufig borniert und ignorant sein – wenn es ums Überleben geht, sind sie es nicht, und zwar aus einem ganz einfachen Grund: Eine solche Haltung würde den Erfolg gefährden. Von Gretel bis Ariadne hat sich gezeigt: Wenn es um Wichtiges geht, denken und handeln Frauen nüchtern, pragmatisch, gegebenenfalls rücksichtslos, und das haben sie nicht verlernt. Manche Männer erfahren dies auch heute noch – meistens sehr zu ihrem Leidwesen.

Dann wäre da noch etwas: Keine der tatkräftigen Heldinnen richtet ihr Handeln nach moralischen Maximen aus, läßt es auch nur davon beeinflussen. Insbesondere spielen Bindungen an den Vater und ans Vaterland nicht die geringste Rolle. Was für so viele Männer große Bedeutung hat, scheint vielen Frauen ziemlich gleichgültig zu sein. Ein herausragendes Beispiel dafür ist eine Zeitgenossin Ariadnes, Prinzessin Skylla. Sie ist die Tochter des Königs Nisos. Dessen Hauptstadt wird vom Kreterkönig Minos belagert. Doch dieser hat keine Chance, sie einzunehmen, solange König Nisos im Besitz der roten Locke bleibt, die seinen Scheitel ziert. Als einzige kennt Tochter Skylla dieses

Geheimnis; nur sie weiß, daß die Locke für ihren Vater lebenserhaltend ist. Ansonsten weiß sie wenig, weil sie als Mädchen von allem ausgeschlossen wird. Trotz des Krieges ist ihr Leben leer und langweilig, denn für sie gibt es nichts zu tun. So begibt sie sich jeden Tag zum Turm des Apollo. Dort befindet sich ein Stein, der wie eine Leier klingt, wenn man Kieselsteine darauf fallen läßt. Das darf sie, und sie tut es auch. Auf diese Weise spielt sie die verschiedensten Melodien. Musizieren war offensichtlich schon damals eine für junge Damen der besseren Stände angemessene Tätigkeit. Dabei gab es in dieser Notzeit wahrlich genügend Aufgaben, die getan werden mußten – aber eben nicht für die Prinzessin. Mit Staatsgeschäften hatte sie nichts zu schaffen und schon gar nicht mit Kriegsgeschäften. Wie anders wäre ihre Situation als Prinz gewesen! Aber man war eben einst wie heute der Meinung, Frauen hätten weder Interesse noch Begabung für politische und gar für strategische Aufgaben. Dabei hätte man es schon damals besser wissen können, denn auch in frühester Zeit gab es berühmte Herrscherinnen und auch berühmte Heerführerinnen. Eine von ihnen war die ägyptische Königin Hatschepsut im 13. Jahrhundert v. Chr. Zu nennen wäre auch Nofretete und die unter dem Namen Semiramis bekannte assyrische Königin Samuramat. Diese regierte 809–806 v. Chr. für ihren minderjährigen Sohn und galt zu ihrer Zeit als bedeutendste Frau der damaligen Welt. Heute verbindet man mit ihr bezeichnenderweise fast nur noch die berühmten Hängenden Gärten von Babylon. Gartenarchitektur war jedoch eines ihrer weniger bedeutenden Betätigungsfelder. Diese Frau hat über halb Asien geherrscht und Feldzüge persönlich angeführt.

Skylla dürfte über kaum weniger Tatendrang verfügt haben als Semiramis. Wie muß sie unter ihrem unausgefüllten Leben gelitten haben! Doch nicht lange nimmt sie die ihr aufgezwungene Untätigkeit hin. Sie befreit sich aus ihrer Situation, bricht aus der Rolle aus, die ihr die gesellschaftlichen Verhältnisse und insbesondere ihr Vater abverlangen. Nach reiflicher Überlegung, die auch den moralischen Aspekt ihres geplanten Unternehmens einschließt, beginnt sie zu handeln, und das nicht zu knapp. Als ihr Vater schläft, schneidet sie ihm die lebenserhaltende Locke ab, stiehlt ihm die Schlüssel zum Stadttor, schließt es auf und begibt sich zum Anführer des Feindes, zu König Minos.

Das ist eine ungeheuerliche Tat, nämlich Mord, Landes- und Hochverrat in einem. Doch Skylla beschwert das nicht weiter. Ohne große

Skrupel vollzieht sie den Bruch mit ihrer Familie, mit ihrem Volk und mit ihrem bisherigen Leben und Verhalten.

Das alles hatte ganz harmlos mit einer typischen Mädchenschwärmerei begonnen. Wenn Skylla das Spiel mit dem klingenden Stein satt hatte, pflegte sie vom Turm dem Kampfgeschehen vor der Stadt zuzusehen. Dabei fiel ihr Minos durch männliche Kraft und Schönheit sowie die Pracht seiner Gewänder und Waffen auf. Wie das so geht, fängt sie an, ihn zu bewundern, und verliebt sich schließlich in ihn. So stellt sie sich vor, sie habe Flügel, fliege zu ihm hin und offenbare ihm ihre Liebe. Da sie meint, sie müsse ihm etwas bieten, überlegt sie sich, ihn zu fragen, »durch welche Mitgift er sich kaufen lassen wolle« (Ovid, *Metamorphosen* VIII, 54–55).

Das ist eine sehr gewagte Träumerei, die durchaus ihren Reiz gehabt haben mag. Aber einen Ausweg aus ihrer Situation bieten selbst die gewagtesten Phantasien nicht. Also fängt unsere Heldin an, die Verwirklichung ihrer Träume ins Auge zu fassen. Die Burg des Vaters dürfe Minos nicht als Preis fordern, sagt sie sich, weiß aber sehr wohl, daß er genau das tun wird. Folglich erwägt sie, selbst diesen Preis zu zahlen. Dabei kommt sie zu dem Schluß, daß Minos ohnehin siegen werde und außerdem einen gerechten Krieg führe. Sie fragt sich nun, warum eigentlich die Gewalt seiner Waffen Minos die Mauern aufschließen solle und nicht ihre Liebe, wobei sie sich mit dem Gedanken tröstet, daß dann weit weniger Blut fließen werde. Damit hat sich für sie das moralische wie das rechtliche Problem ihres Plans erledigt. Sie beschließt, sich mit ihrer Vaterstadt als Mitgift König Minos auszuliefern und damit auch dem Krieg ein Ende zu setzen.

Nun ist es eine Sache, einen Entschluß zu fassen, jedoch eine ganz andere, ihn in die Tat umzusetzen. Das ist Skylla durchaus klar. »Wollen ist nicht genug«, stellt sie fest und erkennt dann ganz richtig, daß in erster Linie der Vater ihrem Wollen entgegensteht. »Wollten die Götter, ich wäre ohne Vater«, wünscht sie sich. Doch damit schafft sie ihn nicht aus der Welt. Da also die Götter ihr Problem nicht lösen können, entschließt sie sich dazu, ihr eigener Gott zu sein. Das mag Hybris sein: Sie gewinnt jedoch so die uneingeschränkte Bestimmung über sich selbst.

Des weiteren ist sie der Meinung, Fortuna widerstehe tatenlosen Bitten. Sie ist davon überzeugt, daß andere in ihrer Lage schon lange mit Freuden alles vernichtet hätten, was ihrer Liebe im Wege stehe; sie sieht nicht ein, warum sie weniger beherzt sein soll.

Hier erhebt sich die Frage, ob ihre Liebe zu Minos Ursache oder aber nur Anlaß für Skyllas Aufbegehren ist. Die gleiche Frage ließe sich in bezug auf Medea und Ariadne stellen. Es kann kaum Zufall sein, daß sie alle sich in einen Feind verlieben. Daher wäre es durchaus denkbar, daß alle drei Frauen das Erscheinen eines feindlichen Fremden dazu nutzen, sich aus ihrer tristen Situation zu befreien. Wäre es ihnen nur um einen Mann gegangen, hätten sie wahrhaftig einen wählen können, der sie nicht mit Vater, Volk und Vaterland in Konflikt brächte. Vielleicht wollten sie diesen Konflikt; dann wäre Jason, Theseus und Minos für sie nichts anderes gewesen als Mittel zum Zweck, als, wenn man so will, Katalysatoren für ihre Befreiung aus gesellschaftlichen Zwängen und Fesseln. So ungewöhnlich wäre das nicht. Wie viele Mädchen heiraten, um ihre häusliche Situation hinter sich zu lassen, insbesondere um ihren patriarchalischen Vätern zu entkommen! Und wie viele Töchter wählen derart wenig konvenable Männer zu Freunden, daß ihre Familien und besonders ihre Väter entsetzt die Hände über dem Kopf zusammenschlagen und erhebliche Konflikte ausbrechen!

Auf jeden Fall lösen sich Medea, Ariadne und Skylla dadurch, daß sie sich einem ganz und gar unpassenden Mann zuwenden, radikal von ihren bisherigen Bindungen und aus ihrer bisherigen Rolle. Sie werden, wie es Skylla treffend ausdrückt, zu ihrem eigenen Gott. Dafür liefern alle drei den Beweis, denn sie handeln fortan, wie es ihren eigenen Wünschen und Bedürfnissen entspricht, fühlen sich nichts und niemandem mehr verpflichtet, unterwerfen sich keinen Regeln, Gesetzen, Normen. Notfalls gehen sie über Leichen. Skylla nennt das Beherztheit; sie ist der Meinung, Frauen handelten in entsprechenden Lagen so. In der Tat haben wir bei vielen unserer beispielhaften Heldinnen gesehen, daß sie all denen keine Chance ließen, die sich ihren Wünschen und Plänen entgegenstellten. Das mußte schon Uranos leidvoll erfahren, ebenso Agamemnon, ferner etliche unzureichende Ehemänner, manche Schwiegertochter, zwei Brüder. Die vielen Beispiele stellen einen bemerkenswerten Widerspruch zu der verbreiteten Meinung dar, Frauen seien passiv. Man sollte sich darauf nicht verlassen und statt dessen lieber auf weibliche Beherztheit, wie Skylla sie versteht, auch wenn man heute kaum noch um sein Leben fürchten muß. In der heutigen Mordstatistik spielen Frauen keine große Rolle; sie kennen subtilere Methoden. Wenn sie jedoch morden, dann morden sie weit weniger im Affekt als männliche Mörder, sondern vielmehr kalten Herzens – wie Medea. Kalten Herzens schneidet auch Skylla ihrem Vater die Locke ab, wohl wissend, daß diese Tat sein Leben kostet. Und kalten Herzens verrät sie ihr Land.

Ovid (43 v. Chr.–17 n. Chr.) ist bekannt für die feine psychologische Zeichnung seiner Figuren. Hier macht er plausibel, zu welchen Taten eine Frau fähig ist, dazu noch eine wohlerzogene Königstochter. Aber das ist es ja gerade: Je mehr und je besser ein Mädchen erzogen ist, um so mehr wird es in die von der Gesellschaft gewünschte Rolle eingebunden. An Skylla ist dieser Erziehungserfolg festzustellen: Musizieren und Zuschauen ist ihr Lebensinhalt. Und sie zeigt, wie sie aus der ihr auferlegten Rolle ausbricht. Dieser Vorgang und diese Psychologie sind durchaus zeitlos, denn zweitausend Jahre später geschah etwas ganz Ähnliches. Da brachen wohlbehütete und guterzogene junge Frauen, namentlich des gehobenen Bürgertums, aus ihrem bisherigen Leben aus. Mit einer Rigorosität, die kaum jemand bei ihnen vermutet hätte, bekämpften sie in den siebziger Jahren Staat und Gesellschaft und scheuten dabei weder vor Gewalt noch vor Morden zurück. Sie waren ähnlich wie Skylla unterfordert und so wie sie nach einem Frauenideal erzogen, das man kritiklos aus der Vergangenheit in die moderne Welt nach dem Zweiten Weltkrieg übernommen hatte. Die Parallele geht noch weiter: Skylla ließ ihren Vater, den König, sterben; der Aufstand der sogenannten Achtundsechziger brach weitgehend die Macht der patriarchalischen Väter.

Die jungen Revolutionärinnen von damals waren Ausnahmen. Doch das Handlungspotential, das sie besaßen und freisetzten, ist nichts Einmaliges; viele Frauen verfügen darüber, und gegebenenfalls setzen sie es in Taten um. Das müssen nicht gleich Mord und Verrat sein – die Welt ist inzwischen zivilisierter, die Methoden bei Auseinandersetzungen sind subtiler geworden. Diese Verfeinerung hat der Wirksamkeit jedoch kaum Abbruch getan. So wird heute mancher Vater und mancher Ehemann ganz ohne psychische Gewalt von Tochter oder Frau »erledigt«, das heißt, durch destruktive Techniken und seelische Quälerei erst zermürbt und dann fertiggemacht. Opfer, die danach noch zu gelassener Reflexion fähig sind, werden sich ganz schön wundern, wozu ein bisher braves und folgsames Töchterchen, eine rechtschaffene Gattin, ein liebes Frauchen plötzlich fähig sind. Nicht selten fordern Männer solche weiblichen Attacken heraus, wie dies auch Jason getan hat. Sie müssen dann erfahren, daß es gefährlich ist, den weiblichen Leu zu wecken, und sei es nur dadurch, daß man

Frauen nicht ernst nimmt oder sie zu Untätigkeit verdammt, wie dies Skylla geschah.

Kehren wir nun zu ihr zurück. Sie begibt sich ins feindliche Heerlager und gelangt schließlich zu König Minos, dem sie, wie es bei Ovid heißt, ihre Liebesglut offenbaren will. Tatsächlich kommt es zu einem eher unterkühlten Auftritt. Skylla stellt sich als Tochter des Königs Nisos vor und bietet Minos die Locke des Vaters an, wobei sie klarmacht, daß sie ihm mit diesem Haar zugleich den Kopf des Königs ausliefert, und zwar als Pfand der Liebe. Eine Belohnung beanspruche sie nicht; sie wolle nur ihn, versichert sie – und erklärt, Liebe habe ihr die Tat eingegeben.

Es ist ein Auftritt wie im Theater und ein Text wie im Theater, und Gefühl zeigt Skylla dabei kaum. Sehr wohl aber spürt man die Planung. Was Skylla tut und sagt, ist zweifellos gut vorbereitet und auf eine ganz bestimmte Wirkung angelegt. Doch diese tritt nicht ein. Skylla hat sich verrechnet, total verrechnet. Minos schließt sie nicht gerührt in die Arme, und er bezeugt ihr auch nicht freudig seine Dankbarkeit. Er tut, was sie ganz gewiß als letztes erwartet hätte: Schreckerfüllt weicht er vor ihr zurück, greift nicht einmal nach der Locke, die sie ihm hinhält und die ihm den Sieg verheißt. Statt dessen schmäht er sie, wünscht, daß die Götter sie vom Erdkreis vertilgen mögen, nennt sie »Schandfleck unseres Jahrhunderts« und versichert ihr, daß er ein Ungeheuer, wie sie es sei, niemals in seiner Heimat dulden werde. Danach läßt er sie stehen, erobert die Stadt und läßt sie plündern.

Diese Reaktion verwundert nicht, denn Skylla hat faktisch gegen alle Regeln verstoßen, die eine Frau beachten sollte, wenn sie einen Mann gewinnen will. Schon ihr bestimmtes Auftreten und ihre Aktivität dürften Minos unangenehm berührt haben. Männer wünschen und erwarten von Frauen Passivität. Was aber tut Skylla? Sie macht Minos einen eindeutigen Antrag. Wir kennen bereits die Scheu der Männer vor weiblicher Nähe. Wird ihnen diese auch noch aufgedrängt, kann die Scheu zu einer Art Panik werden. In solchen Fällen konstelliert sich bei vielen Männern sofort das Bild der einstmals übermächtigen Mutter, die Erinnerung an die erotische Verstrickung mit ihr, von der loszukommen so schwer ist. Man denke an Ödipus und an sein Entsetzen. Ähnlich entsetzt ist Minos.

Wie konnte Skylla ein solcher Fehler unterlaufen? Zuallererst vermutlich darum, weil sie als behütete Königstochter keinerlei Erfahrungen mit dem anderen Geschlecht hatte. Hätte sie auch nur den geringsten Verdacht gehabt, Minos könnte so reagieren, wäre sie fraglos anders vorgegangen. Offenkundig hatte sie keine Zweifel daran, daß Minos über ihre Liebe glücklich sein werde.

Daß Skylla zu dieser eklatanten Fehleinschätzung kommen konnte, lag eindeutig auch daran, daß sie von sich auf Minos geschlossen hat. Für Frauen stellt sich das Problem naturgemäß völlig anders dar. Als Gleichgeschlechtliche können sie nicht von der mütterlichen Erotik bedrängt werden; sie leiden weit häufiger unter der neutralen Kühle ihrer Mütter. Und von seiten der zumeist abwesenden Väter bleiben ihre Bedürfnisse nach Liebe und Zärtlichkeit eher unbefriedigt. Also verabscheuen sie nicht männliche Nähe, sondern sehnen sich nach ihr, und kaum jemals reagieren sie auf die Annäherung eines Mannes mit panischer Angst.

Skyllas nächster schwerwiegender Irrtum war ihre naive Vorstellung, sie könne Minos kaufen. Für alle, die sich nur ein wenig mit Männern auskennen, ist das ein abwegiger Gedanke. Skylla hingegen war sich sicher, daß Minos ihr großzügiges Angebot mit Freuden annehmen werde, und zwar deshalb, weil sie in vergleichbarer Lage ein solches Angebot ohne weiteres angenommen hätte. Viele Frauen hätten es angenommen. Ich möchte die Frau sehen, die sich entsetzt abwendet, wenn ein schöner junger Prinz daherkommt, ihr ein Königreich zu Füßen legt und ihr versichert, er habe es aus Liebe zu ihr für sie erworben! Sie wäre zumindest gerührt, und die Art und Weise, wie er dazu gekommen ist, würde sie nicht sonderlich interessieren.

Ganz anders reagiert Minos. Ihn erfüllt Skyllas Vorgehen mit Schrecken. Minos ist Moralist – allerdings nicht in bezug auf sich selbst. Was sein Tun und Lassen betraf, hat er sich herzlich wenig um Moral geschert. Wie so manche andere Männer auch empört ihn lediglich die Unmoral Dritter, und da hier auch noch eine Frau gegen die Moral verstößt, kennt seine Empörung keine Grenzen. Diese Empörung zeigt er, mehr noch: Er lebt sie aus und genießt geradezu die Verdammung, die er Skylla zuteil werden läßt. Danach straft er sie durch Nichtachtung. Minos zeigt eine typisch männliche Reaktion. Er spielt sie nicht, hat sie sich nicht überlegt; sie ist durchaus echt und ehrlich gemeint.

Das in Minos' Augen größte Verbrechen dürfte Skylla dadurch begangen haben, daß sie ihr Vaterland verriet und den legitimen König, der dazu noch ihr Vater war, umbrachte. Daß Minos daraus einen entscheidenden Vorteil zieht, mindert seinen Abscheu in keiner Weise.

Das ist kaum verwunderlich, denn das Vaterland und die damit verbundenen Autoritäten stellen für Männer von jeher einen Wert an sich dar – auch das Vaterland des Feindes und dessen Könige. Und dieser Wert ist weit über dem der Liebe angesiedelt, die im Vergleich dazu eher in die Niederungen des Lebens gehört. Auch dieser Standpunkt des Minos ist ein typischer, denn dem Vaterland und dessen Repräsentanten fühlen sich viele Männer in einer Weise verpflichtet, die viele Frauen kaum nachempfinden können. In feierlichen Zeremonien schwören Männer, die Hand an der Fahne, dem Vaterland heilige Eide und Treue bis in den Tod. Ihren Kaisern, Königen, Zaren oder Führern geloben sie unbedingten Gehorsam, und wenn es zur männlichen Bewährung auf dem Felde der Ehre kommt, das heißt, wenn sie in den Krieg ziehen, sterben sie in treuer Pflichterfüllung für Führer, Volk und Vaterland. Sie sterben als Helden, und als solche feiert man sie alljährlich in West und Ost. Wer das »Vaterland, das teure« verrät, wie Skylla dies tat, der ist für Freund und Feind ein vom Erdkreis zu vertilgender Schandfleck. Und wer wie Skylla als Frau einen Feind des Vaterlandes liebt, der ist verfemt. Solche Frauen wurden an den Pranger gestellt, kahlgeschoren, angespuckt und nicht selten anschließend umgebracht – und das nicht nur in klassischer Vorzeit.

Der unerfahrenen Skylla dürfte es kaum möglich gewesen sein, eine derartige Moral vorherzusehen. Sie konnte sich nicht vorstellen, durch ihre Tat Minos' Abscheu zu erregen, eine Tat, durch die sie ihm das übergibt, was ihm im Augenblick das Wichtigste ist: die Stadt, um die er so lange schon vergeblich gekämpft hat, und dazu noch den Kopf seines Feindes. Ihr als Frau erscheint es in keiner Weise anrüchig, aus Liebe zu einem Mann Vater und Vaterland zu verraten und notfalls zu morden. Medea und Ariadne haben darin auch nichts Verwerfliches gesehen und genauso gehandelt. Patriotische Gefühle haben sie nicht bewegt. Woher auch?

Frauen hatten in vaterländischen Angelegenheiten weder Sitz noch Stimme. Aus der Politik, aus Staats- und Kriegführung waren sie bis auf wenige Ausnahmen ausgeschlossen. Auch an den entsprechenden Mythen und Riten hatten sie keinen Anteil. Es blieb ihnen versagt, heilige, vaterländische Eide zu schwören und dabei die Hand an die Fahne zu legen, die vielen Männern mehr als das Leben bedeutete. Hieß es doch einstmals, und das ist so lange noch gar nicht her: ». . . denn die Fahne ist mehr als der Tod.« Von der Thronfolge waren die Frauen meistens auch ausgeschlossen; die Krone erbten in aller Regel nur Söhne. Was sollte ihnen also das »heilig Vaterland«, das nicht von ungefähr kein Mutterland ist, groß bedeuten? Es brauchte Frauen nicht und wollte sie nicht. Also haben Medea, Ariadne und Skylla es leichten Herzens für etwas geopfert, das ihnen wichtiger erschien: für einen Mann, für die Möglichkeit, ein eigenes, unabhängiges Leben zu führen, dafür, daß sie von den Fesseln frei wurden, die ihnen das männlich bestimmte Vaterland auferlegte. Das war ihnen Verrat und Mord wert.

Die drei sind keine Ausnahmen. Vielen Frauen ist vaterländisches Pathos fremd. Sie können ohne große Schwierigkeiten auch Feinde ihres Landes lieben, und Vaterlandsverrat gilt ihnen nicht unbedingt als todeswürdiges Verbrechen. Frauen setzen andere Prioritäten. Ihnen ist das Hemd näher als die Fahne. Eine Frau aus dem Alten Testament führt das vor Augen. Sie ist eine Dirne, heißt Rahab, lebt in der Stadt Jericho und verrät ihr Vaterland für ihr und ihrer Familie Überleben. Auch sie tut dies leichten Herzens und fühlt sich keineswegs als eine Verbrecherin, die ihr Leben verwirkt hätte. Ihr Verrat hat den gewünschten Erfolg: Jericho sinkt in Schutt und Asche; nur ein einziges Haus bleibt stehen – ihr Haus. Wie es dazu kommt, wird im Buch Josua im zweiten Kapitel erzählt.

Der Moses-Nachfolger Josua belagert Jericho. Er schickt zwei Kundschafter in die Stadt, die ihm Informationen über den bevorstehenden Angriff beschaffen sollen. Verkleidet, um nicht als Israeliten erkannt zu werden, betreten sie die Stadt und begeben sich in das Haus der Dirne Rahab, um dort zu übernachten. Es hat sie jedoch jemand erkannt, und der König schickt Soldaten, um sie zu ergreifen. Sie teilen Rahab mit, bei ihren Gästen handle es sich um feindliche Spione. Nichts hätte für Rahab näher gelegen, als die Feinde ihres Volkes auszuliefern. Doch sie tut es nicht; vielmehr belügt sie die Abgesandten ihres Königs und versteckt die beiden. Warum? Sie hat von den kriegerischen Erfolgen der Israeliten gehört und davon, was diese mit eroberten Städten zu tun pflegen. Und da ihr nicht König und Vaterland am nächsten liegen, sondern ihr eigenes Leben und das ihrer Familie, sichert sie den Kundschaftern zu, sie nicht zu verraten und ihnen weiterzuhelfen, wenn sie schwören, daß Josua sie, ihre Familie und alles, was ihnen gehört, verschonen werde. Sie schwören es und halten ihren Schwur.

Wenig später ertönen die berühmten Trompeten von Jericho, die

Stadtmauern fallen zusammen, die Israeliten erobern die Stadt, machen sie dem Erdboden gleich und bringen alles um, was lebt – mit Ausnahme Rahabs und ihrer Leute. Josua gewährt ihnen Asyl.

Rahab verübelt man den Vaterlandsverrat nicht; man behandelt sie nicht nach der Devise, daß man wohl den Verrat, nicht aber den Verräter liebt. Nach Matthäus 1,5 gilt sie gar als Ahnmutter Jesu, und Paulus lobt Rahabs Tat in seinem Brief an die Hebräer (11,31). Der Grund dafür dürfte nicht zuletzt im Gewerbe dieser Frau zu sehen sein. Bei Angehörigen ihres Standes ist augenfällig, daß sie König und Vaterland nichts schulden, verachtet, wie sie von Staat, Regierung und Gesellschaft sind.

So sehr viel besser als Rahab werden aber auch »anständige« Frauen von Staat und Gesellschaft nicht angesehen und behandelt. Dennoch erwartet man von ihnen soviel Solidarität mit Staat und Staatsführung wie von den Männern. Mit welchem Recht eigentlich? Dessenungeachtet hat so manche Frau ihre Tatkraft für Volk und Vaterland eingesetzt. Doch das waren häufig Frauen, die nicht wie Menschen zweiter Wahl behandelt wurden, Frauen, die etwas galten, die offiziell anerkannt waren oder öffentliche Ämter innehatten.

Die biblische Heldin Debora war eine solche Frau. Ihr Lied, das im Buch der Richter (5,2–31) enthaltene Lied der Debora, ist einer der ältesten Texte der Bibel. Es handelt von einer Frau, die tatkräftig die Geschicke Israels in die Hand nimmt, wie es im Buch der Richter in Kapitel vier geschildert wird. Debora ist dazu motiviert, denn sie war keine Abgeschobene und Ausgeschlossene. Sie übte ein Amt aus, und zwar eines, das man später nur noch Männern zubilligte: Sie war »Richterin in Israel«. Und sie war Prophetin. Walter Beltz sieht darin eine »dichterische Verhüllung« und hält Debora für eine Königin. Auf jeden Fall hatte sie ein hohes Ansehen, und sie bekleidete eine maßgebliche öffentliche Stellung.

Zu ihrer Zeit ging es den Israeliten schlecht. Es mangelte den hebräischen Stämmen an Führern, und Israel stand unter der Fremdherrschaft des Königs Jabin von Kanaan. Kein Fürst, kein Führer, kein Mann muckte dagegen auf. »Schild und Speer waren nicht mehr zu sehen bei den vierzigtausend in Israel«, heißt es. Und dann ist es eine Frau, welche die Initiative ergreift und eine Wende herbeiführt. Davon erzählt das Deboralied. Debora erhebt sich und übernimmt das Kommando. Sie bestellt den Stammesführer zu sich, von dem sie am meisten Tatkraft erwartet; er trägt den vielversprechenden Namen

Barak, was »Blitz« heißt. Ihm entwickelt sie einen Schlachtplan, der es ermöglichen soll, die überlegenen Kräfte des Feindes unter dem berühmten Heerführer Sisera zu schlagen. Sie befiehlt Barak, zehntausend Krieger an den Berg Tabor zu führen; sie werde an der Spitze einer zweiten Streitmacht ihm den Gegner zutreiben, den er dann von seiner sicheren Position aus vernichten könne. Doch Barak ist alles andere als ein Blitz. Er will nur dann in den Kampf ziehen, wenn Debora ihn begleitet. Ihr bleibt nichts anderes übrig, als auf seine Bedingung einzugehen; sie macht ihm jedoch klar, daß dann nicht ihm der Ruhm zufallen werde, sondern einer Frau. Das schluckt Barak, und damit übernimmt Debora de facto das Oberkommando über die Hauptstreitmacht. Sie sagt Barak, was er tun soll; er bleibt indes der Anführer. »Barak verfolgt die Wagen«, heißt es, nicht: Debora verfolgte sie. Die Anerkennung der Frauen hat eben ihre Grenzen. Man billigt Debora die Position einer Richterin zu und die einer Prophetin, nicht aber die einer Heerführerin. Truppen anzuführen ist ausschließlich Männersache. Semiramis und, in neuerer Zeit, die Jungfrau von Orleans sind seltene Ausnahmen; letztere hat man ja auch auf den Scheiterhaufen geschickt. Mit Krieg befaßte Frauen sind Männern ein übergroßes Dorn im Auge.

In der Einheitsübersetzung der Bibel wird Debora auch der Rang der Führerin streitig gemacht; es heißt da (Ri. 5,7): »Bewohner des offenen Landes gab es nicht mehr [...] bis du dich erhobst, Debora.« In der Menge-Bibel, die um philologische Genauigkeit und um Texttreue besonders bemüht ist, steht hingegen: »Es fehlte an Führern in Israel [...] bis du auftratst, Debora.« In der Lutherschen Übersetzung steht es ähnlich. Beltz schreibt: »Es ist sicher, daß die Schlacht gegen den König Jabin eine Schlacht der Debora gegen die Kanaanäer wurde.« Wieder nimmt »Mann« einer Frau den Tatenruhm und die Führerschaft obendrein.

Ein anderer Autor, Friedrich Hauss, möchte Debora am liebsten wieder zum Mütterlein machen. Ihre Mütterlichkeit, so schreibt er, erschöpfe sich nicht im Dienst an ihrer eigenen Familie – von der nirgends die Rede ist –, sondern umfasse das Volk. Damit meint er ihre Richterfunktion. Bei ihm gerät Deboras offizielles Amt zu mütterlicher Fürsorge. Man kommt zu Debora, holt in schwierigen Rechtssachen ihren Rat und läßt sie entscheiden, heißt es. Sie entscheidet aber nicht deshalb, weil die Leute sie lassen, und sie gibt auch keine unverbindlichen Ratschläge. Vielmehr waltet sie ihres Amtes und spricht

Recht als bestallte Richterin. Eigenes Führertum erkennt ihr Hauss selbstverständlich ebensowenig zu. Laut ihm macht Debora dem Volk lediglich Mut; das Führertum indessen gebührt, wie es sich gehört, dem Mann, nämlich Barak. Da aber nicht zu übersehen ist, wie aktiv Debora handelt, muß Hauss ihr einen Einfluß wohl oder übel zugestehen. Das sieht bei ihm dann so aus: »Debora gewinnt in einer führerlosen Zeit Einfluß in Israel, nicht durch ihre eigenen Bemühungen, sondern weil Gott zu ihr redet.« Und damit wirklich niemand auf die Idee komme, sie verdanke ihre Erfolge eigener Tatkraft, beginnt der Autor seine Abhandlung über Debora mit ebendiesem Satz. Soweit Friedrich Hauss.

Ohne Debora wäre Barak ein Nichts gewesen; nur durch sie wird er zum Helden, zum halben Helden zumindest. Es geht ihm, wie es Jason und Theseus ging. Allerdings spielt hier die Frau, spielt Debora die erste Rolle. Es ist ihr Siegeslied, nicht das des Barak.

Debora muß ihren Ruhm mit Barak teilen – und mit noch jemandem, einer weiteren Frau: mit Jael. Auch sie ist eine bemerkenswerte Frau der Tat. Sie war es, von der Debora anfangs sprach. »Der Herr wird Sisera der Hand einer Frau ausliefern«, hat sie zu Barak gesagt. Diese Frau aber war nicht sie, wie man vielleicht hätte denken können. Jael vollendet das Werk, das Debora und Barak begonnen haben. Sie gibt Sisera den Rest – man kann es nicht anders bezeichnen, denn er ist geschlagen, seine Streitmacht vernichtet. Als einer der wenigen Überlebenden hat er fliehen können. Er sucht Zuflucht bei Jaels Mann, dem Keniter Heber. Dieser hat sich dem Kampf der Israeliten nicht angeschlossen und lebt mit König Jabin in Frieden. Doch das Herz seiner Frau schlägt für Israel, was sie Sisera selbstverständlich nicht merken läßt. Sie verstellt sich, bittet den Flüchtling freundlich in das Zelt und versichert ihm, er brauche keine Angst zu haben. Sie gibt ihm Milch zu trinken und deckt ihn dann mit einem Teppich zu. Als er vor Erschöpfung eingeschlafen ist, schlägt sie ihm mit einem Schmiedehammer einen Zeltpflock durch den Kopf, und zwar so kräftig, »daß er noch in den Boden drang«. Danach geht sie Barak entgegen, der Sisera verfolgt, und sagt zu ihm: »Komm, ich zeige dir den Mann, den du suchst.« Da sieht er »Sisera tot am Boden liegen, mit dem Pflock in seiner Schläfe« (Ri. 4,22).

Das ist grausam, gewiß, aber es ist nicht grausam um der Grausamkeit willen. Jael ist nur konsequent. Man stelle sich vor, sie hätte nicht so fest zugeschlagen. Jael wollte und mußte sichergehen, sonst hätte es ihr Leben gekostet. Sie handelt, wie wir es bei unseren beispielhaften Frauen immer wieder erlebt haben: Was sie tun, das tun sie ganz. Sie tun es ohne Zögern und Zaudern und ohne Bedenken. Sie denken vorher, dann handeln sie, und sie stehen zu ihren Taten. Kein einziges Mal erlebten wir Reue. Auch Jael bereut nicht; sie zeigt vielmehr Barak stolz das Ergebnis ihrer Tat. Man könnte sich fragen, ob der Mord an dem geschlagenen Feldherrn wirklich noch nötig gewesen wäre. Aber niemand hat danach gefragt. Wenn es ums Vaterland geht, dann dürfen selbst Frauen morden, und sie werden wie die Männer dafür ausgezeichnet. Also heißt es: »Gepriesen sei Jael [...] die Frau des Keniters Heber, gepriesen unter den Frauen im Zelt« (Ri. 5,24).

Fürs Vaterland zu töten galt von jeher als gutes Werk. Weit berühmter als Jael wurde Judith durch eine solche Tat. Im Alten Testament wird ihr ein ganzes Buch gewidmet, das Buch Judith, das vermutlich aus dem 1. Jahrhundert v. Chr. stammt. Im protestantischen Bereich gehört es zu den apokryphen Schriften, was aber nicht auf mangelnde Wertschätzung zurückzuführen ist. Luther war der Meinung, das Buch Judith gebe »eine gute, ernste, tapfere Tragödie ab«, und das tat es dann auch. Von Luther angeregt, erkannten Dramatiker jener Umbruchzeit die Brisanz dieser Geschichte, und sie wurde in vielfältiger Form in Szene gesetzt, so von Hans Sachs und Martin Opitz. Aber schon Jahrhunderte vorher, nämlich in der germanischen Dichtung, ist die Judithlegende in Form heroischer Balladen nacherzählt worden. Bis in unsere Zeit hinein hat sie die verschiedensten Bearbeiter gefunden; wir kommen darauf zurück.

Laut Altem Testament ist Judith eine Frau aus besten Kreisen, mit langem Stammbaum, ebenso schön wie reich, dabei gottesfürchtig und von allen geachtet und geschätzt. Sie ist seit über drei Jahren Witwe und lebt, der Sitte und der Moral entsprechend, zurückgezogen. Ihre Heimatstadt Betulia ist in größter Bedrängnis. Sie wird von der gewaltigen Streitmacht des Holofernes, Feldherr des Gottkönigs Nebukadnezar, belagert. Holofernes ist wütend über den Widerstand der Israeliten und will die Stadt samt ihren Einwohnern vernichten. Er hat Betulia von allen Verbindungen abgeschnitten und die Wasserquellen besetzt. In der Stadt herrschen Hunger, Elend und Verzweiflung. Die Bewohner sind uneins. Die einen plädieren für Kapitulation und Übergabe der Stadt, um dadurch vielleicht ihr Leben zu retten, die anderen wollen noch ausharren und hoffen auf Gottes Hilfe. Judith hat ihre eigenen Vorstellungen. Sie will weder kapitulieren noch sich allein auf Gottes Hilfe verlassen. Sie will, was keinem der Männer eingefallen ist, durch eine befreiende Tat über Holofernes siegen und entwickelt einen entsprechenden Plan. Daraus macht sie keinen Hehl. Sie verkündet, daß sie etwas unternehmen will, sagt aber nicht, was. Sie diskutiert ihr Vorhaben mit niemandem und wehrt alle Fragen danach ab. Dafür hat sie ihre guten Gründen, denn erführen die Stadtväter, was sie zu tun gedenkt, wären sie fraglos zutiefst entsetzt, und noch entsetzter wären wohl die Hohenpriester. Judith ist sich darüber klar. Sie weiß, daß man ihr nur dann ihre Methoden verzeihen wird, wenn sie Erfolg haben. Sie tut, was so viele männliche Helden vermissen lassen: Sie denkt, bevor sie handelt; insbesondere bedenkt sie die Folgen ihres Tuns. Danach bricht sie zu dem auf, was man, wäre sie anderen Geschlechts, wohl ein Einmannunternehmen genannt hätte. Dazu ist es notwendig, daß sie sich völlig verändert. Seit drei Jahren und vier Monaten lebt sie einsam in ihrem Haus, die meisten Tage fastend und stets angetan mit Buß- und Trauergewändern, wie es sich für eine Witwe geziemt. Die zieht sie nun aus, wäscht sich und salbt ihren schönen Körper mit kostbarem Öl. Sie ordnet ihr Haar, setzt sich ein Diadem auf und zieht die Festkleider an, die sie zu Lebzeiten ihres Mannes getragen hat. Dazu legt sie ihren schönsten Schmuck an: Fußspangen, Armbänder, Ringe, Ohrgehänge. Das ist eine sehr weibliche Beschäftigung, und viele Frauen gehen ihr gern nach. Hier, in Vers vier des zehnten Kapitels, wird einmal ausgesprochen, was der wesentliche Zweck dieses Sich-Schmückens ist. Judith, so heißt es, mache sich so schön, um die Blicke der Männer auf sich zu ziehen. Sie will gefallen, endlich einmal wieder gefallen, und ihre Freude daran wird gewiß nur wenig davon beeinträchtigt, daß sie um des Vaterlandes willen die Blicke der Männer auf sich zieht. Insbesondere will sie dem Feldherrn Holofernes gefallen. Sie muß ihm sogar gefallen, wenn ihr Unternehmen gelingen soll. Judith weiß das Angenehme mit dem Nützlichen zu verbinden.

Sie plant ganz Ähnliches wie Skylla, allerdings mit umgekehrten Vorzeichen. Was Judith will, dient dazu, die Stadt zu retten, nicht dazu, sie zu verderben. Skylla war eine Verräterin, Judith ist eine Patriotin. Der Unterschied ist gewiß gravierend, doch das ist er letztlich nur in politischer Hinsicht; psychologisch gesehen ist er eher gering. Skylla wie Judith sind durch die gesellschaftlichen Verhältnisse gezwungen, ein unbefriedigendes, ja langweiliges Leben zu führen, und beide brechen aus diesem Leben aus. Skylla, so schien es, tat es aus

Liebe. Aber war dieses Schwärmen aus großer Entfernung wirklich Liebe? Kann man einen Mann lieben, den man nur von weitem kennt, ihn gar so lieben, daß man seinetwegen den Vater tötet und sein Land verrät? Mit großer Sicherheit kann man das nicht. Minos war wirklich nur Anlaß und nicht Ursache für Skyllas gewalttätigen Ausbruch.

Judith ist in ähnlicher Lage. Ihr Patriotismus könnte auch nur Anlaß, muß nicht Ursache für ihre berühmte Tat gewesen sein. Sie hatte ganz einfach Einsamkeit, Langeweile, die ewigen Trauerschleier und die Asche auf dem Haupt satt. Man spürt die Genugtuung, die es ihr bereitet, sich endlich wieder zu pflegen, sich schön zu machen, zu glänzen und Aufsehen zu erregen. Erinnern wir uns an Christiane Oliviers These: »Ich gefalle, also bin ich.« Judith hat sich geschickt in eine Situation gebracht, in der sie nicht nur gefallen darf, sondern gefallen muß. So, wie sie die Sache angeht, ist dieses Gefallenmüssen in gesellschaftlicher, politischer und moralischer Hinsicht zudem vollauf gerechtfertigt. Mehr noch: Es ist der entscheidende Teil einer patriotischen Tat.

Sie verläßt genau wie Skylla die sicheren Mauern der Stadt und begibt sich ins feindliche Lager. Dabei folgen ihr die bewundernden Blicke der Ältesten der Stadt wie die der jüngsten Kriegsleute. Die assyrischen Vorposten sind ebenfalls von ihrer Schönheit verzaubert. Dieses Bewundertwerden begleitet sie bei ihrer gesamten Mission. Welch ein Unterschied ist das zu ihrem tristen Witwendasein! Endlich ist sie wieder, lebt wieder, ist frei und kann nach eigenem Ermessen handeln. Allerdings lebt sie gefährlich. Aber was besagt das schon? Das neue Lebensgefühl ist weit besser als die bisherige Leere und Enge ihres Daseins, und gefährliche Abenteuer haben nicht nur für Männer ihren Reiz. Das ließ bereits die schöne Müllerstochter im Blaubartmärchen erkennen. An keiner Stelle zeigt Judith, daß sie keinen Spaß an ihrem Unternehmen habe.

Die erste Klippe sind die feindlichen Vorposten. Ihre Schönheit allein hätte Judith kaum genutzt, schon gar nicht, nachdem sie sich als Israelitin bekannt hat. Wie oft sind schöne Feindinnen der Soldateska zum Opfer gefallen! Judith passiert das nicht; sie hat vorgebaut. Genau wie Skylla erklärt sie, sie habe sich gegen König und Vaterland gestellt. Das ist jedoch noch keine Sicherheitsgarantie. Dann aber behauptet sie, einen Plan zu haben, der es Holofernes ermöglichen werde, die Stadt ohne eigene Verluste zu erobern, und sie verlangt, zu ihm geführt zu werden. Das ist ein zwingendes Argument. Umgehend wird Judith zu Holofernes geführt.

Holofernes demonstriert Assyriens Macht und Pracht. Er ruht auf einem Lager aus kostbaren Teppichen und unter einem Moskitonetz aus Gold- und Purpurfäden mit eingewebten erlesenen Edelsteinen. Rechts und links von ihm stehen Diener mit silbernen Leuchtern, ehrerbietig umgibt ihn sein Gefolge. Doch alle Pracht verblaßt, als Judith von ihrer Eskorte in das Zelt geführt wird, heißt es. Sie kommt auf ihre Kosten. Bei allen erregt sie Bewunderung und Erstaunen. Holofernes ist derart von ihr hingerissen, daß sofort spezielle männliche Wünsche in ihm erwachen – ganz wie Judith es geplant hat. Ob aber alles nach Plan weitergeht, hängt sehr von dem ab, was Judith jetzt sagt und wie sie sich verhält. Verhielte sie sich wie Skylla, würde sie alles verderben. Doch Judith ist nicht wie sie ein junges Mädchen, das von Männern keine Ahnung hat. Sie ist eine erfahrene Frau, denn nirgends lernt man die Vertreter des anderen Geschlechts besser kennen als in der Ehe. Judith weiß, was Männer schätzen, und entsprechend handelt sie: Sie wirft sich vor Holofernes nieder und huldigt ihm. Was soll er daraufhin tun? So, wie er geartet ist, bleibt ihm kaum eine andere Wahl, als sich großmütig zu erzeigen. Das tut er auch. Er gibt seinen Dienern einen Wink, Judith aufzurichten, und versichert ihr, sie brauche keine Angst zu haben; sie werde diese Nacht überleben, und nicht nur diese, fügt er hinzu.

Die erste entscheidende Probe hat Judith bestanden. Ihre Ziele liegen jedoch weit höher, als nur zu überleben, und sofort verfolgt sie diese Ziele weiter. Sie schmeichelt Holofernes nun auch verbal, und zwar derart, daß man fürchtet, sie werde sich durch maßlose Übertreibung um Kopf und Kragen reden. Sie erniedrigt sich, daß es tiefer kaum geht, und hebt ihn in höchste Höhen. Sie nennt sich seine Dienerin, seine Magd, seine Sklavin; ihn hingegen preist sie als jemanden, der kraft seiner Weisheit, der großen Fähigkeiten seines Geistes und durch seine bewundernswerte Kriegskunst alle Welt zur Ordnung rufe. Sie begeht dabei nicht den Fehler, seinen Dienstherrn Nebukadnezar zu vernachlässigen, weiß sie doch, daß Holofernes seinem König mit Leib und Leben ergeben ist. Er hat ein Treueverhältnis zu ihm, wie es in dieser Form wohl nur Männer kennen. Judith berücksichtigt das, indem sie beteuert: »So wahr Nebukadnezar lebt, der König der ganzen Erde [...] Du machst ihm nicht nur die Menschen untertan; auch die wilden Tiere, das Vieh und die Vögel.« In einem Satz verherrlicht sie beide Männer zugleich. Wie richtig sie gehandelt hat, zeigt Holofernes' Reaktion. Er versichert ihr, man werde sie gut behandeln, und zwar darum, weil sie sich als Untertanin seines Herrn und Königs Nebukadnezar bekenne.

Klug ist diese Frau, und sie hat nicht übertrieben. Bei Schmeicheleien kann man offensichtlich kaum zu dick auftragen: Holofernes wie sein Gefolge sind von ihrer Rede tief beeindruckt. Das ist ein weiterer Erfolg Judiths, und auf dem baut sie nun zielstrebig auf. Sie erklärt Holofernes, warum und auf welche Weise er die Stadt besiegen könne, verlangt aber von ihm, ihr die Entscheidung über den Tag des Angriffs zu überlassen. Das ist notwendig, um ihr den erforderlichen zeitlichen Spielraum für ihre Tat zu schaffen. Ihr Vorgehen ist riskant. Welcher Feldherr läßt sich gern von einer Frau Anweisungen geben! Bevor aber Holofernes auch nur stutzen kann, prophezeit Judith ihm, er werde nicht nur Betulia, sondern auch Jerusalem erobern und als großer Feldherr in die Geschichte eingehen. Das wirkt; er akzeptiert ihre Bedingung.

Judith erhält auch Holofernes' Erlaubnis, nachts mit ihrer Magd das Zelt zu verlassen, um an einer Quelle zu beten. Diese Erlaubnis ist wichtig, denn Judith muß sich nach der Tat unbedingt frei im Lager bewegen können; nur dann kann sie entkommen. Die Begründung für ihre Bitte wirkt allerdings schwach; beten könnte sie schließlich genausogut in ihrem Zelt. Ein weit besseres Argument findet sich in einer anderen Version der Judithlegende, enthalten in dem Sammelband *Der Born Judas*, in dem jüdische Legenden, Märchen und Erzählungen zusammengetragen sind. Darin gibt Judith vor, im Zustand der Unreinheit zu sein, das heißt, ihre Monatsblutung zu haben; darum müsse sie nachts zur Quelle gehen, um sich dort zu reinigen. Das leuchtet ein; zumindest diese Passage dürfte aus der ursprünglichen Fassung stammen, denn auch im Buch Judith ist vom nächtlichen Reinigungsbad die Rede. Mit ihrer Begründung erlegt Judith zwei Fliegen auf einen Streich: Sie erreicht die notwendige Bewegungsfreiheit, und sie hält sich Holofernes zunächst einmal vom Leibe. Von ihrer momentanen Unpäßlichkeit abgesehen, läßt sie jedoch keinen Zweifel daran, daß er stets über sie verfügen könne. Sie versichert ihm, jederzeit alles zu tun, was er wünsche, und fügt hinzu, dies werde ihr bis ans Ende ihrer Tage eine Freude sein (Jdt. 12,14).

Ganz im Gegensatz zu Skylla versteht Judith mit einem Mann umzugehen. Weder verschreckt sie ihn, noch stößt sie ihn ab. Sie gewinnt ihn, gewinnt sein Vertrauen, weckt seine Begierde und verweigert gleichzeitig deren sofortige Erfüllung. Sie gibt Holofernes das Gefühl, ihr Herr und Gebieter zu sein; tatsächlich aber läßt sie ihn tun, was sie will. Dabei gelingt es ihr, kein Jota an Integrität zu verlieren. Man hält sie für ebenso schön wie weise und stellt fest, es gebe keine zweite Frau, die so bezaubernd aussehe und so verständig rede wie sie. Zweifel an ihrer Aufrichtigkeit kommen bei niemandem auf.

Judith liefert ein Meisterstück an weiblichem Geschick, wobei sie ihre Ziele wie ihr gutes Renommee im wesentlichen durch Schmeicheleien, durch Heucheln und Lügen sowie durch den Einsatz ihrer Weiblichkeit erreicht. Hält man hier einen Augenblick inne und stellt sich vor, Judiths einschlägige Fähigkeiten gehörten generell zum Repertoire weiblicher Möglichkeiten, dann drängt sich der Schluß auf, daß Männer gegenüber solchen Künsten wenig Chancen haben.

Holofernes hat gegen Judith keine Chance. Er zweifelt nicht an ihr, und nie im Leben wäre er auf die Idee gekommen, sein Plan, Judith zu verführen, sei in Wirklichkeit ihr Plan. Dieser Punkt ist der wichtigste ihres Unternehmens, denn um zu tun, was sie vorhat, muß Judith mit Holofernes allein sein; davon hängt alles ab. Sie bringt es fertig, daß er zum genau richtigen Zeitpunkt dieses entscheidende Treffen arrangiert. Interessant ist seine Einstellung dazu; sie unterscheidet sich bemerkenswert von der ihren. Im Pluralis majestatis vertraut Holofernes seinem Kämmerer an: »Es wäre wahrhaftig eine Schande für uns, wenn wir eine solche Frau gehen ließen, ohne mit ihr zusammengewesen zu sein.« Und was Judiths Haltung zu einem solchen Zusammensein betrifft, stellt er sich dieses vor: »Sie selber würde uns auslachen, wenn wir sie nicht an uns rissen« (Jdt. 12,12). Es bleibt unbenommen, die Einstellung dieses Mannes auf andere Männer zu übertragen.

Holofernes bittet Judith also zu einem Gastmahl, besser gesagt: zu einem Souper zu zweit. Sein Kämmerer überbringt die Einladung, und Judith nimmt sie mit dem Bemerken an: »Wer bin ich, daß ich meinem Herrn widersprechen dürfte?« Sie tut Holofernes wahrhaftig wohl, doch alles, bitte sehr, im Dienst der guten Sache. Von tatsächlicher weiblicher Untertänigkeit zeigt Judith keine Spur.

Wunderbar zurechtgemacht erscheint sie bei Holofernes. Der ist ganz außer sich vor Entzücken. Kaum ist der letzte Bissen gegessen, schickt er die Bediensteten fort. Seine Leidenschaft entbrennt; lange genug hat er ja schließlich warten müssen. Jetzt glauben zu sollen, daß er, vom Wein übermannt, schlafend auf seinem Lager zusammensinke, wie es im dreizehnten Kapitel geschrieben steht, ist zuviel verlangt. Das ist allerdings genau die Version, die Judith später vorbringt. »Zwar hat ihn mein Anblick verführt«, berichtet sie den Ältesten und allem Volk, das nach ihrer Rückkehr zusammengelaufen ist, »aber er hat mich durch keine Sünde befleckt oder geschändet.« Die Leute sind daraufhin zutiefst ergriffen. Judith sorgt auch bei sich zu Hause für ihre gute Reputation. Sie wußte schon damals, daß der Ruf über eine Frau entscheidet, nicht das, was sie tatsächlich tut.

Es ist leichtfertig von Holofernes, mit einer Feindin ganz allein zu sein. Sie ist eine Überläuferin. Und wie viele Überläufer waren und sind in Wirklichkeit Spione oder Attentäter! Das hätte der große Feldherr bedenken müssen.

Nun konnte ihm freilich nicht allzuviel passieren, solange er wach blieb. Was hätte ihm die körperlich unterlegene Frau schon antun können? Doch er blieb nicht wach. Von Liebe und Wein beseligt, schlief er ein, und das war mehr als Leichtsinn – das war pure Dummheit. Er bezahlt sie mit seinem Kopf. Den nämlich trennt Judith nun mit zwei Schlägen von seinem Rumpf. Sie tut es mit Holofernes' eigenem Schwert, das, ungemein günstig für sie, griffbereit am Bettpfosten hing.

Sie hat es geschafft, hat das Ziel ihrer Mission erreicht. Sie hat dabei die Nerven behalten, und die behält sie auch weiterhin. Ebenso ungerührt, wie die Märchenmüllerstochter den abgeschlagenen Finger einsteckte, steckt Judith den Kopf des Holofernes in einen Sack, und zusammen mit ihrer Magd verläßt sie das feindliche Lager. Niemand hält sie auf. Der große Holofernes persönlich hat seine Posten angewiesen, die beiden passieren zu lassen.

In der Fassung der Geschichte, wie sie im *Born Judas* steht, wird Judith am heimatlichen Stadttor brüsk abgewiesen. Man läßt sie nicht ein, und sie bekommt zu hören: »Nicht genug, daß du Sünde getan hast, willst du noch Israels Blut preisgeben?« Sie schwört, daß sie dies keineswegs wolle. Doch man glaubt ihr nicht; das Tor bleibt geschlossen. Erst als sie den Kopf des Holofernes vorzeigt, läßt man sie ein. Diese Schwierigkeiten hätte sie als Mann gewiß nicht gehabt, was zeigt, wie vorsichtig sie sein mußte, wie bedacht auf ihren guten Ruf.

Das Gelingen ihres mutigen Unternehmens ändert verständlicherweise alles. Sie wird wie eine Nationalheldin gefeiert. Man nennt sie »Stolz unseres Volkes«, »Ruhm Jerusalems«, »Freude Israels«, und alles Volk ruft zur Bekräftigung amen. Aber Judith läßt sich vom Jubel ihrer Leute nicht fortreißen. Sie bleibt nüchtern, denn sie weiß, daß die Schlacht noch nicht gewonnen ist. Als Nächstes tut sie, was offensichtlich in ganz Betulia kein einziger Mann fertigbringt: Sie entwickelt ein taktisches Konzept, um die Assyrer zu schlagen. Auf ihre Anregung hin wird Holofernes' abgeschlagener Kopf auf die Zinne der Stadtmauer gesteckt; des weiteren empfiehlt sie einen Scheinangriff, bevor der Tod des Holofernes entdeckt sei, und den entscheidenen Angriff danach, wenn entsprechende Verwirrung im feindlichen Lager herrsche. Ihre Rechnung geht auf. Die Assyrer werden vernichtend geschlagen, ihr Lager wir geplündert. Mit ihrem Tun, ihrer rücksichtslosen Entschlossenheit und ihrem strategischen Denken widerlegt Judith die bis heute gängige Behauptung, Frauen hätten für derlei Dinge weder den nötigen Verstand noch die erforderliche Begabung. Judith ist halt eine Ausnahme, Debora ebenfalls und Semiramis und Medea selbstverständlich auch.

Drei Monate lang feiern die Israeliten in Jerusalem den Sieg über Holofernes. Sie preisen Judith, und die Hohenpriester segnen sie. Im Lobgesang Judiths (Jdt. 16) heißt es, der Herr, der Allmächtige, habe die Assyrer der Vernichtung preisgegeben »durch die Hand einer Frau«, und das ist wohl wahr.

In Kunst und Literatur wurde die Gestalt der Judith zunächst genauso heroisch-religiös aufgefaßt, wie sie im Buch Judith erscheint, und ein moralisches Problem stellte sich nicht. In jüngerer Zeit begann man sich jedoch mehr und mehr an Judiths Methoden zu stoßen. Die deckten sich so ganz und gar nicht mit dem Bild der Frau, das man sich insbesondere im 19. Jahrhundert machte. Judiths Heroentum blieb weitgehend anerkannt, nicht aber ihr Liebesbetrug und ihre blutige Mordtat. Besonderen Abscheu erweckte die aus List kühl geplante weibliche Hingabe. Ein solches Verhalten mochte man nicht akzeptieren, denn nach männlichem Selbstverständnis durfte sich eine Frau, sofern sie nicht eine Dirne war, nur aus Liebe einem Mann hingeben. Die Folge war, daß Judith sich in Holofernes verlieben mußte. Diese Entwicklung begann 1840 mit Friedrich Hebbels Drama *Judith.* Der Stoff geriet zur Tragödie; die Heldin, zwischen patriotischer Pflicht und Liebe hin- und hergerissen, zerbricht. Das war das Ende der selbstbestimmt und selbstbewußt handelnden biblischen Judith. Sie war wieder zum schwachen Weib geworden, das seinen Leidenschaften erliegt, zur zerquälten Dulderin, die sich nur noch durch Selbstopferung aus ihrer verzweifelten Lage zu retten vermag, bei einigen Autoren im Tode vereint mit dem ermordeten Geliebten.

Im Kontrast zu dieser eher melodramatischen Entwicklung der Judithlegende stehen Parodien und Grotesken, beispielsweise Georg Kaisers »biblische Komödie«, *Die jüdische Witwe* von 1911. Hier begibt sich Judith ins feindliche Lager, um sich einen Mann zu suchen. Sie trifft auf Holofernes, tötet ihn aber, als ihr Nebukadnezar besser gefällt. Die Erfüllung ihrer Wünsche findet sie schließlich in den Armen des Hohepriesters. Sie wird zur Hure. Auch mit diesem Bild von der Frau können Männer gut leben. So wird die Gestalt der Judith nach beiden Seiten hin verzerrt: hier männliches Idealbild, dort bösartige Karikatur von einer Frau. Judith ist entweder unangefochtene Heldin, von edlen Motiven bewegt und mit »intakter Weiblichkeit« – bei Hebbel ist sie gar selbst als Witwe Jungfrau –, oder sie ist das Gegenteil. Heilige oder Hure, das sind die beiden Pole, um die sich wie so oft männliche Rezeption des Weiblichen bewegt. Die Frau, wie sie wirklich ist, geht dabei verloren; vor ihr scheinen Männer eine Art Horror zu haben.

Judith löst solche Männerängste aus. Was sie tut, kann einen braven Mann schon erschrecken. Ihre Methoden sind nicht eben wählerisch und die so mancher ihrer Schwestern auch nicht. Es ist wahrhaftig nicht die feine Art, Männer im Schlaf zu erschlagen. Auch war es nicht sehr fein, wie Medea Pelias zu Tode brachte und wie sie Korinthos heimtückisch vergiftete. Eine solche Art von weiblicher Tatkraft ängstigt Männer. Und es empört sie zutiefst, wenn eine Frau ihre Weiblichkeit, ihre Schönheit, ihren Liebreiz einsetzt, um einen Mann zu verderben. Das eine wie das andere trifft ihn an empfindlicher Stelle: Er fürchtet, ihm könnte ähnliches passieren. Um solche Ängste abzubauen, hat man die Gestalt der Judith entschärft. Von einer selbstbewußten Frau der Tat wird sie zu einer unglücklich Liebenden, und viele Autoren lassen sie in Verzweiflung sterben. Diese Praxis, dichterisch mit Tatfrauen fertig zu werden, ist nicht eben selten. Heinrich von Kleist verfuhr mit der kämpferischen Amazonenkönigin Penthesilea ähnlich. Sie sagt sich los vom Gesetz der Amazonen und stirbt im Liebesschmerz. Solches Ende ist tragisch, für Männer jedoch ungemein beruhigend, weil die Frau schwach wird. »Mann« kann sich sein weibliches Idealbild erhalten.

Frauen können aber nicht so sein, wie Männer sie sich gern erträumen. Sie sind anders, und das hat vielerlei Gründe. Einer, auf den wir immer wieder stoßen, ist der, daß sie in aller Regel den Männern körperlich unterlegen sind. Diese Schäwche müssen sie ausgleichen. Darum kann sich Judith nicht auf einen fairen Kampf mit Holofernes einlassen; das wäre für sie so gut wie Selbstmord gewesen. Wenn sie ihn besiegen wollte, mußte sie es schon so tun, wie sie es getan hat. Mancher wird ihr das als gemeine weibliche Hinterlist ankreiden. Aber was haben Männer in vergleichbaren Situationen getan? Hat sich etwa der kleine David auf ein faires Duell mit dem Riesen Goliath eingelassen? Mitnichten! Er besorgte es dem großen Kerl heimtückisch mit einer Zwille. Und Hagen von Tronje, der edle Ritter? Er trat gegen den hoffnungslos überlegenen Siegfried auch nicht im offenen Kampf an, sondern meuchelte ihn hinterrücks. Dieses Verhalten hat man weder ihm noch David verübelt. Hagen wurde zum Urbild des getreuen Gefolgsmannes – so steht es im dtv-Lexikon von 1980 –, und David wurde als Retter Israels gefeiert und später zum König gekürt. Und wie ist es mit dem berühmten Odysseus, diesem Musterbeispiel an Hinterlist und Verschlagenheit? Man gab ihm den Ehrentitel »der Listenreiche«, und Homer setzte ihm in seiner *Odyssee* ein literarisches Denkmal. Bedienen sich indes Frauen ähnlicher Mittel, zeiht man sie nur zu gern der Arglist. Auch hier wird mit unterschiedlicher moralischer Elle gemessen. Nein, nein, wir haben keinen Grund, uns über weiblichen Lug und Trug, gar über weibliche Gewaltsamkeit zu entrüsten. Was haben wir Männer in dieser Beziehung alles auf dem Kerbholz! Die Geschichte der Menschheit ist sehr wesentlich eine Geschichte männlicher Gewalttaten.

Bliebe, was Männer Judiths Betrug an der Liebe nennen. Die haben es nötig! Waren sie es doch, die mit ihren patriarchalischen Einstellungen und den entsprechenden Gesetzen die Frauen geradezu gezwungen haben, ihre Weiblichkeit einzusetzen, um in der männlichen Gesellschaft überleben zu können. Das hat uns beispielhaft die Heldin des Märchens »Allerleirauh« vor Augen geführt. Und was die Empörung über Judiths Hingabe ohne Liebe betrifft, so ist sie pure männliche Heuchelei. Ausgerechnet Männer, die nur zu gern Frauen lediglich gebrauchen und dann vergessen, glauben Judith verurteilen zu dürfen. Ihr ging es immerhin um einen guten Zweck, Männern geht es in solchen Fällen um nichts als Lust. Doch bei Judith sprechen sie von Liebesbetrug! Schon der Begriff geht an der Sache vorbei. Mit Liebe hat die Verführung des Holofernes wirklich nichts zu tun. Aber das ist es ja gerade; genau das nimmt man Judith übel, ja findet es abscheulich. Wieder einmal erweisen sich Männer als Moralisten, die von anderen – hier von den Frauen – fordern, wonach sie selbst sich wenig richten. Schlimmer noch: Sie waren es, die Frauen kaum eine Chance gegeben haben, sich aus Liebe mit einem Mann zu verbinden. Töchter wurden in aller Regel verheiratet – aus wirtschaftlichen, aus politischen Gründen oder weil es eben so Sitte war. Und dann hatten sie ihre ehelichen Pflichten zu erfüllen, ob ihnen dies nun gefiel oder nicht. Man erinnere sich an Theodor Fontanes Effi Briest als bezeichnendes Beispiel. Was will man nach solcher gesellschaftlicher Konditionierung von Frauen erwarten? Daß sie uns Männer offen, ehrlich und vertrauensvoll entgegenkommen? Judith konnte nicht einmal ihren eigenen Leuten die Wahrheit sagen, auch nicht als gefeierte Siegerin. Sie log, um so dazustehen, wie die Gesellschaft es schon damals, vor mehr als zweitausend Jahren, von ihr erwartete und verlangte: mit intakter Weiblichkeit. Was sollte sie anderes tun? Ebenso klug wie tatkräftig, ist sie mit Recht stolz auf ihren Erfolg und auch darauf, daß sie über die Männer triumphiert hat. Das drückt sie in ihrem Lobgesang aus: Der Held der Assyrer, Holofernes, »fiel nicht durch die Kraft junger Männer, nicht Söhne von Riesen erschlugen ihn, noch traten ihm hohe Recken entgegen. Nein, Judith, Meraris Tochter, bannte seine Macht mit dem Reiz ihrer Schönheit.« So ist es gewesen. Judiths Lobgesang ist nicht Anmaßung, sondern zeugt von gesundem weiblichem Selbstbewußtsein. Solches hat Judith, weil sie sich die Freiheit nahm zu handeln, mit sich im Einklang handelte und damit Erfolg hatte. Nicht anders verhielt es sich mit Medea und Skylla – was immer Moral dazu sagen mag. Sie waren sich ihres Wertes sicher und von keinerlei Selbstzweifeln angekränkelt. Müssen sich Frauen aber den Zwängen fügen, die ihnen die männliche Gesellschaft auferlegt, und spielen sie die Rolle, die man ihnen vorschreibt, woher sollen sie dann wohl ein gesundes Selbstvertrauen nehmen? Dies ist und bleibt das Problem der Frauen.

Wir wechseln die Zeit und den Schauplatz der Handlung. Wir machen einen Sprung von tausenddreihundert Jahren, von der Antike ins deutsche Mittelalter, von Israeliten und Assyrern zu Nibelungen und Hunnen, von Judiths Stadt Betulia nach Worms am Rhein. Dort treffen wir auf eine Königstochter, die zunächst alles andere zu sein scheint als eine Frau der Tat. Blond ist sie, blauäugig, zart und schön. Das *Nibelungenlied* nennt sie ein edles Mägdelein, eine Jungfrau von edlen Sitten, eine minnigliche Maid, und alle Welt schwärmt von ihr, vor allem die männliche, so daß viele edle und reiche Recken die schöne Königstochter begehren. Kriemhild heißt sie, und mit ihrem unschuldsvoll-mädchenhaften Reiz entspricht sie so ganz und gar männlichen Wünschen. Sicherlich nicht zuletzt aus diesem Grunde wird sie wie ein Juwel gehütet, in erster Linie von ihrer Mutter, der Königin Ute. Aber auch ihre drei Brüder lassen es sich nicht nehmen, die schöne blonde Schwester zu umsorgen und zu beschützen, voran der Älteste, König Gunther von Burgund, dann Gernot und schließlich der Jüngste, »das Kind«, der jungenhaft-fröhliche Giselher. So wächst Kriemhild als wohlbehütetes Königsschwesterchen heran, was aber letztlich darauf hinausläuft, daß sie wie eine Gefangene gehalten wird – zwar in goldenem Käfig, aber darum nicht weniger unfrei. Sie hätte nicht daran denken können, sich mutterseelenallein auf der Stadtmauer zu vergnügen, wie dies einst Skylla möglich gewesen war. Kriemhild durfte allenfalls aus dem schmalen, schießschartenartigen Fenster ihrer Kemenate einen Blick auf Fremde werfen, und das, bitte sehr, unter Aufsicht der Frau Mutter. Held Siegfried hat ein ganzes Jahr warten müssen, bis er der von ihm so heiß Begehrten auch nur vorgestellt wurde. Und diese hohe Ehre wurde ihm erst zuteil, nachdem der burgundische Familienrat getagt und einen entsprechenden Beschluß gefaßt hatte. Dabei war Siegfried nicht irgendwer; er stammte aus edelstem Geschlecht, besaß den größten Schatz der damaligen Welt, den Nibelungenhort, und hatte außerdem den Burgundern gerade einen Krieg gewinnen helfen.

Eigentlich wollte Kriemhild ihr Leben lang Jungfrau bleiben. Doch als sie dem großen, strahlenden, starken Siegfried gegenübersteht, dem »Hochgemuten«, schmelzen alle ihre guten Vorsätze dahin. Ihr Herz schlägt schneller, und zarte Röte steigt ihr in die Wangen. Der Dichter des *Nibelungenliedes* kommt ins Schwärmen: Sie stehe da wie das Morgenrot, das aus trüben Wolken scheint, sie strahle so lauter wie der lichte Vollmond, wenn er vor den Sternen steht, und ihr edelsteinbesetztes Kleid bekomme durch sie minniglichen Glanz. Kurzum: Man habe auf dieser Erde nie etwas Schöneres gesehen. Siegfried hat das auch nicht. Hingerissen von ihrer Schönheit und Anmut, will er lieber tot sein als sie missen – ein Schicksal, das ihm dereinst dann auch zuteil wird. Noch aber ist er ganz Wonne, denn Kriemhild haucht ihm einen Kuß auf die Wange, lispelt: »Willkommen, Herr Siegfried, edler Ritter gut« und wirft ihm einen liebevollen Blick zu, den er glücklich erwidert. In »herzlicher Minne« drückt er ihr zärtlich die weiße Hand, die sie ihm gereicht hat. Seite an Seite schreiten sie durch den Saal, und Kriemhild läßt Siegfried spüren, daß sie ihm, wie es heißt, von Herzen lieb ist. Er ist beglückt.

Die rührende Szene macht gewaltigen Eindruck, und viele der Herren wären gern an Siegfrieds Stelle. Das »schöne Kind« erwecke »starke Wünsche«, stellt der Dichter fest. Die keusche Kriemhild weiß nichts von solchen Wünschen und nichts von Neid und Mißgunst. Sie möchte, daß alle Siegfried gern haben. Er habe verdient, daß ihm alle hold seien, sagt sie zu ihm. Siegfried ist selig. Er sieht Kriemhild voll Liebe an und erwidert, alles, was er getan habe, habe er nur um ihrer Huld willen getan.

Eine schöne Liebesszene, und sie klingt uns vertraut. Doch was der unbekannt gebliebene Dichter des *Nibelungenliedes* hier schildert, war für die damalige Zeit etwas fundamental Neues – eine neue Art von Liebe und eine neue Art von Frau. Diese Schilderung ist die Geburtsstunde eines neuen Frauenbildes. Es ist nicht das ritterliche des Minnesangs, obwohl dies zunächst so scheinen mag. Es ist auch kein klassisches – Welten liegen zwischen Kriemhild und Medea. Schon gar nicht ist es ein archaisches; gegenüber Kriemhild wirkt Gaia wie von einem anderen Stern. Es ist, wovon man damals noch nicht einmal träumte, ein bürgerliches Frauenbild, und was Kriemhild und Siegfried verbindet, wird man später die große Liebe nennen. Mit der Burgunderprinzessin nimmt der Dichter die wohlbehütete höhere Tochter voraus, die Bürgerstochter überhaupt. Darüber hinaus könnte die frühe Kriemhild gut und gern für eine weitaus spätere beispielhafte Frauenfigur Pate gestanden haben: für Goethes Gretchen und damit für das deutsche Gretchen.

Das ist das eine. Das andere ist, daß etwas Neues stets das Alte ablöst. Darum ist diese Szene auch ein Grabgesang, der Grabgesang für die mittelalterliche Frau. Sie, die für eine kurze Zeitspanne ihren Mann stehen durfte, die fast alle Berufe ausübte, Kauffrau und Ärztin war, eigene Zünfte besaß, die zusammen mit den Männern zechte und in Bade- und Spinnstuben in Wort und Tat mehr oder weniger derbe Erotik pflegte – mit ihr ist es hiernach ein für allemal vorbei. Die züchtige Kriemhild hat nichts mehr mit ihr gemein. Sie ist vergleichsweise farblos, dazu passiv, ohne jedes Temperament, ohne erkennlichen eigenen Willen, wenig geistreich, von schulmädchenhafter Schüchternheit und ohne auch nur einen Hauch von Sinnlichkeit. Das mag kein schmeichelhaftes Porträt sein, aber genauso sah dann die Idealfrau des bürgerlichen Zeitalters aus. Die große Überraschung, ja das Exorbitante ist, daß sich die zart Errötende, Bescheidene und ihren Siegfried für eine Art Gott Haltende im weiteren Verlauf der Geschichte zu einer Frau entwickelt, die mit ihren Gewalttaten all das weit in den Schatten stellt, was Medea, Skylla und Judith getan haben. Bemerkenswert ist, daß Gretchens Seelenverwandtschaft mit Kriemhild durchaus erhalten bleibt. Goethes kleinbürgerliche Unschuld reicht zwar bei weitem nicht an Kriemhild heran, hat aber immerhin auch zwei Menschenleben auf dem Gewissen, nämlich das ihrer Mutter und das ihres Kindes. Kriemhild wie Gretchen beweisen, daß weibliche Ideale nicht immer halten, was sich männlicher Optimismus von ihnen verspricht. Die für ach so hold und hehr gehaltenen Frauen weben nun einmal nicht immer nur himmlische Rosen ins irdische Leben und in der Liebe beglückendes Band, wie Schiller ebenso idealistisch wie fern jeder weiblichen Wirklichkeit dichtete. Der Fortgang der Geschichte wird uns dies unmißverständlich vor Augen führen.

Kriemhild bekommt ihren göttergleichen Siegfried, und ein strahlend schönes Paar präsentiert sich den Hochzeitsgästen. Doch Siegfried hat für die Frau seiner Träume einen hohen Preis zahlen müssen. Es war nicht genug, daß er Gunther erfolgreich Kriegshilfe leistete – er mußte ihm auch noch eine Frau gewinnen: Brunhild, die Exwalküre und nunmehrige Herrscherin auf Burg Isenstein. Sie wollte nur den freien, der sie im Kampfspiel besiegte. Das mußte Siegfried für König Gunther besorgen, bevor er mit Kriemhild vor den Traualtar treten durfte. Er tat's als Unsichtbarer in der Tarnkappe. Damit nicht genug, mußte er Brunhild auch noch in der ehelichen Schlafkammer für Gunther aufs Hochzeitsbett zwingen. Wir kommen darauf zurück.

Siegfrieds Verhalten war nicht ehrenhaft und nicht nobel. Er hätte besser die Finger davon gelassen. Aber was tut ein Liebender nicht alles, um die Frau seines Herzens zu gewinnen! Was Siegfried jedoch ganz gewiß nicht hätte tun dürfen, war, vor Kriemhild mit seinen Taten zu prahlen. Und das war nicht alles. Dieser große, blonde Dummkopf gab seiner Frau auch noch Brunhilds Ring und Gürtel, die er, Nichtsnutz, der er war, als Trophäen aus dem königlichen Brautgemach hatte mitgehen lassen. Siegfried mag ein Held gewesen sein – ein feiner Mann war er nicht. Er wird für seinen eitlen Übermut und für seinen Betrug an Brunhild büßen müssen.

Zunächst indessen genießt er die Flitterwochen, dann die zweite Hochzeit in seiner Heimatstadt Xanten. Die beiden sind ein glücklich liebend Paar, und das bleiben sie über viele Jahre. Kriemhild ist stolz auf ihren schönen und starken Helden. Sie bekommt einen Sohn, und nichts trübt ihrer beider Glück. Als sie nach Worms eingeladen werden, ahnen sie nichts Böses und brechen erfreut zu diesem Besuch auf. Herzlich werden sie empfangen. Nur Brunhild gibt sich reserviert. Sie weiß nichts von dem Betrug, vermutet jedoch ein Komplott. Und, das ist ihre Tragik: Sie wäre viel lieber von Siegfried besiegt worden und hätte statt Gunther viel lieber ihn zum Mann gehabt. Entsprechend sind ihre Gefühle gegenüber Kriemhild. Es kommt zu dem berühmten Streit der beiden Frauen vor der Tür des Münsters. Kriemhild vergißt sich, plaudert das Schlafzimmergeheimnis aus, und als Brunhild ihr nicht glaubt, weist sie auch noch Ring und Gürtel zum Beleg vor. Brunhild wird totenblaß. Zutiefst beleidigt fordert sie Siegfrieds Tod. Giselher wiegelt ab und empfiehlt, einen solchen Weiberstreit nicht zu ernst zu nehmen. Siegfried schwört, daß nicht stimme, was Kriemhild behauptet hat, und zu Hause prügelt er seine Frau zur Strafe für ihre Indiskretion grün und blau. Er hätte so gut wie sie Prügel verdient, aber das spielt nun keine Rolle mehr. Die Mehrheit des burgundischen Rats, und dazu gehören Gunther und Gernot, plädiert für Siegfrieds Tod. Hagen von Tronje entwickelt den Mordplan. Seiner Königin gelobt er, ihre Schmach zu rächen. Das Schicksal nimmt seinen Lauf. Entsprechend Hagens Plan überbringen falsche Boten eine fingierte Kriegserklärung. Siegfried ist sofort bereit, abermals Waffenhilfe zu leisten; als Kriegsheld war er ja auch lange genug arbeitslos. Kriemhild bangt um sein Leben. Sie bittet Hagen, ihn zu schützen, und macht damit den Bock zum Gärtner. Sie vertraut Hagen, weil sie mit ihm verwandt ist. Der Tradition entsprechend hält sie Sippentreue für das stärkste Band, das Menschen verbindet, und diese Sippentreue beschwört sie, wenn sie zu Hagen sagt: »Du bist meines Blutes, und ich bin deines Blutes.« Doch sie schätzt Hagen falsch ein, appelliert vergeblich an seinen Familiensinn. Für ihn als Gefolgsmann Gunthers gelten andere Prioritäten. Er steht in erster Linie zu seinem König, fühlt sich ihm verpflichtet, ist ihm gehorsam und damit auch dessen Frau, der Königin. Ihre verletzte Ehre ist ihm wichtiger als das Leben eines angeheirateten Verwandten und als Kriemhilds Sorge um diesen. Treu, wie er ist, lügt, betrügt und mordet er für seinen König und für die Königin. Scheinheilig gelobt er Kriemhild, Siegfried zu beschirmen, und damit er das kann, ersucht er sie, auf Siegfrieds Wams da, wo seine einzige verwundbare Stelle ist, ein Zeichen zu nähen. Sie zögert, hat Angst, etwas Falsches zu tun. Noch mehr Angst hat sie indes davor, daß Siegfried von einem Speer des Feindes ausgerechnet an der fraglichen Stelle getroffen werden könnte. Also vertraut sie Hagen, stickt ein Kreuz auf Siegfrieds Kampfanzug und liefert ihren Mann dadurch dem Tronjer aus. Als Siegfried am Brunnen trinkt, jagt Hagen ihm eine Lanze in den Rücken. Die Leiche läßt er vor Kriemhilds Kemenate legen. Das ist niederträchtig, aber er tut's nun mal.

Damit endet Kriemhilds Freudenzeit, heißt es. Es endet jedoch weit mehr. Dieser Schicksalsschlag läßt all das von Kriemhild abfallen, was sie bisher ausgemacht hat. Es ist Schluß mit der minniglichen Maid, mit der Burgfrau, Schluß mit allem, wozu man sie so sorgfältig erzogen hat. Die alte Kriemhild ist tot, und eine neue, ganz andere beginnt sich zu entwickeln.

Kriemhild bricht nicht schluchzend über der Leiche ihres Mannes zusammen. Sie schreit, daß in der Burg die Wände wackeln. Doch dieser Ausbruch ist nur kurz, und dann zeigt sie, was sie bisher vermissen ließ: wache Intelligenz. Sie stellt fest, daß Siegfrieds Schild nicht zerschlagen ist, und folgert ganz richtig, daß er durch Meuchelmord umkam. Sofort ist ihr klar, wie es dazu gekommen sein muß. »Geraten hat es Brunhild, und Hagen hat es getan«, konstatiert sie und beschließt, den Tod ihres Mannes zu rächen. Ihr Leben hat einen neuen Inhalt, einen neuen Sinn.

Sie benachrichtigt König Siegmund, ihren Schwiegervater, und der kommt zusammen mit elfhundert bewaffneten Nibelungenrecken, die nur darauf warten, sich auf die Täter zu stürzen. König Siegmund ist begierig, seine Männer dabei anzuführen. Das ist ebenso mutig wie ehrenwert, aber herzlich dumm und unbesonnen. Wie schon häufiger, so lassen sich auch hier Männer von ihren Gefühlen hinreißen. Sie machen nicht genügend Gebrauch von ihrem Verstand, und rechnen können sie anscheinend auch nicht. Ganz anders Kriemhild. Trotz ihres Schocks und ihrer Trauer bewahrt sie kühlen Kopf und weiß ihn zu gebrauchen. Das Kräfteverhältnis sei dreißig zu eins, rechnet sie ihrem Schwiegervater vor; ein Kampf wäre daher glatter Selbstmord, und sie wolle ihn und seine Männer nicht auch noch verlieren. Sie bittet sie, ja befiehlt ihnen schließlich, auf jeglichen Angriff zu verzichten, was sie widerwillig versprechen. Das bedeutet selbstredend nicht, daß Kriemhild ihre Rache aufgibt. Sie wartet lediglich auf eine Gelegenheit, bei der die Karten besser verteilt sind.

Bei der Beerdigung zeigt Kriemhild sich bereits in ihrer neuen

Rolle. Aufrecht, beherrscht und unbewegten Gesichts hört sie sich an, was ihr königlicher Bruder zu sagen hat. Er redet sie mit »vielliebe Schwester« an und trägt ihr die Version von Siegfrieds Tod vor, die man zur offiziellen zu machen beschlossen hat: Fremde hätten Siegfried erschlagen. Von ihm und seinen Leuten sei Siegfried kein Leid geschehen, versichert Gunther und sagt: »Wir müssen immer klagen um des Helden Tod.« Kriemhild erklärt ihm kalt, er habe zu Trauer und Klage keinerlei Recht, und fordert die Bahrprobe. Man kann sie ihr nicht verwehren, und Mann für Mann treten die Burgunderritter an den Sarg. Als Hagen sich dem toten Siegfried nähert, beginnen dessen Wunden wieder zu bluten, nach damaliger Auffassung ein untrügliches Zeichen für Hagens Schuld. Gunther beeindruckt die Probe nicht. Mit königlicher Autorität stellt er unmißverständlich fest: »Hagen hat es nicht getan«, und wiederholt, unbekannte Schächer hätten Siegfried erschlagen. Kriemhild antwortet darauf, sie kenne diese Schächer sehr wohl; sie hießen Hagen und Gunther. Bei dieser Beschuldigung greifen die Burgunder unwillkürlich zur Waffe; sie erwarten den Kampf, den Angriff der Nibelungen. Dank Kriemhilds Klugheit findet er nicht statt. Die Helden entspannen sich, die Beerdigungszeremonie geht weiter.

Kriemhild zieht nicht mit König Siegmund nach Xanten und damit in die Fremde. Auch verzichtet sie auf ihren Sohn, den sie der Obhut des Schwiegervaters anvertraut. Sie ist kein feins Mägdelein mehr und auch kein lieb Mütterlein. Wir wissen schon, daß man den Stellenwert der Mutterliebe oftmals zu hoch einschätzt. Kriemhild ist ihre Rache wichtiger als ihr Kind. Jedoch nicht allein deretwegen bleibt sie in Worms. Sie kann sich nicht von der vertrauten Umgebung trennen, nicht von der Mutter, nicht vom jüngsten Bruder Giselher, den sie liebt. Sie ist nicht wie Medea und Skylla, die sich ohne weiteres von Heimat und Kindheit lösten und selbstbewußt ein neues Leben führten. Kriemhild hat man dafür nicht erzogen. Sie mußte nur schön und lieb sein, um schließlich einen passenden Mann zu heiraten, dem sie genauso ergeben und gehorsam zu sein hatte wie einst dem Vater und den älteren Brüdern. Wenn nicht, bekam sie Prügel, wie von Siegfried praktiziert. Eine derart entmündigende Erziehung hinterläßt ihre Spuren. Kriemhild spricht zwar mit Gunther jahrelang kein Wort, läßt sich aber schließlich doch dazu überreden, sich mit ihm zu versöhnen. Auch ihr Racheplan ist nur halbherzig, und es fehlt ihm ein klares taktisches Konzept. Ihr mangelt es nicht an Begabung dafür, wie sich später erweist. Noch aber fehlt ihr die notwendige Souveränität. Sie verschwendet zwar mit beiden Händen den Nibelungenschatz in der vagen Hoffnung, sich auf diese Weise Freunde und Verbündete zu kaufen; doch sie setzt das Gold nicht zielgerichtet ein und auch noch so ungeschickt, daß man ihre Absicht erkennt. Hagen, dem nicht entgeht, was sie vorhat, stiehlt ihr kurzerhand den Hort und versenkt ihn im Rhein. Außer ihm kennen die Stelle nur Gunther und seine beiden Brüder. Sie schwören einander, niemals den Platz zu verraten.

Man spielt Kriemhild übel mit, hat dies von Anfang an getan, und sie hat als Frau keine Chance gehabt, sich dagegen zu wehren. Sie ist nun völlig macht- und hilflos, steht nahezu allein, und die ihr von Kind an vertraute Umgebung ist eine feindliche geworden. Niemand hilft ihr, auch der reizende Giselher nicht. Gegen sie als Frau verhalten sich die Männer solidarisch, so verschieden sie auch sind. Ohne eine solche Solidarität wäre die Herrschaft der Männer über die Frauen und ihre lebenslange Vormundschaft über sie nicht möglich gewesen.

Kriemhild beweist eine bemerkenswerte weibliche Stärke, nämlich Zähigkeit und Durchhaltevermögen in hoffnungslos erscheinenden Situationen. Sie verzweifelt nicht, und sie gibt nicht auf, obwohl sie entmachtet ist, nichts tun kann, jahrelang nicht. Welcher Mann hätte das fertiggebracht? Ich nicht!

Da freit der Hunnenkönig Etzel um sie, Witwer, reich, mächtig und honorig. Das ist ein ehrenvolles Angebot. Doch Kriemhild lehnt empört ab, mehr noch: Sie empfindet die Werbung als Zumutung, ja als Spott, will Etzels Abgesandten, den edlen Markgraf Rüdiger, nicht einmal empfangen. Ihrer Erziehung entsprechend reagiert sie als sittsam-sentimentales Burgfräulein, nicht als kluge Frau. Ihr Verstand meldet sich jedoch noch rechtzeitig. Sie erkennt, was ihr die Ehe bieten kann, und danach handelt sie sehr geschickt. Sie empfängt Rüdiger, sagt aber zu dem königlichen Angebot zunächst nein. Dann bittet sie sich Bedenkzeit aus, lehnt aber danach erneut ab. Sie jammert, weint, hält den Brautwerber hin. Rüdiger, der ihr Schicksal kennt, bringt als letztes Argument, er wolle ihr vergelten, was man ihr an Leid angetan. Das ist es, worauf sie gewartet hat! Schlagartig ändert sich ihre Haltung, und ganz ohne Tränen und Klagen bringt sie die Verhandlung auf den Punkt: Sie verlangt, daß Rüdiger einen Eid auf sein Versprechen leiste. Der arglose Rüdiger tut's. Er schwört. Männer wie er sind so. Sie überlegen in solchen Situationen nicht und werden prompt von der Frau hereingelegt – meistens ohne es zu merken. Auch

Rüdiger merkt es nicht. Erst Jahre später wird er zu seinem größten Leidwesen erleben, welche Last Kriemhild ihm mit diesem Schwur aufgeladen hat.

Arglos sind auch Gunther und seine Brüder. Sie freuen sich über Kriemhilds Zusage. Nur Hagen besitzt Verstand genug, sich vorzustellen, was Kriemhild plant, bleibt aber mit seinen Warnungen Rufer in der Wüste. Ihre Brüder trauen ihr nichts Böses zu; sie sind davon überzeugt, daß sie geblieben ist, was sie einst war: ihre liebe kleine Schwester, die niemandem etwas zuleide tun kann. Davon sind sie überzeugt, obwohl sie Kriemhilds Gatten auf dem Gewissen haben. Das ist eine staunenswerte Naivität, doch die ist nicht eben selten bei Männern. Viele von ihnen lassen sich nur ungern von dem schönfärberischen Bild abbringen, das sie sich von Frauen zu machen pflegen. Sie halten sie auch dann noch für edel, hilfreich und gut, wenn sie mit ihnen so übel umgesprungen sind wie die Burgunder mit Kriemhild. Manche erleben dann ein böses Erwachen aus ihrer männlichen Einfalt.

Kriemhild heiratet Etzel, bekommt einen Sohn von ihm, wird als Königin von allen hoch geehrt und gewinnt viele Freunde. Das geschieht nicht von ungefähr. Was sie in Worms begonnen hat und woran sie dort gescheitert ist, setzt sie hier erfolgreicher fort: Sie verteilt Geschenke, großzügige Geschenke, besonders an Militärs. Etzel hat nichts dagegen; er freut sich über ihre Beliebtheit. Es gelingt Kriemhild, ihre Macht und ihr Ansehen derart zu festigen, daß alle einflußreichen Leute ihr jeden Wunsch von den Lippen ablesen. Sie könnte glücklich und zufrieden sein. Doch sie ist es nicht. Sie lebt nicht in der erfreulichen Gegenwart, sondern in der Vergangenheit, und ihre Gefühle sind zwiespältig, schwankend zwischen Sehnsucht und Rachedurst. Sie möchte ihre Mutter wiedersehen und Giselher, den geliebten Bruder, und sie möchte Hagen vernichten. Das aber ist zuviel verlangt, denn nur eines von beiden ist zu haben: entweder ein Familienfest mit liebevollen Küssen und dem Austausch schöner Erinnerungen oder ein Rachefeldzug.

König Etzel und Frau Gemahlin bitten die Burgunder zu einem großen Fest an den hunnischen Hof. Boten reiten nach Worms, und dort löst die Nachricht – ja, was löst sie aus! Eitel Freude selbstverständlich, Entzücken sogar. Nicht im entferntesten kommen Kriemhilds Brüder und mit ihnen die gesamte Führungsschicht auf die Idee, Kriemhild könne ihnen den Mord an Siegfried immer noch nachtragen und nach Rache dürsten. Die Boten bestätigen diese freundliche Vorstellung. Sie berichten von einer glücklichen und zufriedenen Kriemhild, die nichts mehr ersehne, als ihre lieben Verwandten in die Arme zu schließen. Und auch Hagen solle mitkommen, kenne doch er am besten den Weg ins Hunnenland. Na also! Doch die Boten berichten falsch. Sie reden so, weil Kriemhild sie bestochen hat. Je mehr Burgunder kämen, desto mehr Gold würden sie erhalten, und eine besondere Prämie, wenn Hagen erschiene. Kriemhild hat hinzugelernt, weiß ihre Mittel zweck- und zielgerichtet einzusetzen und so, daß man ihr nicht so ohne weiteres auf die Schliche kommt. Hagen ist wieder der einzige, der Kriemhild durchschaut. Er rät ab von der Fahrt, warnt, erinnert an das, was man ihr angetan hat, und versucht, seinen optimistischen Gefährten klarzumachen, daß Kriemhild das niemals vergessen und vergeben werde. Umsonst. Gunther weist auf den Kuß hin, den Kriemhild ihm bei der Versöhnung gegeben hat. Hagen kann darüber nur bitter lachen; doch das nutzt ihm auch nichts. So verlangt er, daß man, wenn man schon fahre, dies wenigstens gut gerüstet tue und die besten Recken mitnehme. Um seinen schwarzseherischen Feldmarschall zu beruhigen, stimmt Gunther dem zu.

Man bricht auf, und nach langer Fahrt sowie weiteren Warnungen reiten die Burgunder erwartungsfroh in den Hof der hunnischen Königsburg ein. Dort läßt man sie erst einmal warten. Dann erscheint Kriemhild. Schön wie eh und je steht sie vor ihnen, doch mit steinernem Gesicht. Gunthers zum brüderlichen Gruß erhobener Arm sinkt herunter, Gernot blickt ratlos. Hagen hingegen greift zum Kinnriemen und bindet den Helm fester. Nur Giselher bekommt von Kriemhild einen freundlichen Händedruck, sonst niemand. »Ich habe keinen Gruß für euch«, erklärt sie und fragt mit eisiger Miene, wo der Nibelungenhort sei, den man ihr doch hoffentlicht mitgebracht habe.

Kriemhild hat sich entschieden. Es gibt keine zärtlichen Umarmungen, keine Küsse, kein zärtliches Geplauder. Ihr Verlangen nach Rache hat über ihre familiären Gefühle und Bindungen gesiegt. Von nun an handelt sie taktisch und allein darauf bedacht, daß ihre Rache gelingen möge. Sie läßt den Gästen weit auseinander gelegene Quartiere zuweisen, um sie gegebenenfalls besser besiegen zu können. Zunächst aber versucht sie, Hagen allein auszuschalten. Dazu ist Gelegenheit, als er, fernab von den anderen, zusammen mit dem Spielmann Volker auf einer Bank sitzt. Kriemhild beginnt plötzlich zu weinen, was wunschgemäß sofort etliche hunnische Ritter veranlaßt, sich anteilnehmend nach dem Grund ihrer Traurigkeit zu erkundigen. Sie erzählt ihnen, was Hagen ihr angetan hat, und die erhoffte Reaktion tritt unmittelbar ein. Das schreie nach Rache, heißt es ringsum. Kriemhild schmiedet das heiße Eisen, bietet denen, die sie rächen, alles, was sie begehren. Das ist eine Menge, und also rüsten sich sechzig Mann. Kriemhild, eben noch Tränen in den Augen, fragt, ob dieser geringen Anzahl zornig, was das wohl solle. So wenige Leute, erklärt sie, könnten der beiden niemals Herr werden. Da rüsten sich vierhundert. Kriemhild setzt ihre Krone auf und begibt sich an der Spitze dieser Truppe zu den beiden. Volker will aufstehen, wie es sich gegenüber einer Königin geziemt, doch Hagen drückt ihn zurück auf die Bank und bleibt auch selbst sitzen. Um das Maß der Provokation voll zu machen, legt er sich den Balmung, Siegfrieds Schwert, über die Knie. Kriemhild bricht ob dieser Beleidigung in Tränen aus, hoffend, die Männer hinter ihr würden daraufhin nach den Griffen ihrer Schwerter tasten. Schnell aber gewinnt sie ihre Haltung zurück, strafft sich und sieht Hagen haßerfüllt an. Dann versteinert ihre Miene, und kalt fragt sie ihn nach dem, was er getan hat. Ungerührt gibt Hagen zu, Siegfried ermordet zu haben. Damit sollte, meint Kriemhild, das Stichwort für den Angriff gefallen sein. Doch ihre Leute rühren sich nicht. Hagen hat ihnen den Schneid abgekauft. Wutentbrannt dreht Kriemhild sich um und geht davon.

Welch eine Frau! Sie wechselt ihre Stimmungen wie Hemden, doch fast alle Regungen, die sie zeigt, haben ihren genau berechneten Zweck, und den erreicht sie in den meisten Fällen. Außerdem setzt sie Geld und Gut und verheißungsvolle Versprechen ein, um ihre Pläne durchzusetzen. Kriemhilds Waffen sind vielfältig. Es ist erstaunlich, was vor über siebenhundert Jahren der Dichter des *Nibelungenliedes* von den Fähigkeiten der Frauen gewußt haben muß.

Aber wir sind noch nicht am Ende. Kriemhild organisiert einen nächtlichen Überfall auf die schlafenden Burgunder. Er scheitert jedoch an Hagens und Volkers Wachsamkeit. Dann versucht sie, Dietrich von Bern zu gewinnen. Sie erhält eine herbe Abfuhr, die sie indes keineswegs entmutigt. Sie wendet sich nun an Etzels Bruder Blödelin, fleht ihn unter Tränen um Hilfe an, verspricht ihm Gold und Silber. Doch er will nicht. Da bietet sie ihm Land und Burgen, ja eine ganze Grenzmark an und ein schönes Mädchen als Braut obendrein. Das hilft endlich. Kriemhild wußte offensichtlich, daß jeder Mann seinen Preis hat – und welchen.

Als die hohen Herren in der Königshalle festlich tafeln, greift Blödelin im weit entfernten Quartier das burgundische Fußvolk an. Die Übermacht der Hunnen ist erdrückend, alle Männer fallen bis auf einen – Dankwart, Hagens Bruder, entkommt. Über und über mit Blut bedeckt, erscheint er wie ein Fanal in der hohen Tür der Festhalle und verkündet, was geschehen ist. Etzel, der von allem keine Ahnung hatte, ist entsetzt. Noch entsetzter ist er, als Hagen seinem kleinen Sohn den Kopf abschlägt. Das Gemetzel beginnt.

Es wird noch einmal unterbrochen, als Dietrich von Bern und Markgraf Rüdiger freien Abzug fordern. Sie geleiten Etzel und Kriemhild hinaus. Der Tod ihres Sohnes und die schaurigen Umstände der Tat – der abgeschlagene Kopf des Kindes war ihr in den Schoß gefallen – brechen die Tatkraft der Königin nicht. Draußen vor dem Saal feuert Kriemhild Etzels Recken an. Für Hagens Kopf bietet sie einen großen Schild voll Gold. Doch nicht umsonst haben die Burgunder auf Hagens Rat hin die besten Kämpfer mitgenommen. Die Toten, die man zur Saaltür hinauswirft, sind zumeist Hunnen, und Hagens Kopf ist nicht in Gefahr. So viele Männer Etzel auch in den Kampf wirft und sosehr Kriemhild sie anstachelt, das Bild ändert sich nicht. Die Burgunder wissen jedoch, daß sie auf die Dauer keine Chance haben. Das weiß auch Kriemhild. Sie bietet freien Abzug, wenn man ihr Hagen ausliefere. Empört wird ihr Ansinnen abgelehnt. Das versteht sich; männliche Solidarität gebietet es. Aber Hagen könnte sich ergeben, um das Leben der anderen zu retten. Er tut es nicht, und das ganz gewiß nicht aus Feigheit. Er folgt seiner männlichen Kriegs- und Treuemoral, nach der bis zum letzten Mann gekämpft werden muß nach dem Motto: Wenn schon Untergang, dann totaler Untergang. Das ist nicht einmalig. Danach verfuhr Ostgotenkönig Teja 552 am Vesuv, das praktizierten 102 v. Chr. die Teutonen bei Aquae Sextiae und 101 v. Chr. die Kimbern bei Vercellae, und vor noch nicht einmal fünfzig Jahren forderte Adolf Hitler vom deutschen Volk, in Nibelungentreue standhaft unterzugehen.

Kriemhild rührt der düster-männliche Endkampf- und Untergangsmythos nicht. Sie beschert Hagen und dem Rest der Burgunder das, auf was sie aus sind. Hierzu ergreift sie die Initiative, indem sie von Etzel das Oberkommando übernimmt. Taktisch planvoll vorgehend, läßt sie die Halle an allen vier Ecken anzünden. Das bringt Bewegung in den festgefahrenen Kampf, schafft den Hunnen Luft, den Burgundern das Gegenteil: Sie verbrennen und ersticken. Dank Hagens guter

Strategie überleben dennoch wider Erwarten sechshundert Mann. Gegen die läßt Kriemhild im Morgengrauen erneut zum Angriff blasen. Sie verspricht reichen Lohn für den Sieg. Doch die gelernten Reiter sind den germanischen Kämpfern nicht gewachsen. Auch ein weiterer Angriff scheitert. Mit den hunnischen Recken ist der Kampf nicht zu gewinnen. Da verlegt sich Kriemhild auf Kriegsdiplomatie. Sie wendet sich an Markgraf Rüdiger um Hilfe. Er lehnt ab. Wie kann er gegen seine Freunde zu Felde ziehen, gar gegen seinen zukünftigen Schwiegersohn? Vor wenigen Tagen hat er nämlich Giselher mit seiner Tochter verlobt. Doch nun kann Kriemhild ernten, was sie in Worms gesät hat. Sie erinnert den Markgrafen an seinen Eid. Rüdiger windet sich in Seelenqualen – es hilft ihm alles nichts: Schwur ist Schwur. Für seine damalige Leichtfertigkeit, seine männliche Arglosigkeit gegenüber einer Frau muß er nun büßen. Er stürmt mit seinen Leuten die Ruine des Rittersaals. Als das Kampfgetöse verebbt, ruft Kriemhild enttäuscht und verbittert: »Schlecht hält Rüdiger sein Wort. Statt uns zu rächen, schließt er Frieden mit unseren Feinden.« Was sie hier »unsere Feinde« nennt, das sind die Besten ihres Volkes, das ist ihre Sippe, sind ihre drei Brüder! Die neue Kriemhild hat noch weit weniger Familiensinn als Hagen. Im Gegensatz zu ihm fehlen ihr aber auch alle Bindungen an Volk, Vaterland und König. Einziger Bezugspunkt ihres Handelns ist ihr einstiger Mann, ist Siegfried und ihre Liebe zu ihm. Weil man ihn ihr nahm, weil man sein Leben der Königin wegen, also im Staatsinteresse, opferte, verrät sie ihr Volk, läßt sie ihre Brüder mitleidlos über die Klinge springen.

Ihr Motiv wurzelt im Privaten, in ihrer individuellen Liebe. Das ist neu, völlig neu. Das ist nicht Mittelalter und nicht Renaissance, sondern Neuzeit, bürgerliche Neuzeit. Kriemhild führt beispielhaft eine neue seelische Ordnung vor. Sie zeigt, daß Gattenliebe über Sippenbindung geht. Der geniale Dichter des *Nibelungenliedes* hat mit seiner Heldin die historische Entwicklung vorweggenommen: den Weg von der kollektiven zur individuellen Bindung, von der Verwobenheit mit der Sippe zur Partnerbeziehung als neuem Mittelpunkt des Lebens. Er tat dies ganz bewußt, denn er änderte die ursprüngliche Geschichte, mehr noch: Er verkehrte sie in ihr Gegenteil. Im älteren *Atlilied*, auf das er sich bezieht, tötet Kriemhild Etzel, ihren Mann, um ihrer Brüder, ihrer Sippe, ihres Volkes willen. Was die neue Kriemhild tut, ist revolutionär. Nach Joachim Fernau trägt sie eine Fackel und schreibt mit den Farben der Morgenröte ein neues Gesetz in den Himmel: »das Primat des Gefühls über die Bindungen des Blutes, den Vorrang der individuellen Liebe vor allen Instinkten«. Dieses Gesetz hat sich durchgesetzt. Ab 1933 haben Hitler und seine Ideologen versucht, es wieder außer Kraft zu setzen, indem sie auf das Germanentum zurückgriffen und einen neuen Mythos des Blutes begründeten. Diese unzeitgemäße Regression ist ihnen und uns schlecht bekommen.

Doch zurück zur Schlacht. Der wackere Rüdiger hat sein Wort gehalten und ist dafür gefallen und all seine Männer mit ihm. Daher die Stille. Sein Tod wirkt erschütternd. Der Kampf, den Kriemhild als treibende Kraft immer wieder anheizte, bekommt nun Eigendynamik. Dietrich von Bern greift ein, und das ist für die erschöpften Burgunder das Ende. Bis auf zwei werden alle erschlagen. Der Berner überwältigt Gunther und Hagen, nimmt sie gefangen und übergibt sie gefesselt Kriemhild mit der Bitte, das Leben der Helden zu schonen. Sie verspricht es. Doch das ist nichts als ein Lippenbekenntnis; sie will Dietrich nur schnell los werden, um endlich das tun zu können, wovon sie seit Jahren träumt. Sie tut es gründlich. Getrennt läßt sie die beiden Männer einkerkern. Dann begibt sie sich alsbald zu Hagen. Sie verspricht ihm das Leben, wenn er den Schatz ausliefere. Sie kennt ihn gut genug, um zu wissen, daß er auf dieses Angebot nicht eingehen wird. Ihr geht es nicht um den Schatz; den hat sie abgeschrieben und auch nicht mehr nötig. Ihr geht es um Rache. Sie will Hagen quälen. Aber das ist ähnlich schwer, wie ihn zu besiegen. Er habe geschworen, solange noch einer seiner edlen Herren lebe, niemandem zu verraten, wo der Schatz liegt, sagt er unbeeindruckt. Den Tod vor Augen, spielt er sein letztes großes Spiel. Er gönnt Kriemhild ihre Rache nicht und nicht den Nibelungenhort. Er tut, was Männer selten tun und noch seltener schaffen. Er manipuliert mit Erfolg eine Frau. Kriemhild geht ihm auf den Leim. Sie gibt Befehl, Gunther zu enthaupten. Man hat viel darüber gerätselt, warum sie das tat. Joachim Fernau unterstellt ihr in seinem Buch *Disteln für Hagen* eine Kurzschlußhandlung. Es wäre Kriemhilds erste! Nein, nein, sie weiß, was sie tut und warum sie es tut. Sie packt Gunthers Kopf an den Haaren und hält ihn Hagen triumphierend vors Gesicht. Sie tut ihm an, was er ihr angetan hat. Sie tötet den Menschen, der Angelpunkt seines Lebens war, dem seine Treue, sein Leben, sein Leib und seine Seele gehörten. Gunther war für Hagen, was Siegfried für Kriemhild war. Aber Hagen verpatzt Kriemhild den Triumph: Er bleibt unbewegt, zuckt nicht mit der

Wimper. Er hat vorausgesehen, ja er hat provoziert, was sie getan hat, und kann nun höhnen: »Jetzt wissen nur noch Gott und ich, wo der Schatz ist, und von mir, du Teufelin, wirst du es nicht erfahren.« Kriemhild zeigt ihre Enttäuschung über seine kaltblütige Reaktion nicht; sie zieht ihm den Balmung aus der Scheide, betrachtet das Schwert und sagt: »Mein holder Liebster trug es, als du ihn meuchlings erschlugst.« In diesem Augenblick steht Siegfried gewissermaßen neben ihr, der Mensch, der ihr ein und alles war und um dessentwillen sie alles tut. Sie hebt den Balmung und schlägt Hagen den Kopf ab. So verliert der Tronjer sein Leben, ohne jemals schwach geworden zu sein. Kriemhild konnte ihn nicht brechen, sowenig wie er sie hat brechen können. Die beiden stehen sich in nichts nach; sie sind sich ebenbürtig, so verschieden sie auch sind.

»Nun ist tot gelegen von eines Weibes Hand der allerbeste Degen«, klagt entsetzt König Etzel. Weit tiefer trifft die Szene den alten Hildebrand. Das Bild der schwertschwingenden Frau bedeutet für ihn den Einsturz seiner Welt. Er kann nicht ertragen, kann nicht tatenlos zusehen, daß ein Hagen von Tronje von Weiberhand gefällt worden ist. Übermannt von dem, was er – und gewiß mancher seiner Geschlechtsgenossen – einen gerechten männlichen Zorn genannt hätte, erschlägt er Kriemhild, genauer: haut sie in Stücke. Er hat sie getötet; doch bezwungen hat auch er sie nicht. Sie stirbt ungebrochen und von niemandem besiegt.

Bis ins 19. Jahrhundert blieb das *Nibelungenlied* so gut wie unbeachtet. Dann aber erlebte es einen unglaublichen Aufstieg. Es wurde zum Nationalepos der Deutschen, mit dem Generationen von Schülern aufwuchsen. Bei der Rezeption wie bei der Vermittlung der Dichtung wurden jedoch die Akzente auf besondere, der Zeit entsprechende Weise gesetzt. Unbestrittener Held war der blonde Siegfried. Er wurde zur Lichtgestalt der Sage, schön, edel und gut und dem germanischen Gott Baldur gleich. Kriemhild erschien weitgehend nur in ihrer ersten Rolle als zarte, holdselige Jungfrau und als große Liebende. Sie war überstrahlt und veredelt durch Siegfried, ihren Mann, wurde als dessen »beseligte, stolze Gattin« (Fritz Martini) gesehen. Vielen galt sie als Urbild jener deutschen Frau, die man vielerorts so wie Schiller in seinem *Lied von der Glocke* sah, nämlich als züchtige Hausfrau, die drinnen waltet und ohn' Ende die fleißigen Hände regt. Weibliche Emanzipation hingegen galt als etwas Abstruses, wenn nicht Unanständiges, später gar als Symbol kulturellen Verfalls und staatlichen Untergangs – so Alfred Rosenberg in seinem *Mythus des 20. Jahrhunderts*. Rosenberg stand nicht allein mit dieser Auffassung; er drückte damit eine verbreitete Stimmung seiner Zeit aus. Dementsprechend trat Kriemhild als Frau der Tat so gut wie gar nicht ins Bewußtsein. Sie wurde als solche einfach nicht wahrgenommen. Da jedoch kaum zu übersehen ist, daß Kriemhild im zweiten Teil des *Nibelungenliedes* als treibende Kraft des Geschehens im Mittelpunkt steht, wird sie kriminalisiert. So eiferte der vielgelesene Felix Dahn in *Hagens Sterbelied:* »So sei'n verflucht die Weiber,/Weib ist, was feig und schlecht:/Hier um zwei weiße Leiber/verdirbt Burgunds Geschlecht.« Allein Kriemhild und Brunhild haben also schuld an der Misere der Nibelungen. Auf die daran beteiligten Männer fällt nicht einmal der Schatten eines Verdachts. So war die Einstellung, und nicht allein bei Felix Dahn; sie ist bis in die jüngste Gegenwart so geblieben.

Und wie ist es heute? Welche Bedeutung hat die Figur der Kriemhild in unserer Zeit? Eigentlich gar keine. Die Feministinnen können offensichtlich nichts mit ihr anfangen und haben wenig mit ihr gemein. Die Rolle der frühen Kriemhild hassen sie mehr oder weniger. Weder wollen sie liebreizende Jungfrauen sein noch große Liebende und schon gar nicht züchtige Hausfrauen à la Schiller. Wer wollte es ihnen verdenken? Aber auch Kriemhilds klarer Verstand und Realitätssinn passen nicht recht ins Weldbild feministischer Frauen. Man huldigt der Leibphilosophie, dem hochgeschätzten Bauch, aus dem heraus man gern lebt, und nicht der Vernunftphilosophie. Viele können sich auch nicht recht zu Taten aufraffen. Sie stehen lieber an der Klagemauer, bedauern sich als bemitleidenswerte Opfer der männlichen Herrschaft und sind sich weitgehend darin einig, die Männer schlechtzumachen. Liebend engagieren mögen sich die meisten ebenfalls nicht – zumindest nicht gegenüber dem anderen Geschlecht. Weder Siegfriede noch Hagen von Tronjes erfreuen sich großer Beliebtheit. Männer mißt man mit Vorliebe daran, ob sie brav staubsaugen und ihren Babys die Windeln wechseln.

Mit den heutigen Männern ist fürwahr kein großer Staat zu machen. Nach Helden – welcher Art auch immer – sucht man weit und breit vergebens. Männer der Tat sind heutzutage so selten wie Frauen der Tat. Dabei sind sie allesamt beileibe nicht friedlich, sondern so aggressiv wie eh und je, die Frauen so gut wie die Männer. Nur die Formen der Aggressivität haben sich zwangsläufig geändert. Feindbilder gibt es wie gehabt; man findet sie heute jedoch großenteils im eigenen Volk: die Bullen, die Terroristen, die Linken, die Rechten, und gelegentlich schlägt man aufeinander ein. Politiker und Journalisten traktieren sich gegenseitig mit Worten; an Haß fehlt es auch bei ihnen nicht. Selbst Friedenskämpfer (!), Natur- und Tierschützer geben sich gern militant; Toleranz erwarten sie allzugern von anderen. Wir sind eben keine Friedensengel. Woher auch? Weder unser Herkommen noch unsere Geschichte haben uns dazu gemacht, und die hehren Heldinnen und Helden unserer Mythen und Sagen haben uns auch nicht zur Sanftmut inspiriert. Mit ihnen sind Generationen von uns aufgewachsen, haben sie im »vaterländischen Unterricht« lieben und verehren gelernt, und zwar vom Kaiserreich bis hin zum Dritten Reich. Heutzutage gibt es Hebbels *Nibelungen* in deutschen Theatern, Richard Wagners Ring wird in deutschen Opernhäusern aufgeführt, und in Seminaren wie bei Tagungen setzen sich Referenten der verschiedensten Richtungen mit unseren einstigen Leitbildern auseinander. Wir sind sie nicht los; nach wie vor stecken sie als geistiges Erbe tief in unserer Seele. Dort lebt die rächende Kriemhild ebenso wie der aus lauter deutscher Nibelungentreue mordende Hagen. Sie gehören zu unserem seelischen Inventar. Die Akteure des *Nibelungenliedes* sind die Zutaten zur ebensoviel gerühmten wie geschmähten deutschen Seele. Zwar mag man sich heute mit derart martialischen Charakteren nicht mehr gern identifizieren; man gibt sich lieber soft und friedensbewegt. Es hilft jedoch wenig, wenn wir mit aller Gewalt den Deckel auf den Topf drücken und pfui sagen zu Eigenschaften, wie sie die Nibelungenheldinnen und -helden verkörpern. Es nutzt nichts – sie sind dennoch nicht aus der Welt. Das führt zur derzeitigen deutschen Schizophrenie. Wir demonstrieren Steine werfend für den Frieden, protestieren morgens gegen Aufrüstung und sammeln nachmittags Geld für Waffen, selbstredend »Waffen für den Frieden«, und merken nicht, was das für ein Aberwitz ist. Als Mann und Frau verhalten wir uns oft auch nicht wie Friedenstauben, und viele pflegen unter dem Deckmantel der sogenannten Selbstverwirklichung krassen Egoismus. Es scheint weithin in Vergessenheit geraten zu sein, daß das Band, welches uns naturgemäß seit Urzeiten verbindet, die Liebe ist. Kriemhild hat geliebt, Medea und Ariadne haben geliebt. Liebe schließt Tatkraft nicht aus, beflügelt sie viel eher. Funktionieren können Liebe und Ehe aber nur, wenn wir aufhören, im Partner ein Phantom zu sehen. Eine Frau ist keine holdselige, reine, liebliche Kriemhild und wir Männer sind nicht strahlende Siegfriede – glücklicherweise, wenn Sie mich fragen. Jede – fast jede – Frau birgt eine rachlüsterne Kriemhild in sich und kann, wenn die Umstände es erfordern, dazu werden. Dann wehe ihm! Im Mann hingegen steckt ein finsterer Hagen, dessen Unerbittlichkeit er in entsprechenden Situationen hervorkehren kann. Dann wehe ihr!

Haben wir das endlich kapiert und vor allem akzeptiert, dann werden wir es leichter finden, zueinander zu kommen, miteinander auszukommen, uns auf vernünftige Weise zu lieben und unsere Tatkraft konstruktiv und nicht destruktiv zu entfalten.

Die Macht weiblichen Zaubers

Mit dem Traumpaar der deutschen Sage, mit Kriemhild und Siegfried, hat der Dichter des *Nibelungenliedes* nicht nur ein neues Frauenbild und eine neue Art von Liebe dargestellt, sondern auch weiblichen Zauber und dessen unvergleichliche Wirkung auf Männer. Kriemhilds jungfräuliche Scheu, ihr zartes Erröten, ihre liebevollen Blicke und der auf Siegfrieds Stirn gehauchte Kuß weckten bei Männern starke Wünsche und bei Siegfried die große Liebe. Was Kriemhild hier macht und wie sie es macht, mag uns vertraut erscheinen – für damalige Verhältnisse war es etwas noch nie Dagewesenes, eine neue Form weiblichen Verhaltens, eine neue Art weiblichen Zaubers. In der gesamten antiken Welt sucht man Vergleichbares vergebens. Die drei Göttinnen beim berühmten Paris-Urteil bedienten sich noch ganz anderer Mittel, und wie die Zauberin Circe den listenreichen Odysseus bezirzte, das hatte wenig Ähnlichkeit mit der Art und Weise der Kriemhild; eine züchtig errötende Helena ist ebensowenig vorstellbar. Man schwärmte auch nicht von der Schönheit der weiblichen Seele, sondern von der Schönheit des weiblichen Körpers, von Wangen wie frischerblühte Rosen, von feuchtsamtenen Gazellenaugen, von schwanengleichen Hälsen und von der Wonne zärtlicher Umarmungen. Selbst die Frauen des Alten Testaments zeigen kaum jemals die Art und die Eigenschaften des Burgfräuleins Kriemhild, und von ähnlich unbekümmert-froher Sinnlichkeit, wie das klassische Altertum sie pflegte, erweist sich der Dichter des Hohenliedes. Für ihn ist die geliebte Freundin ein schöner Garten, in dem es köstliche Blumen und Früchte zu pflücken gibt. Ihre Brüste erscheinen ihm wie Trauben am Weinstock, ihre Lippen wie Honigseim, und Liebe ist für ihn wie Wein, an dem man sich unter einem blühenden Granatbaum berauscht.

Das ist eine andere Welt, und mit der war es nun vorbei. Das *Nibelungenlied* und die Ritterminne setzten ganz andere Akzente. Die Figur der Kriemhild ist nicht von der schaumgeborenen Aphrodite inspiriert und hat nichts gemein mit der schönen Freundin im

Hohenlied. Für Kriemhild hat die jungfräulich reine Maria Pate gestanden. Die Liebe wurde der Sinnlichkeit beraubt, die fortan ein kärgliches Dasein als Sünde fristete, verfemt von der Kirche und allen Heiligen. Was blieb, was bleiben durfte, war der von Unschuld geprägte ätherische Charme einer Kriemhild. Sie war die Vorbotin eines neuen Frauenideals von engelsgleichen, sittenreinen, zerbrechlich-zarten Schönheiten. Für Frauen wie sie schlugen künftig die Herzen der Männer.

Diesem Paradigmawechsel haftete jedoch ein beträchtlicher Mangel an: Die idealtypische neue Frau war und ist ein Phantasiewesen, das es in der Wirklichkeit nicht gibt. Dafür ist auch Kriemhild ein Beispiel. Sie hat in keiner Weise gehalten, was ihr erster Eindruck in Worms versprach. Zwischen ihrem ersten Auftreten dort und ihrem späteren Handeln an Etzels Hof liegen Welten. Damit soll nicht gesagt werden, daß aus allen zart erröntenden minniglichen Jungfrauen mörderische Rächerinnen würden. Aber Utopien sind sie allemal. Im Alltag sucht man sie vergebens, zumal im Ehealltag. Dennoch glaubt so mancher, tatsächlich ein so engelsgleiches, holdseliges Mädchen gefunden zu haben. Naturgemäß dauert seine Freude nicht lange. Das wußte sogar der ansonsten so schwärmerische Schiller; in seinem *Lied von der Glocke* konzediert er überraschend realistisch, daß mit dem Gürtel, mit dem Schleier der schöne Wahn zerreiße.

Weiblicher Zauber à la Kriemhild ist zwangsläufig von kurzer Dauer, und er ist weitgehend das, was er auch im *Nibelungenlied* ist: ein literarisches Kunstprodukt. Dieses machte allerdings eine bemerkenswerte Karriere. Jungfrauen wie die schöne Schwester König Gunthers geistern durch unsere Liebeslieder und Liebesgeschichten, sie sind die Heldinnen unzähliger Romane und die weiblichen Prototypen der einschlägigen Trivialliteratur. Lieb sind sie, brav und hingebungsvoll, dabei auch keusch und züchtig, wunderbar passiv, ja nicht zu intelligent und um Himmels willen nicht sinnlich.

Besonders weibliche Leser verschlingen diese Art Liebesgeschichten und identifizieren sich mit deren Heldinnen, von denen sie sehr wohl wissen, wie unwirklich sie sind. Sie wissen aber auch, daß ihnen selbst, wären sie so wie jene, die Männer zu Füßen lägen, und das ist nun einmal eine der angenehmsten Vorstellungen weiblicher Phantasie. Manche Leserinnen belassen es nicht beim Träumen; sie imitieren die reizenden Romanheldinnen erfolgreich und kommen auf diese Weise an einen Mann. Viele schaffen es freilich nicht, ihre Rolle auch nach der Hochzeit oder gar auf Dauer zu spielen, was ein Grund für die hinreichend bekannten Enttäuschungen in der Ehe sein kann. Glaubt man Psychologen, dann ist dieses utopische Frauenbild männlichen Ursprungs. Carl Gustav Jung nannte es Anima. Danach wäre der Zauber der schönen jungen Kriemhild und aller ihrer Nachfolgerinnen in erster Linie ein Traumbild von Männern. Das leuchtet insofern ein, als solche weiblichen Wesen tiefwurzelnden männlichen Wünschen entsprechen. Sie rühren nicht an die bei Männern weitverbreitete Angst vor weiblicher Nähe, vor weiblicher Initiative und Stärke, und sie erschrecken Männer nicht mit fordernder Sinnlichkeit. Darum schwärmen Männer nicht von kraftvollen Tatfrauen; sie träumen nicht von Medea, Judith und schon gar nicht von Skylla. Heutzutage träumen sie nicht von Feministinnen und Emanzen, und auch selbstbewußte Karrierefrauen jagen ihnen nur selten Liebesschauer über den Rücken. Ihr heimlicher Schwarm sind weiterhin sanft-zarte weibliche Wesen, die ergeben zu ihnen aufschauen. Von ihnen träumen sie, nach ihnen sehnen sie sich.

Das Problem ist: Damit hat es nicht sein Bewenden, das reicht den Männern nicht. Die Zeit ist kurz, in der sie allein von einem weiblichen Gruß beglückt sind, ein zarter Händedruck sie in Begeisterung versetzt oder ein auf die Stirn gehauchter Kuß. Männer wollen mehr, wenn sie erst einmal aus der Pubertät heraus sind – viel mehr, und darum kollidiert ihre schwärmerische Erotik nur allzubald mit ihrer Sexualität. Davon haben sie eine Menge, meinen sie, auf jeden Fall, so ihre Überzeugung, mehr als die Frauen. Man sagt ihnen in der Tat nach, sie seien stets darauf aus, »das eine« zu erreichen, das, worauf ihr Sinnen und Trachten sich immer wieder richte. Dieses Phänomen haben US-amerikanische Psychologen bestätigt; folgt man ihren Erhebungen, dann denken Männer alle zehn Minuten in irgendeiner Form einmal an Sex. Man möchte es kaum glauben. Aber beobachten Sie einmal Männer, wenn sie Frauen anschauen; ihre Blicke enden sehr häufig an einem bestimmten Punkt zwischen oben und unten.

Wenn aber Männer Frauen mit diesem gewissen lüsternen Blick ansehen, dann hören diese Frauen in aller Regel auf, ihnen hold, hehr und ein wenig heilig zu erscheinen. Dann sehen sie nichts als deren Körper, und der weckt Begehrlichkeit. Gelingt es ihnen, eine Frau dahin zu bekommen, wo sie sie nur allzugern haben wollen, dann wird sie nicht selten zu einem geringgeachteten Objekt ihrer männlichen Lust. Damit wären wir wieder beim Zwiespalt der männlichen Seele, welche die fatale Neigung hat, in Frauen entweder eine Heilige oder eine Hure zu sehen. Oder anders gesagt: Ein Burgfräulein wie Kriemhild wird von Männern angehimmelt, gleichzeitig aber versuchen sie, deren Kammerzofe zu verführen. Das hieße: Auf weiblichen Zauber von Kriemhilds Art reagieren sie mit Schwärmen und verklärter Bewunderung, auf weibliche Reize der anderen, körperlichen Art reagieren sie mit sexueller Begierde.

Kaum einem Mann gelingt es, System in seine Gefühls- und Triebwelt zu bringen, seine Liebe, seine Leidenschaft und sein Verlangen einigermaßen vernünftig zu koordinieren. Dieses Dilemma soll uns noch einmal Siegfried vor Augen führen, Jung-Siegfried dieses Mal, und zwar bei seiner ersten Begegnung mit einer Frau. Er kennt sie nicht, hat sie niemals gesehen, und doch löst sie bei ihm eine Flut von Gefühlen aus, bewegt ihn zu verwegensten Taten. Es handelt sich um Brunhild. Er hört von ihr durch die Vöglein in den Bäumen. Sie zwitschern von der schönen Schildjungfrau, die in einem fernen, unwirtlichen Land, von einer Waberlohe eingeschlossen, auf ihren Erlöser wartet. Mehr bedarf es nicht, um im Herzen Siegfrieds die männertypische Sehnsucht zu wecken. Ohne irgendeinen weiteren Gedanken schwingt er sich auf sein Roß, um die ferne Jungfrau zu finden, zu erlösen und zu gewinnen. Dafür scheut er nicht den weitesten Weg und keine Strapazen. Als er ihre Burg schließlich erreicht, ist es, als brenne sie. Ein Flammenwall hüllt sie ein. Das aber schreckt den von Liebe erfüllten Helden nicht. Er zögert keine Sekunde, gibt seinem Pferd die Sporen und setzt mit einem gewaltigen Sprung über das feurige Hindernis.

So wirkt männliche Projektion! Aus den wenigen Angaben, die Siegfried bekommen hat, macht er das Bild eines zauberhaften weiblichen Wesens, dem er sofort nachjagt und für das er bedenkenlos sein Leben riskiert. Und er findet genau das, was er sich erträumt und erhofft hat: Vor ihm liegt sie, die jungfräuliche Schloßherrin, in tiefem Zauberschlaf, aber fest umschlossen von einer ehernen Rüstung. Er nimmt ihr den Helm ab, und da zeigt sich ihm ein Antlitz von unendlicher Schönheit. Das macht ihn begierig, auch den Rest der Gestalt zu enthüllen. Dazu zieht er sein Schwert, das berühmte und in Drachenblut gehärtete, dem kein Eisen, keine Brünne widerstehen kann. Von oben bis unten schneidet er Brunhilds erzenen Harnisch auf, und der fällt scheppernd zu Boden.

Auf einen simplen Nenner gebracht, hieße das: Er zieht sie aus.

Aber so simpel kann und darf man die Sache nicht sehen, denn schließlich benutzt Siegfried dazu ein Werkzeug, das zum Besten und Wertvollsten zählt, was ein ritterlicher Mann besitzt. Das überhöht die Szene, hebt sie heraus aus dem Alltäglichen und erst recht aus einer alltäglichen Liebesgeschichte. Vor allem aber gewinnt sie eine tiefe symbolische Bedeutung: Mit seinem blanken Schwert durchtrennt der Held den ehernen Panzer der vor ihm liegenden schönen Jungfrau. Na? Ganz richtig: So sieht Sexuelles im Spiegel deutscher Heldensage aus. Die Brünne wird zum Magdtum der hehren Heldin, und das blanke Schwert steht für die Männlichkeit des Helden. Damit aber zerschneidet er den schützenden Panzer, und das hieße doch wohl nach allen Regeln tiefenpsychologischer Symboldeutung, daß er sie defloriert hat. Doch eine Sage ist eben kein Traum, und Siegfried ist nicht der Patient eines Psychotherapeuten. Er ist ein Held, und der tut so etwas nicht. Das Bild ist gewiß symbolisch, aber es ist nicht eine »Symbolik anstatt«, in der Gegenstände für Körperteile stehen, sondern verklärende Symbolik. In der Sage wird Sexualität sublimiert, romantisiert und mythologisiert. Dem christlich-ritterlichen Ideal entsprechend bleibt alles Körperliche, alles Sinnliche strikt ausgeklammert. Eine solche Darstellung entsprach dem Zeitgeist; sie erhob die germanisch-deutsche Seele, und sie erfreute den auf Vermeidung aller fleischlichen Lust bedachten Klerus.

Es kommt nicht einmal zu einer Enthüllung der im Zauberschlaf liegenden Heldin. Als ihr Harnisch fällt, liegt die Jungfrau immer noch züchtig bedeckt da, nämlich »von weißem Linnen zart umhüllt«. Siegfried ist zutiefst gerührt, denn vor ihm liegt ein Weib, so wunderschön, daß er die Augen nicht abwenden kann. So schwärmt Gotthold Klee in seiner Darstellung der Siegfriedsage. Es folgt, was die Herzen immer wieder hat höher schlagen lassen: Der Held, vom Zauber der immer noch schlafenden Schönen ganz erfüllt, beugt sich über sie und drückt einen Kuß auf ihre roten, jungfräulichen Lippen. Selig erwacht sie daraufhin und strahlt ihren Erlöser ergeben an.

Das ist eine Szene von geradezu urbildhaftem Charakter. Sie findet sich in Märchen, Sagen und, vielfältig abgewandelt, in der Literatur. Die Befreiung der Jungfrau sei das ursprünglichste romantische Motiv und bis heute nicht totzukriegen, stellt der niederländische Historiker Johan Huizinga in seinem Buch *Herbst des Mittelalters* fest. Darüber hinaus verdichten sich in Szenen wie dieser weiblicher Zauber und männliches Bezaubertsein zu einem anrührenden Höhepunkt. Eine

Jungfrau wach zu küssen oder von einem männlichen Helden wach geküßt zu werden, das hat für ihn wie für sie einen unvergleichen Reiz.

Die Schwert-Brünne-Symbolik wird hingegen in erster Linie Männer ansprechen. Für derartiges Eisenzeug haben Frauen wenig Sinn. Schon gar nicht verstehen sie die Transponierung von Liebeshandlungen in Rüstung und Schwert. Wenn sie daliegen und auf einen Mann warten, dann steht ihnen der Sinn weder nach Symbolik noch nach Waffen, dann wollen sie Liebe, und zwar Liebe zum Anfassen. Siegfrieds berühmtes Schwert bedeutet Brunhild nichts. Das war ihr nur als Werkzeug wichtig, als Mittel, ihre lästige Rüstung loszuwerden. Dafür hätte Siegfried von ihr aus auch eine Blechschere oder einen Dosenöffner benutzen können, Frauen sind fürs Praktische, auch und gerade in der Liebe. Was nicht heißt, sie seien nicht romantisch – ganz und gar nicht. So haben sie einen ausgesprochenen Sinn für Helden, besonders für solche, die ihnen zuliebe ihre Heldentaten begehen. Es rührt Brunhild, und es imponiert ihr ungemein, daß Siegfried ihretwegen die lange Suchfahrt unternahm und todesmutig über die Waberlohe setzte. Ein Mann, der für eine Frau sein Leben riskiert, schenkt ihr das denkbar höchste Maß an Beachtung. Das weiß sie zu schätzen, und darum lieben Frauen solche Männer.

Brunhild täuscht sich allerdings in einem: Nicht für sie riskierte Siegfried sein Leben, nicht für sie persönlich jedenfalls. Wie hätte er auch gekonnt, da er sie nicht einmal kannte! Tatsächlich riskierte er den Sprung durch die Feuerwand eines Phantasiegespinstes wegen. Er jagte einem Bild nach, genauer: seinem eigenen Bild von der Frau, seiner Anima. Die projiziert er auf Brunhild, und das funktioniert zunächst ausgezeichnet, denn mit der schlafenden Schönen, die zwangsläufig passiv ist, kann er sie ohne weiteres in Einklang bringen. Darum findet er, was er gesucht hat, und ist entsprechend fasziniert. Voller Inbrunst küßt er Brunhild und erweckt sie dadurch zum Leben. Sie schlägt die Augen auf, und das ist der Anfang vom Ende der schönen Fiktion, denn von nun an gewinnt Brunhild ein eigenes Profil. Indem sie spricht und handelt, wird sie zu einer ganz bestimmten Frau mit eigenem Charakter. Dadurch konfrontiert sie Siegfried mit der Realität. Auch das geht zunächst noch gut, weil sie seinen Erwartungen vollauf entspricht: Sie kommt ihm liebevoll entgegen, bewirtet ihn fürsorglich; vor allem aber lobt sie ihn. Sie bewundert seinen Mut und seine Stärke und erklärt ihm, sie habe geschworen, keinem Mann anzugehören, der Furcht kenne. Und wenn sie unter allen Männern der

Welt wählen könnte, bekennt sie ihm, so wolle sie doch nur ihn. Das ist schmeichelhaft, das hört Siegfried gern. Was sie sagt und wie sie handelt, entspricht ganz und gar seinen Wunschträumen, und es gibt kein Problem. Aber dann wird Brunhild plötzlich ungemein direkt, kommt ebenso realistisch wie praktisch zur Sache. Sie stellt ihn vor die Wahl: Er könne reden oder schweigen, bleiben oder gehen. »Wähle du selbst«, fordert sie ihn auf.

Eine Frau, die einen Mann derart vor die Wahl stellt, ihm knallhart eine Entscheidung abverlangt, deckt sich nicht mit dem süß-zarten Bild von der Frau, das Männer gemeinhin mit sich herumtragen. Sie schätzen es gar nicht, wenn Frauen ihnen Ultimaten stellen. Siegfried ist unter Brunhilds Anforderungen gewiß unangenehm berührt zusammengezuckt, und der Zauber, der ihn bisher erfüllte, dürfte an Glanz verloren haben; doch er läßt sich nichts anmerken.

Hier ist ein Punkt, wo Männer zu heucheln verstehen. Siegfried überkompensiert seine Ernüchterung, indem er seinen Enthusiasmus noch verstärkt. »Kein schöneres Weib ward je geboren«, schwärmt er, und er schwört bei allen Göttern, daß er sie, Brunhild, allein liebe, nur sie und keine andere zur Frau begehre, von ihr nicht weichen wolle, und winke ihm auch der Tod. Das klingt gut, aber es sind nichts als Lügen, und er schwört falsch – der weitere Verlauf zeigt es. Seine übergroße Emphase leitet lediglich seinen Rückzug ein, und den deckt er, indem er mit weiteren heiligen Eiden seine Liebe zu Brunhild bekräftigt. Sie ahnt davon nichts, beschwört ihrerseits ihre Liebe zu ihm, freut sich auf ihr gemeinsames Glück. Doch daraus wird nichts; Siegfried verweigert sich. Er tut genau das Gegenteil von dem, was er mit so großer Leidenschaft versichert und mit heiligen Eiden beschworen hat: Er weicht von ihr, er geht, er macht sich davon, und dafür gibt er folgende bemerkenswerte Begründung – ich zitiere nach Gotthold Klee –: »Nicht darf ich dich, du Hehre, berühren, eh alle Welt mich einen Freien nennt.« Ein Lehnsmann sei er, erklärt er ihr, und von diesem Status wolle und müsse er sich erst lösen, um ihrer würdig zu sein. Er komme bald zurück, und sie möge auf ihn warten. So zieht sich der blonde Held aus der Affäre, ähnlich, wie sich so mancher Mann aus einer Affäre gezogen hat.

Brunhild vermag kaum zu glauben, was sie hört. Doch weder ihre Tränen noch ihre Umarmungen können den ernüchterten Siegfried halten. Sie bekommt noch einen Ring von ihm, und fort ist er. Er verschwindet auf Nimmerwiedersehen, geht nach Worms, um dort, wie wir wissen, König Gunthers schöne Schwester zu gewinnen. Die liebliche Kriemhild ist eine ganz andere Frau als die geharnischte Exwalküre Brunhild, die nicht nur stark ist, sondern auch genau weiß, was sie will, und Siegfried mit ihrer ganzen Leidenschaftlichkeit begehrte. Damit war der arme Siegfried überfordert, der nur im Raufen oder mit dem Schwert in der Hand ein Held ist. Hier erweist er sich als wortbrüchiger Feigling. Aber weil nicht sein kann, was nicht sein darf, findet sich eine Entschuldigung für seinen Treuebruch: Es heißt, er habe durch einen Vergessenstrunk jede Erinnerung an Brunhild verloren. Nun ja...

Der Angelpunkt ist, daß Siegfried Brunhild nicht anrührte, obwohl dies so nahe lag. Das ist ein verbreitetes Motiv, und es taucht auch in einer anderen Version der Siegfriedsage auf. Laut der soll Siegfried ganz ähnlich wie im *Nibelungenlied* für Gunther Brunhild gewinnen, und zwar darum, weil der König den Sprung über die Waberlohe nicht schafft. Also tauschen die beiden die Rollen. Siegfried springt als Gunther über das Feuer, und als Gunther gewinnt er Brunhild, die in der Liebe zu ihm entbrennt. Das ist alles ein wenig verworren und nicht recht glaubwürdig. Aber darauf kommt es hier nicht an. Entscheidend ist, daß Brunhild den geliebten Helden in ihr Bett bittet. Traulich finden sich die beiden unter einer Decke, heißt es, und das mehrere Nächte. Dennoch passiert nichts. Keiner habe um den anderen den Arm legen können, klagt Brunhild in der *Edda*. Es ging nicht, weil Siegfried sein Schwert zwischen sie gelegt hatte. Der edle Held tat's aus Mannestreue zu Gunther.

Derartiges kann nur einem Mann einfallen, Brunhild hat dafür kein Verständnis. Bei ihr liegt der Stellenwert der Liebe über allen anderen Bindungen und Verpflichtungen. So weiß sie, daß Siegfried verheiratet ist – in dieser Version ist er es –; doch das bekümmert sie nicht, und sie wird nicht von Gewissensbissen geplagt. Wir kennen das schon, und Sigmund Freud wie auch Alltagserfahrungen bestätigen es: Bei Ehebrüchen quält sich weit eher der Mann mit Gewissensproblemen.

Einen Akt der Entsagung bietet Siegfried auch im *Nibelungenlied*. Es hatte, wie wir wissen, nicht genügt, daß er Brunhild für Gunther besiegte; er mußte sie auch noch für ihn aufs Bett zwingen, damit der König die Ehe vollziehen konnte. Zu diesem Zweck ringt Siegfried mit ihr in der dunklen Kammer und besiegt sie schließlich. Liebesbereit liegt sie in seinen Armen – er aber entsagt. Das jedenfalls hat er behauptet und beschworen. Kriemhild hat ihm diese Version nicht abgenommen; für sie war es selbstverständlich, daß er nach einem so heißen Kampf mit der widerspenstigen Schönen erst einmal die Früchte der Liebe pflückte und Brunhild danach erst ihrem Ehemann überließ. Das nimmt Kriemhild ihm auch keineswegs übel; sie ist vielmehr stolz auf ihren ebenso muskel- wie liebesstarken Mann. Sie geht sogar so weit, Brunhild gegenüber mit Siegfrieds Tat zu prahlen. Er, Siegfried, habe ihr, Brunhild, das Magdtum genommen, erklärt sie der Schwägerin.

Die Frage ist: Hat er nun, oder hat er nicht? Die Gelehrten streiten sich. Das *Nibelungenlied* selbst läßt die Sache buchstäblich im Dunkeln, denn nicht der geringste Lichtschein fiel in die königliche Schlafkammer, und so bleiben beide Möglichkeiten offen. Fest steht indes, daß Siegfried in zwei Versionen der Sage ausdrücklich entsagt.

Eine solche Reaktion auf weiblichen Zauber ist unzweifelhaft ein männliches Phänomen. Nicht von ungefähr hat es die Liebeskultur einer ganzen Epoche maßgeblich bestimmt, nämlich der Zeit der höfischen Liebe, der Zeit der Troubadoure. Die Art der Liebe, die man damals den Frauen entgegenbrachte, hieß Minnedienst. Junge Ritter leisteten ihn, die Minnesänger bedichteten und besangen ihn. Sein Kernpunkt war Entsagung. Mehr als Schwärmen, Schmachten und Sehnen sollte und durfte es nach ritterlichem Kodex nicht geben. Das lag insofern in der Natur der Sache, als die Frauen, denen die Ritter huldigten und ihren Liebesdienst widmeten, stets verheiratete Frauen waren: Burgdamen, keine Burgfräulein. Ihnen zu Ehren und ihnen zuliebe zog man ins Abenteuer, ging auf Kreuzfahrt oder stach bei Ritterturnieren mit Lanzen und Schwertern aufeinander ein. Errang man dadurch das Wohlwollen seiner Herzensdame, empfing man den Minnelohn, beispielsweise ein Halstuch, einen Schleier, einen Gürtel. Durch solch ein Liebespfand war man zum Erhörten geworden. Diesem Status folgte eine Probezeit, die Jahre dauern konnte. Wer dann noch lebte und das Interesse seiner Angebeteten nicht verloren hatte, durfte hoffen, zum Liebhaber aufzusteigen. Dessen höchster Lohn bestand darin, eine Nacht bei seiner Erkorenen verbringen zu dürfen – in allen Ehren, versteht sich. Nicht Erfüllung war das minneritterliche Ideal, sondern der Schmerz süßer Entsagung. Die »hohe Minne« war ein Mysterium und schloß niedrige Sinnlichkeit aus: Des Ritters Schwert hatte die beiden Liebenden zu trennen.

Damit wären wir abermals bei einer bohrenden Frage: Trennte es sie wirklich? Hier gibt es immerhin eine Antwort: Manchmal tat es das. Etlichen jungen Rittern galten die von ihnen verehrten Frauen tatsächlich als so hehr und hold, daß sie sich mit scheuer Zärtlichkeit begnügten. Andere taten das nicht. So dichtete ein anonym gebliebener Troubadour aus der Provence: »Tief unterm Weißdorn war's, im grünen Hag,/ daß eine Fraue mit dem Liebsten lag.« Ein Wächter pflegte aufzupassen, daß das durchaus nicht platonische Treiben der beiden nicht gestört werde; die sogenannten Tagelieder berichten davon. Der *Rosenroman* hingegen, eine Liebesbibel aus dem 13. Jahrhundert und eines der bedeutendsten literarischen Werke des Mittelalters, preist die Bescheidung auf süßes Denken, Reden und Blicken. Die Rose, die reine, schöne, keusche, darf berochen und allenfalls geküßt, jedoch auf keinen Fall gebrochen werden.

Aber das ist nur die eine Seite dieses Werkes, das über zwei Jahrhunderte die Einstellung der Menschen maßgeblich prägt. Es hat nämlich zwei Autoren, und die sind gegensätzlich wie Feuer und Wasser. Der erste, Guillaume de Lorris, hebt weiblichen Zauber in eine weltentrückte ätherisch-ästhetische Sphäre, der zweite, Jean de Meung, reduziert ihn auf sinnliche Anziehung. Letzterer, der das unvollendet gebliebene Werk dreißig Jahre später fortsetzte, hielt nichts von keuscher Süßigkeit. Auch für entsagenden Ritterdienst, für bloßes Sehnen und Schmachten hatte er keinen Sinn. Er bietet Venus und die Göttinnen Natur und Vernunft zum Kampf gegen die Keuschheit und zur Entfesselung der Sinnenlust auf. Aus verklärtem Eros wird auf diese Weise handfester Sexus, aus »edlen Frouwen« werden lüsterne Weiber. Die Gegensätzlichkeit der beiden Autoren ist bezeichnend; immer wieder stößt man auf diesen Zwiespalt: Entweder erscheint die Frau als zu verehrendes, edles und hehres Wesen, oder sie wird als Lustobjekt dargestellt. Und immer liegen Frauenverehrung und Frauenverachtung eng nebeneinander – in der Literatur wie im Leben.

Dieser Zwiespalt zeichnet auch Siegfried aus. Er dient obendrein als Entschuldigung für dessen Ängste: Siegfried konnte und durfte Brunhild, die Hehre, nicht berühren, weil er sie danach nicht mehr hätte verehren und glorifizieren und folglich nicht mehr hätte lieben können. Die merkwürdige männliche Schwierigkeit, Eros und Sexus unter einen Hut zu bringen, könnte auch den auf den ersten Blick etwas abwegig erscheinenden Reiz der Ritterminne erklären: Solange man nur sehnte und schmachtete, blieb der weibliche Zauber erhalten. Weil man den Gürtel nicht öffnete, den Schleier nicht zerriß, konnte man sich die schöne Illusion von der Frau bewahren, an der Männerherzen nun einmal mit großer Beharrlichkeit hängen. Dieses Rezept empfahl mehr als fünfhundert Jahre später noch Stendhal in seinem Buch *Über die Liebe*. Das größte Glück, das Liebe zu schenken vermöge, sei der erste Händedruck der geliebten Frau, konstatierte er. Bis heute hält sich zäh die Ansicht, die Erfüllung sei das Ende der Liebe. Es stimmt, daß sie bisweilen das Ende einer Illusion ist. Das aber wäre so oder so gekommen, nämlich durch näheres Kennenlernen. Darum scheitern nicht wenige Ehen im ersten Jahr. Das Ende des »schönen Wahns« halten eben manche Männer nicht aus. Das liegt vor allem daran, daß viele von ihnen unter einer falschen Vorstellung von »der« Frau leiden. Es hat aber auch damit zu tun, daß sie von klein auf mit einer Fülle illusionärer Mädchen- und Frauenbilder konfrontiert und so in ihren männlichen Erwartungen auf eine Weise geprägt werden, die mit weiblicher Wirklichkeit sehr wenig gemein hat. Schon in den Märchen werden uns solche Bilder von Kindesbeinen an vermittelt. Ein besonders bezeichnendes Beispiel dafür ist Dornröschen.

Wie weit scheint das schöne Märchenkind von Brunhild entfernt, von der *Edda* und der Siegfriedsage! Doch die Bilder gleichen sich, und die Situation ist nahezu identisch. Wie Brunhild hinter der Waberlohe schläft, so Dornröschen hinter der unüberwindlichen Dornenhecke, und der Märchenheld verhält sich um keinen Deut anders als Siegfried. Er weiß nicht mehr von der schlafenden Schönen, als der Nibelungenheld von Brunhild wußte. Es gibt nichts weiter als ein Gerücht, und das besagt, hinter der Hecke schlafe seit hundert Jahren ein schönes Mädchen. Es gab indes auch handfeste Tatsachen: Etliche junge Männer hatten versucht, die Hecke zu durchdringen, und waren dabei jämmerlich ums Leben gekommen. »In den Dornen hängengeblieben und totgestochen«, heißt es in der Urfassung des Märchens. Doch das schert den Märchenhelden nicht. Wie Siegfried riskiert er einer Frauen-Vision wegen sein Leben. Kein guter Rat kann ihn davon abhalten, und weitere Überlegungen stellt er nicht an. Nochmals gewarnt und auf seine umgekommenen Vorgänger hingewiesen, erklärt er (Urfassung): »Das soll mich nicht schrecken, ich will durch die Hecke dringen und das schöne Dornröschen befreien.« Mit nüchternem Verstand betrachtet, ist das eine Wahnsinnstat. Aber welcher Mann verfügt noch über genügend Verstand, wenn er weiblichem Zauber verfallen ist? Dornröschen ist ganz und gar unschuldig an des Helden Besessenheit, genauso unschuldig wie Brunhild. Weder die eine noch die andere rührte auch nur einen Finger. Beide warfen keine heißen Blicke, es gab keinen animierenden Händedruck, kein leise geflüstertes Kompliment, keinen vielversprechenden Kuß. Die beiden Schönen taten nichts – sie schliefen. Also können sie die von ihnen so hingerissenen Männer nicht bezaubert haben. Genau das ist der Punkt: Siegfried und der Märchenheld haben sich selbst in ihren euphorischen Zustand hineingesteigert, haben sich, wenn man so will, selbst verzaubert. Das ist gar nicht so unlogisch, denn sie sind in ein Bild verliebt, das sie in sich tragen. Es ist das, was man gemeinhin und aus gutem Grund die Frau ihrer Träume nennt. Sie haben sich das schöne Bild selbst erträumt. Psychologisch ausgedrückt, sind sie in ihre eigene Anima verliebt. Da sie dieses innere Bild jedoch praktischerweise auf eine Frau übertragen können, enden sie nicht wie der arme, in sich selbst verliebte Narziß. Sein Spiegelbild im Wasser war für ihn unerreichbar. Des Märchenhelden Anima hingegen nimmt im schlafenden Dornröschen sinnfällige Gestalt an. Der Held kann, was Narziß nicht konnte: küssen; und das tut er dann ja auch.

Dieser Kuß ist weltbekannt; vielleicht ist er der schönste Kuß der Weltliteratur. Auf jeden Fall hat diese Szene Kinderherzen in aller Welt bezaubert. Das tut sie noch immer, und sie bezaubert nicht nur Kinder. Das Motiv der erlösten Jungfrau läßt kaum jemanden kalt, weder Mädchen noch Jungen, weder Frauen noch Männer. Und Heldinnen wie Dornröschen sind buchstäblich unsterblich. Dabei sind sie alles andere als Charaktere. Wir wissen fast nichts von ihnen. Sie haben keine Eigenschaften und keine Individualität; sie sind lediglich schön. Aber das macht eben ihren Reiz aus: Sie sind offen für unsere Träume; was immer wir wollen, können wir in sie hineinsehen. Ohne weiteres können wir sie mit unseren Wünschen und Sehnsüchten identifizieren. Einen Mann, der vor einer schlafenden Schönen steht, interessiert nicht groß, wer sie ist, und erst recht nicht, wie sie ist. Er fragt nicht lange, sondern küßt. Hier wirkt weiblicher Zauber ganz unabhängig vom Wesen und von der Persönlichkeit der Frau. Für die zauberische Wirkung, die von ihr ausgeht, muß sie sich nicht besonders regen; sie kann getrost schlafen, ja sie braucht körperlich nicht einmal anwesend zu sein. Ein vages Gerücht von einer geheimnisvollen Schönen genügt, um einen Mann zu entflammen. Auch ein Bild ist dazu imstande.

Das ist der Fall im Grimmschen Märchen Nr. 6, *Der treue Johannes*. Bevor der König stirbt, legt er seinem treuen Diener Johannes das Wohl des Prinzen ans Herz. Er sei noch jung und unerfahren; darum möge Johannes ihm mit Rat und Tat zur Seite stehen. Eine erste Gefahr drohe ihm von einem Bild. Der König sagt seinem Diener, wo es sich befindet, und beschwört ihn, die Kammer um Gottes willen nicht zu öffnen. Dann stirbt der König, und der Prinz wird sein Nachfolger. Der treue Johannes führt ihn durch das Schloß und zeigt ihm alles; nur die Kammer öffnet er nicht. Das entgeht jedoch dem jungen König nicht; er besteht darauf, das geheimnisvolle Zimmer zu öffnen. Was bleibt dem Diener anderes übrig? Er versucht noch, sich schnell vor das Bild zu stellen und es mit seinem Körper zu verdecken – vergeblich. Der König sieht ihm über die Schulter, erblickt das Bild und erstarrt. Es stellt eine Frau dar, und von ihr heißt es, sie sei so schön, daß es nichts Herrlicheres und Lieblicheres auf der Welt gebe. Der Eindruck auf den Königssohn ist so stark, daß er, von Liebe zu der Unbekannten überwältigt, ohnmächtig zu Boden sinkt. Ein Glas Wein bringt ihn wieder zu sich, und sofort will er wissen: »Wer ist sie?« – »Die Königstochter vom goldenen Dach«, antwortet der treue Johannes. Da spricht der junge König: »Meine Liebe zu ihr ist so groß, wenn alle Blätter an den Bäumen Zungen wären, sie könnten's nicht aussagen.«

Das muß man sich einmal vorstellen: Er hat nichts als ein Bild gesehen und gerät derart von Sinnen. Man sagt, Frauen könnten Männer verrückt machen. Auch hier zeigt sich, daß sie sich dazu unter Umständen gar nicht weiter anstrengen müssen. Dieser Mann schafft es jedenfalls, ohne jede weibliche Mithilfe in einen Ausnahmezustand zu geraten, für den Liebe eigentlich nicht das rechte Wort ist. Es hat ihn derart gepackt, daß er zu sterben bereit ist, um das Ziel seiner Wünsche zu erreichen. Darin unterscheidet er sich nicht von Siegfried. Genau wie der ist er willens, sein Leben daranzusetzen, um die Frau seiner Träume zu gewinnen – eine Frau, die er nicht kennt und von der er nicht das geringste weiß. Er will nur noch dies eine, auf dieses Ziel verengt sich sein gesamtes Leben. Sein Reich, sein Königtum interessieren ihn nicht mehr: Er will sie und nichts sonst. Rettungslos ist er der Macht weiblichen Zaubers verfallen. Ohne Rücksicht auf Kosten oder diplomatische Bedenken soll der treue Johannes sich etwas einfallen lassen, um die Prinzessin zu gewinnen. Einziges Kriterium ist: Erfolg muß es haben. Der treue Diener macht sich an die Arbeit. Er entwickelt einen Plan, und der funktioniert. Es gelingt, die Prinzessin zu entführen. Das ist freilich erst die Hälfte des Erfolgs. Bedenkt man, wie die Sache weitergeht, ist es nicht einmal das.

Man hat die Königstochter auf ein Schiff gelockt und unter Deck so lange beschäftigt, bis man weit genug vom Land entfernt war. Als sie wieder nach oben kommt, ist ihre heimatliche Küste nur noch ein Strich am Horizont, und sie sieht sich in der Gewalt eines fremden Mannes. Tödlich erschrocken ruft sie aus, sie sei schändlich betrogen und heimtückisch entführt worden und wolle lieber sterben, als sich in die Hand des Fremden zu geben.

Nun muß der König zu einem guten Ende führen, was der treue Johannes so erfolgreich begonnen hat. Bedenkt man, in welch »verrücktem« Zustand er sich befindet, macht er seine Sache gar nicht schlecht. Zunächst legt er die Rolle des reichen Kaufmanns ab, die er bisher gespielt hat, und stellt sich als der vor, der er wirklich ist. Das beruhigt seine aufgebrachte Gefangene ein wenig; doch damit allein kann er ihr Herz nicht gewinnen. Er tut nun etwas sehr Gescheites und erzählt ihr wahrheitsgetreu seine Geschichte. Er schildert ihr, wie es kam, daß er für sie in Liebe entbrannte, versichert ihr, alles, was er getan hat, habe er aus dieser übergroßen Liebe zu ihr getan, und erbittet ihre Verzeihung. Nun, ein Mann, der aus Liebe zu einer Frau in Ohnmacht fällt, der, um sie zu gewinnen, keine Kosten und Gefahren und nicht einmal kriminelle Handlungen scheut, der wird seinen Eindruck auf sie nicht verfehlen und einigen Kredit bei ihr haben. Wenn er sich dann auch noch als reicher König entpuppt, braucht er sich keine großen Sorgen mehr zu machen. Also verzeiht ihm die schöne Prinzessin nicht nur, sondern sie willigt auch ein, seine Gemahlin zu werden, was allerdings noch lange nicht das Ende der Geschichte ist.

Ein Bild, das Liebe auslöst, gibt es nicht nur in etlichen Märchen. »Dies Bildnis ist bezaubernd schön«, singt Tamino in Mozarts *Zauberflöte*, und er fühlt in seinem Herzen die Liebe wie Feuer brennen. Ähnliches geschah dem Dr. Faust in Goethes Drama *Faust*, und zwar in der Hexenküche. Das Bildnis, das ihn zutiefst bewegt, erblickt er, als er in einen Spiegel schaut. Er sieht darin ein schönes Mädchen, allerdings nur undeutlich und wie im Nebel. Doch das tut der Wirkung keinen Abbruch. Faust fällt zwar nicht in Ohnmacht, zeigt aber ansonsten die gleichen Symptome wie der Märchenheld und Tamino. Er entdeckt in dem vagen Spiegelbild den »Inbegriff von allen Himmeln«, entbrennt zu der Unbekannten in Liebe und wünscht sich, daß diese Liebe ihm Flügel verleihen und ihn zu ihr hinführen möge.

Im Spiegel sieht er das Mädchen, das ihn bezaubert – im Spiegel, in dem er eigentlich nur sich selbst erblicken kann. Diese Szene trifft den

Nagel auf den Kopf; wie in einer Nußschale stellt sie die Anima-Psychologie dar. Sie zeigt, daß das Weibliche, das uns so verrückt macht, in unserer eigenen Seele ist. Als Teil seiner selbst schaut es Faust im Spiegel an, was eine beträchtliche Wirkung auf ihn hat. »Weh mir«, ruft er aus, »ich werde schier verrückt.« Das ist nur zu wahr.

Von nun an kennt Faust kein anderes Ziel, als dem Bild hinterherzujagen, das für ihn kein Trugbild ist. Selbst wenn er Vergil gelesen hätte, der schon kurz vor der Zeitenwende feststellte, Liebende schüfen sich immer nur ein Trugbild, hätte ihn das kaum von der Gretchenaffäre abgehalten.

In der griechischen Sagenwelt hat sich ein Mann buchstäblich sein eigenes Bild von der Frau geschaffen, und zwar aus Elfenbein. Es war der mythische zyprische König und Künstler Pygmalion. Die Statue gerät ihm so gut, entspricht so sehr seinen Vorstellungen und Wünschen, daß er sich sterblich in sie verliebt. Täglich steht er bewundernd vor seinem Werk, legt prüfend seine Hände an die Figur und möchte nicht glauben, daß sie nur aus Elfenbein ist. Das mag ja noch angehen; doch dann fängt er an, mit der Statue zu sprechen, küßt sie schließlich, hält sie wie eine wirkliche Frau im Arm, bringt ihr Geschenke, schmückt ihre Glieder mit Blumen und Edelsteinen, drückt ihre Brüste, nennt sie seine Gemahlin. Was dieser angeblich unter dem Primat der Vernunft stehende Mann hier fertigbringt, dürfte kaum eine der angeblich von Gefühlen bestimmten Frauen zuwege bringen. Ovid verrät uns Pygmalions Motive: Frauen haben ihn enttäuscht; er fühlt sich abgestoßen von ihren Fehlern und Schwächen, mit denen die Natur sie seiner Meinung nach ausgestattet hat. Darüber ist er zum Frauenverächter geworden, hat sich von allem Weiblichen zurückgezogen, teilt mit keiner Frau mehr sein Lager.

Pygmalion führt ein Dilemma vor, das nicht wenigen Männern Mühe bereitet: die Diskrepanz zwischen dem Idealbild, das sie von der Frau haben, und wirklichen Frauen. Pygmalion schafft sich dieses Idealbild, mit dem er keinen Ärger zu haben glaubt, wenn es lebendig wäre. Er bittet die Liebesgöttin, ihm seinen sehnlichsten Wunsch zu erfüllen und das Elfenbeinmädchen zum Leben zu erwecken. Aphrodite hat Verständnis für ihn und verspricht, seinen Wunsch zu erfüllen. Nach Hause zurückgekehrt, streichelt und liebkost Pygmalion seine Figur, wie er es immer zu tun pflegt, und das Unwahrscheinliche geschieht: Das Elfenbein verliert seine Starre. Pygmalion staunt, vermag kaum zu glauben, was er fühlt; doch in den Adern des Bildnisses pocht tatsächlich das Blut, und hingerissen preßt er seinen Mund auf weiche, lebendige Lippen. Und die Freude hört damit nicht auf, denn das erste, was die just zum Leben erwachte Schöne tut, ist, zart zu erröten. Pygmalion ist entzückt. Als sie dann auch noch scheu und voller Liebe zu ihm aufschaut, kennt seine Begeisterung keine Grenzen. Aphrodite muß ihm sehr gewogen gewesen sein, da sie das Elfenbeinmädchen nicht nur zum Leben erweckt, sondern es dazu noch mit all den Eigenschaften ausgestattet hat, die Pygmalions Träumen und Wünschen entsprechen.

Die Mensch gewordene Staute spielt genau die Rolle, die Männer bei Mädchen so lieben, und das dürfte der Grund gewesen sein für die literarische Karriere des Stoffes und dafür, daß er durch George Bernard Shaws *Pygmalion* und durch das Musical *My Fair Lady* bis heute aktuell ist.

Was Pygmalion die schöne Statue war, das ist Faust das schöne Spiegelbild. Pygmalion wollte die Elfenbeinstatue als Frau besitzen, Faust will das Original des Spiegelbildes. »Hör, du mußt mir die Dirne beschaffen«, fordert er Mephisto auf, und der Teufel muß tun, was sein Herr ihm sagt; der Pakt, den die beiden geschlossen haben, verlangt es so. Also arrangiert Mephisto ein Treffen, und es kommt zu der berühmt gewordenen Begegnung zwischen Faust und Gretchen vor dem Dom. Dort hofiert er sie mit den nicht minder berühmten Worten: »Mein schönes Fräulein, darf ich wagen,/ meinen Arm und Geleit Ihr anzutragen?« Sie aber läßt ihn abblitzen: »Bin weder Fräulein, weder schön, kann ungeleitet nach Hause gehn.« Was das Fräulein betrifft, so hat sie durchaus recht; eine solche Anrede stand nur unverheirateten Damen von Adel zu.

Faust stört die Abfuhr nicht im mindesten; vielmehr verstärkt sich sein Enthusiasmus noch, entspricht doch Gretchens Sprödigkeit genau dem, was er sich von einer Jungfrau erträumt. Also entzückt es ihn, daß sie so kurz angebunden ist, und ihre züchtig niedergeschlagenen Augen begeistern ihn. »Sie ist so sitt- und tugendrein«, schwärmt er, und kaum ist sie um die Ecke verschwunden, verlangt er von Mephisto, ihm ein Halstuch von ihrer Brust und ein Strumpfband von ihrem Bein zu besorgen. Der deutsche Doktor wandelt hier auf den Spuren der Minneritter. Aber Mephisto denkt moderner; er mag sich mit solchen Kinkerlitzchen nicht aufhalten und führt Faust statt dessen in Gretchens Zimmer. Faust tritt ein, schaut sich verzückt um, flüstert beglückt: »Willkommen, süßer Dämmerschein«, und sein Herz wird von »süßer Liebespein« ergriffen. Die sorgt nun dafür, daß er die Realität mit einem Glorienschein ohnegleichen versieht. Gretchens kärgliche Kammer wird für ihn zu einem Heiligtum, und zutiefst rühren ihn Ordnung und Sauberkeit des Zimmers. Er schwärmt: »O liebe Hand! so göttergleich!/ Die Hütte wird durch dich ein Himmelreich!« Als er den Vorhang ihres Bettes aufhebt, verliert er völlig die Kontenance. Ein »Wonnegraus« erfaßt ihn, und ihr Zauberduft, den er wahrzunehmen glaubt, läßt ihn in einem »Liebestraum zerfließen«. Die Vorstellung, daß sich der »eingeborene Engel« hier jeden Abend auszieht, faßt er in die Worte: »Und hier mit heiligreinem Weben/ entwirkte sich das Götterbild«, und er sieht sich dem süßen jungen Kind hingeschmolzen zu Füßen liegen.

Das alles spielt sich in Geist und Seele eines gestandenen Mannes ab, der dazu hoch gelehrt und ein deutscher Professor ist. Dennoch ist Gretchen alles andere als Fausts große Liebe, und nichts liegt diesem ferner als Heiratspläne. Hinter all seiner Schwärmerei und Gefühlsseligkeit steckt in Wahrheit nur »das eine« und nichts anderes: Er will in Jungfrau Margaretes Bett. Dazu soll ihm der Teufel verhelfen, und zwar schnell. Er verlangt von Mephisto: »Wenn nicht das süße junge Blut/ heut nacht in meinen Armen ruht,/ so sind wir um Mitternacht geschieden.«

Faustens Wunschtraum vom Weiblichen manifestiert sich nicht etwa in irgendeinem Superweib, sondern in einer Kleinstadtschönheit. Was ihn so hinreißt, ist, daß das Mädchen züchtig, brav und tugendrein ist, dazu reinlich, ordentlich und voller Einfalt, die dem liebestrunkenen Doktor allerdings als »heiliger Wert« erscheint. Mephisto, in Frauenangelegenheiten teuflisch-realistisch, kann in Gretchen nichts Großartiges entdecken. Er nennt sie einen Grasaff und befindet, sie führe den Doktor an der Nase herum. Für Faust hingegen ist sie ein engelsgleiches Wesen, das er »du holdes Himmelsangesicht« nennt und dessen garstig-rauhe Hände er begeistert küßt.

So kann Liebeswahn das Gemüt eines Mannes beherrschen, bei ihm die merkwürdigsten Gefühle und Vorstellungen auslösen und ihn zu den seltsamsten Verhaltensweisen veranlassen. Dabei ist das Mädchen Margarete für den Faustschen Ausnahmezustand nur sehr bedingt verantwortlich; der Korb, den sie ihm gab, und ihr züchtiges Niederschlagen der Augen waren so ziemlich das einzige, was sie aktiv dazu beigesteuert hat.

Mephisto nennt Faust einen übersinnlichen, sinnlichen Freier. Da hätten wir ihn wieder, den Zwiespalt der männlichen Gefühle. Einerseits idealisiert und glorifiziert Faust das Mädchen, hebt es buchstäblich in himmlische Höhen, andererseits will er das süße »Geschöpfchen« lediglich verführen, wobei seine einzige Sorge der Frage gilt, ob es auch über vierzehn Jahre alt ist. Zwei Seelen wohnen, ach, in Doktor Faustens Brust – und wahrhaftig nicht nur in seiner.

Der Märchenheld aus »Dornröschen« war auch nicht allein das, was die Brüder Grimm aus ihm gemacht haben: ein edler, ritterlicher Prinz, dessen Seele nur von reinem Eros erfüllt gewesen ist. Der andere Teil seines männlichen Wesens wurde wegzensiert, fiel dem Rotstift des Wilhelm Grimm zum Opfer, der nichts in den Märchen dulden mochte, was Anstoß erregen könnte (Vorrede). Kurzum: In Wahrheit blieb es nicht beim Kuß, Dornröschen bekam Zwillinge. Bei dem Italiener Giambattista Basile, der seine Märchensammlung *Das Pentameron* mehr als hundertfünfzig Jahre vor den Grimms herausgegeben hat, stellt sich die Szene so dar: Der Held findet in einem einsamen, verlassenen Schloß mitten in einem Wald eine schlafende Schöne vor. Er versucht sie zu wecken, was ihm nicht gelingt. Mehr und mehr wird er von ihrer Schönheit entflammt, so daß er sie schließlich »auf ein Bett trug und die Früchte der Liebe pflückte« (»Sonne, Mond und Talia«). Ähnlich geht es in der Geschichte des Franzosen Charles Perrault zu (»Die schlafende Schöne im Wald«), und auch in der ältesten bekannten Version dieses Motivs, in dem altfranzösischen Prosaroman *Perceforest* aus dem 14. Jahrhundert, wohnt der Held der im Zauberschlaf liegenden Schönen bei, und sie gebiert neun Monate später einen Knaben.

Der Reiz, den eine im tiefen Schlaf daliegende Schöne hat, der Zauber und die Verführung, die von einer solchen Szene ausgehen, bewegte von jeher die Menschen und bewegt sie noch heute. Dornröschen und ihre vielen Märchenschwestern sind lebendig wie eh und je. Das Thema hat verständlicherweise auch viele Literaten gereizt; doch die haben es zumeist gründlich verdorben, haben den Zauber des ursprünglichen Motivs hinweggedichtet: Die schöne Heldin wird zur armen Geschändeten, der verwegene hübsche Prinz zum Notzüchtiger, und statt zu Liebe und Leidenschaft kommt es zu Mord und Totschlag. Oder zum Selbstmord: Die entehrte Heldin bringt sich um. Gibt es schließlich doch noch ein Happy-End, und die beiden heiraten, dann quält sich die Handlung hin durch Seelen- und Gewissensqualen aller Beteiligten wie in Miguel Cervantes' Novelle *Die Macht des Blutes* oder, noch stärker, in Heinrich von Kleists Erzählung *Die Marquise von O . . .* Einzig Michel de Montaigne behielt Gelassenheit und vermied alle düsteren moralischen Verstrickungen. Im zweiten Kapitel seines *Essays* handelt er das Thema als Tatsachenbericht ab. Die Heldin ist keine schöne Prinzessin, und statt in einem Schloß spielt die Geschichte auf einem Bauernhof. Die Bäuerin fühlt sich schwanger, kann sich diesen Zustand jedoch nicht erklären. Sie ist seit Jahren Witwe, hat keine Beziehung zu einem Mann gehabt, ist jedoch realistisch genug, sich zu sagen, daß ein solcher dabei im Spiel gewesen sein muß. Ohne sich um Moral oder andere Vorurteile zu scheren, bittet sie den Pfarrer, nach der Predigt bekanntzugeben, sie wolle dem Urheber ihres Zustandes verzeihen, wenn er sich melde, und sei bereit, ihn zu heiraten, wenn er dies wolle. Der Mann meldet sich; es ist einer ihrer Knechte, und er ist mit Freuden bereit, die Bäuerin zur Frau zu nehmen. Der Pfarrer traut die beiden, und Montaignes Bericht schließt mit der Mitteilung, daß sie noch heute glücklich zusammenlebten. Des Rätsels Lösung: An einem Festtag hatte man kräftig dem Wein zugesprochen, die Bäuerin so kräftig, daß sie neben ihrem Herd in etwas derangierter Kleidung in tiefen Schlaf gesunken war. So hatte der junge Mann sie vorgefunden und der Versuchung nicht widerstehen können. Wie die schlafende Schöne im Wald war auch sie davon nicht aufgewacht. Montaignes Geschichte läßt zwar jeden märchenhaften Zauber vermissen, ist aber wie die Märchen erfrischend frei von aller Scham-, Schuld- und Sündenproblematik.

Eines haben alle diese Beispiele gezeigt: Ein ganz geringer Anstoß kann genügen, um einen Mann in Ekstase zu versetzen. Für die betroffene Frau taucht in solchen Fällen das Problem auf, wie sie mit der jähen männlichen Leidenschaft, für die sie gar nicht oder nur sehr bedingt verantwortlich ist, fertig wird.

Gretchen erliegt Faustens Ansturm nahezu ohne Widerstand, und das, obwohl Schwerwiegendes gegen den Bewerber spricht. Da ist zunächst sein unheimlicher Begleiter, den Gretchen durchaus richtig einschätzt, und sodann der Umstand, daß Faust die Prüfung, der sie ihn beim Religionsgespräch unterzogen hat, nicht besteht: Ein guter Christ ist dieser Mann mitnichten. Dennoch öffnet sie ihm nach nur zweimaligem Treffen ihre Kammertür, und nicht nur das. Sie verabfolgt ihrer Mutter außerdem die Überdosis eines Schlafmittels, damit sie die Tochter nur ja nicht bei deren sündigem Tun erwische. Sie hat also genau gewußt, worauf sie sich einläßt; von naiver Unschuld kann bei ihr nicht die Rede sein. So hat sie sich beim morgendlichen Klatsch am Brunnen mit Schmähen nicht zurückgehalten, als die Rede ging von einem Mädchen, das, wie es heißt, zwei füttert, wenn es ißt, und dann »im Sünderhemdchen Kirchbuß tun« mußte. Gretchen ging ein unglaubliches Risiko ein, und das für nichts. Faust hat sich gehütet, ihr irgendwelche Hoffnungen zu machen. Er hat nur schön dahergeredet, ihr ein paar mehr oder minder plumpe Komplimente gemacht, ist sich in Schmeicheleien ergangen und hat ihr ein ebenso protziges wie liebloses Geschenk aufs Bett gelegt, ein Schmuckstück, das sie niemals hätte tragen können, da solches damals nur Edelfrauen erlaubt war. Dennoch ließ Gretchen sich von ihm verführen. Dafür gibt es nur einen plausiblen Grund: weil sie ein literarisches Kunstprodukt ist und dazu noch eines, das ein Mann sich erdacht hat. Entsprechend ist Margarete geraten. Ihrem Schöpfer dürften männliche Wünsche die Feder geführt haben, und außerdem könnte er von sich und seinesgleichen auf seine Heldin geschlossen haben. Es sind vornehmlich Männer, deren Lüste so schnell geweckt werden und die dann ohne weiteres bereit sind, um ihrer Befriedigung willen die unmöglichsten Risiken einzugehen. Wenn aber eine Frau sich auf etwas einläßt, das ihren sozialen Selbstmord bedeuten könnte, dann überlegt sie sich sehr gründlich, was sie tut. Und wenn sie auch nur einen Funken Verstand hat, und den hatte Gretchen, dann läßt sie sich nicht durch Süßholzraspeln betören. Das heißt: Kaum ein wirkliches Mädchen wäre derart dumm und naiv gewesen wie Goethes berühmt gewordene Heldin. Obwohl sie zum deutschen Gretchen avancierte, ist sie alles andere als ein realistisches Beispiel des Weiblichen. Damit soll nichts gegen die Dichtung gesagt werden. Goethe traf mit seinem Gretchen in hohem Maße den Nerv seiner Leserinnen und Leser, schuf eine höchst anrührende Figur, die nicht von ungefähr zu einem Symbol der deutschen Frau wurde. Daß man dem deutschen Gretchen kaum jemals tatsächlich begegnen wird, steht auf einem anderen Blatt.

In den Märchen gibt es nur ein einziges Mädchen, das sich ähnlich bedenkenlos einem Mann hingibt: Rapunzel, Heldin des Grimmschen Märchen Nr. 12. Sie hatte im Gegensatz zu Gretchen wirklich keine Ahnung, was sie tat. Von ihrem zwölften Jahr an war sie von einer Zauberin in einem Turm gefangengehalten worden und hatte mit niemandem als der Alten Verbindung. Die kletterte an Rapunzels langem Haar, das, wie es heißt, wie aus Gold gesponnen war, zu ihr hinauf, um sie zu versorgen. War Rapunzel allein, vertrieb sie sich die Zeit mit Singen. Eines Tages lockte ihr Gesang einen Prinzen an. Wie wir das schon kennen, ward sein Herz von ihrer »süßen Stimme« bewegt, und als er auch noch Rapunzels goldenes Haar sieht, hat weiblicher Zauber wieder einmal zugeschlagen. Er klettert wie die Alte zu Rapunzel hinauf. Da er jung, schön und freundlich ist, gefällt er ihr. Sie bittet ihn, alle Tage wiederzukommen, und laut Urfassung leben sie eine geraume Zeit »lustig und in Freuden«. Diese Freude wird bei Rapunzel durch kein Wissen, keine Moral und keine Scham getrübt, denn von all dem weiß sie nichts. Nur »ihre Kleiderchen« (Urfassung) werden ihr allmählich zu eng. Da sie keine Ahnung von Ursache und Wirkung hat, erzählt sie es arglos der Zauberin, und damit endet das sorglos-frohe sinnliche Leben. Sie bekommt das schöne Haar abgeschnitten und wird in eine Wüstenei verbannt, wo sie fortan in Jammer und Elend leben muß.

Rapunzel ist die Ausnahme. Heutzutage kennt jedes Kind ihre Geschichte, genießt von klein auf eine entsprechende Moral- und Sittenerziehung, und niemand wird darüber im unklaren gelassen, mit welchen Strafen und Repressalien die Gesellschaft Abweichungen von den Normen ahndet. Gleich Gretchen am Brunnen wird jedes Mädchen von etlichen entsprechenden Beispielen hören. Wie dumm muß so ein Mädchen sein, wenn es all das bei seinem Verhalten nicht in Rechnung stellt! Kaum eines ist so dumm, und nur ganz wenige Mädchen haben Schwierigkeiten, mit den Folgen fertig zu werden, die ihr Zauber bei Männern immer wieder auslöst. Erst recht haben Schönredner und Schmeichler wenig Chancen bei ihnen.

Das zeigt eine der berühmtesten Heldinnen des europäischen Volksmärchens: Rotkäppchen. Es ist nicht nur der Deutschen liebstes Märchenkind; es wußte als Little Red Riding Hood, als Petit Chaperon Rouge und gar chinesisch als »Goldblume« auch international zu bezaubern, und nicht nur Kinder. So war es des englischen Dichters Charles Dickens erste Liebe. Er bekennt, mit Rotkäppchen sei ihm »die vollkommene Glückseligkeit zuteil geworden«, und er hätte die »kleine süße Dirne«, wie die Brüder Grimm das Mädchen nennen, am liebsten geheiratet. Und noch jemand hatte unverkennbare Absichten auf dieses »allerliebste, niedliche Ding von einem Mädchen«, wie es bei Bechstein genannt wird: der Wolf. Nur sehr arglose Märchenleser werden in ihm nichts als ein Tier sehen. Richtige Wölfe können nun einmal nicht sprechen, und sie ziehen ihrem Opfer nicht erst das Nachthemd aus, bevor sie es fressen. Die Version des Märchens, wie Perrault es erzählt, läßt vollends keinen Zweifel am Charakter des Wolfes und daran, was es bedeutet, wenn er ein kleines Mädchen verschlingt. Das Märchen warnt vor ihm. Er tue nur so sanft und zahm, heißt es, weil er nichts anderes wolle, als »kleinen Fräulein bis in die Häuser, in die Kammern« nachzusteigen. Aber auch bei der Lektüre der eher braven deutschen Märchen muß man sich schon ganz große Mühe geben, die Wünsche des Wolfes »harmlos« zu finden. Es heißt, er lecke sich nach Rotkäppchen die Lippen und wolle es »erschnappen«. Er denkt an das Mädchen als ein junges, zartes Ding und spricht zu sich selbst: »O du allerliebstes, appetitliches Haselnüßchen du – dich muß ich knacken« (Bechstein). Es ist schwer zu leugnen, daß Rotkäppchen erotische Wünsche weckt.

Die Frage ist, wie Rotkäppchen mit dem Wolf fertig wird. Zunächst einmal hat es keine Angst. Alle Welt hat die Kleine vor dem großen, bösen braunen Wolf gewarnt. Zu Recht, denn er leckt sich tatsächlich nach ihr die Lippen. Was aber tut sie, als er ihr im dunklen Wald schönredend Arm und Geleit anbietet? Sie weiß ihn weit geschickter loszuwerden als weiland Gretchen den Dr. Faust; Rotkäppchen hätte dem Wolf ganz gewiß nicht den Riegel seines Kämmerleins geöffnet.

Eine möglicherweise noch prekärere Situation meistert Allerleirauh, als sie noch zu Hause lebt. Dort erliegt der Vater dem weiblichen Zauber seiner eigenen Tochter, und zwar derart, daß er sie heiraten will. Von einem solchen väterlichen Antrag mögen nicht wenige Mädchen gelegentlich träumen; wenn aber ihr Traum plötzlich wahr wird, dann hört der Spaß eben auf, denn es ist eine Sache, mit dem Vater zu flirten, eine ganz andere hingegen, ihn tatsächlich heiraten zu sollen.

Allerleirauh geht es wie dem Zauberlehrling: Die Kräfte, die sie rief, richten sich plötzlich bedrohlich gegen sie. Dennoch fällt sie weder vor Entsetzen in Ohnmacht, noch gerät sie in Panik. Allerleirauh tut, was Frauen in wirklich heiklen Situationen häufig tun: Sie behält kühlen Kopf und benutzt ihren Verstand. Sie überlegt, wie sie ihren Vater von seinem Entschluß abbringen könne, und bringt ihn davon ab, zunächst wenigstens. Als sie ihn gar nicht mehr bremsen kann, packt sie ihre Sachen und verläßt das Vaterhaus, um fortan ihr eigenes Leben zu führen. Wie wir bereits gehört haben, bringt sie mit nicht minder geschicktem Einsatz ihres weiblichen Zaubers wie ihrer Intelligenz einen König dazu, sie zu heiraten.

Allerleirauh ließ sich nicht von ihrem liebestollen Vater einschüchtern. Rotkäppchen nicht vom Wolf, und keine der Tatfrauen hatte Angst vor Männern. So leicht sind Frauen von den Herren der Schöpfung nicht zu erschrecken, und die meisten wissen mit den vielfältigen Avancen, die man ihnen macht, vorzüglich umzugehen.

Von allen schönen Märchenheldinnen ist eine die »Schönste im ganzen Land«. Sie stellt das Nonplusultra an weiblichem Zauber dar: Schneewittchen. Kehren wir also noch einmal zu ihm zurück. Alle lieben es, und alles, was Hosen trägt, liegt ihm zu Füßen, erst der Jäger, dann die Zwerge und schließlich der Märchenprinz. Dabei trägt es selber wenig zu seiner bemerkenswerten Wirkung bei. Allerdings versteht Schneewittchen es, hingebungsvoll hinzusinken – gleich dreimal – und wunderbar scheintot dazuliegen. Kaum ein Illustrator hat sich diese Motive entgehen lassen, und obwohl Schneewittchen laut Märchentext erst sieben Jahre alt ist, stellen fast alle es als Jungfrau mit mehr oder minder schwellendem Busen dar. Abermals erweist sich, daß eine hingesunkene Schöne männliche Phantasie außerordentlich beflügelt, auch die Phantasie des eher biederen Ludwig Richter.

In einer Weise ist Schneewittchen jedoch aktiv. Es kocht, bettet, wäscht, näht und strickt für die Zwerge und hält deren Haus so »ordentlich und reinlich« wie Gretchen ihre Kammer. Diese Mischung aus betörender Schönheit und hausfraulichen Tugenden hat, wie wir bei Goethe gesehen haben, einen unvergleichlichen Reiz. Daher ist es kein Wunder, daß die sieben kleinen Männer Schneewittchen anbeten und in tiefe Trauer fallen, als sie ihr Juwel tot glauben. Sie hocken sich um die Bahre, weinen und weinen drei Tage lang, und selbst das scheintote Schneewittchen wollen sie nicht um »alles Gold der Welt« hergeben. Dem Prinzen ist die Aufgebahrte um nichts weniger wert. Er will für sie zahlen, was immer die Zwerge verlangen. Ohne sie zu sehen, könne er nicht leben, sagt er. In der Urfassung kann er sich keinen Augenblick von dem Sarg trennen; seine Diener müssen diesen stets hinter ihm hertragen, und wie es heißt, konnte er »keinen Bissen essen, wenn der Sarg nicht neben ihm stand«. Verrückt, nicht wahr? Doch bei Männern, die von weiblichem Zauber ergriffen sind, ist so manches möglich – und das nicht nur bei Märchenhelden. Mit ziemlicher Sicherheit läßt sich hingegen sagen, daß, läge ein hübscher Mann im Sarg, Frauen Vergleichbares kaum fertigbrächten. Vielleicht hätten sie um so einen hübschen Kerl geweint; dann aber hätten sie ihn beerdigt. Ausnahmen bestätigen die Regel, wie der Fall Johannas der Wahnsinnigen zeigt.

Wir alle wachsen mit diesen unvergleichlichen Märchenschönheiten auf. Wir begeistern uns für sie, lassen uns von Schneewittchen, Rotkäppchen, Dornröschen und dem berühmten Sterntalermädchen bezaubern. Sie prägen unsere Phantasie. Wer aber allzusehr davon träumt, ein Dornröschen wach zu küssen, oder sich wie Charles Dickens danach sehnt, mit einem Rotkäppchen glückselig zu werden, der muß sich auf einige Enttäuschungen gefaßt machen. Noch schlimmer wird es denjenigen ergehen, die einer Märchenschönheit leibhaftig begegnen – sei es in der blonden Version eines Dornröschens, sei es in der schwarzhaarigen eines Schneewittchens, sei es in Gestalt eines ach so lieben und bescheidenen Sterntalermädchens. Das sei unmöglich, weil es sie in Wirklichkeit nicht gebe? Das ist richtig; es gibt jedoch hervorragende Darstellerinnen dieser Rollen. Das liegt daran, daß Mädchen mit den Märchenheldinnen mitleben, mitlieben, mitleiden. Sie lassen sich als Dornröschen genußvoll von einem Prinzen wach küssen, kommen sich mit dem Sterntalermädchen gut, edel und aufopfernd vor, lassen sich als Schneewittchen im Glassarg von aller Welt bewundern. Dabei erleben sie ganz nebenbei, wie die männlichen Helden auf die Märchenschönen reagieren, und bekommen dadurch ein untrügliches Gefühl dafür, was Männer mögen, was Eindruck auf sie macht und warum sie von einem Mädchen immer wieder um den Verstand gebracht werden. Von da ist es nur noch ein kleiner Schritt, eine solche Rolle selber zu verkörpern. Schon einige ganz Kleine können perfekt ein Dornröschen spielen, und viele verlernen diese Kunst nicht, verstehen es, so manch eine reizvolle Rolle zu spielen. Wer als Mann darauf hereinfällt und einem derartig märchenhaften Wesen voller Liebe zu Füßen fällt, sollte sich schleunigst wieder erheben, denn er liegt falsch. Keines dieser zauberhaften Wesen ist, was es zu sein scheint, zu sein vorgibt. Wer Pech hat, kann sehr schnell die Kehrseite weiblichen Rollenzaubers kennenlernen. Kriemhild hat gezeigt, daß sie weit mehr kann und fertigbringt, als lediglich schön, züchtig und liebreizend zu sein, und wenn man bedenkt, auf welche Weise sich Schneewittchen an seiner Mutter rächt, dann ist dieses schöne Kind auch nicht ganz ohne. Wer sich mit einer solchen Frau anlegt, kann sehr wohl am eigenen Leibe erfahren, wie rigoros sie sein kann. Auf die Gefahr, mich zu wiederholen: Frauen sind weder Märchenprinzessinnen noch Engel, auch wenn sie diese Rollen noch so überzeugend spielen. Sie tun's, damit wir ihnen zu Füßen fallen, und wir fallen immer wieder. Nichts bringt uns davon ab, an die Existenz solcher Wesen und an das Glück zu glauben, das wir bis ans Ende unserer Tage mit ihnen erleben können.

Es gibt offenbar einen zähen kollektiven Willen, der um alles in der Welt an einem ebenso schönen wie untadeligen weiblichen Idealbild festhält. Das hat Konsequenzen: Für uns Männer müssen Frauen erst einmal das reizvoll-schöne junge Mädchen sein, dann die ideale Frau und schließlich die ideale Mutter. Weichen sie von unseren illusionären Vorstellungen ab, sind wir böse, ärgerlich, enttäuscht, beleidigt, und manche schauen dann nach dem nächsten weiblichen Musterexemplar aus, um sich von neuem bezaubern zu lassen. Soweit die männliche Seite. Den Frauen ist unsere einschlägige Schwäche selbstverständlich nicht entgangen, und viele von ihnen wissen sie auszunutzen. Sie setzen ihren Zauber gezielt ein.

Nicht nur sie tun das – eine ganze Branche macht davon Gebrauch: die Werbebranche. Kraft der Macht weiblichen Zaubers werden die Umsätze von Waschmitteln so gut wie die von Automobilen wirksam gesteigert. Seit es Werbung gibt, gehören Reklameschönheiten zu den zugkräftigsten Werbemitteln. Die animierend dargebotenen Schönen sind allesamt mehr oder minder nahe Verwandte von Dornröschen, Schneewittchen und ähnlichen weiblichen Prototypen. Wenn aber schon von papierenen Abbildern eine solche Wirkung ausgeht, kann man sich ausrechnen, welche Möglichkeiten wirkliche Frauen haben, die ihre Reize gezielt einsetzen. Damit kommen wir, wie versprochen, zur Gänsemagd zurück. Sie soll uns jetzt vorführen, welche Wirkung weiblicher Zauber hat und wie diese Wirkung erzielt wird. Auf den ersten Blick erscheint die Gänsemagd so, als könne sie kein Wässerchen trüben. Sie ist brav, hilflos, passiv, und sonderlich intelligent wirkt sie auch nicht. Kurzum: ein typisches Anima-Mädchen.

Wir haben sie verlassen, nachdem sie alles verloren, sich nicht dagegen gewehrt und sich in ihr trauriges Schicksal gefügt hat. Wir haben aber auch festgestellt, daß dies das Gescheiteste war, was sie unter den gegebenen Umständen tun konnte. War sie vielleicht doch nicht so dumm und hilflos? Zunächst scheint es so, denn sie bleibt passiv. Derweil die Kammerjungfer ihre Stelle einnimmt, hütet sie mit Kürdchen klaglos die Gänse und tut nichts, um ihre Situation zu ändern. Sie muß es hinnehmen, und sie nimmt es hin, daß man ihrem Pferd Falada den Kopf abschlägt. Das einzige, was sie unternimmt, ist, vom Schinder den Pferdekopf unter das finstere Tor nageln zu lassen, durch das sie jeden Tag die Gänse treibt. Allmorgendlich kommt es dort zu dem bekannten Dialog, den die Gänsemagd mit den Worten eröffnet: »O du Falada, da du hangest«, worauf der Kopf antwortet: »Jungfer Königin [...] wenn das deine Mutter wüßte, das Herz tät ihr zerspringen.« Das ist eine rührende Szene. Aber was kann sie der Gänsemagd schon nutzen? Lediglich Kürdchen verwundert die merkwürdige Zwiesprache. Kurz darauf bekommt er Gelegenheit, sich noch viel mehr zu verwundern. Er ist nämlich Ziel einer weiteren Aktivität der Heldin. Sie treibt mit ihm ihr Spiel und zeigt ihm, was weiblicher Zauber vermag. Dazu setzt sie sich an den Wiesenrand, macht ihre »goldenen Haare« auf, und Kürdchen schaut ihr fasziniert zu. Das ist eine gezielte Aktion, denn ebensogut hätte sie sich ihr Haar im eigenen Kämmerlein kämmen können. Und noch eines ist zu vermerken: Sie weiß sehr genau um die Wirkung langen blonden Mädchenhaars auf das andere Geschlecht, kann also gar so arglos nicht gewesen sein. Welches Mädchen ist das auch schon? Kürdchen fällt ob des herrlichen Anblicks zwar nicht gleich in Ohnmacht und entbrennt auch nicht in Liebe. So weit ist er noch nicht; er reagiert altersgemäß und will ihr lediglich ein paar von den schönen Haaren ausreißen. Wer nun aber denkt, es komme zu einer Rauferei, und Kürdchen werde sein Ziel erreichen, der täuscht sich sehr. Die Gänsemagd kämmt sich seelenruhig weiter, und sie sagt einen Spruch: »Weh, weh, Windchen, nimm Kürdchen sein Hütchen...« Der Wind kommt, weht Kürdchen den Hut vom Kopf, er muß hinterherlaufen, und sie steckt ungestört ihr Haar wieder auf.

So wird es gemacht, so funktioniert sie, diese uralte weibliche Kunst, und Kürdchen wird niemals begreifen, warum er hinter seiner Mütze herläuft, statt der Gänsemagd Haare auszureißen. So jung er noch ist, er reagiert wie ein Mann, und Männer fallen immer wieder auf solche Machenschaften herein. Sie tun, was sie eigentlich nicht tun wollen, und sind dennoch machtlos dagegen. Der Einwand, Kürdchen hätte ja nur sein Hütchen festhalten müssen, um dem Zauber zu entgehen, kann lediglich einem Außenstehenden einfallen. So schlau ist man nur, wenn man nicht in der Lage des Betroffenen ist. Dann nämlich sieht man nicht ein hübsches Mädchen sich kämmend am Wiesenrand sitzen, sieht nicht ihr goldenes Haar in der Sonne aufleuchten, und man hört nicht ihre bezaubernde Stimme. Wer an einem schönen Sommermorgen davon fasziniert ist, für den haben Vernunftgründe nur noch geringes Gewicht. Wie ist es denn den Rheinschiffern ergangen? Jeder von ihnen kannte die Gefahr, die hoch oben auf dem Felsen bei Sankt Goarshausen auf sie lauerte. Doch es hat ihnen nichts genutzt. Saß die Schöne da oben, kämmte sich und sang dabei, dann starrten sie gebannt hinauf, vergaßen alles um sich herum und fuhren in den Tod. »Das hat mit ihrem Singen die Lorelei getan«, schließt Heinrich Heines berühmtes Gedicht, dessen Vorbild »ein Märchen aus alten Zeiten« war, das dem Dichter nicht aus dem Sinn gekommen ist. Es war die Geschichte von der Gänsemagd. Nicht von ungefähr regte sie den Dichter an, führt das Märchen doch exemplarisch die Macht weiblichen Zaubers vor.

In der Gestalt der Lorelei hat Heine diesen Zauber verdichtet und mit ihr in das Herz der deutschen Seele getroffen – und nicht nur der deutschen. Die sich kämmende und singende Schöne wurde gemalt, gezeichnet, karikiert, wurde besungen und bedichtet. Autoren aus der halben Welt waren daran beteiligt, buchstäblich von A bis Z, von Arndt, Ernst Moritz, bis Zeller, Michael, dazwischen Rilke und Ringelnatz, Mark Twain und Turgenjew. Auch französische, italienische und spanische Autoren fehlen nicht; sogar eine Japanerin ist dabei. Man schwärmte jedoch nicht nur von der Lorelei; sie wurde auch persifliert, beispielsweise von Erich Kästner: »Die Loreley, bekannt als Fee und Felsen,/ ist jener Fleck am Rhein, nicht weit von Bingen,/ wo früher Schiffer mit verdrehten Hälsen,/ von blonden Haaren schwärmend, untergingen.« Und Arno Holz sorgte dafür, daß auch diejenigen, die nicht viel von Blondinen halten, auf ihre Kosten kommen, indem er reimte: »In der Sonnengasse zu Sankt Goar,/ da kämmt sich die Resi ihr schwarzes Haar.« Marilyn Monroe und etliche andere spielten die Lorelei im Film. 1905 gab es ein Auto namens Loreley; heute heißt der D 203 von Hoek van Holland nach Chiasso so und ein Minensuchboot der Bundeswehr. Unzählige Restaurants sind nach ihr benannt, ferner Männergesangvereine, Weinköniginnen, Eisbecher. Die Lorelei ist wahrhaft unvergessen.

Ebenfalls unvergessen, und zwar seit über zweitausend Jahren, sind die Sirenen. Der Strand ihrer Insel ist übersät mit den Gebeinen der Männer, die so dumm waren, sich von ihrem süßen Gesang bezaubern zu lassen. Aber hat das andere Männer etwa abgeschreckt? Es hat nicht. Genausowenig haben die vielen toten Jünglinge in der Dornenhecke den Märchenprinzen von seinem Unternehmen abhalten können.

Es ist immer das gleiche: Was zählt in solchen Situationen schon die Vernunft? Wäre Odysseus nicht so klug gewesen, sich an den Mast binden zu lassen, so hätte auch er sich wider jede Logik und besseres Wissen in die todbringenden Arme der Sirenen gestürzt. Und wie ging es dem Fischer in Goethes Gedicht, das auch nicht von ungefähr so bekannt geworden ist? Der Dummkopf stürzt sich ins Wasser und ertrinkt, weil ihn ein »feuchtes Weib« dazu bringt. Sie tut es gewiß nicht mit ihren Argumenten, denn der Mann weiß ganz genau, daß unter Wasser kein Mensch leben kann. Ihr Zauber ist es, der seinen Verstand zum Ausklinken bringt. »Sein Herz wuchs ihm so sehnsuchtsvoll«, heißt es. Daran liegt es, darum ist's um ihn geschehn: »Halb zog sie ihn, halb sank er hin,/ und ward nicht mehr gesehn.«

Es ist erstaunlich, aber Männer reagieren so. Die Frauen hinwiederum reagieren auf diese männliche Schwäche, und die meisten wissen sie zu nutzen, was ihnen eine bemerkenswerte Macht über Männer gibt. Das muß nicht schlecht sein, denn in aller Regel sind die Frauen ihrem Mann wohlwollend zugetan und wollen durchaus sein Bestes. Aber genau da liegt das Problem, und bei Ödipus hat es sich gezeigt: Vor weiblichem Wohlwollen zucken Männer mehr oder minder ängstlich berührt zurück – die überwältigenden Mütter lassen grüßen. Um alles in der Welt will »Mann« nicht noch einmal unter weibliche Kuratel geraten. Das aber ist leicht gesagt und schwer getan, denn in vielfältiger Weise sind die Männer dem anderen Geschlecht mehr oder minder wehrlos ausgeliefert. Das liegt nicht zuletzt daran, daß man sie mit Mitteln und Methoden behandelt und beeinflußt, von denen sie kaum eine Ahnung haben. Kürdchen erfährt dies schmerzlich: Gegen die Machenschaften der Gänsemagd ist er hilflos, und das ist ein Zustand, den Männer zutiefst verabscheuen. Er macht ihnen angst, und die vielen Beispiele bestätigen, daß sie sich zu Recht fürchten: Immer wieder sind sie Opfer der Frauen, richtet weiblicher Zauber sie elendiglich zugrunde.

Bevor wir Männer nun aber aller Welt leid tun und man uns ob unserer bedauernswerten Lage beklagt, muß folgendes gesagt werden: Alle diese tragischen Geschichten sind von Männern erdacht worden. Sie spiegeln männliche Ängste wider, nicht aber die Realität. In Wirklichkeit kostet weiblicher Zauber kaum jemals einen Mann das Leben. Kein Fischer hat sich wegen einer nassen Nixe tatsächlich ins Wasser gestürzt, kein Schiffer ist am Felsen zerschellt, weil er seine Augen nicht von einem sich kämmenden Mädchen lassen konnte, und die männermordenden Sirenen haben niemals wirklich existiert. Nein, nein, die Frauen wollen den Männern nicht ans Leben; das ist schiere männliche Einbildung. Daß Männer Frauen immer wieder ins Garn gehen, ganz gleich, ob jung, ob alt, dumm oder gescheit, ist eine andere Sache.

Kürdchen ist ob seiner Machtlosigkeit gegenüber einem Mädchen aufs äußerste gekränkt. Sie geht ihm gegen die männliche Ehre; deshalb spricht er kein Wort mehr mit der Gänsemagd. Aber das nutzt ihm nichts, denn am nächsten Tag passiert ihm das gleiche. Abermals rennt er wie ein Dummer hinter seiner Mütze her, und die Gänsemagd lacht sich ins Fäustchen.

Auch das gibt es! Wie viele Männer schimpfen und fluchen auf eine Frau, fühlen sich von ihr verletzt und beleidigt – und tun dennoch, was sie möchte. Kürdchen allerdings reicht es jetzt. Keinen Tag länger will er mit diesem Mädchen die Gänse hüten und sich von ihm zum Narren halten lassen. Er geht zum alten König und beschwert sich über sie. Der König zeigt sich außerordentlich interessiert und will alles ganz genau wissen. Kürdchen erzählt nur zu gern, berichtet auch von dem täglichen Dialog mit dem Pferdekopf. Am nächsten Tag überzeugt der König sich selbst, daß sich alles so verhält, wie der Junge es erzählt hat. Danach bestellt er die Gänsemagd zu sich, und das ist der Anfang des guten Endes. Von da an beginnt sich das Schicksal der Gänsemagd zu wenden; bald werden die Hochzeitsglocken für sie läuten.

Na ja, wird mancher sagen, das ist eben das Glück, das so viele Dumme im Märchen haben. Aber er irrt. Die Gänsemagd ist nicht dumm, und wenn sie Glück hat, dann ist es das Glück der Tüchtigen. Auf jeden Fall retten sie keine glücklichen Zufälle aus ihrer Misere, und um märchenhafte Wunder handelt es sich ebenfalls nicht. Es ist allein ihr eigenes Werk, und dabei war Kürdchen ihr Werkzeug.

Das wird man mir nicht ohne weiteres abnehmen und es zunächst für eine kühne Behauptung halten, gegen die sich etliches einwenden ließe. So könnte man beispielsweise fragen, was denn das ganze Theater mit Kürdchen überhaupt solle. Warum geht die Gänsemagd nicht selbst zum alten König und erzählt ihm frank und frei ihre Geschichte? Nun, vielleicht hätte er ihr geglaubt; aber wie wir wissen, kam es auf ihn nicht an, denn die Kammerjungfer hatte inzwischen das Sagen auf dem Schloß. »Königlicher Abkunft soll die Magd sein?« hätte sie gehöhnt und bezeugt, daß sie sie arm und schmutzig am Wegesrand aufgelesen habe. In der Folge hätte sie durchaus ihre Drohung wahr machen und mit der Gänsemagd ähnlich wie mit Falada verfahren können, was hieße, sie hätte sie als Betrügerin hinrichten lassen. Das durfte die Heldin nicht riskieren.

Weiter ließe sich fragen, warum denn die Heldin Kürdchen wütend macht. Wäre es nicht viel gescheiter und vermutlich auch leichter gewesen, in ihm einen Bundesgenossen zu gewinnen, vielleicht gar einen verliebten Bundesgenossen? Das hört sich vernünftig an; doch man stelle sich nur einmal vor, das verliebte Kürdchen wäre zum alten König gelaufen und hätte ihm erzählt, die Gänsemagd sei in Wirklichkeit eine Prinzessin. Der hätte sich bestenfalls amüsiert und sich gesagt, daß viele Verliebte in ihrer Angebeteten eine Prinzessin sehen, und ihn nicht ernst genommen. Nein, so wäre es nicht gegangen. Was die Heldin brauchte und was allein ihr helfen konnte, das war ein glaubwürdiger Zeuge. Unter den gegebenen Umständen war ein glaubwürdiger Zeuge einer, der ihr übel gesinnt war, der über sie schimpfte, sich über sie beschwerte. Nur ein solcher Zeuge konnte das bewirken, worauf es einzig ankam: den König zu bewegen, der Sache von sich aus nachzugehen. Er mußte dazu gebracht werden, sich das Zwiegespräch mit Falada anzuhören und dem Spiel auf der Gänsewiese zuzusehen. Dadurch würde er die notwendigen Informationen bekommen und zu der richtigen Überzeugung gelangen. Außerdem würde auch er nicht der Wirkung entgehen, die das Kämmen goldenen Haares auf Männer hat; das würde seinen Wunsch verstärken, mit der Heldin zu sprechen.

Dagegen ließe sich einwenden, daß ein König kaum wegen der Aussage eines Hütejungen – auch wenn sie noch so glaubwürdig wäre – sich um die Angelegenheiten einer Gänsemagd kümmern werde. Das ist grundsätzlich gewiß richtig. Hier gab es indes einen Köder, dem selbst Könige schwer widerstehen können, denn auch sie sind gegen Neugier nicht gefeit, und neugierig machte fraglos, was Kürdchen zu berichten wußte. Wer hätte ihn nicht gern hinter seinem Hütchen herlaufen sehen? Und einen sprechenden Pferdekopf bekommt man auch nicht alle Tage zur Besichtigung angeboten. Und dann gab es noch etwas: Die Gänsemagd wußte, daß der alte König ihr zugetan war. Er hatte sie anfangs sehr aufmerksam und wohlwollend betrachtet und sich gewundert, wie fein, zart und schön sie war. Mädchen bemerken solche Blicke, und sie wissen sie zu deuten. Die Heldin konnte also durchaus hoffen, daß der König Interesse an ihren Angelegenheiten finden und ihr Unternehmen von Erfolg gekrönt sein werde.

Ihr Unternehmen? Damit kommen wir zu einer Kardinalfrage

weiblichen Zaubers und weiblicher Machenschaften. War es denn ein Unternehmen? Handelte es sich tatsächlich um eine geplante Aktion mit wohldurchdachter Taktik? Mit anderen Worten: Hat die Gänsemagd ihren weiblichen Zauber und ihre weiblichen Mittel bewußt eingesetzt?

Man stelle sich einmal vor, jemand hätte der Heldin bei der Hochzeit zu ihrem großartigen Erfolg gratuliert, ihre weiblichen Tricks gepriesen und sie für die Art und Weise bewundert, mit der sie ihr Ziel erreicht hat. Obwohl Frauen gern Komplimente hören – diesem Bewunderer wäre eine herbe Abfuhr erteilt worden. Keine laute oder auch nur aufgeregte, nein; die junge Königin hätte ihn lediglich befremdet angesehen, ihn kühl gefragt, wovon er eigentlich rede, und sich ostentativ einem anderen Gast zugewandt.

Das ist eine Reaktion von kaum zu übertreffender Eindeutigkeit, und sie ist ohne Frage überzeugend. Aber ist die Heldin so ahnungslos und arglos, wie sie tut? Das ist und bleibt die Gretchenfrage.

Sie ist nicht leicht zu beantworten, denn auf dem Gebiet weiblichen Zaubers sind Beweise schwer zu erbringen, und über weibliche Manipulationskünste gibt es keine wissenschaftlichen Untersuchungen. Sie entziehen sich weitgehend männlichem Denken und männlichen Methoden, und das ist vielleicht ganz gut. Sagen wir einmal so: Unsere Heldin hat ganz sicherlich nicht bewußt geschauspielert; doch so unschuldsvoll, wie sie sich gibt, ist sie auch nicht.

Tatsache ist, daß genau das geschieht, was für sie wichtig und entscheidend ist: Sie sitzt dem König gegenüber, und er bittet sie voller Wohlwollen, sich ihm anzuvertrauen und ihm ihren Kummer zu offenbaren. Sie hat es geschafft, und das war es schließlich, worauf es ankam.

Jeder wird erleichtert aufatmen und denken, die Heldin werde darüber froh sein, der freundlichen Aufforderung nachkommen und dem König nun alles erzählen. Was aber geschieht? Sie tut's nicht. Sie habe geschworen zu schweigen, erklärt sie, weil sie sonst um ihr Leben gekommen wäre. Dabei bleibt sie, sosehr der König ihr auch zuredet, sie drängt und bittet.

Was ist in sie gefahren? Warum ergreift sie diese Chance nicht? Ist sie eine derart strenge Moralistin, daß sie auch einen ihr abgepreßten Eid nicht bricht, um keinen Preis, auch nicht um den, daß sie vielleicht ihr Leben lang Gänse hüten muß – bestenfalls? Oder geht sie aufs Ganze? Will sie auch nicht einen Hauch von Zweifel an ihrer moralischen Integrität aufkommen lassen, will sie absolut untadelig bleiben, wozu gehört, daß sie niemals und unter keinen Umständen einen Eid bricht? Jawohl, genau das will sie, darum spielt sie va banque und geht ein Risiko ein, das sie mit einem ganz minimalen Zugeständnis ohne weiteres vermeiden könnte. Warum? Als wohlbehütete Tochter hat sie gelernt und verinnerlicht, daß der gute Ruf einer Frau über alles geht. Also achtet sie auf ihn, wahrt ihn. Und was ihr Risiko betrifft, so schätzt sie es ganz anders ein als ein außenstehender Mann, der zuwenig von Frauen weiß, sie zuwenig kennt. Aus ihrer Sicht riskiert sie fast nichts. Sie ist sich völlig sicher, daß dem König schon etwas einfallen werde, hinter ihr Geheimnis zu kommen, ohne daß sie sich etwas vergeben muß. Man mag sich fragen, woher sie diesen Optimismus nimmt. Immerhin gibt der Erfolg ihr recht: Dem König fällt etwas ein.

Frauen haben, was Männern zumeist völlig abgeht: einen untrüglichen Sinn für das andere Geschlecht. Die meisten können schon als kleine Mädchen Männer richtig einschätzen und erfolgreich mit ihnen umgehen. Einige Beispiele dafür haben wir kennengelernt. Die Gänsemagd kann das, obwohl sie ohne Vater aufgewachsen ist, an dem sie ihre Fähigkeiten hätte entwickeln können. Auf diesem Gebiet sind Frauen Männern haushoch überlegen, und sie können kaum nachempfinden, wie die Frauen das anstellen. Sie scheinen nicht das geringste zu tun, und dennoch erfüllt sich so vieles, was sie wünschen – dem Anschein nach ganz von allein. So auch bei der Gänsemagd. Sie erklärt dem König, daß sie keinem Menschen ihr Leid klagen dürfe. Daraufhin schlägt er ihr vor, dann eben dem alten Eisenofen ihr Herz auszuschütten. Zufall? Vielleicht hat sie ihre Formulierung eben nicht ganz zufällig gewählt, möglicherweise das Wort »Menschen« besonders betont oder sonstwie hervorgehoben. Außerdem hat sie die Intelligenz des Königs gewiß nicht zu gering eingeschätzt. Daß er auf eine solche oder eine ähnliche Idee kommen würde, lag darum für sie nahe. Er hingegen ist davon überzeugt, daß sie seine Taktik nicht durchschaut. Manchmal ist es auch von Vorteil, wenn Männer die Klugheit der Frauen unterschätzen.

Die Heldin hat nicht den geringsten Zweifel daran, daß der König ihrer »Ofenbeichte« zuhört, und setzt sich entsprechend in Szene. Sie klagt, weint und jammert, was ein Mädchen niemals täte, wenn es sich ganz allein glaubte, und erzählt ihre ganze Geschichte. Da jedermann annimmt, sie spreche zu einem Ofen, ist sie eine perfekte Zeugin ihrer selbst und eine ebenso perfekte Zeugin der Anklage gegen die Kammerjungfer, die sie aus dem Felde schlagen muß. Der Erfolg ist hundertprozentig: Sie steht als arme, verfolgte Unschuld da, die Kammerjungfer hingegen als Betrügerin, die keine Gnade verdient. Darauf war die Heldin aus, das hat sie erreicht, und keine Sekunde hat sie an ihrem Erfolg gezweifelt. Daher verwundert es sie nicht im mindesten, daß man ihr königliche Kleider bringt, kaum daß sie das letzte Wort ihrer Beichte gesagt hat. Mit größter Selbstverständlichkeit legt sie sie an und begibt sich, ganz Königliche Hoheit, an der Seite ihres Bräutigams zur Tafel. Ihre böse Konkurrentin kommt nackt in ein Nagelfaß und wird zu Tode geschleift, was unserer Heldin durchaus nicht den Appetit verdirbt. Sie feiert ihre Hochzeit als glückliche Braut. Alles ist wunschgemäß verlaufen, und sie hat nicht ein Jota an Makellosigkeit eingebüßt.

Das ist ein großartiges Happy-End, und der Märchenleser ist zufrieden. Es bleibt jedoch weiterhin die Frage, wie die Heldin es denn nun geschafft hat, ihr Ziel so perfekt zu erreichen. Für eine männlich-wissenschaftliche Denkweise müssen ihre Mittel und Methoden im dunkeln bleiben, und es ist nicht einmal zu beweisen, daß es sich überhaupt um Mittel und Methoden handelt. Verzichtet man auf solche Wissenschaftlichkeit, dann läßt sich schlicht folgendes sagen: Die Märchenheldin und nicht wenige ihrer Geschlechtsgenossinnen bringen eben fertig, was den meisten Männern in ihrer maskulinen Einfalt versagt ist: Sie können Pläne verwirklichen, ohne jemals einen Plan gehabt zu haben, Ziele erreichen, ohne auch nur eine Sekunde Nachdenkens dafür aufzuwenden, Wirkungen hervorrufen, ohne ihren Willen und ihr Bewußtsein zu bemühen. Kurzum, sie können auf eine Art und Weise beeinflussen, welche die Betroffenen meistens nicht einmal bemerken. Dem gewiß nicht unerfahrenen alten König wäre es nicht im Traum eingefallen, die Gänsemagd könne ihn geschickt manipuliert haben. Eine der wesentlichen Hilfen bei derartigen Aktionen ist Frauen ihr weiblicher Zauber. Aus der Sicht der Männer ist dagegen kaum ein Kraut gewachsen. Falls ein ganz Schlauer auf die Idee käme, eine Frauensperson wegen ihrer zauberischen Praktiken zur Rede zu stellen oder auch nur zu befragen, würde ihn ein ähnlich verständnislos-befremdeter Blick treffen wie den erwähnten Tischnachbarn der Märchenheldin. Auch empirisch ist der Sache nicht näherzukommen.

Das Märchen von der Gänsemagd klingt aus mit dem Läuten der Hochzeitsglocken. Doch nicht alle Märchen enden mit der Eheschließung. Manche zeigen, wie es nach der Hochzeit weitergeht. Das Ergebnis ist einhellig düster: Schlecht geht es weiter. Es gibt nichts als Ärger und Schwierigkeiten, und vom weiblichen Zauber ist nicht mehr die Rede – eine Entwicklung, wie wir sie nicht nur aus Märchen kennen. Ein Grund dafür ist, daß der Prinz, der Dornröschen wach küßt, dieses Hochgefühl vielleicht über die erste Runde seiner Ehe retten kann, kaum jemals aber über die zweite. So ist es denn auch, und die französische wie die italienische Version des Märchens berichten darüber: Es kommt zu einer Vertrauenskrise; er zweifelt an ihr, will sie schließlich gar hinrichten lassen. Das Märchen führt den Schock der Ernüchterung vor Augen. Es zeigt, was geschieht, wenn dem Helden klar wird, daß seine Frau nicht das ist, was er einst in ihr gesehen hat, als sie süß schlafend vor ihm lag. Die schöne Illusion kollidiert mit der Wirklichkeit, und dann gibt es aus Enttäuschung Krach, Ärger, Spannungen – das ganze Kaleidoskop von Mißhelligkeiten, wie es sich nicht selten in unseren Ehen zeigt. Der Märchenheld wird noch rechtzeitig klug, besinnt sich und bewältigt die Krise.

Die Ehe des jungen Königs mit der Prinzessin vom goldenen Dach wäre schon am Hochzeitstag gescheitert, wenn der treue Johannes nicht gewesen wäre. Immer wieder greift er helfend ein, und das kann er, weil er nicht vom weiblichen Zauber besessen ist. Er vermag ebenso entschlossen wie vernünftig zu denken und zu handeln; daher wehrt er alle Bedrohungen ab, die das Glück des Paares gefährden. Wohl dem, der einen solchen Diener hat! Mit einem Mann wie ihm zur Seite kann man getrost Hochzeit halten. Wer aber verfügt schon über einen derartigen treuen Diener? Man wird es kaum glauben mögen: Viele verfügen über ihn. Das liegt daran, daß weiblicher Zauber nur selten so überwältigend ist, daß er uns total überrollt, jedwede Vernunft und allen gesunden Menschenverstand in uns erstickt. Der nicht betroffene Rest unserer Persönlichkeit, der in Gefühlsstürmen Ruhe bewahrt und die Übersicht behält, das ist der treue Johannes. Auch im Märchen muß man ihn nicht als eigenständige Figur verstehen, sondern darf ihn ohne weiteres als Teil des jungen Königs sehen, als dessen innere Instanz gewissermaßen. In Zeiten eines Gefühlsnotstandes ist er die Stimme der Vernunft. Sie ist leise, außerordentlich leise, und die meisten hören nicht auf sie. Aber er ist da, unser treuer Helfer, und souffliert uns in kritischen Situationen, was wir – eigentlich – tun und sagen sollten. Wenn Leidenschaften mit uns durchgehen wollen, versucht er uns zu bremsen, und er erhebt seine Einwände, wenn wir dabei sind, uns und andere zu ruinieren. Ignoriert man ihn, so hat das böse Folgen. Das Märchen zeigt sie: Der treue Johannes versteinert. Damit verstummt seine Stimme, und er kann nur unter großen persönlichen Opfern wieder zum Leben erweckt werden. Der Märchenheld bringt diese Opfer, und seine Frau unterstützt ihn dabei. Das rettet ihre Ehe, und das Märchen schließt mit dem hoffnungsvollen Satz, daß die beiden bis ans Ende ihrer Tage glücklich zusammenlebten. Dieses Glück ist hart erkämpft und darum verdient. In den Schoß fällt es einem nicht.

Fast buchstäblich in den Schoß gefallen ist Pygmalion sein Glück, und man fragt sich, wie lange es dauert, bis er jäh daraus erwachen wird. Männerträume, wie er einen gehabt hat, verwandeln sich nur ganz ausnahmsweise in Fleisch und Blut, und wenn, dann niemals auf Dauer. Doch siehe da: Pygmalion ist und bleibt glücklich mit seiner lebendig gewordenen Statue, berichtet uns Ovid. Aber das verdankt Pygmalion einem göttlichen Wunder. Eine Liebesgöttin, die einem Mann zuliebe ein Weib erschafft, das ganz und gar, äußerlich und innerlich, dessen Wünschen und Träumen entspricht, gibt es heute nicht mehr. Da Pygmalion nicht bereit gewesen ist, Frauen so zu nehmen, wie sie sind, hätte er heutzutage sein Leben als einsamer Single beschließen müssen, was, wie die Statistiker nachgewiesen haben, die Lebensaussichten um Jahre vermindert.

Pygmalions Wunschtraumfrau war und blieb seine Freude, sein Entzücken und sein Glück. Sie ist indessen ein Nichts gegenüber derjenigen, die sie erschuf: Aphrodite. Alle sind ein Nichts im Vergleich zu ihr. Sie stellt alles in den Schatten, was bisher über weiblichen Zauber gesagt wurde. Die goldene Aphrodite verkörpert diesen Zauber, und zwar vom ersten Tag an. Wir kennen ihre Vorgeschichte, den Akt der Gewalt, dem sie ihr Dasein verdankt. Er hat jedoch kaum mehr eine Rolle gespielt. Was blieb, war ihr unvergleichlicher Liebreiz, der landaus, landein bewundert, ja verehrt wurde. Er beginnt mit dem Augenblick ihrer Geburt, mit dem Mythos ihrer Entstehung aus dem Meer. Sie erblickte das Licht der Welt nicht als Säugling, wurde nicht geboren, mußte nicht erst heranwachsen. Sie war von Anfang an, was sie immer war und blieb: die schaumgeborene Aphrodite mit allen Attributen idealer Weiblichkeit. So stieg sie empor aus dem Wasser, erhob sie sich aus dem silbernen Wogenschaum: nackt, perfekt schön und liebreizend lächelnd. Maler aller Zeiten haben diesen Augenblick festgehalten, und Millionen von Menschen sind diese Bilder vertraut. Bildhauer haben versucht, die makellose Schönheit der Liebesgöttin in Stein zu meißeln, und noch heute bewundern wir diese Werke.

Auf der Insel Kypros – wir kennen sie als Zypern – verläßt sie das Meer. Sie steigt an Land, und wohin ihr Fuß tritt, sprießen Gräser und Blumen aus der Erde. Die Bäume neigen sich vor ihr, willig und zahm folgen ihr die Tiere, und die Töchter der Thetis, die Horen, eilen herbei, sie zu salben, zu kleiden und zu schmücken.

Mit ihr, der Siegerin über alle Herzen, ist in die klassische Welt ein neues, belebendes Element getreten. Die Schicksalsgöttinnen haben es so gewollt, und Aphrodite erfüllt nur zu gern, was sie ihr als heilige Pflicht auferlegt haben: zu lieben und Götter wie Menschen mit Liebe zu erfüllen.

Die Liebe, deren Göttin sie ist, ist allerdings nicht von der Art, wie wir sie bisher kennengelernt haben. Sie hat nichts gemein mit hehrer Minne und schon gar nichts mit süßer Entsagung. Auch zartes Erröten, auf die Stirn gehauchte Küsse und Händchenhalten, wie es Kriemhild tat, sind Aphrodites Sache nicht, und niemals hätte sie hundert Jahre hinter einer Dornenhecke auf den erlösenden Kuß eines Prinzen gewartet. Die griechische Göttin der Liebe, Schönheit und Anmut verbindet nichts mit den passiven, hingesunkenen Schönen einer späteren Zeit, und ihr fehlt jeglicher christliche Anflug. Wie könnte es auch anders sein: Sie ist archaisch, ist eine Heidin, mit der biblischen Eva allenfalls weitläufig verwandt und von der Erfindung der Erbsünde Jahrtausende entfernt. Das Frauenbild des Paulus ist ihr fremd, erst recht dessen Moral, und was Scham ist, weiß sie nicht. Die ihr von Geburt an vertraute Nacktheit trägt sie mit einem Lächeln; ein Feigenblatt wäre ihr lächerlich vorgekommen. Aphrodite ist schön, aber kein Engel; eine Madonna ist sie ebensowenig und erst recht kein deutsches Gretchen.

Der aphroditische Zauber ist mächtig, doch ohne jeglichen Heiligenschein. Er ist sinnlich, was hierzulande spätestens seit Augustinus verpönt ist; Liebe ist für Aphrodite in erster Linie freudiges Genießen der süßen Lust. Kaum ein Mann, sei er Gott, sei er Mensch, kann ihrem Zauber widerstehen. Meistens muß er das auch gar nicht. Wer um ihre Liebe bittet, dem gewährt sie sie in aller Regel. Nur Göttervater Zeus gab sie keine Chance. Immer wieder versuchte er, sie für sich zu gewinnen; doch sie ließ ihn stets aufs neue abblitzen. Da sie eine Göttin war, konnte er sie nicht zur Liebe zwingen, weder durch Gewalt noch durch Täuschung. Sie genoß die Macht, ihm Schranken zu setzen, was ihr manche Menschendame offensichtlich abgesehen hat. Zeus bestrafte sie dadurch, daß sie sich in einen Sterblichen verlieben mußte. Aber was sollte ihr das ausmachen? Liebe war Liebe, ob auf dem Olymp, ob auf der Erde. Also beglückte sie auch so manchen Menschen. Ihren späteren Ehemann beglückte sie sogar, obwohl er nicht den geringsten Annäherungsversuch machte. Das hätte er niemals gewagt; nicht einmal auf einen Blick von ihr hätte er gehofft, denn Hephästos, der Hinkende, den einst seine Mutter vom Olymp warf, war der häßlichste aller Götter und sich dessen wohl bewußt.

Er veranstaltete ein Gastmahl, und alles, was auf dem Olymp Rang und Namen hatte, war anwesend. Hephästos gab sich die größte Mühe, bediente unermüdlich seine Gäste, um sie zufriedenzustellen. Das bewahrte ihn jedoch nicht vor Hohn und Spott, und je mehr die Stimmung, vom Wein angeheizt, stieg, desto schlimmer wurden die Beleidigungen. Da erhob sich Aphrodite, sprach zu Hephästos: »Dein Fest ist aus, jetzt beginnt das Gelage. Das ist nichts für uns. Komm!«, nahm den völlig Verdutzten, der nicht wußte, wie ihm geschah, bei der Hand und verließ mit ihm den Saal. Den Zurückgebliebenen verschlug es die Sprache.

Aphrodite nahm Hephästos dahin mit, wohin sie ganz selten einen Mann mitnahm: in ihre olympische Wohnung. Lange behielt sie ihn bei sich. Er war ihr dankbarster Liebhaber, und schließlich heiratete sie ihn. Selbstredend war sie ihm nicht treu; das verstieß gegen ihr Prinzip, und Hephästos hätte es wissen müssen. Wäre er gescheit gewesen, hätte er sich damit abgefunden. Er tat's nicht. Wer wollte es ihm verdenken? Mit einer Liebesgöttin verheiratet zu sein, ohne von Eifersucht geplagt zu werden, überfordert selbst einen Gott. Was Hephästos doppelt empörte, war, daß Aphrodite ihn ausgerechnet mit seinem ungebärdigen Bruder Ares, dem Kriegsgott, betrog. Mit Kränzen geschmückt, hatte sie ihn im eigenen Ehebett empfangen; es war der Sonnengott Helios, der den Vorfall Hephästos verriet. Dieser schwor Rache, verfertigte, kunstvoll, wie er war, ein unsichtbares Netz, und darin fing er die beiden just in dem Augenblick, als sie lustvoll ineinander verschlungen waren. Sie vermochten sich nicht mehr zu rühren, mußten genau so verbleiben, wie sie waren. Ares brüllte wie sonst nur auf dem Schlachtfeld und setzte seine gewaltigen Kräfte gegen das Netz ein; es zog sich jedoch nur desto enger um die beiden zusammen.

Hephästos rief die Götter herbei. Sie sollten Zeuge seiner Schmach sein, und er wollte die beiden Untreuen demütigen. Doch niemand sprach ihm sein Mitgefühl aus. Vielmehr brachen die Götter beim Anblick dessen, was sie auf dem Ehebett vorfanden, in jenes »unauslöschliche Gelächter« aus, das seitdem als das homerische bekannt geworden ist, nach dem Dichter, der dieses Ereignis besang (*Odyssee* 8, 326, 343).

Nur Poseidon lachte nicht. Er hatte sich beim Anblick der nackten Aphrodite derart in sie verliebt, daß er darüber alles andere vergaß und schon Pläne machte, wie er sie erobern könne. Auch Hermes starrte selbstverloren auf die schöne Göttin. Apollon stieß ihn in die Seite und fragte ihn, ob er wohl gern an der Stelle des Ares wäre. »Mit Freuden!« antwortete er voller Begeisterung; auch dreimal so viele Fesseln würden ihn nicht stören, meinte er, und selbst Hunderte von mißbilligenden Blicken würden ihm nicht das geringste ausmachen, wenn er nur bei ihr liegen könne. Darauf erhob sich abermals Gelächter. Lediglich Zeus fehlte der Humor; verständnislos sein Haupt schüttelnd, begab er sich von dannen. Er hatte es nötig.

Als sich Hephästos endlich bewegen läßt, das Netz zu öffnen, rast Ares, abermals laut brüllend, davon, sucht das Weite und läßt sich lange Zeit nicht mehr blicken. Ihn konnte Hephästos demütigen, nicht aber Aphrodite. Sie bewahrte jene Gelassenheit, die Männer in Gefühlsdingen immer wieder vermissen lassen. Sie hatte sich die ganze Zeit nicht gerührt und nichts gesagt. Jetzt erhob sie sich, und zwar mit einer ähnlichen Grazie, mit der sie einst dem Meer entstiegen war, lächelte, nackt, wie sie war, in die Runde und schritt davon. Niemand lachte. Die Göttinnen erblaßten vor Neid, als sie sie so sahen, was Aphrodite erfreute; die Götter starrten sie fasziniert an, Bewunderung und Begehren in ihren Blicken, was die Göttin nicht minder ergötzte. Sie hatte einen perfekten Abgang. Wie demütigend wäre er jedoch gewesen, wenn sie sich geschämt hätte!

Aphrodite begibt sich nach Kypros, zu ihrer Insel, zu ihrem »duftenden Altar«. Dort warten die Chariten, drei huldreiche und freundliche Göttinnen. Sie verwöhnen sie und richten ihr ein Bad, das alles Unschöne von ihr abwäscht, ihr sogar die Jungfräulichkeit zurückgibt. Das Vorgefallene bedenkend, nimmt sie Hephästos nicht übel, was er getan hat, nennt sein kluges Arrangement sogar ein Meisterstück – auch später ihm gegenüber. Sie kann seine Gefühle verstehen, aber sie kann und will nun einmal nicht aus ihrer Haut. An Helios hingegen rächt sie sich. Sie beschert ihm eine kurze Liebesfreude, doch eine um so länger dauernde Liebespein, und damit ist das Thema für sie erledigt.

Als das Ausruhen und Verwöhntwerden langweilig zu werden beginnt, bekommt Aphrodite Sehnsucht nach einem Sterblichen, woran Zeus nicht ganz unschuldig ist. Sie fühlt sich zu Anchises, einem Troerfürsten, hingezogen und trifft für diese Begegnung ihre Vorbereitungen. Sie läßt sich mit ambrosischem Öl salben, hüllt sich in ihr schönstes Kleid, legt ihren kostbarsten Schmuck an, und dann macht sie sich auf den Weg. Die Wirkung, die von ihr ausgeht, ist derart stark, daß Wölfe, Bären, Löwen und Antilopen ihr schweifwedelnd folgen und sich schließlich, angeregt von ihrem Zauber, paarweise in die Schatten der Bäume zurückziehen und dort zueinanderfinden. Die Göttin lächelt.

Anchises sitzt in seinem Zelt und spielt die Zither. Da verdunkelt sich der Eingang, und als er aufblickt, steht Aphrodite als »schöne, zarte, sterbliche Jungfrau« vor ihm. Sie weiß eben, was Menschenmänner lieben – spätestens durch Pygmalions einschlägige Wunschvorstellungen. Sie weiß auch, was sie gern sehen. »Ihre Brüste leuchteten wunderbar, wie vom Mondschein umgossen«, heißt es. Anchises reagiert, wie Mänenr gar oft auf eine solche Situation reagieren: Er entbrennt in Liebe. Und nicht nur das: Er will die schöne Unbekannte auch sofort heiraten. Anchises zeigt genau die Reaktion, auf die wir immer wieder gestoßen sind. Sie ist typisch für Männer, und das drückt sich auch in der Sprache aus: Man wird von Gefühlen übermannt und nicht etwa überweibt.

Das für Anchises ebenso Unwahrscheinliche wie Wunderbare geschieht: Die schöne Fremde nickt zu seinem Antrag; sie ist einverstanden. Verständlicherweise möchte er sich, von Begeisterung wie von Leidenschaft gleichermaßen hingerissen, am liebsten gleich auf sie stürzen. Doch sie bremst ihn, bittet ihn inständig, sie seinen Eltern und Geschwistern als reine Jungfrau und in der Liebe Unerfahrene vorzustellen, die Hochzeit, wie es Sitte ist, vorzubereiten und dann in Ehren zu feiern. So spricht sie; aber sie ist weit davon entfernt, auch zu meinen, was sie sagt. Sie hat sich keineswegs plötzlich in eine züchtige Jungfrau verwandelt. Tatsächlich will sie das gleiche, was Anchises will, und nichts sonst. Sie hält ihn lediglich deshalb hin, um sein »süßes Verlangen« noch mehr zu steigern. Wer's nicht glaubt, schlage nach bei Homer (Homerischer Hymnus »An Aphrodite«) oder bei Ovid. Im dritten Buch seiner *Ars amatoria* empfiehlt er den Frauen in der sechzehnten Anweisung zögernde Lockung und Hinausschieben der Erfüllung, um die Leidenschaft des Mannes noch mehr anzureizen. Aphrodite dürfte für diesen Rat Pate gestanden haben, sagt Ovid doch selbst, es sei die Liebesgöttin gewesen, der er seine diesbezügliche Künstlerschaft verdanke.

Aphrodite erreicht ihr Ziel, Anchises ist nicht mehr zu halten. Keine Götter und keine Menschen werden ihn davon abhalten, sie sofort und auf der Stelle »in liebender Wonne« zu umfangen, und wenn es seine letzte Tat gewesen sei. Danach wolle er gern für immer im finsteren Hades versinken, erklärt er und will abermals zur Tat schreiten. Wieder bremst ihn Aphrodite; sie fällt nicht aus der Rolle, die sie von Anfang an ihm gegenüber und ihm zuliebe gespielt hat und auch weiterhin spielt. Sie gibt sich spröde, läßt sich zwar von ihm bei der Hand nehmen, folgt aber nur zögernd, sich immer wieder zurückwendend. Warum? Weil dies noch einmal den Reiz verstärkt und eine solche Zurückhaltung den Mann sicher macht.

Aphrodite vermeidet, daß Anchises erschrickt. Wie leicht das möglich ist, haben wir in diesem Buch schon häufiger gehört. Auch Anchises ist nicht davor gefeit, wie wir gleich sehen werden. Aphrodite weiß das; sie behandelt ihn mit der nötigen Vorsicht und stürzt sich nicht etwa mit einem begeisterten Lustschrei in seine Arme. Sie verhält sich weiter so, wie Menschenmänner es schätzen und lieben: Angesichts seiner Lagerstatt, die mit Fellen von Bären und Löwen bedeckt ist, bleibt sie mit niedergeschlagenen Augen stehen, und vielleicht ist sie auch zart errötet. Auf jeden Fall verharrt sie, wie sie ist. So läßt sie sich ihren Schmuck abnehmen, den Gürtel lösen und schließlich das Gewand abstreifen. Sie bleibt die schöne, zarte, hingebungsvolle Jungfrau. Mit Ares, dem Gott, ging sie ganz anders um. Lediglich mit einem duftenden Blütenkranz angetan, empfing sie ihn. Er sagte: »Komm jetzt, Liebste, zu Bett, erfreun wir uns beide des Lagers« (*Odyssee* VIII, 292). Sie kam, und die beiden erfreuten sich des Lagers. Mögen die griechischen Götter gewesen sein, wie sie wollen, sie waren auf jeden Fall erfreulich unneurotisch.

Wie recht Aphrodite tat, die Rolle eines unschuldsvollen Mädchens zu spielen, zeigt sich, als sie sich später Anchises als Göttin zu erkennen gibt. Dem Troerfürsten fährt der Schreck in die Glieder, und es verschlägt ihm nicht nur die Sprache – fürderhin geht nichts mehr auf den Bären- und Löwenfellen. Herbert J. Rose glaubt, es handle sich hier um die Begegnung eines Mannes mit der Großen Mutter. Nun kann man nicht gerade sagen, Aphrodite wirke mütterlich; doch darauf kommt es nicht an. Sie hat einen hohen Status, und der ist es, der Anchises derart erschreckt. Vor solchen Frauen haben viele Männer Beklemmungen, ähnliche wie vor ihren Müttern. Nicht zuletzt darum schwärmen sie von jungen, unbedarften Mädchen, meiden eine Brunhild und verlieben sich lieber in ein Gretchen. Geraten sie aber an eine Frau von Format, dann ergeht es so manchem wie Anchises: Ihre Männlichkeit schwindet dahin, und da hilft dann kein weiblicher Zauber mehr. Aphrodite tut, was sie irgend kann; doch Anchises, von Angst und Scheu ergriffen, vermag nur noch zu zittern, und statt die schöne Göttin weiterhin zu lieben, fleht der arme Kerl um die Rettung seiner Seele. Als Mann hat er sich lediglich bei der zarten, hingebungsvollen Jungfrau erwiesen. Immerhin geht er als Vater aus der Begegnung mit Aphrodite hervor. Sie gebar Äneas, einen der berühmtesten Helden der Antike, der einst als Urvater der Römer gelten wird. Vergil hat ihn eindrucksvoll besungen.

Selber zu lieben ist nur die eine, weniger bedeutende Seite der Aphrodite. Die andere ist es, Götter wie Menschen mit süßem Sehnen zu beseligen, wie es Homer ausdrückt. So beseligte sie beispielsweise Paris und Helena. Die damalige Welt sähe anders aus, wenn Aphrodite statt der verheirateten Helena deren kaum weniger schöne Tochter Hermione für Paris ausgewählt hätte. Aber es mußte eben die schönste Frau der Welt sein, und das war Helena. Deren Familienstand interessierte die Liebesgöttin nicht. Für Moral war sie nicht zuständig, und sie hätte es abgelehnt, vermutlich lächelnd abgelehnt, Verantwortung für die Folgen ihrer Kuppeleien zu übernehmen. Auch Politik und Geschichte waren nicht ihre Ressorts. Sie machte Götter wie Menschen zu Liebenden, nicht mehr und nicht weniger, und es wäre unvernünftig und ungerecht, ihr etwa die Schuld am Trojanischen Krieg anlasten zu wollen. Auf Vorwürfe dieser Art hätte sie zweifelsohne mit dem schon bekannten verständnislosen Blick reagiert.

Zu ihren Spezialitäten gehörte es, mit »schmeichelnden Listen«, das heißt, unter Einsatz ihres weiblichen Zaubers, die unsterblichen Götter für sterbliche Frauen zu entflammen. Ihr beliebtestes Opfer war Zeus. Sie verstand es meisterlich, in ihm, wie es so schön heißt, den Stier zu wecken. Einmal verwandelte er sich buchstäblich in einen solchen, und zwar nachdem ihm Aphrodite die Liebe zu der schönen Europa ins Herz gepflanzt hatte. Daß sie damit seine Ehe stört und ihrer Götterschwester Hera einen Tort antut, kommt ihr nicht in den Sinn und ist auch nicht ihre Absicht. Für solche Nebeneffekte ihrer »Liebesdienste« hat sie ganz einfach keinen Sensus.

Aphrodite sieht Zeus' Romanze mit Wohlgefallen. Hera hingegen tobt, als sie ihrem Göttergatten auf die Schliche kommt. Es gibt einen Ehekrach von wahrhaft olympischen Ausmaßen.

Es liegt auf der Hand, daß Hera in Aphrodite gern die Schlange sieht: verführerisch, verführend und intrigant. Die Liebesgöttin, unbekümmert und sorglos, wie sie ist, ficht das nicht an. So, wie sie Hephästos die Sache mit dem Netz nicht übelnahm, hat sie auch nichts gegen Hera. Einmal tut sie ihr sogar einen Gefallen, den sie niemandem sonst getan hat: Sie borgt ihr den magischen Gürtel, der, so sagt man, ihr den unwiderstehlichen weiblichen Zauber verleiht. Vor dem Urteil des Paris verlangten ihre beiden Konkurrentinnen, daß sie ihn ablege. Sie tat's, lächelnd wie stets, und war auch ohne ihn nicht zu schlagen. Hera braucht den Gürtel, weil sie so verführerisch wie nur möglich sein will. Da sich Aphrodite der Liebe und dem Lieben stets verpflichtet fühlt, gibt sie Hera den Gürtel, und vielleicht glaubt sie auch, daß verführerischer Liebreiz der gestrengen Moralhüterin gut anstünde. Nach dem Zweck, den Hera verfolgt, fragt sie nicht.

Die Himmelsmutter zweckentfremdet den Gürtel gröblichst – jedenfalls nach den Maßstäben der Liebesgöttin. Es geht ihr nicht um Liebe, sondern um Politik. Sie will nichts anderes erreichen, als Zeus von Troja fortzulocken. Das gelingt. Zeus wundert sich, wieso ihm seine Angetraute plötzlich so reizvoll erscheint, kann sich ihr aber nicht entziehen. Nachdem er mit ihr das Lager geteilt hat, versenkt sie ihn in einen tiefen Schlaf. Derweil können die fast schon von den Trojanern geschlagenen Griechen beim Kampf um Troja wieder die Oberhand gewinnen. Darum ging es Hera, um nichts anderes.

Die beiden Göttinnen verkörpern die denkbar größten Gegensätze, und sie sind Gegenspielerinnen. Dennoch gibt es zwischen ihnen unvermutete Ähnlichkeiten: Die eine wie die andere macht Gebrauch von ihrem weiblichen Zauber, Hera allerdings kaum jemals allein um der Liebe oder Lust willen. Sie setzt ihre weiblichen Reize für Zwecke ein. Das tat sie schon bei ihrer ersten Begegnung mit Zeus. Er begehrte sie, wünschte sie zu verführen, und zu diesem Zweck verwandelte er sich in einen Kuckuck. Gleichzeitig ließ er ein furchtbares Unwetter niedergehen, flog schutzsuchend zu Hera und ließ sich zitternd und halb erstarrt auf ihrem Schoß nieder. Das ist ein bezeichnendes Beispiel für männlichen Zauber, wenn man derlei Praktiken denn als Zauber bezeichnen will. Hera erbarmte sich des Tieres und barg es unter ihrem Gewand.

So weit, so gut. Danach aber kam Zeus keinen Schritt weiter. Er nahm wieder seine eigene Gestalt an und bedrängte Hera mit allen ihm zur Verfügung stehenden Mitteln, ihn zu erhören. Umsonst! Inzwischen war er jedoch derart in Hitze geraten, daß er schließlich auf ihre Bedingung einging: Er mußte versprechen, sie zur Gattin zu nehmen. Zeus versprach's, und danach durfte er tun, was er so sehr begehrte, hatte sich dafür aber eine Frau fürs Leben eingehandelt. Heras Taktik machte Schule; fortan schritt so mancher Mann unter ähnlichen Voraussetzungen zum Traualtar.

Schon zu olympischen Zeiten wurde die Suppe freilich nicht so heiß gegessen, wie sie gekocht wurde. Auch unter Göttern galt die Ehe nicht viel. Doch das änderte sich, und zwar zunächst für den obersten der Götter, für Zeus. Er wurde in gleicher Sache ein zweites Mal Opfer weiblichen Zaubers. Hera brachte ihn in jene Stimmung, in der Männer Wachs in weiblichen Händen sind. Wie das geschieht, weiß niemand so recht, aber viele Männer und auch viele Ehemänner kennen die Situation und wundern sich später, zu welchen Zugeständnissen sie sich in so einer schwachen Stunde haben hinreißen lassen. Hera brachte Zeus dahin, zu versprechen, sie niemals zu verlassen, sie in alle Ewigkeit als seine einzige Gemahlin zu achten und zu ehren. Er versprach auch das, wie schwach gewordene Männer so manches versprechen und dann dennoch nicht halten. Aber Hera rückversicherte sich und ließ Zeus sein Versprechen beschwören, und zwar nicht nur beim Zeus. Einen Eid auf sich selbst hätte er ohne weiteres rückgängig machen können. Sie ließ ihn beim Styx schwören, jenem Fluß, der das Reich der Lebenden von dem der Toten trennt. Bräche er diesen Schwur, dann würde er zu einem Sterblichen werden und müßte wie alle anderen Sterblichen am Endes seines Lebens den Styx überschreiten. Zeus hatte seine Unsterblichkeit verpfändet. Kündigte er die Ehe mit Hera auf, dann wäre er die längste Zeit Göttervater gewesen und würde wenige Jahre später nur noch ein Schatten im Hades sein.

Auch ohne den Gürtel der Aphrodite wußte Hera ihren Zauber zu nutzen. Und sie hatte die Ehe erfunden – fast hätte ich gesagt: die christliche Ehe. Immerhin war es deren Vorläuferin, die unauflösliche Ehe. In der war Zeus nun gefangen; für alle Zeit, ja bis in alle

Ewigkeit mußte er sich mit seiner Frau abfinden – Preis einer schwachen Stunde und ein bemerkenswerter Erfolg Heras.

Man sollte diesen Erfolg indes nicht überschätzen. Hera hatte zwar eine Art Rechtstitel, mehr jedoch nicht. Das erkannte auch Zeus sofort. Er kommentierte seinen neuen Familienstand so, daß es nicht genüge, ein Pferd anzuschirren, um es zu einem willigen Zugtier zu machen; gelegentlich müsse man es auch kraulen. Das war Heras Stärke nicht. Jemand, der weiblichen Zauber in erster Linie zu taktischen Zwecken einsetzt, tut sich meistens schwer, ihn lediglich aus Freude an Liebe und Lust zu gebrauchen, wie Aphrodite es so gut verstand. Also ließ Zeus sich von anderen kraulen. Von Treue war bei seinem Gelöbnis schließlich nicht die Rede gewesen. Das führte dazu, daß Hera noch weniger Lust auf Zärtlichkeiten mit Zeus hatte und statt dessen erbarmungslos den Geliebten ihres Mannes nachstellte, was hinwiederum dessen Appetit auf eheliche Liebesfreuden nicht verstärkte – ein Circulus vitiosus.

Von Gleichberechtigung war bei dem Schwur auch nicht die Rede gewesen. Da hatte Hera nicht aufgepaßt; vielleicht hätte sie Diesbezügliches noch nachschieben können – vielleicht. Zeus behielt also das letzte Wort – manchmal brüllte er es auch –, und er schreckte notfalls nicht davor zurück, seine Frau zu prügeln; im wesentlichen aber kuschte er vor ihr. So sah die beispielhafte olympische Götterehe aus. Sie hatte Modellcharakter, denn fürderhin lebten viele Paare in einer ähnlich gearteten Zweisamkeit, und so manche tun das auch heute. Die kluge Zeustochter Athene verzichtete auf eine solche Ehe. Ihre Schwester Artemis tat es ihr nach; sie tröstete sich mit der Jagd und mit ihresgleichen. Aber ist das eine Lösung?

Das Gegenmodell stellt Aphrodite dar. Sie ist nicht engherzig, nicht moralisch, kommt auf goldenen Sohlen daher und hat stets ein Lächeln auf den Lippen. Sie will nicht reglementieren und hat es nicht nötig, nach Macht zu streben. Probleme mit dem letzten Wort hat sie auch nicht, aber zumeist ist sie es, die zuletzt lächelt, und ich möchte den Mann sehen, der sie prügeln könnte. Nur treu ist sie nicht, und das ist das Problem. Hephästos ist an ihm gescheitert. In einem allerdings gleicht sie Hera: Wenn es ihr nutzt, setzt auch sie ihren weiblichen Zauber in taktischer Absicht ein. Was tat sie schließlich anderes mit Helios? Um schnöder Rache willen schlug sie ihn mit Liebespein. Und die zwischen Paris und Helena gestiftete Liebe war auch kein schöner Selbstzweck, sondern diente Aphrodites Ehrgeiz und Eitelkeit: Sie tat's, um den goldenen Apfel zu gewinnen.

Hier gleicht Aphrodite Hera: Auch sie weiß ihren Zauber taktischen Zielen dienstbar zu machen und liebt durchaus nicht immer allein der Liebe wegen. Solche Liebe ist nur selten zu haben, im Himmel wie auf Erden. In manchen Märchen gibt es sie, auch in ach so vielen Gedichten, Liedern und Romanen, jedoch nur dann, wenn eine Liebesgeschichte da endet, wo sie eigentlich anfangen sollte: bei der Hochzeit. Wenn es heißt: »Sie lebten glücklich und in Freuden bis an ihr seliges Ende«, so ist ein solches Ende ebenso schön wie das schlafende Dornröschen. Es wird aufwachen, und vierzig Jahre später hat es nicht nur seine Unschlud nicht mehr. Die ewig jugendliche Schönheit gibt es genausowenig, wie die schöne Zeit der jungen Liebe ewig grünen bleibt.

Blieben also Hera und Aphrodite als Alternativen, und für Männer erhöbe sich die Frage, ob sie lieber Zeus oder lieber Hephästos wären. Sie müssen sich nicht mit einer Entscheidung plagen, denn die Gesellschaft hat bereits gewählt: Sie hat die Liebesgöttin abgesetzt. Allein Heras Maximen sind maßgebend geworden. Die von ihr erfundene Ehe machte Schule, war Beispiel für unsere gesetzlich verbriefte und kirchlich abgesegnete Geschlechtsgemeinschaft. Und der ihr angetraute Zeus wurde zum exemplarischen Gatten, nämlich zu jenem Eheherrn und Patriarchen, dem das Gesetz das Recht auf das letzte Wort und noch manch weitere Rechte einräumte, der aber dennoch vor seiner Frau letztendlich kuscht und meistens im Haus nicht viel zu sagen hat. So war es schon auf dem Olymp, denn alles in allem hatte Hera ihren Göttergatten ganz gut im Griff, so, wie viele Ehefrauen ihren Mann recht gut im Griff haben – mit mehr oder minder großem Einsatz ihres weiblichen Zaubers.

So triumphierte Hera über Aphrodite, und die schöne Liebesgöttin wurde entthront. Sie blieb samt ihrer Erotik und ihrem sinnlichen Liebreiz auf der Strecke, fiel einer neuen Moral zum Opfer.

Doch eine Göttin wie sie kann man nicht einfach in der Versenkung verschwinden lassen. Also tat man, was sich in solchen Fällen immer wieder als zweckmäßig erweist: Man schwärzte sie an. Damit begann keineswegs die christliche Kirche. Platon machte den Anfang mit Aphrodites Verfemung, und das tat er sehr wirkungsvoll: Er spaltete die Liebesgöttin auf in einen guten Teil, nämlich die himmlische Aphrodite Urania, die tugendreine Ehegöttin ohne Fehl, und in die vulgäre Aphrodite Pandemos, zuständig für Sex und käufliche Liebe. Diese schnöde Operation hatte Aphrodite gewiß nicht verdient. Aber

Platons Teilung machte Schule. Zunächst regte sie Generationen von Komödienschreibern an, die ihre Helden zwischen zwei Frauen stellten: eine tugendhafte Ehefrau, die ein Hausdrache ist, und eine perfekte Kraulerin von hohem erotischem Reiz, doch treulos und von zweifelhaftem Charakter.

Was griechische und römische Dichter noch komisch fanden, endete absolut nicht als Komödie, sondern damit, daß man die sinnlich reizvolle Frau zum abschreckenden Beispiel herabwürdigte. Sie wurde zur Frau Welt, vorn bezaubernde Schönheit, hinten halb verwest und ekelerregend mit Gewürm bedeckt. Das war auch das Ende der einstmals als süß geltenden Lust. Sie wurde zur todsündigen Wollust, und weibliche Nacktheit, bei Aphrodite noch von aller Welt bewundert, stellte sich nunmehr als Versuchung des Teufels dar, vor welcher der heilige Einsiedler Antonius voller Angst und Entsetzen das Weite suchte.

Nur in der Kunst überlebte die liebreizende Schaumgeborene. Da ist ihr sinnlicher Reiz noch voller Schönheit, wie beispielsweise auf Botticellis berühmtem Venusbild, und Nacktheit ist hier noch ohne Sünde wie bei den alten Aphroditestatuen. Ansonsten hat es trotz Renaissance und Klassizismus die klassische Aphrodite nie wieder gegeben – weder im Himmel noch auf Erden. Mit lächelndem sinnlichem Zauber war es vorbei, und traute er sich noch einmal hervor, wurde er sofort mit negativem Vorzeichen versehen, in die Nähe des Teufels gerückt und als Sünde diffamiert. Schon gar verfiel eine Frau, die sinnlichen Reiz verkörperte, einem derartigen Verdikt. Die biblische Salome stellte diesen Reiz perfekt dar, weshalb man sie in späteren Tagen eine Göttin der Wollust nannte. Sie ist ebenso berühmt wie berüchtigt, und das ist sie durch einen einzigen Tanz geworden. Der freilich hat bis in die Jetztzeit die Gemüter bewegt.

In der Bibel (Mk. 6,17–29, Mt. 14,3–12) wird die Geschichte mit kühler Zurückhaltung erzählt, und die Evangelisten enthalten sich jeden Kommentars und jeglicher Bewertung. Anders die Sagen, die sich von jeher um die verführerische Tänzerin rankten. Erst recht wurden Maler und Dichter von diesem Stoff gepackt. Sie sparten nicht mit großen Worten und mit erregenden Farben.

Die Sache spielt im Palast des Römervasallen und Steuereintreibers Herodes, der sich gern König nennen ließ. Er war der Sohn Herodes' des Großen, des Tyrannen, der seinerzeit den Bethlehemitischen Kindermord befohlen haben soll. Sein Palast prangte in orientalischer

Pracht. Im größten der Prunksäle feierte er seinen Geburtstag, und der Höhepunkt des Festes war der Tanz Salomes vor den Gästen. Tatsächlich tanzte sie in erster Linie für Herodes, ihren Stiefvater und Onkel. So war es geplant; sie sollte ihn mit ihrem sinnlichen Zauber reizen, betören, verrückt machen. Ihre Mutter, Herodias, Herodes' Frau, hatte sich das ausgedacht, weil sie auf eine ganz besondere Geburtstagsüberraschung aus war.

Die Familienverhältnisse waren etwas verworren, was sich dadurch erklärt, daß Herodes dem Bruder die Frau weggenommen und diese, eben Herodias, ihre Tochter mit in die Ehe gebracht hatte. Das war ein erheblicher Verstoß gegen Moral und Gesetz, auch und gerade nach dem damaligen Sittenkodex, und zwar sowohl von ihm wie von ihr, denn Herodias war ihrem Schwager nur zu gern in den Königspalast gefolgt. Aber der Ehebruch und die ungesetzliche Zweitehe kümmerten weder ihn noch sie. Wer die Macht hat, der hat auch meistens das Recht. Jedenfalls hätte es niemand aus Herodes' Hofstaat riskiert, darüber auch nur eine Bemerkung zu machen. Doch ein Außenstehender hatte die Unverfrorenheit besessen, die Ehe zu kritisieren und mit Nachdruck auf die Moral zu pochen: Johannes der Täufer. Es passierte, was er sich hätte ausrechnen können: Er wurde eingesperrt und schmachtete nun in einer dunklen Zelle im unterirdischen Verlies des Palastes.

Welten trennen Johannes von dem, was sich einige Stockwerke über ihm abspielte. Dort tanzt Salome ihren betörenden Tanz. Die Details der folgenden Szene stammen aus dem Roman *Gegen den Strich* von Joris-Karl Huysmans, aus Pierre-Louis Mathieus Buch *Gustave Moreau – Leben und Werk* sowie von den zahlreichen bildlichen Darstellungen Salomes. Der von vielen Kerzen überhitzte Saal ist mit Wohlgerüchen geschwängert, die Wände sind mit kostbaren Teppichen behängt. Auf dem Marmorboden sitzt eine Frau und schlägt die Kithara. Salome tanzt, und alle starren auf das schöne Mädchen. In der Hand trägt sie eine große Lotosblüte – das Zepter der Isis und Symbol der Liebeslust. Ihr langes, feingewirktes Gewand ist fast durchsichtig, die Brüste bedeckt es nicht. Auf ihrer erhitzten Haut blitzen Diamanten. Wie hypnotisiert folgt Herodes jeder Bewegung ihres biegsamen jungen Körpers, Schweiß auf der Stirn und Begehren in den Augen. Der Tanz endet mit einem Wirbel, und wie gefällt läßt sich Salome vor Herodes' Thronsessel niedersinken, liegt ihm regungslos zu Füßen. Die Wirkung ist entsprechend. Herodes zieht Salome zu sich empor, und mit vor Erregung heiserer Stimme verspricht er ihr, was immer sie sich wünsche, ja er schwört, daß er ihr sein halbes Königreich geben werde, wenn sie es haben wolle.

In den Berichten des Markus und des Matthäus entsteht der Eindruck, als wolle Herodes Salome lediglich für den Tanz belohnen. Aber so ist es nicht. Kein Mann zahlt einen solchen Preis für etwas, das er schon gehabt hat. Herodes will mehr, und in dem Zustand, in dem er sich befindet, interessiert ihn weder, was es ihn kostet, noch, daß das Mädchen seine Stieftochter und Nichte ist, und schon gar nicht, daß er im Begriff ist, seine Frau zu betrügen. Er ist derart von Salomes Reizen überwältigt, daß er nicht mehr Herr seines Denkens und Handelns ist. Wir kennen das schon; wiederholt haben wir gesehen, wie leicht Männer in einen solchen Ausnahmezustand geraten – auch ohne einen derart betörenden Tanz.

Ganz anders Salome. Sie ist völlig ungerührt und von keinerlei Gefühlen bewegt. Sie tanzt, wie es ihre Mutter gewünscht hat, und das ist alles. Sie wird auch nicht rot, als Herodes ihr lüstern sein Ansinnen eröffnet. Darauf war ihr Tanz schließlich angelegt, und außerdem ist ihr als hellenistisch geprägter Heidin die Verbindung von Sex und Schuld unbekannt. Also hört sie ihrem Onkel gelassen zu, begibt sich dann zu ihrer Mutter, berichtet ihr von seinem Angebot und will wissen, was sie sich wünschen solle.

Keinesfalls das halbe Königreich – da ist Herodes kategorisch. Ihr geht es weder um Geld noch um Macht. Außerdem: Wer will wissen, ob Herodes sein Versprechen jemals einlösen wird? Sinnliche Verzauberung überlebt nur selten die Erfüllung, und ernüchterte Männer machen keine Zugeständnisse mehr. Goethes Gretchen hat das leidvoll erfahren müssen. Wer männliche Verzauberung ausnutzen will, der muß vorher seine Forderungen stellen, wie das Hera klugerweise bei Zeus getan hat. Herodias handelt nicht anders: Wenn bei Herodes' Schwur etwas herauskommen soll, dann nur jetzt und nicht später. Sie trägt Salome auf, das Haupt des Johannes zu verlangen; in einer Schale soll es gebracht werden, und zwar sofort. Das ist die grausige Überraschung in dieser Geschichte.

Salome geht und verlangt gehorsam das von der Mutter Gewünschte. Wie reagiert Herodes? Laut den biblischen Berichten ist er nur traurig. In einer anderen Version der Geschichte wird ihm übel. Wie auch immer – er erfüllt den Wunsch, und zwar allein darum, weil er glaubt, nicht anders handeln zu können. Erregt, wie er war, hat er

Salome seinen Vorschlag nicht leise ins Ohr geflüstert, und inzwischen wissen alle seine Gäste, was er versprochen hat.

Tatsächlich ist Herodes jedoch keineswegs in einer Zwangslage. Ein derart grausames Begehren hätte er, ohne sein Gesicht zu verlieren, durchaus zurückweisen können; jeder hätte das verstanden. Außerdem hat er ja auch sonst getan, was ihm gefiel, und wenig Rücksichten genommen. Fehlt ihm hier der Mut, oder ist ihm die Lust auf das Mädchen noch immer nicht vergangen? Man kann nur raten.

Herodes gibt also den Hinrichtungsbefehl. Der Täufer muß sterben, und wie gewünscht, wird sein Kopf auf einer silbernen Schale hereingebracht und Salome übergeben. Das ist nun der zweite, schaurige Höhepunkt des Festes.

Salome nimmt die Schale ungerührt entgegen. Glaubt man den Malern Lovis Corinth, Aubrey Beardsley und Gustave Moreau, dann hat sie sich den blutigen Kopf erst einmal in aller Ruhe und höchst interessiert angesehen, bevor sie ihn an die Mutter weitergab. Diese Ungerührtheit hat man Salome übelgenommen, den »unzüchtigen« Tanz nicht minder und erst recht, daß sie Herodes in bewußt böser Absicht derart betörte. Die Folge davon ist, daß man sie verunglimpft. In Huysmans' Roman *Gegen den Strich* erscheint sie als eine moralisch Verworfene. Sie wird eine verfluchte Schönheit genannt, ein gefühlloses Sinnentier und ein Mädchen von hinreißender Verderbtheit. In seinem Drama *Salome* macht Oscar Wilde sie zu einer erotischen Bestie, die nicht auf Drängen der Mutter, sondern zu ihrem eigenen Vergnügen den Kopf des Johannes fordert, und als sie ihn hat, küßt sie ihn. Kaum jemand läßt ein gutes Haar an ihr – genauer gesagt: kein Mann! Wieder einmal handelt es sich um ausschließlich männliche Interpretationen der Geschichte. Es ist immer dasselbe: Männer sind zutiefst enttäuscht, wenn ein Mädchen nicht ihren Vorstellungen von sanfter Weiblichkeit entspricht. Das empört sie, und entsprechend wird reagiert: Das Mädchen wird schlechtgemacht, herabgesetzt, verurteilt. Salome wird als Vamp, als Hure und männermordendes Ungeheuer hingestellt, und sie bekommt die Schuld am Tod des Johannes.

Tatsache ist, daß Herodes den Mordbefehl gibt. Es ist seine freie Entscheidung, zu der ihn niemand zwingt, und wenn er sich durch die sinnlichen Reize einer Frau zu einem verantwortungslosen Versprechen hat hinreißen lassen, so ist er für diese männliche Schwäche ganz allein verantwortlich. Aber wer spricht schon von der Schuld des Herodes? Cherchez la femme – die Frau hat schuld!

Salome ist mitnichten eine mordlüsterne Dämonin, und selbst zu einer Femme fatale reicht es bei ihr nicht. Sie ist eine hervorragende Schönheitstänzerin und außerdem die gehorsame Tochter ihrer Mutter – mehr nicht. Sie hat allerdings keinerlei Scheu, deren grausames Anliegen Herodes vorzutragen, und vor dem blutenden Kopf auf der Silberschale schaudert ihr nicht. Na und? Wie viele unbarmherzige Dekrete, die andere Menschen das Leben kosteten, haben Männer kalten Herzens verfaßt; und wie viele grausame Menschenschlächtereien haben sie veranstaltet, ohne die Spur eines schlechten Gewissens! Ohne jeden Schauder haben sie Mitmenschen geviertelt, geköpft und lebendigen Leibes verbrannt, und das alles war rechtens und in Ordnung. Aber über Salome regt man sich auf. Auch das ist doppelte Moral.

Unter den gegebenen Umständen und zu ihrer Zeit ist Salome ein ganz normales junges Mädchen, allerdings mit einer besonderen Begabung für den Schönheitstanz. Außerdem spielt sie bei dem Geschehen nur eine Nebenrolle. Die Hauptrolle spielt ihre Mutter Herodias; sie ist es, die den Kopf des Johannes fordert, sie will ihn blutend auf der Silberschale sehen. Warum?

Heinrich Heine beantwortet in seinem satirischen Epos *Atta Troll* diese Frage; dort heißt es: »Denn sie liebte einst Johannem –/In der Bibel steht es nicht,/Doch im Volke lebt die Sage/Von Herodias blutiger Liebe.« Die Sage erzählt folgendes: Bei den Damen der Gesellschaft war es en vogue, den feurigen Bußpredigten des Johannes zu lauschen, und so manche ließ sich von ihm im Jordan taufen. So auch Herodias, jedoch nicht, weil sie ihre Sünden bereut hätte und gläubig geworden wäre. Sie wollte Joahnnes nahekommen. Er reizte sie als Mann, weil er so anders war als alle Männer, die sie kannte: Einerseits Naturbursche, nur mit einem schäbigen Gewand aus Kamelhaaren bekleidet und sich von Heuschrecken und wildem Honig ernährend, andererseits ein wortgewaltiger Redner, der die Menschen in seinen Bann schlug. Sie glaubte leichtes Spiel bei ihm zu haben. Doch da täuschte sie sich. An ihm prallte weiblicher Zauber ab. Statt ihr Avancen zu machen, predigte er ihr Moral, prangerte er ihre sündige Ehe mit Herodes an; statt Zärtlichkeit hagelte es Vorwürfe. Sie würde ihn schon kleinkriegen, dachte sie und brachte ihren Mann dazu, den Täufer wegen Majestätsbeleidigung einzusperren. Nun hatte sie ihn im eigenen Haus; aber auch im Kerker widerstand er ihren Verführungskünsten. Herodias, sonst stets von Männern verwöhnt, wurde zur verschmähten Frau und war voller Haß auf Johannes. Sie dürstete nach Rache, und die hat sie sich, wie wir gesehen haben, auf ihre ganz besondere Weise zu verschaffen gewußt.

Herodias zeigt die Kehrseite weiblichen Zaubers, demonstriert, wozu Frauen fähig sind, deren Liebe verschmäht wird. Das ist in Mythen und Sagen wie in der Literatur ein häufig behandeltes Thema. So begehrte Potiphars Weib den Hausverwalter Joseph. »Schlafe mit mir«, forderte sie ihn auf. Aber er tat's nicht (Gen. 39). Da bezichtigte sie ihn der Vergewaltigung, und Joseph mußte zwei Jahre im Kerker schmachten.

Theseus' zweite Frau Phädra versuchte ihren Stiefsohn Hippolytos zu verführen. Doch der war ein »reiner Jüngling« – so nennt ihn Euripides – und widerstand. Er wurde von ihr ebenfalls der Vergewaltigung bezichtigt und mußte sterben.

So könnte man ein Beispiel an das andere reihen, und das Fazit wäre, daß verschmähte Frauen grenzenlos in ihrer Rachsucht sind. Die Frage ist: Sind sie das nur in Mythen, Sagen und in Dichtungen von Männern? Zumindest manch ein Geschiedener dürfte erfahren haben, wie eklatant eine einstmals liebende Frau sich verwandeln kann. Sie wird ihm nicht das Leben nehmen, aber, wenn sie kann, den letzten Heller, die Kinder inklusive.

Eine Frau ist geradezu ein Synonym für weiblichen Zauber und dessen geschickte Anwendung geworden: die ägyptische Königin Kleopatra. Sie hat gelebt, ist also historisch, wirkte aber schon zu Lebzeiten sagen- und legendenbildend, und bereits die zeitgenössischen Dichter von Horaz bis Vergil nahmen sich ihrer an, allerdings wenig wohlwollend. Sie erscheint überwiegend als männerumgarnende, heuchlerische und ehrgeizige Buhlerin. Für Plinius war sie nichts weiter als eine Dirne. Es ist verständlich, daß kaum ein Römer Kleopatra leiden konnte, galt sie doch als Staatsfeind Nummer eins. Doch nicht die antirömische Politik der ägyptischen Königin nahm die Dichter gegen sie ein – es war ihr Verhalten als Frau, das sie empörte und abstieß. Man hat sie moralisch verurteilt – damals schon und zu späterer Zeit nicht minder.

Die Dichter der Renaissance und des Barocks sahen in Kleopatra den Inbegriff der dämonischen Verführerin, die den Männern die Manneskraft raubt und ihren Willen aushöhlt. Bei Shakespeare ist sie eine unberechenbare Femme fatale, deren destruktive Liebe einen Mann vernichtet. In neueren Darstellungen wird sie entweder verklärt und in den Himmel gehoben oder aber als skrupellose Egoistin von tödlichem Zauber dargestellt. George Bernard Shaw schließlich entwertet sie zu einem unbedarften Dummchen mit kindischem Charakter. Wie ein Hündchen läuft sie Cäsar hinterher, sagt »bitte, bitte« zu ihm und verspricht, wie eine kleine Sklavin alles zu tun, was er ihr sagt. Von den Römern glaubt sie, sie würden die Ägypter fressen. Sie hält Cäsar für den Sohn eines Tigers, und von ihrer Amme läßt sie sich noch verprügeln. Cäsar nennt sie eine »kleine Närrin« und ein »dummes kleines Mädchen«.

Shaw machte Kleopatra klein und dumm, und er wußte genau, wie falsch er sie darstellte. Das freilich tat dieser irische Chauvi ganz bewußt. Ihm war bekannt, daß selbst Kleopatras schlimmste Feinde nie ihre Qualitäten als Herrscherin bezweifelt oder ihre hohe Bildung bestritten haben. Kleopatra hatte studiert, sprach sechs Sprachen, verstand von Mathematik mehr als jeder römische Feldherr, hatte hervorragende Umgangsformen, und sie, die ptolemäische Königin, tat, was für Griechinnen wie für Römerinnen undenkbar gewesen wäre: Sie führte Truppen in die Schlacht und befehligte ihre Flotte. Da sie außerdem auch noch die mächtigsten Männer der damaligen Welt bezauberte, konnte man sie nur bewundern, was die Ausnahme war, oder aber sie verleumden. Letzteres war die Regel, und die Absicht liegt auf der Hand: Eine Frau, die derart bedeutend und so gefährlich anziehend war, mußte von ihrem Sockel heruntergeholt werden, denn zum einen lieben Männer eine derartige weibliche Konkurrenz nicht, zum anderen haben sie vor der Macht erotischen Zaubers eine fast abergläubische Angst.

Kleopatras Leben hat jüngst Françoise Xenakis beschrieben. Aus ihrem Buch stammen im wesentlichen die nachfolgend verwendeten erzählerischen Details.

Als Cäsar in Ägypten auftaucht, ist Kleopatra ganz unten – tiefer geht es nicht. Mehreren Giftanschlägen war sie dank ihrer Klugheit entgangen; doch dann hatte ihr Bruder und Mitregent die Armee gegen sie aufgebracht, ihre Leibwache war getötet worden, und als nächste wäre sie dran gewesen. Sie floh, mußte sich verstecken, lebte als Nomadin unter Nomaden. Dennoch gelang es ihr, eine Truppe aus ihr ergebenen Männern zusammenzustellen, und die führte sie gegen die Soldaten des Bruders. Es war ein verzweifelter Versuch, und so endete er auch. Nach dem gescheiterten Angriff fand sich Kleopatra unter lauter Toten wieder und entkam mit knapper Not. Nun hat sie kein

Geld und keine Soldaten mehr, besitzt nur noch, was sie auf dem Leibe trägt. Aber sie gibt nicht auf. Sie besinnt sich auf das, was sie noch hat und was ihr niemand nehmen kann: ihren Charme, ihren Witz und ihre Fähigkeit, Männer zu bezaubern. Sie beschließt, damit Cäsar, den neuen Kommandeur der römischen Besatzungsmacht, für sich zu gewinnen, ein ebenso gefährliches wie schwieriges Vorhaben. Heimlich nimmt sie Verbindung zu ihrem Stallmeister auf, der weiterhin treu zu ihr steht und ihr jede denkbare Hilfe zu geben bereit ist. Von ihm läßt sie sich nackt in einen Teppich wickeln, und so trägt er sie durch den Palast hin zu Cäsars Gemächern, die er, ohne aufgehalten zu werden, betritt. Die Wachen schlafen – er hatte sie unter Alkohol gesetzt. Bevor Cäsar sich von seiner Überraschung erholen kann, rollt der Stallmeister den Teppich aus, und ein zierliches, nacktes Mädchen kullert dem Römer vor die Füße. Er ruft nicht nach den Wachen. Kleopatra erhebt sich. Sie bietet ganz und gar nicht das Bild, das sie sich erhofft hatte. All der sorgfältige kosmetische Aufwand ist in dem engen Teppich durch die Hitze zunichte geworden. Aber auch staubig, verschwitzt und mit verlaufener Schminke bewahrt sie Haltung, und sie gibt nicht auf. Nachdem sie sich dem immer noch völlig verblüfften Cäsar als ägyptische Königin vorgestellt hat, bittet sie nicht etwa um Gnade, sondern fordert Cäsar vielmehr auf, Gerechtigkeit walten zu lassen und ihr wieder zum Thron zu verhelfen, von dem ihr Bruder und eine Verschwörerclique sie vertrieben haben. Cäsar soll sich jedoch nicht umsonst für sie einsetzen. Für den Fall seiner erfolgreichen Hilfe verspricht sie ihm Gold, Schiffe und Soldaten, soviel er haben will, und das sind keine leeren Versprechungen – Ägypten ist reich.

Kleopatra hat ihre Bedingungen gestellt; nun muß sie dafür sorgen, daß Cäsar auch darauf eingeht. Sie läßt sich vor ihm auf den Boden gleiten, bietet sich ihm an. Das ist, wie wir wissen, für eine Frau ein äußerst delikates und riskantes Unterfangen. Der Ägypterin gelingt es – Cäsar ist aufs höchste beglückt. Kleopatra hat als Frau wie als Königin zu überzeugen gewußt – und das nicht nur in der ersten Nacht. Cäsar verspricht ihr, alles zu tun, was sie gefordert hat, und er hält sein Versprechen. Dazu muß er einen unter den gegebenen Umständen riskanten Krieg gegen ihren Bruder führen. Er tut's, obsiegt wie gewohnt, und Kleopatra VII. ist wieder in Amt und Würden. Sie hat ihr erstes Ziel erreicht. Aber sie will mehr. Die ptolemäischen Königinnen zeichneten sich nicht gerade durch Bescheidenheit aus, schon gar nicht Kleopatra. Sie verfügt über einen beträchtlichen Willen zur Macht und hat hochfliegende Pläne. Dafür setzt sie weiterhin alles ein, nicht zuletzt sich selbst. Sie zieht Cäsar unwiderstehlich in ihren Bann und umgibt ihn mit allem, was die älteste Kultur der Menschheit an Freuden und Genüssen zu bieten hat. Alexandria, das Paris der antiken Welt, besaß viel davon; das Beste von allem gab es im königlichen Palast. Für Cäsar, der nach den Maßstäben der verfeinerten orientalischen Lebensart ein Barbar ist, erfüllen sich Wünsche, von denen er nicht einmal zu träumen gewagt hat. Dazu verwöhnt ihn Kleopatra mit Geschenken, durch die er zum reichsten aller Römer wird. Schließlich macht sie ihn zum Pharao, zum Königsgemahl und Mitregenten an ihrer Seite. Er ist zwar schon verheiratet, doch spielt das nach orientalischem Recht keine Rolle. Höhepunkt der Hochzeitsfeierlichkeiten ist die Fahrt auf dem Nil in Kleopatras goldener Prunkbarke. Sie wird zu einer Triumphfahrt; überall jubeln die Menschen dem Paar zu.

Cäsar genießt das Leben an Kleopatras Seite. Sie hat ihm mitnichten als dämonische Verführerin und als unersättliches Weib das Mark aus den Knochen gesogen, wie dies immer wieder behauptet worden ist. Sie hat ihn vielmehr beflügelt, und das nicht nur im Bett, wo er bei ihr alle anderen Frauen und alle Lustknaben dazu vergaß. Auch als Feldherr und Politiker brillierte er. Auf den Schlachtfeldern reihte er einen Sieg an den anderen; seine Erfolge wurden sprichwörtlich: Er kam, sah und siegte. Er festigte seine Macht in Rom, wurde zum Diktator ernannt, schuf eine neue Staats- und Gesellschaftsordnung, führte den später nach ihm benannten Julianischen Kalender ein, und daneben schrieb er Bücher, die bis heute bekannt geblieben sind. Kleopatra hat ihm nicht geschadet, sondern ihm genutzt – freilich im eigenen Interesse. Er sollte der Mächtigste in Rom werden. Ihr politisches Ziel war die Vereinigung von Orient und Okzident unter ihrer und Cäsars Führung. Später sollte dieses Superreich ihr gemeinsamer Sohn Cäsarion erben.

Cäsar steigt in der Tat zum mächtigsten Mann im Römischen Reich auf. Seine Krönung steht kurz bevor, so glaubt er, und läßt Kleopatra nach Rom kommen, wo sie Königin an seiner Seite zu werden gedenkt. Gemeinsam ziehen sie in die Stadt ein. Doch es findet keine Wiederholung des Triumphes am Nil statt. Statt Jubel gibt es Pfiffe; nur wenige spenden Beifall. Viele hassen die ägyptische Königin. Sie gilt als die Schlange vom Nil; Spott- und Schmähverse über sie machen in der Stadt die Runde.

Aber auch Cäsars Stern ist im Sinken. In bezug auf eine bevorstehende Krönung hat sich der Diktator getäuscht. Zu vielen ist er zu mächtig geworden. Man fürchtet um die Republik, und noch mehr fürchtet man Cäsars Machtpläne, die unschwer zu erraten sind. Den Römern ist Roms Vor- und Weltherrschaft heilig. Niemand will sie mit Ägypten teilen, geschweige mit der ägyptischen Königin.

Cäsar entgeht der wachsende Widerstand, und er ignoriert alle Warnungen. Er will ein zweiter Alexander der Große werden – allerdings allein. Kleopatra ist in seinen Plänen nicht vorgesehen. Er hat sie verraten. Die Macht ihres weiblichen Zaubers hatte Grenzen. Kleopatra hat hoch gespielt – und verloren. Im Gegensatz zu Cäsar macht sie sich jedoch nichts vor. Sie weiß, daß ihr Traum ausgeträumt ist, wußte es schon bei ihrem kühlen Empfang in Rom. Und sie zieht auch die richtigen Schlüsse aus dem, was ihre Spione melden: Mit Cäsar ist es vorbei. Er hingegen schwelgt bis zuletzt in berauschenden Zukunftsvisionen. Er glaubt schon, man setze ihm die Krone aufs Haupt. Doch nie war sie ihm ferner. Statt gekrönt zu werden, wird er ermordet. Dreiundzwanzig Messerstiche in die Brust beenden sein Leben.

Rom ist in Aufruhr. Die Volksseele kocht, und viele wollen ein zweites Opfer: die verhaßte Ägypterin. Ein blutdürstiger Menschenhaufe macht sich auf den Weg zu ihrem Haus. »Tod der schwarzen Hure vom Nil!« fordert der Mob. Kleopatra ist nicht überrascht. Ihr war klar: Wenn Cäsar fiele, dann würde auch sie fallen, und dieses Mal ginge es um ihr Leben. Sie hat vorgesorgt, bereits zu Cäsars Lebzeiten eine Zukunft ohne ihn geplant. Zu diesem Zweck hat sie den Mann für sich gewonnen, der nach Cäsar der Mächtigste in Rom ist und alle Chancen besitzt, sein Nachfolger zu werden: Marcus Antonius. Inzwischen verehrt er sie nicht nur – er betet sie an. Er hat ihr versprochen, stets für sie dazusein, und sich für ihre Sicherheit verbürgt. Außerdem hat er ihr geschworen, alles zu tun, damit ihr Sohn Cäsarion Cäsars Erbe antreten könne. Später setzt er sich tatsächlich für ihn ein, allerdings ohne Erfolg.

Marcus Antonius steht zu seinem Wort, was Kleopatras Sicherheit betrifft. Mit einem Trupp Soldaten erreicht er ihre Villa vor der wütenden Menge. Er geleitet Kleopatra zum Hafen in Ostia, wo ihre Schiffe liegen, und sie kehrt ungefährdet nach Ägypten zurück.

Sie lebt – doch das genügt ihr nicht. Sie gibt ihre Pläne nicht auf. Was ihr mit Cäsar nicht glückte, will sie nun mit Mark Anton zu verwirklichen suchen. Als Feldherr verliert er kaum jemals eine Schlacht.

Außerdem ist er überaus populär. Er ist zwar kein Mann von Geist, aber ein mitreißender Redner, und er ist ehrgeizig. Er will die Macht – und er will Kleopatra. Das nutzt sie aus. Als er sie bittet, nach Tarsos zu kommen, folgt sie seiner Bitte. Aber sie läßt ihn warten – einen ganzen Tag lang. Mark Anton ist nicht Cäsar; entsprechend behandelt sie ihn. Am Abend läuft sie mit ihrer Flotte endlich in den Hafen ein.

Kleopatras goldene Barke mit den purpurnen Segeln ist festlich beleuchtet. Die Königin bittet Mark Anton an Bord, wo sie eine Szenerie geschaffen hat, die ihn unweigerlich in ihren Bann zieht. Was er sieht, verschlägt ihm die Sprache. Gekleidet wie die Göttin Isis liegt Kleopatra unter einem goldenen Baldachin auf einem roten Pfühl. Fackelträger stehen zu ihren Füßen, Wohlgerüche erfüllen die Luft, leise Harfenklänge ertönen. »Willkommen an Bord«, sagt sie, und dann darf Mark Anton in gebührendem Abstand neben ihr Platz nehmen. Diesen Abstand wahrt sie. Erst später, in Alexandria, läßt sie ihn das Ziel seiner Wünsche erreichen. Die beiden heiraten. Als Morgengabe schenkt Mark Anton Kleopatra ganze römische Provinzen, unter anderem Sizilien, und er tut, was Cäsar nicht getan hat: Er läßt sich von seiner Gattin scheiden. Diese, Oktavia mit Namen, ist die Musterfrau jener Zeit. Alle Dichter schwärmen für sie und stellen sie mit Vorliebe der »lasterhaften« Kleopatra gegenüber. Oktavia ist sanft, edel, tugendhaft und gut. Sie zeigt keinen Haß auf die Nebenbuhlerin; später zieht sie sogar deren und Mark Antons Kinder liebevoll auf. Auch Kleopatra hat nichts gegen Oktavia, und ihr persönlich lag wenig an der Scheidung. Die wollte sie aus politischen Gründen. Mark Antons Scheidebrief löst einen Eklat aus, und genau das sollte er. Er ist eine Ohrfeige für Oktavian, Oktavias Bruder, den späteren Kaiser Augustus. Er ist Mark Antons Gegenspieler, sein Konkurrent um die Macht und um den ersten Platz im römischen Weltreich. Kleopatra will, daß endlich eine Entscheidung zwischen den beiden Männern fällt, und die zögert Mark Anton immer wieder hinaus; er kann und mag sich nicht entschließen. Kleopatras Bett ist ihm wichtiger als die Weltgeschichte; üppige Gelage zieht er Anstrengungen und Kämpfen vor. Er hat Fett angesetzt, ist fast täglich betrunken, und das bleibt nicht ohne Folgen: Er vernachlässigt seine Pflichten, verliert an Popularität; vor allem aber verliert er Schlachten. Sein Feldzug gegen die Parther endet mit einer katastrophalen Niederlage; nur mit kläglichen Resten seiner Truppen kehrt er aus dem Krieg zurück. Er vergeude römisches Blut, heißt es in Rom – ein schlechter Leumund für einen Mann, der Erster im Staat werden will.

Mit seinem Versagen und mit seinen Schwächen gefährdet Mark Anton Kleopatras Pläne. Doch die ägyptische Königin vermag ihn nicht zu ändern. Er ist ihr völlig verfallen, und dagegen ist sie machtlos. Sie tut wenigstens auf politischem Gebiet, was sie kann. Rigoros macht sie soviel Geld wie möglich locker, und mit dessen Hilfe entsteht eine neue, schlagkräftige Flotte, die weit stärker und zahlreicher ist als die Oktavians; auch die Landstreitkräfte werden erheblich ausgebaut. So sind die Voraussetzungen für eine erfolgreiche Auseinandersetzung mit Oktavian gegeben. Aber Mark Anton unternimmt nichts. Also muß er von außen zum Handeln gezwungen werden. Kleopatras Rechnung geht auf – der erboste Oktavian erklärt den Krieg. Er erklärt ihn indes nicht Mark Anton, sondern Kleopatra – ein böser Affront. Doch weder der noch die Kriegserklärung bringen den einst so erfolgreichen Feldherrn auf die Beine. Er rafft sich nicht einmal dazu auf, einen Kriegsplan zu machen. Das tut Kleopatra, was ihm auch nicht paßt. Er mäkelt daran herum, und schließlich kommt ein unguter Kompromiß zustande. Kleopatra ist dennoch zuversichtlich, vertraut auf die Überlegenheit ihrer gemeinsamen Streitkräfte, insbesondere auf die zahlenmäßig wie qualitativ überlegene Flotte.

Vor der Landzunge Aktium an der westgriechischen Küste kommt es zur Seeschlacht. Doch Mark Anton hat das Kämpfen verlernt, und so nutzt ihm auch seine Übermacht nichts. Als er dann auch noch glaubt, Kleopatra segle davon, gibt er die Schlacht vorzeitig verloren und segelt hinter ihr her. Er hat nicht nur eine Schlacht verloren. Niemals wird es einen Kaiser Antonius geben und folglich auch nie eine Kaiserin Kleopatra. In der Folge gibt es einen Kaiser Augustus, und unter ihm wird das stolze Ägypten römische Provinz.

Mark Anton tut nicht, was der Ehrenkodex von ihm verlangt: sich umzubringen. Er kann und will auf Kleopatra nicht verzichten. Ein würdeloses Gnadengesuch, das er an Oktavian richtet, wird abgewiesen. Mark Anton stürzt sich erst in sein Schwert, als er von Kleopatras Tod erfährt. Aber das war eine Falschmeldung.

Kleopatra macht einen letzten Versuch und tritt Oktavian gegenüber. Er will sie in Ketten und in einem Käfig den Römern bei seiner Siegesparade als lebende Trophäe präsentieren. Sie weiß das; dennoch gibt sie nicht auf, und für einen kurzen Augenblick scheint es so, als könne sie auch diesen Mann bezaubern. Doch die Absicht schlägt fehl. Immerhin gibt Oktavian ihr Gelegenheit, zu tun, was nun nicht mehr zu vermeiden ist. Schlangengift bewahrt sie vor der Schande öffentlicher Vorführung. In Rom jubelt man über ihren Tod.

Mark Anton hingegen wird bemitleidet. Er hat versagt, und er hat verloren. Trotzdem gibt man nicht ihm die Schuld. Sie, »das Weib des Unheils«, wie Horaz Kleopatra nennt, habe ihn verdorben, zu einem Schwächling gemacht und zugrunde gerichtet, heißt es, und das nicht nur in Rom und zu ihrer Zeit; bei dieser Einstellung ist es weitgehend geblieben.

Gewiß, Kleopatra hat Mark Anton betört und verführt, hat ihn auch für ihre Pläne eingespannt. Aber das waren schließlich genausogut seine eigenen Pläne; auch er wäre nur zu gern Herr eines Reiches aus Orient und Okzident geworden. Kleopatra wollte, daß er es würde, denn sie brauchte einen Mann an ihrer Seite. Sie strebte keine Alleinherrschaft an; das wäre völlig unrealistisch gewesen, und Kleopatra war Realistin. Sie konnte ohne Mann Königin von Ägypten sein, doch niemals Königin in Rom. Dazu brauchte sie Mark Anton, und zwar einen starken Mark Anton. Er durfte kein Schwächling sein; sie brauchte einen Sieger. Weil sie ihm den Sieg zutraute, in ihm einen Mann sah, der das Zeug dazu hatte, König zu werden, wählte sie ihn. Wie unsinnig ist es, zu behaupten, sie habe seine Männlichkeit untergraben, ihm sein Selbstvertrauen und seine Stärke genommen – genau die Eigenschaften, deren er bedurfte, um sie an die Macht zu bringen.

Er selbst hat sich um all das gebracht. Mark Anton hat die Liebe und das Wohlleben der Macht vorgezogen und ist darob zu einem Mann ohne Saft und Kraft geworden, entschlußlos, haltlos und zuletzt sogar feige – aber doch nicht, weil Kleopatra es gewollt hätte! Für diesen Zustand war er ganz allein verantwortlich. Seltsamerweise sehen indes die meisten seiner Geschlechtsgenossen Mark Anton nicht so. Sie geben nicht ihm die Schuld und machen nicht ihn für sein Versagen verantwortlich. Diese männliche Bewertung ist bezeichnend, und sie hat Tradition. Seit Adams mieser Entschuldigung im Paradies (»das Weib ist schuld«) haben Männer es sich angewöhnt, für ihr Versagen, für ihre männlichen Schwächen und Unzulänglichkeiten die Frauen verantwortlich zu machen. Nach diesem Prinzip ist man schon mit Urmutter Eva verfahren: Sie hatte schuld, sie hat Adam verführt, sie ist die Sünderin; Adam hingegen ist jemand, der auf den Kommenden hinweist, auf Christus (Röm. 5,14). Es ist immer das gleiche Lied, und was man einzelnen Frauen unterstellte, wurde und wird bis heute Frauen oftmals generell unterstellt. Dazu zwei beispielhafte Zitate: »Ich fand das Weib bitterer als den Tod; sie ist eine Schlinge des Jägers, ein Netz ist ihr Herz, Fesseln sind ihre Hände.« Und: »Ihr Anblick ist schön, die Berührung garstig, der Umgang tödlich.« Das erste ist ein verfälschtes Bibelzitat (Pred. 7,26), das zweite wird einem Valerius ad Rufinum unterstellt. Beidesmal ist auch die Verbindung zu Kleopatra gegeben, heißt es doch in diesem Zusammenhang von ihr, sie habe dem Römischen Reich viel Übel gebracht und sei ein ganz schlechtes Weib gewesen. Zu lesen sind diese Zitate im *Hexenhammer*, jenem 1487 erstmals veröffentlichten Buch, welches das größte Frauenpogrom aller Zeiten auslöste. Die Zitate dienen darin neben vielen weiteren der Begründung dafür, daß Frauen der Hexerei fähig seien, der in erster Linie Männer zum Opfer fielen.

Männer als Opfer der Frauen – mit Vorliebe wird das Mann-Frau-Verhältnis männlicherseits so gesehen und dargestellt. Das gereicht den Männern wahrlich nicht zur Ehre, denn die Opferrolle stellt ihnen ein Armutszeugnis aus. Sie macht sie zu bemitleidenswerten Objekten der Frau, unfähig, ihr Leben und ihr Schicksal selbst zu bestimmen. Das sonst ach so schwache Weib hingegen bekommt plötzlich als Verursacherin so vieler Übel einen ungewohnten Rang. Es wurde schon einmal gesagt: Nur sehr selten richten Frauen Männer zugrunde; in aller Regel besorgen die Männer das selbst – so wie Mark Anton.

Weiblicher Zauber ist gewiß eine Macht, aber keine absolute. Man muß ihm nicht verfallen. Das haben Cäsar und Oktavian gezeigt. Verfällt man ihm dennoch, was es schließlich gibt, so ist es unfair, die Frau dafür verantwortlich zu machen. Wer klug ist, trägt einen solchen Zustand mit Gelassenheit. Aber welcher Mann ist auf diesem Gebiet schon klug oder gar gelassen?

Und er soll dein Herr sein

Mit dem Gebot »Und er soll dein Herr sein« wurde das erste Menschenpaar aus dem Paradies entlassen, und unter dieser Prämisse mußten fürderhin Mann und Frau miteinander leben. Es blieb nicht bei der Prämisse. Die Männer schufen eine Welt, in der durchweg sie das Sagen hatten; alle wichtigen gesellschaftlichen Bereiche machten sie zu ihren Domänen, so die Politik, die Rechtsprechung, die Wirtschaft, und das Wirkungsfeld der Frauen engten sie weitgehend auf die berühmten drei K ein, auf Kinder, Küche und Kirche.

Im privaten, häuslichen Bereich verankerten sie ihre Dominanz in entsprechenden Gesetzen. Der Mann hatte das alleinige Bestimmungsrecht über seine Familie, war Vormund der Kinder wie der Ehefrau, inklusive eines uneingeschränkten Züchtigungsrechts. Die Frage ist: Gelang es ihm, die häusliche Herrenrolle genauso erfolgreich zu spielen wie die des dominanten Mannes in der Öffentlichkeit? War er als Eheherr so souverän wie als Ratsherr? Mit anderen Worten: Füllte er die Rolle, Herr über seine Frau zu sein, tatsächlich aus?

Der Perserkönig Xerxes, in der ersten Hälfte des 5. Jahrhunderts v. Chr. Herrscher über das damals mächtigste Reich auf Erden, führt die Rolle des Eheherrn vor. Die Geschichte steht in der Bibel im Buch Esther.

Xerxes feiert in seiner Residenz in Susa ein Fest. Es bricht in bezug auf Prachtentfaltung und Üppigkeit alle Rekorde und dauert ganze hundertachtzig Tage und Nächte. Damit entspricht es des Königs Macht, Bedeutung und Größe. Es endet mit einem siebentägigen Festmahl im Hofgarten des Palastes, zu dem jedermann eingeladen ist, groß und klein, arm und reich – nur keine Frauen. Für die Frauen gibt Xerxes' königliche Gattin Vasthi ein Essen. Am letzten Tag dieses Jahrhundertfestes erscheinen plötzlich Hofbeamte des Königs bei ihr und den feiernden Damen, und zwar gleich sieben auf einmal. Sie überbringen der Königin eine Botschaft ihres zu diesem Zeitpunkt schon reichlich angetrunkenen Gemahls. Er befiehlt ihr, sofort vor ihm zu erscheinen, angetan mit ihrem königlichen Diadem, damit alle

Fürsten und alles Volk ihre Schönheit bewundern könnten. Sie ist schön, seine Frau Vasthi, und nun will er mit ihr protzen. Vasthi kennt die Stimmung im Palastgarten. Dort ist das Fest längst zu einem Gelage ausgeartet, und es ist nicht auszuschließen, daß sie sich allein mit ihrem Kopfschmuck, ohne jegliches bergendes Gewand, den lüsternen Männerblicken präsentieren müßte. Vasthi wird nicht gefragt – sie hat keine Entscheidungsfreiheit. Ihr Mann ist der Herr; sie hat zu gehorchen, und es spielt dabei keine Rolle, ob er der mächtigste König der Welt ist oder ein armer Viehhirt. Das ist die gegebene Ordnung; an ihr darf nicht gerüttelt werden.

Doch Vasthi gehorcht nicht. Sie weigert sich, sagt nein, ganz einfach nein. Die sieben schauen fassungslos. Angesichts dieser Situation fehlen ihnen die Worte. Unter tiefen Bücklingen ziehen sie sich zurück, und mit ebensolchen nähern sie sich ihrem königlichen Herrn und teilen ihm betreten das Ergebnis ihrer Mission mit. Xerxes ist erbost, und es packt ihn großer Zorn, heißt es im ersten Kapitel des Buches Esther. Mit einer herrischen Bewegung scheucht Xerxes die sieben Kämmerer davon. Die Lust am Feiern ist ihm vergangen. Er läßt seine Rechtsgelehrten zu sich rufen und zieht sich mit ihnen zur Beratung zurück. »Die Frau hat mir nicht gehorcht«, sagt er und will wissen, welche Strafe das Gesetz für sie vorsehe. Die Juristen erklären ihm, Vasthis Vergehen sei noch weit größer. Die Königin habe sich nicht allein ihm gegenüber schuldig gemacht, sondern gegenüber den Männern aller Stände und aller Völker. Denn, so begründen sie ihr Votum, nur zu schnell werde sich Vasthis Tat bei den Frauen des Landes herumsprechen, und sie würden sich sagen: Da selbst die Königin ihrem Mann nicht folgte, warum soll ich dann dem meinen gehorchen? Sie würden die Achtung und den Respekt vor ihren Eheherren verlieren, ja sie verachten, und der König könne sich ausrechnen, wieviel Ärger und Verdruß das bei denen geben werde. Die Gelehrten raten dem König, zweierlei zu tun: erstens, Vasthi sofort zu verstoßen, und zweitens, einen Erlaß herauszugeben, der die Stellung des Mannes für jetzt und alle Zeiten kläre, und diesen Erlaß in die Gesetzestexte aufzunehmen. Xerxes folgt ihrem Rat. Vasthi wird verstoßen, und das königliche Dekret wird den Statthaltern aller Provinzen von Indien bis Kusch in der jeweiligen Sprache der dort ansässigen Völker zur Kenntnis gebracht. Darin wird mitgeteilt, daß die ungehorsame Königin Vasthi dem König niemals mehr unter die Augen treten dürfe und der Rang einer Königin einer Würdigeren gegeben werde. Und es wird festgestellt:

»Jeder Mann solle Herr in seinem Hause sein und dürfe anordnen, was ihm beliebe« (Est. 1,22, Menge-Bibel). In Luthers Übersetzung heißt es an dieser Stelle: »daß ein jeglicher Mann der Oberherr in seinem Hause sei«, und es findet sich ein Verweis auf 1. Moses 3,16. Dort liest man dann jene göttliche Verfügung, die Xerxes' Handeln absegnet. »Und er soll dein Herr sein«, sprach der Genesis-Gott zum Weibe. Beispielhaft hat Xerxes dieses Herrsein praktiziert.

Aber auch Vasthi hat beispielhaft gehandelt. Sie hat sich nicht vor dem Mann gebeugt, hat ihre Selbstachtung und ihren Stolz bewahrt, sich als Herrin und nicht als Sklavin erwiesen. Sie hat genau jenen Ungehorsam geübt, der heutzutage so viel gepriesen wird. Doch was hat es ihr eingebracht? Sie hat ihren Mann, ihre Stellung, ihren Besitz, alles verloren, und es ist sehr die Frage, ob man sie am Leben gelassen hat. Damals wurden Frauen nicht selten wegen weit geringerer Verfehlungen in den Tod geschickt. Vasthi ist dieses Risiko eingegangen, und sie hat fraglos gewußt, was sie riskierte. Mancher Heutige wird ihr dafür Beifall zollen und meinen, sie habe ein Beispiel gegeben und ein Zeichen gesetzt für all die anderen unterdrückten Frauen.

Das ist ein unangebrachter Optimismus. Vasthi hat ein Beispiel gegeben, aber ein nutzloses. Und sie hat ein Zeichen gesetzt, aber ein falsches. Folglich hat sie ihren Schwestern keinen Dienst erwiesen. Ihr Opfer war umsonst – schlimmer noch: Es hatte eine gegenläufige Wirkung. Xerxes und seine juristische Männerclique statuierten an Vasthi ein Exempel, und das wurde zum Fanal. Sie demonstrierten dadurch landesweit, was jenen passiert, die ihren Männern nicht gehorchen, und daß selbst die Königin ihrer gerechten Strafe nicht entgeht. Und dann verfügte die königliche Botschaft, »alle Frauen« hätten »ihren Ehemännern, den vornehmsten wie den geringsten, die gebührende Achtung« zu erweisen (Einheitsübersetzung). Das wirkte: Einen zweiten Fall Vasthi hat es im großen Persischen Reich nicht gegeben.

Vasthi hat die Macht der Männer nicht geschwächt, sondern gestärkt, und sie ist an ihr gescheitert. Ihr Opfer war sinnlos und hat der Sache der Frauen nicht gedient. Sie hätte getrost mit den Kämmerern mitgehen und sich anstarren lassen sollen; es wäre das kleinere Übel gewesen. Aphrodite hat gezeigt, wie man eine solche Situation souverän meistert und sie übersteht, ohne sich etwas zu vergeben. Aphrodite war eine Siegerin, Vasthi hingegen eine Verliererin. Vielleicht war ihre Tat dennoch nicht umsonst; sie mag zu der Erkenntnis beigetragen haben, daß es so, wie sie es gemacht hat, nicht geht.

Vasthi verschwindet in der Versenkung, und trotz ihrer Aufrichtigkeit und ihrer offenen Auflehnung gegen den Mann kennt man heute kaum mehr ihren Namen. Ihre Nachfolgerin Esther hingegen wurde zur Heldin, obwohl sie weder aufrichtig war noch sich gegen ihren Gemahl auflehnte. Sie verstand es jedoch, weit erfolgreicher mit der Herrenrolle des Mannes umzugehen. Wie sie mit Xerxes fertig geworden ist und ihre Absichten und Pläne durchgesetzt hat, darf als beispielhaft gelten.

Der König brauchte eine neue Frau. Zu diesem Zweck schickte er Abgesandte in alle Provinzen seines Landes, damit sie für ihn die schönsten Jungfrauen fänden und nach Susa brächten. So war es Sitte damals, und kaum ein Mädchen hatte etwas dagegen. Wer wollte nicht Frau Xerxes werden!

Der Jude Mardochai empfiehlt seiner schönen Nichte Esther, sich ebenfalls auswählen zu lassen. Er rät dies nicht wegen der damit verbundenen Ehre oder weil er Xerxes für einen idealen Gatten hielte, sondern aus politischen Gründen. Eine jüdische Königin würde seinem Volk nutzen, das schon damals Schwierigkeiten mit dem Überleben hatte. Esther verabscheut den Gedanken, einen Heiden zu heiraten, und sei er auch dreimal König. Aber sie ist keine geringere Patriotin als ihr Onkel, und die Aufgabe reizt sie. Sie würde nicht einfach sein, denn selbst als Königin hätte sie weder Macht noch Mitsprache. Xerxes war der Herr, ohne jede Einschränkung; das hatte er gerade erst demonstrativ bewiesen.

Mardochai leitet die ersten Schritte für Esthers geplante Karriere ein. Er kennt sich aus in der Hauptstadt und weiß an den richtigen Strängen zu ziehen. Er sorgt dafür, daß Esther dem Jungfrauensuchkomitee auffällt, und er findet Mittel und Wege, daß sie schließlich im königlichen Frauenpalast landet. Damit ist die erste Hürde genommen; für alles weitere muß Esther nun selbst sorgen.

Die Mädchen unterstehen dem königlichen Kämmerer Hegai, der am Hof eine Vertrauensstellung innehat. Selbstverständlich ist er ein Eunuch, denn ein Mann, der noch ein Mann ist, kommt an die Frauen und Mädchen, die im Palast leben, nicht näher als zehn Schritte heran. So war das damals. Hegai nimmt die erste Auswahl vor. Wen er nicht für würdig befindet, schickt er nach Hause; die anderen werden unter seiner Obhut zwölf Monate in allem Notwendigen unterwiesen, vor allem in Körper- und Schönheitspflege, aber auch in der Liebeskunst. Esther ist dabei, und es dauert nicht lange, da steht sie in Hegais Gunst an erster Stelle. Sie erhält sieben auserwählte Dienerinnen, die schönsten Räume des Palastes, und sie darf sicher sein, daß Hegai sie gegenüber dem König ins beste Licht rücken wird. Zufall? Nicht bei Esther. Freilich sind es nicht ihre weiblichen Reize, mit denen sie Hegai beeindruckt hat; die sind einem Verschnittenen gegenüber wenig wirksam. Esther versteht sich auf die Kunst, geschickt mit Menschen umzugehen, insbesondere mit Männern, und sie verfügt über jene Ausstrahlung, die nur kluge Frauen auszeichnet; sie besitzt große Anmut, heißt es.

Das Jahr ist um, und nun ist es an Xerxes, die entscheidende Wahl zu treffen. Er tut dies auf die bei orientalischen Potentaten übliche Weise: Eine nach der anderen werden die Jungfrauen am Abend zu ihm gebracht und am Morgen zurückgeschickt. Danach weiß er genau, wie schön sie sind, und noch einiges mehr. Das hat zu der Zeit keines Mädchens Würde verletzt, und schon gar nicht hat Esther moralische Bedenken. Sie verfolgt ein Ziel und tut daher, was diesem Ziel dient. Sie fragt sich nicht, ob es gut oder schlecht ist, mit Xerxes zu schlafen, sondern überlegt, wie sie ihn in dieser entscheidenden Nacht derart beeindrucken kann, daß er sie zur Königin macht.

Was sie sich vorgenommen hat, gelingt ihr. Esther nimmt den Herrscher für sich ein, und das auf der ganzen Linie. Xerxes verliebt sich nicht nur in sie und findet sie reizvoller als alle anderen Frauen zuvor; sie gewinnt, wie es heißt, auch die Gunst des Königs und seine Zuneigung. Dazu gehört mehr als ein schöner Körper und Versiertheit in der Liebeskunst. Esther verfügt darüber. Damit erreicht sie ihr Ziel: Er legt ihr das königliche Diadem um – sie wird die neue Königin.

Nachdem das prunkvolle Hochzeitsfest zu Ende ist, erfährt Esther, wie wenig Spielraum sie als Königin hat. Wie alle anderen Haremsfrauen auch darf sie bei Xerxes nur erscheinen, wenn er sie ruft. Handelt sie dem entgegen, riskiert sie ihr Leben. Jede weibliche Eigeninitiative ist verpönt; es ist schon riskant für sie, ihren Mann um eine Audienz zu bitten. Esther tut dies dennoch, allerdings nicht leichtfertig; sie hat einen stichhaltigen Grund: Es droht ein Mordanschlag auf den König, und das berichtet sie ihm. Sie nennt ihm auch ihren Informanten: Der Jude Mardochai hat die Verschwörer belauscht und Esther davon Nachricht gegeben. Xerxes läßt die Sache überprüfen. Die Information erweist sich als richtig, und die verhinderten Attentäter werden gehängt.

Esther klärt Xerxes nicht über ihr verwandtschaftliches Verhältnis zu Mardochai auf, und er weiß auch nicht, daß sie Jüdin ist, was sich später als nützlich erweist.

Man mag den Zwischenfall für einen glücklichen Umstand halten. Doch das ist er nur bedingt. Mardochai hält sich stets gut informiert, und Esther hat die Information optimal genutzt. Sie steht als Lebensretterin gut da gegenüber dem König, und sie trägt dazu bei, daß Mardochai lobend im Buch der Denkwürdigkeiten, der Staatschronik, erwähnt wird.

Die nächste Neuigkeit, die Mardochai zu berichten weiß, ist ein Schock: Des Königs Kanzler Haman plant die Ausrottung aller Juden im Lande, und dafür ist Mardochai der Anlaß. Haman haßt ihn, und zwar darum, weil Mardochai ihm die gebührende Ehrerbietung verweigert. Dem zweiten Mann im Staate steht laut Protokoll Huldigung durch Niederwerfen zu. Mardochai indessen fällt nicht vor Haman nieder; er sei Jude und beuge nur vor seinem Gott die Knie, hat er gesagt und damit den Kanzler tödlich beleidigt. Haman wirft das Los (Pur, daher Purimsfest), und das fällt auf den 13. Adar. Damit steht der Tag des Pogroms fest. Xerxes macht mit seinem Siegel Hamans Anordnung rechtsgültig, und vielfach kopiert geht der Befehl hinaus in alle Provinzen. Nicht einmal der König selbst könnte ihn rückgängig machen; so will es das Gesetz. Die Juden müssen sterben – alle, Männer, Frauen und Kinder; das steht in der Anordnung.

Die einzige Hilfe könnte von Esther kommen. Doch diese steht vor einer kaum lösbaren Aufgabe; erschwerend kommt hinzu, daß Xerxes sie seit drei Wochen nicht mehr hat zu sich rufen lassen. Die Situation erscheint hoffnungslos. Alle Juden in Susa beten und fasten für Esther. Sie betet und fastet auch. Daraus gewinnt sie die Stärke für das, was sie für ihr Volk tun muß. Sie verläßt sich jedoch nicht allein aufs Gebet, sondern benutzt ihren Verstand und macht einen Plan. Sie beschließt, ungerufen vor den König zu treten und die Todesstrafe zu riskieren. Die ist allerdings nicht zwangsläufig; der König *muß* sie nicht verhängen. Darauf baut Esther, und entsprechend bereitet sie sich vor. Sie ist in ähnlicher Lage wie Kleopatra vor ihrer ersten Begegnung mit Cäsar, und wie sie schminkt und schmückt sie sich. Sie legt ihre schönsten und kostbarsten königlichen Kleider an und setzt ihre Krone auf. Dann geht sie, aber nicht allein. Sie läßt sich von zwei Dienerinnen begleiten; auf die eine stützt sie sich, wie es vornehme Damen zu tun pflegten, die andere trägt ihre Schleppe.

So betritt Esther den verbotenen inneren Palasthof. Wer in derart großem Aufzug daherkommt und dann ebenso schön wie majestätisch aussieht, den läßt man nicht so ohne weiteres köpfen. Esther hat Xerxes richtig eingeschätzt – so, wie Kleopatra Cäsar richtig eingeschätzt hat. Der König ist zwar ärgerlich und sieht sie wütend an, denn eine ungehorsame Frau ist ihm zuwider; doch zum Zeichen seiner Gnade streckt er ihr sein goldenes Zepter entgegen.

Esther hat ihren Auftritt überlebt, der erste Schritt ist gelungen. Sofort läßt sie den zweiten folgen: Sie fällt in Ohnmacht. Hilflos liegt sie Xerxes zu Füßen, und das ist ein Anblick, der, wie wir verschiedentlich gesehen haben, Männer zutiefst zu beeindrucken pflegt. So ist es auch hier. Xerxes erhebt sich von seinem Thron, eilt zu Esther und nimmt sie in die Arme. Na bitte! Was aber steht im Text? Dort heißt es, Gott habe das Herz des Königs erweicht (Est. 5, 1e, Einheitsübersetzung). Wieder einmal gönnt man einer Frau den Erfolg nicht, den sie ihren eigenen Bemühungen und ihrer Klugheit verdankt.

Aller Zorn ist von Xerxes gewichen, hat Beunruhigung Platz gemacht. Ängstlich sieht der Perserkönig Esther in das bleiche Gesicht und atmet erleichtert auf, als sie endlich die Augen aufschlägt. »Ich bin dein Bruder«, sagt er freundlich, »sei unbesorgt! Du sollst nicht sterben.« Er küßt sie, fragt dann nach ihrem Anliegen und fordert sie auf zu sprechen. Sie hat erreicht, was sie wollte. Aber sie ist vorsichtig, übereilt nichts und fällt folglich nicht mit der Tür ins Haus, denn zu wichtig ist, was sie von Xerxes erbitten will. Sie setzt ein weiteres Mittel ein, eines, das Judith schon gegenüber Holofernes mit Erfolg benutzte und von dem Jonathan Swift meint, es wirke darum bei Männern so gut, weil sie im tiefen Inneren ihrer Seele eine geringe Meinung von sich hätten: Esther schmeichelt Xerxes. Sie sagt: »Ich sah dich, Herr, wie einen Engel Gottes, und mein Herz erschrak vor deinem majestätischen Anblick; denn du bist herrlich, Herr, und dein Gesicht ist voll Wohlwollen« (Est. 5, 2a). Das ist stark – aber er schluckt's; es ist schwer, beim Schmeicheln zu übertreiben.

Esther beläßt es nicht dabei, sondern tut ein weiteres. Sie fällt gleich noch einmal in Ohnmacht und erreicht damit dreierlei: Sie verstärkt den Eindruck ihrer Worte, sie läßt Xerxes nicht zum Nachdenken kommen, und sie beeindruckt sein Gefolge. Der König ist bestürzt, seine Männer sind voll Mitleid. Esther erwacht zum zweitenmal, und nun ist der Boden für ihre Pläne bestens bereitet: Man ist ihr wohlgesinnt, nichts ist mehr übriggeblieben von Xerxes' selbstherrlicher Männlichkeit; vor allem aber ist der Herrscher nun bereit, ihr jeden

Wunsch zu erfüllen, selbst wenn es sein halbes Reich wäre, wie er ihr versichert. Sie hat ihn da, wo sie ihn haben wollte, und nie im Leben käme er auf den Gedanken, daß er einer gekonnten weiblichen Inszenierung zum Opfer gefallen ist.

Diese ist von ganz anderer Art als das, was die Gänsemagd in Szene gesetzt hat. Esther tut nichts unbewußt oder auch nur halb bewußt. Sie ist eine reife Frau, die weiß, was sie will, und dafür planmäßig und überlegt die Mittel einsetzt, mit denen sie ihre Ziele erreichen kann. Hierin ist sie Judith ähnlich und etlichen anderen Tatfrauen. Sie ist eine hervorragende Strategin, und dafür erbringt sie weiterhin den Beweis. Ihre Bitte, so sagt sie Xerxes, wolle sie ihm bei einem gemeinsamen Abendessen mitteilen. Das versteht sich; vor allen Leuten kann sie nicht sprechen. Sie lädt ihn also zu einem privaten Festschmaus ein und bittet ihn, Kanzler Haman mitzubringen. Xerxes sagt zu, und Haman fühlt sich geschmeichelt; das soll er – und er soll sich in Sicherheit wiegen. Freudig erscheint er mit dem König bei der Königin; man geht zu Tisch, und beim Wein wiederholt Xerxes seine Zusage, Esther jeden Wunsch zu erfüllen. Doch sie vertröstet ihn auf den nächsten Abend; er möge noch einmal mit Haman zum Essen zu ihr kommen, bittet sie ihn. Sie braucht die Zeit, um ihren nicht ganz einfachen Plan zu verwirklichen. Der König ist einverstanden, und man geht vergnügt auseinander, in der Vorfreude auf das zweite Festessen bei Esther. Sie hat für gute Stimmung an diesem Abend zu sorgen gewußt, was gegenüber Haman gewiß nicht einfach gewesen ist.

Nun geht es Schlag auf Schlag. Am Palasttor stößt Haman auf Mardochai. Der sitzt dort und bleibt ostentativ sitzen, als der Kanzler an ihm vorbeigeht. Dessen gute Laune verfliegt, und wütend beschließt er, daß Mardochai noch vor allen anderen Juden sterben soll. Er gibt Befehl, für ihn einen Galgen zu errichten.

An diesem entscheidend wichtigen Abend wird Xerxes aus dem Buch der Denkwürdigkeiten vorgelesen, und zwar die richtige Stelle, nämlich jene, in der von den beiden Verschwörern und von Mardochais Verdienst die Rede ist. Das ist kein Zufall; Esther hatte dabei ihre Hand im Spiel, was nicht sonderlich schwierig für sie ist, da sie zu wichtigen Leuten gute Beziehungen pflegt. Der Vorleser gehört fraglos zu ihnen, und er tut ihr gewiß gern einen Gefallen. Er macht den König darauf aufmerksam, daß Mardochai niemals eine Belohnung bekommen hat. Xerxes ist nicht undankbar und beschließt, das Versäumte nachzuholen. Als am Morgen Haman zu ihm kommt, um sich für Mardochai den Hinrichtungsbefehl geben zu lassen, erhält er, bevor er sein Anliegen vortragen kann, den Auftrag, Mardochai vor allen Leuten zu ehren und auszuzeichnen. Der Zeitplan hat geklappt – Haman hat das Nachsehen.

Am Abend erscheint der Kanzler reichlich angeschlagen zu Esthers Tafel. Nach Tisch fragt Xerxes abermals seine Frau: »Was hast du für eine Bitte, Königin Esther? Sie wird dir erfüllt werden.« Sie antwortet: »Rette mein Leben, das ist meine Bitte«, und sie fährt fort: »Ich und mein Volk sollen erschlagen, umgebracht, ausgerottet werden.« Xerxes ist entsetzt, und er will wissen, wer der Mensch ist, der solches zu tun wagt. Sie zeigt auf Haman. »Er!«

Der König, so heißt es, ist darüber derart ergrimmt, daß er in den Garten hinausgeht, um sich zu beruhigen. Als Haman sich mit Esther allein sieht, fällt er vor ihr auf die Knie und fleht um sein Leben. Ein solcher Kniefall ist ungemein wirkungsvoll, wenn ihn eine Frau vor einem Mann tut. Esther hingegen ist von Hamans Geste nicht im mindesten gerührt. Sie hat keinen Grund, Mitleid mit dem vor ihr Knienden zu haben. Aber sie muß fürchten, daß es dem schlauen Fuchs doch noch gelingen könnte, den Kopf aus der Schlinge zu ziehen. Dem will sie einen Riegel vorschieben, und dazu gibt ihr der Kanzler Gelegenheit. Als sie Xerxes zurückkommen hört, zieht sie Haman zu sich empor auf die Liegebank. Das steht zwar so nicht da; Haman befindet sich jedoch genau in dieser Position. Er hat sich »über das Polster geworfen, auf dem Esther lag«, heißt es. Warum sollte er? Der Königin zu nahe zu treten dürfte das letzte gewesen sein, an das er in diesem Augenblick gedacht haben mag. Doch es sieht so aus, und Xerxes reagiert entsprechend. »Willst du in meinem eigenen Haus meiner Frau auch noch Gewalt antun?« fragt er, und kaum hat er ausgesprochen, da bekommt Haman ein weißes Tuch über den Kopf geworfen – das Todesurteil. Er wird an dem Galgen aufgehängt, den er für Mardochai hat errichten lassen. Esther erhält von Xerxes Hamans gesamten Besitz. So hoch ist im Augenblick ihr Ansehen.

Die Gunst der Stunde nutzend, sagt sie Xerxes, daß Mardochai ihr Onkel ist, und weist noch einmal auf dessen Verdienste hin. Ihr königlicher Gemahl reagiert darauf wunschgemäß und prompt: Er läßt Mardochai rufen und überträgt ihm Hamans Amt.

Der Plan hat geklappt. Esther hat einen großen Erfolg errungen, und niemand wird ihr oder Mardochai auch nur ein Haar krümmen. Dennoch ist damit das Vernichtungsurteil gegen die Juden nicht vom

Tisch. Die Königin muß Xerxes dazu bringen, ihr Volk zu retten. Zu diesem Zweck wirft sie alles in die Waagschale. Abermals fällt sie dem König zu Füßen, diesmal indes nicht ohnmächtig, sondern bitterlich weinend. Sie fleht ihn an, Hamans schändlichen Plan zunichte zu machen. Er ist beeindruckt, und er würde tun, was sie erbittet. Doch selbst er kann einen einmal gegebenen königlichen Befehl nicht widerrufen – das ist das Problem, und da helfen keine Tränen. Esther erkennt dies und wechselt ihre Taktik. Sie erhebt sich und meint, wenn er auch seine Anordnung nicht widerrufen könne, so stehe es ihm doch frei, neue Befehle zu erteilen. Xerxes nickt; das leuchtet ihm ein. Und weil er in der Stimmung ist, ihr zu helfen, gibt er eine neue Order. Darin heißt es nun, daß die Juden sich am Tage X, dem 13. Adar, gegen ihre Feinde wehren dürfen und sie nach Belieben »erschlagen, ermorden und ausrotten« können – ganz so, wie es gegen sie selbst vorgesehen gewesen war. Eilboten bringen die Botschaft in die hundertsiebenundzwanzig Provinzen des Landes. Das Judenpogrom findet nicht statt. Vielmehr drehen die Juden den Spieß um und erschlagen fünfundsiebzigtausend ihrer Feinde.

Dieser Tag des Triumphes wird von den Juden bis heute als Purimsfest gefeiert. Esther ist eine Heldin des jüdischen Volkes und eine beispielhafte Frauengestalt des Alten Testaments. Historisch ist sie nicht. Doch was schadet das? Ihr Vorbild zeigt, wie eine machtlose und abhängige Frau mit einem Mann umgeht, der über alle Macht verfügt, und sich dennoch bei ihm durchsetzt. Formal bleibt er allerdings weiter der Herr, und er bleibt *ihr* Herr. Daran ändert Esther nichts, weil sie nichts daran ändern kann. Sie muß sich damit abfinden. Ihre Kunst besteht darin, Xerxes dazu zu bringen, daß er tut, was sie will. Dies gelingt ihr so gut, daß er keinen Verdacht schöpft und ihr uneingeschränkt gewogen bleibt. Nach diesem Modus wurden – und werden noch immer – nicht wenige Ehen geführt.

Die relative Friedlichkeit, die einer solchen Beziehung eigen ist, geht zu Lasten der Frau. Sie hat keine Möglichkeit, aufrichtig zu sein, muß taktieren, heucheln, Theater spielen, sich verstellen, den Mann manipulieren. Esther tut das ebenso geschickt und klug wie skrupellos.

Sie entspricht gewiß nicht dem männlichen Ideal von einer Frau, vielleicht nicht einmal dem weiblichen. Sie überlebt und hat Erfolg, weil sie nahezu perfekt die von ihr erwartete Rolle spielt. Xerxes hatte so gut wie keine Chance dahinterzukommen. Wäre er jedoch dahintergekommen, dann hätte Esther ausgespielt gehabt, und mit Sicherheit wäre es ihr weit schlimmer ergangen als ihrer Vorgängerin Vasthi.

Immer wieder stoßen wir auf ein weibliches Idealbild, das den Männern im Kopf herumspukt. Maler haben es gemalt, Dichter es besungen, Moralisten es als Beispiel vor Augen geführt. Eine solche Idealfrau soll nun vorgestellt werden, eine Frau, die ihren Mann ohne jede Einschränkung als Herrn akzeptiert, ihm bedingungslos gehorcht und ihn dennoch über alles liebt. Dieses unglaubliche Wesen von einer Frau heißt Griseldis.

Sie ist nicht klassischer und nicht mythologischer Herkunft, gewiß märchenhaft, stammt aber nicht aus einem Märchen. Ihr Ursprung ist volkstümlich. Als literarische Figur erblickte sie in Boccaccios um 1350 entstandenem *Dekameron* das Licht der Welt; sie findet sich dort als Heldin der zehnten Geschichte des zehnten und letzten Erzähltages und machte von hier aus europaweit Karriere, was nicht verwundert. Der Griseldis-Stoff, so analysiert die Literaturwissenschaftlerin Elisabeth Frenzel, sei »aus dem Boden des absoluten Herrschafts- und Eigentumsstandpunktes des Mannes gegenüber der Frau erwachsen«. Dieser Standpunkt ist uralt; er wurde im Paradies begründet und seitdem von Männern aller Zeiten vertreten, durchgesetzt und schließlich in Gesetzen fest verankert: Vom Tag der Trauung an war der Mann, wie gesagt, der Vormund seiner Frau, hatte teilweise sogar das Recht, über Leben und Tod der Gattin zu bestimmen. Er war ihr Herr, und das nicht nur in grauer Vorzeit. Bis Anfang der fünfziger Jahre dieses Jahrhunderts hatte laut Paragraph 1354 des Bürgerlichen Gesetzbuches der Mann das Entscheidungsrecht in allen Eheangelegenheiten, insbesondere das Recht, Wohnung und Wohnort zu bestimmen.

Um eine solche Machtposition durchzusetzen und zu erhalten, war unter anderem notwendig, den Menschen, namentlich den Frauen, die entsprechende Rollenverteilung immer wieder einzuschärfen. Ein Mittel dazu waren einschlägige Schriften. Eine ebenso bezeichnende wie beispielhafte ist das *Philosophisch Ehzuchtbüchlin* von Johann Fischart. Dieser 1578 erschienene Traktat blieb über dreihundert Jahre lang aktuell. Das mit Goldrand versehene rotleinene Bändchen, das vor mir liegt, trägt kein Datum, dürfte aber Ende des vorigen Jahrhunderts verlegt worden sein. In der Vorbemerkung des Herausgebers wird das kleine Werk als »eines der edelsten Erzeugnisse deutscher Literatur« gerühmt.

Auf jeden Fall preist der Autor den Mann. Er ist ganz selbstverständlich das Haupt der Frau. »Er ist ihr Kaiser und König«, den sie verehrt und dem sie gehorcht wie ein Kind dem Vater, heißt es; tut sie das nicht, gehört sie in die Kategorie jener Frauen, die bitterer als der Tod sind. Aber nicht nur einem braven Mann hat die Frau untertan zu sein, sondern auch einem, der ein Tyrann und ein Wüterich ist, denn, so folgert Johann Fischart, »in göttlichen und menschlichen Gesetzen stehet, daß man auch einer tyrannischen Obrigkeit soll untertan sein«, und was in der Politik Geltung hat, gelte daher erst recht in der Ehe. Dennoch erhärtet Fischart die These an einem weiteren Beispiel, und zwar aus dem Tierreich. Er will damit zeigen, daß auch die Natur das Herrenprinzip kenne, seien doch Hunde und Pferde ihren Herren auch dann treu, wenn diese sie hart hielten und übel schlügen. Doch er hat einen Trost für geschundene Ehefrauen anzubieten, nämlich den, »daß auch eine ungeratene Ehe eine bescherte Ehe sei«.

Mit folgendem Satz schickte »der liebevolle Bearbeiter des Schriftchens«, ein Herr Weitbrecht, Fischarts Buch im 19. Jahrhundert auf den Weg zu den Leserinnen und Lesern: »Man kann nur wünschen, daß eine Abhandlung, so treuherzig und innig, so zum Herzen sprechend, und voll des heitersten, reinsten und glücklichsten Humors, als Volksbuch in Häusern und Herzen Eingang finde!« Sie hat Eingang gefunden!

Kehren wir zurück zu Boccaccio und seiner trefflichen Erzählgesellschaft. Sie besteht aus sieben jungen Damen und drei jungen Herren. Sie sind vor der Pest auf ein Landgut geflohen, wo sie sich zehn Tage lang in der freien Natur ergehen, musizieren, singen, tanzen, vor allem aber sich die Zeit mit Geschichtenerzählen vertreiben. Viele Erzählungen drehen sich um Liebe und Ehe und zeigen, wie man sich im Italien der Renaissance die Rollen von Mann und Frau vorstellte. Einen bemerkenswerten Beitrag zu diesem Thema leistet Emilia. In ihrer Einführung zur neunten Geschichte des neunten Tages beantwortet sie ebenso präzise wie sophistisch die Frage, wer die Rolle des Herrn in der Ehe spiele. Lächelnd, und als sei es das Selbstverständlichste von der Welt, stellt sie fest, die Frauen seien durch Natur, Gesetz und Sitte den Männern unterworfen, und folgert daraus, daß, wer mit einem Mann in Frieden leben wolle, demütig, geduldig und gehorsam sein müsse. Die Natur selbst, so befindet sie, prädestiniere die Frau zu dieser Rolle, da sie einen zarten und schwachen Körper, eine sanfte Stimme und eine schüchterne, furchtsame Seele habe; also gebiete es die Vernunft, daß sie eines fremden Schutzes und einer fremden Leitung bedürfe. Emilia fragt: »Und wer sollen unsere Leiter und Beschützer sein, wenn nicht die Männer?« Man müsse sie daher »hoch ehren und ihnen unterwürfig« sein. Mahnend, ja drohend fährt sie fort: Wer als Frau abweiche von der durch Natur, Brauch und Gesetz vorgeschriebenen Pflicht, gefügig, gutmütig und unterwürfig zu sein, der verdiene nicht nur harten Tadel, sondern auch strenge Züchtigung. Nach dieser Einführung erzählt sie eine Geschichte, in der ein Mann aufgrund eines Ratschlags des weisen Salomo seine ungehorsame Frau so lange prügelt, bis sie bedingungslos tut, was er will, und er endlich Herr im Hause ist.

Nicht von ungefähr gibt Emilia ihre männerverehrenden Sentenzen mit einem Lächeln von sich und schließt die drei jungen Herren aus. Sie beginnt ihre Rede mit: »Meine liebenswürdigen Damen.« Sie sind, wie wir wissen, nicht nur liebenswürdig, sondern auch klug. So spüren sie gewiß den Hauch von Ironie, mit dem Emilia ihre Worte zu umhüllen weiß. Er entsteht durch Übertreibung. Allenfalls Männer werden Emilias Feststellung, Frauen hätten eine schüchterne, furchtsame Seele, für bare Münze nehmen. Frauen kennen sich und ihresgleichen und wissen es besser. Nicht viel anders verhält es sich mit der sanften Stimme, dem zarten Körper und den linden Bewegungen als Attributen des Weiblichen. Nur auf wenige wirkliche Frauen trifft dies zu; im großen und ganzen sind Frauen alles andere als feengleiche, schwächliche Wesen, die ohne männliche Führung und Leitung verloren wären.

Eines ist hingegen richtig: Frauen sind schwach, nicht schwach an sich, aber in der Regel weniger stark und kräftig als Männer. Sie sind ihnen körperlich unterlegen, und das ist einer der ganz wenigen grundsätzlichen Unterschiede zwischen Mann und Frau. Es ist allerdings ein entscheidender Unterschied, denn auf seiner körperlichen Überlegenheit beruht sehr wesentlich die Herrschaft des Mannes über die Frau. Männer sind stärker, und das haben sie ausgenutzt. Gehorchten ihnen die Frauen nicht, anerkannten sie sie nicht als ihre Herren, dann bekamen sie Prügel, und dagegen waren sie weitgehend wehrlos, sind es oft noch heute.

Ein Beinah-Zeitgenosse Emilias, der Heilige Bernhardin von Siena (1380–1444), äußerte sich dazu wie folgt: »Und ich sage euch, ihr Männer, schlagt nie eure Weiber, wenn sie mit einem Kinde schwanger gehen [...] Ich sage nicht, ihr sollt sie überhaupt nicht schlagen, sondern: tut es zur richtigen Zeit.«

Emilia warnt und droht, weil sie verhindern will, daß Frauen von ihren Männern krumm und lahm geschlagen werden. Darum plädiert sie dafür, das männliche Herrenrecht anzuerkennen, das nun einmal von jeher Brauch sei – und göttliche Order außerdem. Sie hat völlig recht, wenn sie sagt, die Macht solcher Verhältnisse sei »gar groß und ehrwürdig«. Es wäre sinnlos, offen dagegen anzugehen. Wer es tat, dem wurde Gehorsam eingebleut, oder er endete wie Königin Vasthi. Das konnte keiner Frau nutzen. Was zwischen den Zeilen von Emilias Männer-Laudatio zum Vorschein kommt, ist: Frauen, seid klug wie die Schlangen – so, wie Esther es gewesen ist. Und Emilia zeigt auch, welche Rolle dafür am besten geeignet ist: die der Zarten, Schwachen, Schutzbedürftigen, die ehrfürchtig zum Mann aufsieht. Viele Frauen der Renaissance gaben sich diese Attitüde. Dank dieser Einstellung lebten sie in der Ehe »in Frieden und Ruhe« – und gingen hinter dem Rücken ihrer Männer bedenkenlos fremd. Das kostete damals sehr selten den Kopf. Kam der Gatte seiner Frau auf die Schliche, trug er in vielen Fällen sein Geweih mit stoischer Gelassenheit. Er trieb es in aller Regel viel ärger.

Eine solche Haltung stellte jedoch nur ein kurzes Intervall in der Geschichte dar. Wenig später kehrte man zu den bewährten Praktiken zurück: Der Mann erhielt wieder das gesetzlich verbriefte Recht, seine Frau mit eigener Hand umzubringen, wenn er sie in flagranti erwischte. Kam sie als Ehebrecherin vor Gericht, mußte sie vielerorts mit der Todesstrafe rechnen, zumindest damit, daß ihr die Nase abgeschnitten wurde.

Trotz derart drakonischer Strafen blieb die Furcht der Männer, von ihren Frauen hintergangen zu werden. Vertrauen zwischen Mann und Frau war selten. Das ist ein Grund dafür, daß der männliche Gegenpart der schönen Griseldis um keinen Preis heiraten will. Herrscher über die Markgrafschaft Saluzzo, ist er von Haus aus ein redlicher und wohlerzogener junger Mann, und es heißt von ihm, er sei der Vornehmste der Vornehmen. So steht es in der deutschen Fassung der Geschichte, der »Historie von der tugendhaften Griseldis«. Aber auch bei Boccaccio ist der junge Markgraf ein Gentleman. Er ist ein leidenschaftlicher Jäger, seine Falken und Hunde gehen ihm über alles, und ans Heiraten denkt er nicht. Der in diesem Fall männliche Erzähler findet das gar nicht so unvernünftig. Des Markgrafen Leute hingegen wünschen, daß er heirate; das Land brauche eine Fürstin und er einen Erben, befinden sie.

Man schickt eine Abordnung zu ihm mit der delikaten Aufgabe, ihn zur Heirat zu überreden. Doch er will nicht; er möchte weiterhin frei und ledig bleiben, ohne eheliche Bande und die damit verbundenen Sorgen.

Seine Ratgeber lassen indes nicht locker. Sie machen sich anheischig, ihm zumindest die Sorge der Wahl abzunehmen, und versprechen, eine Jungfrau zu finden, die seiner würdig sei und von Eltern abstamme, die das Beste für sie hoffen ließen. Aber er winkt ab. Wie wollen sie, so fragt er, am Wesen der Eltern die Tochter erkennen? Wissen sie, wie der Vater wirklich ist, und haben sie eine Ahnung von den Heimlichkeiten der Mutter? Außerdem, so gibt der Markgraf zu bedenken, seien viele Kinder ihren Eltern ganz unähnlich, und überhaupt sei es ein Ding der Unmöglichkeit, jemanden zu finden, der zu einem passe. Wie viele gerieten an eine Falsche, und wie hart sei deren Leben!

Es ist unzweifelhaft: Dieser Mann hat Angst vor der Ehe. Wer aber Angst vor der Ehe hat, der hat in Wahrheit Angst vor der Frau. Diese Angst ist die Kehrseite männlichen Herrentums, und sie ist nicht an einen Status gebunden. Unser Held ist Markgraf, gebietet über Land und Leute, ist reich, angesehen und mächtig; dennoch befürchtet er, eine Frau könne ihn an die Kette legen. Zu den ihn bedrängenden Freunden sagt er, ihnen beliebe es, »mich mit diesen Ketten zu fesseln«. Nicht einmal er, der ein Herrscher ist, traut sich, mit einer Frau fertig zu werden. Der Markgraf steckt voller Ängste. Er hat Angst, die »ehelichen Bande« könnten seine Freiheit einschränken; er will weiterhin so oft und so lange auf die Jagd gehen, wie es ihm beliebt. Angst hat er auch vor dem Zusammenleben mit einer Frau, denn er kennt genügend Beispiele von Ehen, in denen sie die Hosen anhat – eine erschreckende Vorstellung. Des weiteren hat er Angst vor den Heimlichkeiten einer Frau. Das ist zweifellos in erster Linie die Angst davor, daß sie fremdgehen könnte, und diese Angst sitzt tief. Eine Frau, die das tut, ist ihrem Mann ungehorsam, und sie macht ihm sein Eigentumsrecht streitig, indem sie zeitweilig einem anderen angehört. Das eine ist so übel wie das andere. Das Schlimmste für den Mann ist dabei jedoch der quälende Gedanke, er habe versagt; die Frau wäre deshalb zu einem anderen gegangen, weil er selber sie nicht habe befriedigen können. Das ist eine männliche Urangst, über die es einst nicht wenige Spottverse gab. Später fielen sie der Zensur anheim und gerieten weitgehend in Vergessenheit. Hier ein Beispiel; es ist überschrieben mit »An einen entnervten Ehemann« und lautet: »Da ihm ein Horn gefehlt,/ wie Söptter von ihm sagen,/ Muß er, zur Strafe nun,/ der Hörner viele tragen.« Die männliche Angst, den Ansprüchen der Frau nicht genügen zu können, beruht im wesentlichen auf einem weiteren grundsätzlichen Unterschied zwischen Mann und Frau: Sie kann, zumindest in der Theorie, immer lieben, er hingegen kann das nicht, und das hat Männer seit eh und je gewurmt und nicht unerheblich beunruhigt.

Es gibt also für den Markgrafen genügend gute Gründe, sich nicht auf das unberechenbare Abenteuer einer Ehe einzulassen. Dennnoch sieht er ein, daß er sich auf die Dauer dem Drängen seiner Vertrauten nicht entziehen kann; ein Landesvater darf nicht ewig Junggeselle bleiben. So will er wenigstens das Risiko so gering wie möglich halten. Er werde heiraten, verkündet er den Freunden, sich aber die Frau selbst aussuchen, und wehe, so droht er ihnen, sie ehrten und achteten sie nicht als Herrin, ganz gleich, wen er wähle. Die Freunde sind viel zu erleichtert über seinen Entschluß, um sich irgendwelche Sorgen zu machen, und so versprechen sie, der Markgräfin, wer immer sie sei, stets mit Hochachtung zu begegnen. Der Markgraf ist es zufrieden und erteilt ihnen den Auftrag, eine prächtige Hochzeit auszurichten.

Als der Tag herankommt, weiß noch niemand, wen der Landesherr heimführen will. Am Morgen reitet er mit großem Gefolge los. Man erreicht ein Dorf, und vor der ärmlichsten Hütte läßt der Markgraf halten. Ein armer Schäfer bewohnt sie mit seiner Tochter Griseldis. Die war dem Markgrafen wegen ihrer Schönheit aufgefallen, und nun erklärt er dem verdutzten Vater er sei gekommen, seine Tochter zu freien. Erst aber müsse sie ihm einige Fragen beantworten. Er will wissen, ob sie sich »immerdar befleißigen wolle«, ihm willfährig und gehorsam zu sein, ihm niemals zu widersprechen und sich durch nichts, was er auch immer tue, sagen oder von ihr verlangen werde, verdrießen zu lassen.

Er sichert sich wahrhaftig ab, dieser Markgraf. Doch Griseldis ist mit allem einverstanden. In der deutschen Version antwortet sie: »Lieber Herr, ich weiß sehr wohl, daß ich so hoher Ehre nicht würdig bin, aber dein starker Wille soll mein Glück und mein Heil sein«, und sie verspricht ihm, niemals etwas gegen seinen Willen zu tun; und wenn er sie sterben heiße, so werde auch das geschehen. Mehr kann der Mann wirklich nicht verlangen, und mit diesem Bekenntnis begnügt sich der Markgraf auch. Er nimmt Griseldis bei der Hand, führt sie hinaus, wo sich inzwischen viel Volks angesammelt hat, verkündet: »Dies soll meine Frau und eure Fürstin sein«, und dann läßt er sie »vor seiner Begleitung und wer sonst noch da war, nackt auskleiden«. Er hat nach den Maßen einer Kammerzofe, die Griseldis in Gestalt und Größe gleicht, prächtige Kleider anfertigen lassen. Das schönste legen die Kammerfrauen nun der künftigen Markgräfin an, dazu den kostbarsten Schmuck, und zum Schluß setzen sie ihr eine Krone auf das Haar, so wirr es auch ist. »Darob verwunderte sich jedermann«, heißt es, und das ist wahrlich kein Wunder: Der Landesvater heiratet nicht etwa eine Bürgerliche, was schon ungewöhnlich wäre, sondern das ärmste Mädchen, das er finden konnte. Über soviel Unvernunft schütteln etliche den Kopf. Dem Markgrafen ist es gleich. Die klugen Ratgeber hatten ihn unter Druck gesetzt, er mußte schließlich nachgeben, und nun zeigt er ihnen, was sie davon haben: Er geht hin und nimmt die Tochter eines Schafhirten zur Frau, und die müssen sie nun alle ehren und achten wie eine Königin. Der Markgraf kann sich ins Fäustchen lachen, sogar in doppelter Weise, denn er hat zwei Fliegen mit einem Schlag erlegt: Dieses Mädchen wird ihm keinen Ärger machen, seine Freiheit nicht beeinträchtigen, seine Herrenrolle nicht in Frage stellen, und es wird niemals wagen, ihm nicht treu zu sein.

In der deutschen Fassung hat er noch ein Weiteres getan. Er hat sich nicht damit begnügt, dem schönen Kind nur auf die Beine zu schauen, sondern auch auf innere Werte geachtet – auf ganz bestimmte innere Werte, nämlich Tugend, züchtiges Wesen, Sittsamkeit, schlichtes Gemüt und ein »jungfräulich unverdorbenes Herz«. Das sind genau die weiblichen Tugenden, die einem Mann das Herz höher schlagen lassen, wenn er ans Heiraten denkt. Ein Mädchen, so tugendrein wie dieses, würde das Risiko einer Ehe um nicht weniges vermindern. Das wußte auch Johann Fischart, der ein ganz ähnliches Bild vor Augen führt. Für ihn zeichnet sich ein »vollkommen Weib«, mit dem man einigermaßen zuversichtlich den Bund fürs Leben schließen kann, durch Holdseligkeit und einen einfachen Geist aus. Es ist fromm, schamhaft und bescheiden, sparsam und häuslich, vor allem aber gehorsam und dem Manne in Liebe und Treue ergeben. Es ist klar, was Männer an Wesen wie diesen so fasziniert: Sie sind leicht zu beherrschen, fordern nichts und verlangen nichts; sie sind, wie Fischart es so schön ausdrückt, eines Mannes »Krone und Ehre, sein langes Leben« und »eine Zier des Hauses«. Derlei Frauen begegnet man auf Schritt und Tritt – aber nur in männlichen Wunschträumen.

Der Markgraf von Saluzzo ist um einiges realistischer als der deutsche Moralist Fischart. An Frauen, wie dieser sie schildert und offensichtlich für möglich hält, glaubt er nicht, und er versucht folglich gar nicht erst, eine solche Frau zu finden. Er bescheidet sich, macht ein Hirtenmädchen zur Markgräfin, und in der Version Boccaccios kümmert er sich nicht weiter um ihre sonstigen Eigenschaften. Er hat, wie es sich gehört, mit ihr Hochzeit gefeiert und glaubt nun, sein bisheriges Leben ohne weiteres wiederaufnehmen zu können. Darum ist es ihm gegangen; auf ein Mädchen wie Griseldis braucht er keinerlei Rücksicht zu nehmen. Doch seine Rechnung geht nicht auf, obwohl sie aufzugehen scheint, denn alles, was Griseldis versprochen hat, hält sie auch. Es geschieht etwas ganz anderes. Für den Markgrafen war die Ehe mit der kleinen Schäferin mehr oder weniger eine Farce. Nicht so für Griseldis. Sie begnügt sich nicht mit ihrem neuen Status und der Ehre. Sie will – was ihr Gemahl von ihr nicht erwartet und ihr auch gar nicht zugetraut hat – die Rolle, die ihr so plötzlich zugefallen ist, ausfüllen, und das gelingt ihr. Sie zeigt, daß, wer arm und ungebildet ist, noch lange nicht dumm und einfältig sein muß. Griseldis wird tatsächlich zur Markgräfin. Zugleich mit den Kleidern wechselt sie ihr Wesen, wird gesagt, und nach kurzer Zeit käme niemand mehr auf den Gedanken, daß sie einmal Schafe gehütet hat. Sie erweist sich als ebenso liebenswürdig wie gewandt, ist freundlich und leutselig zu den Untertanen, kümmert sich um die Haus- und Hofhaltung, und wenn ihr Mann verreist, kann er das ohne Sorge tun, vertritt sie ihn doch in allen Regierungsgeschäften. Mit viel Verständnis und Feingefühl schlichtet sie Streit und Händel und weiß stets das richtige Wort zu finden. Jedermann liebt sie, und wer des Markgrafen Gattenwahl für unklug gehalten hat, preist ihn nun als weisesten und scharfsinnigsten Mann der Welt. Selbst in die Nachbarländer verbreitet sich Griseldis' Ruf. Das alles aber ändert nichts daran, daß sie ihren Mann ohne Einschränkungen verehrt und ihm rückhaltlos ergeben ist. Was Wunder, daß er sich für den glücklichsten und zufriedensten Menschen auf der Welt hält. Und dann wird sie auch noch schwanger; sie gebiert eine gesunde Tochter, eine Erbin, und es heißt, der Markgraf sei darüber sehr beglückt gewesen. Mit dem Fürstenpaar freut sich das ganze Land.

Der Mann hat wahrhaftig unverschämtes Glück. Er heiratet ein unbedarftes Mädchen und bekommt genau die Frau, die keine Wünsche offenläßt. Das könnte für ihn der Anfang einer langen und glücklichen Ehe sein. Doch zum zweitenmal in dieser Geschichte ereignet sich Unerwartetes. Statt sein Glück zu genießen, kommt dem Markgrafen, wie verlautet, »ein seltsamer Gedanke in den Sinn«. Er beschließt, die Willfährigkeit seiner Frau mit harten Prüfungen auf die Probe zu stellen. Er kränkt Griseldis mit Worten, hält ihr in gespielter Erregung vor, die Leute lehnten sie wegen ihrer niedrigen Abstammung ab, zumal jetzt, da sie ein Kind habe. Man wünsche keine Thronfolgerin von so niederem Herkommen, und daher müsse er ihr die Tochter wegnehmen. Das geschieht unter Umständen, welche die Mutter befürchten lassen, man wolle das Kind umbringen. Das ist grausam und roh, doch Griseldis nimmt es klaglos hin, und nicht nur das. »Mein liebster Herr«, sagt sie, »tue mit mir, wie du glaubst, daß es deiner Ehre und deiner Ruhe förderlich ist; ich werde mit allem zufrieden sein«, und das begründet sie so: Sie wisse, wie gering sie sei und der Ehre nicht wert, zu der er sie in seiner Gnade erhoben habe.

Diese Rede hört der Markgraf gern, zeigt sie ihm doch, daß seine Frau nicht stolz geworden ist ob der Ehre, die er und andere ihr erwiesen haben. Er sagt »stolz«, nicht etwa »hochmütig«, »dünkelhaft« oder »hoffärtig«. Stolz ist für ihn offensichtlich nur bei Männern eine Tugend. Mit dieser Ansicht ist er in guter Gesellschaft. Er teilt sie mit Petrus und Paulus, Euripides und Salomo, um nur einige zu nennen – und mit Fischart.

Seine Frau soll nicht stolz sein, sondern demütig, und ihn quält die Frage, ob sie es tatsächlich ist. Um sich zu vergewissern, nimmt er ihr auch den Sohn, über dessen Geburt er herzlich froh gewesen ist. Das Volk murre, begründet er diesen Schritt; es wolle sich später nicht vom Enkel eines Schafhirten regieren lassen. Darüber hinaus eröffnet er ihr, es werde ihm wohl nichts anderes übrigbleiben, als demnächst eine standesgemäße Frau zu heiraten. Griseldis läßt sich in ihrer Haltung nicht beirren. Um sie solle er sich nicht kümmern, sagt sie, da ihr nur das teuer sei, was ihn zufriedenstelle.

Was kann er anderes wünschen als solch eine Frau! Dennoch nagen weiterhin Zweifel an ihm; er muß es um alles in der Welt ganz genau wissen. Nach dreizehnjähriger Ehe verstößt er Griseldis; er befiehlt ihr, ihr Heiratsgut zu nehmen und in die Hütte ihres Vaters zurückzukehren. Sie kämpft hart mit sich, um die Tränen zurückzuhalten; es gelingt ihr, und sie erwidert ihm, sie habe die hohe Ehre, die er ihr habe angedeihen lassen, niemals als Geschenk, sondern stets nur als etwas Geliehenes betrachtet. »Es gefällt Euch, es zurückzufordern:

hier ist Euer Ring.« Was das Heiratsgut betreffe, meint sie, so bedürfe es dafür keines Zahlmeisters und keines Tragtieres. Er habe sie nackt übernommen, und nackt wolle sie von hinnen gehen. Nur eines bittet sie sich aus; ein Hemd, um ihre Blöße zu bedecken. Jetzt muß der Markgraf mit den Tränen kämpfen. Aber er bleibt hart. »So nimm denn ein Hemd mit«, sagt er.

Das Volk hat tatsächlich gemurrt, aber nicht über Griseldis, sondern über den Markgrafen und dessen Grausamkeiten. Jetzt bestürmen ihn die Leute, Griseldis wenigstens ein Kleid schenken zu dürfen. Doch er verwehrt ihnen ihre Bitten. Also verläßt die Markgräfin, die nun keine mehr ist, barfuß und barhäuptig den Palast, nur mit einem Hemd angetan. Auf ihrem Weg begleiten sie die Klagen und Tränen all derer, die sie sehen. Griseldis geht aufrecht; sie hat nichts von ihrer Würde eingebüßt, ist keine schmählich Besiegte. Auch ohne Krone bleibt sie markgräflich.

Der Markgraf rüstet unterdessen zur Hochzeit mit der blutjungen Tochter des Grafen von Panago. Von Griseldis verlangt er, aufs Schloß zu kommen, die Organisation des Festes zu übernehmen, sich um die Einladungen, die Ausschmückung des Palastes und um die Tafel zu kümmern, ferner die Braut und die Gäste zu empfangen – ganz so, als sei sie die Dame des Hauses. »Herr, ich bin willig und gehorche«, sagt sie. Und so tut sie in den groben Kleidern, die der Vater für sie verwahrt hatte, ihren Dienst. Doch auch in Lumpen bewegt sie sich mit dem Anstand einer Schloßherrin, und obendrein trägt sie ein gelöstes und heiteres Wesen zur Schau. So begrüßt sie auch ihre Nachfolgerin. »Willkommen, meine Herrin!« sagt sie lächelnd. Dann aber wendet sich das Blatt, denn das bildschöne Mädchen, das sie als die neue Braut und ihre Herrin begrüßt, ist in Wahrheit ihre eigene Tochter, und deren sechsjähriger Bruder ist ihr Sohn. Der Markgraf hat die beiden Kinder im Hause seines Vetters, des Grafen von Panago, aufwachsen lassen, wo sie mit aller Sorgfalt erzogen, ausgebildet und unterrichtet worden sind. Die angebliche Hochzeit war die letzte Prüfung, die der Markgraf seiner Frau auferlegt hat.

»Griseldis«, sagt er, »jetzt ist es Zeit, daß du die Frucht deiner langen Duldsamkeit kostest.« Er klärt sie über den Sachverhalt auf und fährt fort: »So nimm denn die, die du für meine Braut hältst, und ihr Brüderchen als deine und meine Kinder hin.« Er verspricht ihr, alle Kränkungen, die er ihr angetan hat, durch die größte Zärtlichkeit wieder zu heilen, versichert ihr, er liebe sie »über alles in der Welt«, fällt ihr um den Hals und küßt sie. Zum erstenmal weint Griseldis, aber aus Freude.

Soweit das märchenhafte Happy-End, das der Markgraf eigentlich nicht verdient hat. Er hatte unerwarteterweise das Wunschbild von einer Frau gefunden, mochte aber, was verständlich ist, nicht recht daran glauben. Er wollte sichergehen. Also mußte er sich überzeugen, was er auf ungemein drastische Weise tat. Sie hat ihn überzeugt. Eine Frau, die klaglos geschehen läßt, daß der Mann ihr erst die Tochter und dann den Sohn wegnimmt, und ihn trotzdem weiterhin als ihren Herrn preist, läßt wahrhaftig keinen Wunsch offen. So kann der Markgraf stolz erklären, »daß es niemand gebe, der mit seiner Frau in gleicher Weise zufrieden sein könnte«.

Darauf kann er sich in der Tat etwas einbilden. Nur täuscht er sich in einem: Eine Frau läßt es niemals zu, daß der Mann ihre Kinder umbringt; täte er es gegen ihren Willen, würde sie ihn hassen, aber niemals preisen. Griseldis preist ihren Gatten dennoch. Aber die Dinge liegen nicht so, wie der Markgraf glaubt – wir werden sehen.

Markgraf und Markgräfin wirken nicht unbedingt wie Menschen, denen man im täglichen Leben begegnen könnte. Das tut jedoch der Geschichte keinen Abbruch, denn die beiden zeigen Wesentliches, wenn nicht Typisches. Der Markgraf ist ein Musterbeispiel für männliche Ängste und Zweifel und gleichzeitig für das männliche Glaubensbekenntnis, wonach der Mann Herr seiner Frau sein soll. Seinem Hofstaat und den Hochzeitsgästen erklärt er sein Verhalten der Markgräfin gegenüber so: Er habe seine Frau »lehren« wollen, »wie ein Weib sein soll, und die anderen, wie man ein Weib nehmen und halten soll«. Eine sehr ähnliche Lehre hat Xerxes per Rundbrief seinen Leuten erteilt, und Johann Fischart hat an beiden gewiß seine helle Freude gehabt.

Griseldis ist für diese männliche Einstellung die absolute Idealfrau. Sie nennt ihren Gemahl ihren liebsten Herrn, ganz gleich, was er sagt und tut. Sie gehorcht, widerspricht nicht, fügt sich. Dennoch erreicht sie ihre Ziele, und das nicht etwa zufällig, sondern durch ein ganz gezieltes Verhalten.

Der Markgraf ist allerdings von der Arglosigkeit seiner Griseldis überzeugt. Sie ist indes keineswegs arglos, denn Arglosigkeit war das letzte, was sich Frauen damals leisten konnten. Griseldis' demütig erscheinende Bekenntnisse entspringen notwendiger weiblicher Strategie. Was hätte die in ärmlichen Verhältnissen Aufgewachsene denn anderes tun sollen, als der Markgraf ihr als Vorbedingung für die Ehe die Beteuerung völliger Unterwerfung unter seinen Willen abverlangte? »Nein, danke« sagen, mit der Begründung: »unter diesen Bedingungen nicht, hoher Herr«? Nur ein wirklich verbohrter Moralist würde das von ihr erwarten. Sie hatte die Wahl, entweder weiter Schafe zu hüten und unter der Fuchtel ihres Vaters zu stehen oder ein Leben zu führen, das ihr enorme Entwicklungschancen bot. Sie wählte die zweite Möglichkeit und nahm dafür in Kauf, die von dem Markgrafen gewünschte Rolle zu spielen, was sie dann mit absoluter Konsequenz tat. Dadurch hat sie den Markgrafen nicht nur zum Mann bekommen, sondern ihn auch als Mann behalten.

Sie habe nicht vorher wissen können, welche Folgen ihr Verhalten haben würde? Und ob sie das gewußt hat! Nicht sie – ihr Mann ist arglos. Er unterschätzt seine Frau erheblich, hat er doch geglaubt, sie nähme ihm seine durchsichtigen Lügen ab. Sie hat ihm kein Wort davon geglaubt und ihn vom ersten Augenblick an durchschaut.

Das Volk verachte sie, es verabscheue ihre Kinder, und er müsse sie deshalb verstoßen, hat der Markgraf behauptet. Welch ein Unsinn! Das Volk liebte Griseldis; das erfuhr sie täglich. Und der Ruf ihrer Vortrefflichkeit hatte sich sogar weit über die Grenzen der Markgrafschaft hinaus verbreitet; man kam von weit her, um sie zu sehen und zu hören, und bei der Geburt ihrer Kinder freute sich »das ganze Land« mit dem markgräflichen Paar.

Niemals hätte Griseldis ihre Kinder fortgegeben, wenn sie sie dadurch in den Tod geschickt hätte. Für solch eine Befürchtung bestand jedoch nicht der geringste Grund. Der, den der Markgraf anführte, war falsch, und damit entfiel das Motiv; außerdem hatte er sich über die Geburt der Kinder aufrichtig gefreut. Die Kinder waren nicht in Gefahr; das wußte Griseldis. Sie mußte sich allerdings von ihnen trennen, und das nahm sie in Kauf. Auch hier stand sie vor einer Wahl: entweder zurück zum Vater, und zwar allein, denn die Kinder hätte der Ehemann behalten, oder vorübergehend auf Tochter und Sohn verzichten. Vernünftigerweise wählte sie die Trennung.

Bliebe die Verstoßung. Hier gilt das gleiche wie für die Wegnahme der Kinder: Es gab dafür kein Motiv – niemand im Lande lehnte die Markgräfin ab. Auch ist ihr gewiß nicht entgangen, daß ihr Mann mit den Tränen kämpfen mußte, als er sie fortschickte. Das entgeht kaum einer Frau. Griseldis wußte, daß sie wiederkommen würde.

Ihr Abgang im Hemd war großartig, stand dem der Aphrodite

kaum nach. Eine Frau, die nichts als die Untertanin eines Mannes ist, verhält sich nicht so souverän. Das hat Griseldis mit Esther und Vasthi gemein. Keine von ihnen hat sich erniedrigt, und bisher sind wir auch auf keine einzige andere Frau gestoßen, die das getan hätte. Nach solchen Beispielen muß man sehr suchen.

Die Rolle des Mannes als Herr und Gebieter seiner Frau besteht reichlich oft darin, daß Männer glauben, Herr über ihre Frau zu sein, und manche Frauen haben ihnen diesen Glauben lächelnd gelassen. Unter den in früheren Zeiten gegebenen Umständen war dies das Klügste, was sie tun konnten, denn die Macht der Männer konnten sie nicht brechen. Warum sollten sie ihre Kräfte vergeuden?

Also gefiel der Mann sich weiterhin in seiner Herrenrolle. Dessenungeachtet hat er sich wesentlich häufiger bei Frauen zum Narren gemacht und dabei seine Selbstachtung und seine Würde eingebüßt, als dies umgekehrt je der Fall gewesen ist. Das klassische Beispiel dafür ist die Geschichte von Aristoteles und Phyllis.

Aristoteles war bekanntlich einer der größten Philosophen der Antike. Er beherrschte die gesamte wissenschaftliche Forschung seiner Zeit, begründete die abendländische Logik und schuf eine bis heute wirksam gebliebene Tugendlehre. Doch alles, was er war und darstellte, wurde zuschanden, als er auf die Machenschaften einer Frau hereinfiel. Zu jener Zeit ist er Lehrer und Erzieher des jungen Alexander, des späteren Königs Alexander, der als der Große in die Geschichte eingegangen ist. Der junge Mann hat ein leidenschaftliches Verhältnis mit der schönen Phyllis. Nach einer Version dieser Geschichte ist Phyllis die Zofe seiner Mutter (Leander Petzoldt, *Deutsche Schwänke*), nach einer anderen eine Hetäre (István Ráth-Végh, *Die Geschichte der Liebe*). Aristoteles hielt nicht viel von Frauen; er fand ihren Einfluß auf Männer vorwiegend verderblich. Er ist es gewesen, der für Spartas Fall die Frauen der Stadt verantwortlich gemacht hat. Entsprechend verhält er sich als Erzieher. Er nimmt sich seinen Zögling vor, gibt ihm einiges von seiner Tugendlehre zu kosten und ersucht ihn, die Beziehung zu dem Mädchen abzubrechen und sich statt dessen intensiver seinen Studien zu widmen. Alexander denkt nicht daran, wie man sich leicht vorstellen kann. Aristoteles wendet sich daraufhin an Alexanders Vater, König Philipp II. von Makedonien, und der sorgt per Weisung dafür, daß sein Sohn und das Mädchen auseinandergehalten werden. Alexander murrt, Phyllis ist wütend und schwört Aristoteles Rache. Vor der vielgepriesenen Weisheit des großen Denkers hat sie keinerlei Respekt. Das zeigt sie ihm selbstredend nicht; sie grüßt ihn vielmehr »minniglich«, wirft ihm Blumen ins Fenster, die sie vor seinen Augen in einem hochgeschürzten, luftigen Gewand gepflückt hat, und macht ihm schöne Augen. Phyllis versteht sich auf dieses Geschäft, und sie kennt Männer; außerdem ist sie sehr schön. Die Avancen, die sie Aristoteles macht, haben den gewünschten Erfolg. Gegen geschickt eingesetzte weibliche Reize schützen eben auch Alter und Klugheit oftmals nicht, selbst dann nicht, wenn jemand so gelehrt und weise wie der Philosoph Aristoteles ist. Obwohl er es wahrlich besser hätte wissen müssen, verhält er sich wie ein Tor: Er nimmt Phyllis' Schau für bare Münze, und er fühlt sich geschmeichelt. Allerdings liegt ihm an dem Menschen Phyllis wenig, denn von Frauen hat er, wie gesagt, eine geringe Meinung. Die hübsche Maid hat ihn gereizt, und nun will er mit ihr ins Bett. An einem gefühlsmäßigen Engagement ist ihm nicht gelegen; darum bietet er ihr Geld, viel Geld sogar. Nicht von ungefähr ist diese Methode seit Urzeiten derart beliebt und weit verbreitet. Sie ist so herrlich einfach, denn bezahlt man für Liebe, vergibt man sich nichts, und man muß – außer Geld – nichts geben. In diesem Fall geht die Rechnung jedoch nicht auf, denn Phyllis lehnt Aristoteles' Angebot ab. Nun erst zeigt sie ihre wahre Kunst. Sie weiß sein Begehren dermaßen anzustacheln, daß er ihr schließlich seine Liebe gesteht. Den später ergangenen klugen Rat Ovids vorwegnehmend, hält sie ihn jedoch weiter hin, und zwar so lange, bis er verspricht, ihr jeden Wunsch zu erfüllen. Diese gewiß nicht untypische männliche Leichtfertigkeit zeigten schon Herodes und Xerxes.

Phyllis wünscht sich von Aristoteles nichts weiter als ein Spiel. Er solle Pferd spielen und sie den Reiter; dann wolle sie ihn erhören, verspricht sie ihm. Der nunmehr bis über beide Ohren verliebte Alte zögert keine Sekunde. Brav läßt er sich auf Hände und Knie nieder, Phyllis legt ihm eine Trense an und einen Sattel auf den Rücken, steigt auf, und er trabt brav mit ihr durch den Garten. Sie feuert ihn mit einer Peitsche an und singt ein Minnelied dazu. Als er jedoch seinen Lohn haben will, lacht sie ihn aus, wünscht ihn zum Teufel und springt davon.

Das passiert ausgerechnet ihm, der vehement den Herrschaftsanspruch des Mannes gegenüber der Frau vertritt, ja ihn für eine Forderung der Natur hält, der das Verhältnis von Mann und Frau als das eines Wohltäters zu einer Almosenempfängerin versteht, dem Frauen als wenig intelligent, schwach und anfällig erscheinen. Phyllis hat ihn eines Besseren belehrt.

Die Geschichte erhebt keinen Anspruch auf historische Wahrheit. Doch wie alle guten Parabeln kann sie sehr wohl wahr gewesen sein. Deswegen dürfte sie ein so großes Echo gefunden haben. Es gibt sie in vielen Variationen, und besonders die bildenden Künstler haben sich des dankbaren Sujets angenommen. Nicht selten ging der ursprüngliche Bezug zu Aristoteles verloren, und die Bildunterschriften verallgemeinerten. Ein Holzschnitt von Lucas van Leyden aus dem 16. Jahrhundert ist beispielsweise »Der unterjochte Ehemann« betitelt, ein anonymer Kupferstich aus derselben Zeit heißt »Das Weiberregiment«. Die vielleicht berühmteste Darstellung des Themas stammt von Hans Baldung Grien aus dem Jahr 1513 und nennt sich »Die Schönheit schwingt ihre Peitsche über die Weisheit«. Auf einer niederländischen Spielkarte des 16. Jahrhunderts schwingt die auf ihrem Mann reitende Frau einen großen Kochlöffel. Selbst im Fernen Osten ist die Geschichte bekannt; sie findet sich in hinduistischen und buddhistischen Legenden.

Im bürgerlichen Zeitalter verweigerte sich die Kunst weitgehend diesem Thema. Die Rolle des biedermeierlichen Mannes als des Eheherrn und Familienoberhaupts durfte nicht angetastet werden. Insbesondere durch Luther war der Ehemann inzwischen zu einer Art Stellvertreter Gottes auf Erden geworden, und so ein Mann kuscht nicht vor einem Weib. Das Thema war offiziell tabu, aber damit keineswegs aus der Welt. Es sank herab auf Stammtisch- und Witzblattniveau. Aus Phyllis wurde der »Hausdrachen«, der mit hocherhobener Kuchenrolle den spätheimkehrenden Ehegemahl empfing. Nur bei Wilhelm Busch findet sich eine vergleichbare Szene; allerdings benutzt die erboste Gattin einen Besen, um ihrem Mann den Standpunkt klarzumachen, und er jammert: »Oh, was macht der Besenstiel / Für ein scheußliches Gefühl« (*Freund Mücke*). Doch selbst hier wird der »Eheherr« geschont, denn nicht er bekommt die Prügel, sondern ein anderer, den er klugerweise vorgeschickt hat.

Wahr an der Geschichte von Aristoteles und Phyllis in all ihren Varianten ist, daß es mit dem Herr-Sein der Männer lange nicht so weit her war, wie es das durchweg von Männern verfaßte Schrifttum vermuten läßt. Selbst Luther bekannte: »Wenn ich noch eine freien sollte, so wollte ich mir ein gehorsam Weib aus einem Stein hauen, sonst habe ich verzweifelt an aller Weiber Gehorsam« (*Tischreden*, »Vom Ehestande«).

Es gab viele sogenannte Pantoffelhelden, jedoch wenige Geschichten über sie, viele hingegen über betrogene Ehemänner. Da kam noch Schadenfreude auf. Beim unterjochten Ehemann aber endete der Spaß; der ging gegen die männliche Ehre. Nach germanischem Recht war ein solcher Mann de facto wie de jure ehrlos. Das bürgerliche Zeitalter überließ ihn seinem Schicksal, weil es ihn offiziell gar nicht gab. Zu früheren Zeiten war das anders gewesen; da nahm man sich seiner an, allerdings nicht verständnisvoll. In der Gesetzgebung wurde sein Verhalten verurteilt und unter Strafe gestellt, und die Exekutive sorgte für den Vollzug der Strafe. Der Delinquent wanderte zwar nicht immer gleich ins Gefängnis, doch in nahezu allen Ländern und Gegenden wurde er zumindest öffentlich bloßgestellt, außerdem nicht selten mit einer Geldstrafe belegt, oder er mußte auf seine Kosten den Staatsdiener kleiden. Nach dem Blankenburger Statut (1594) sollte ein Mann, der sich »von seinem Weibe raufen, schlagen oder schelten ließe, [...] mit Gefängnis oder sonst willkürlich bestraft und ihm hierüber das Dach auf seinem Hause abgehoben werden«. Die Strafe des Dachabdeckens war die verbreitetste und kam in verschiedenen Ländern vor. In Hessen mußte sie verkehrt auf einem Esel durch den Ort reiten, und ihr Mann hatte das Tier zu führen. Männer, die ihre Frauen nicht regieren konnten, galten als weibisch und somit als verachtenswert. Auf entsprechenden Darstellungen trägt die Frau Hosen, während der Mann in Weiberkleidern neben ihr steht. Etliche Bilder zeigen den »Kampf um die Hose«. Man findet solche Szenen häufig in der Graphik und gelegentlich auf mittelalterlichem Chorgestühl. In einem Schwank aus dem 13. Jahrhundert führt ein Ehepaar einen Faustkampf um das Regiment in der Ehe und um die Hosen. Selbstverständlich verliert ihn die widersetzliche Frau; der Ehemann, der hier wie in den meisten Geschichten ähnlicher Art als gutmütig beschrieben wird, obsiegt und gibt damit das gute Beispiel: Dem verehrten Leser wird empfohlen, nach seinem Vorbild die eigenen Eheverhältnisse zu regeln.

Das ist die gängige Moral. Sie spiegelt sich in Bildern, Schwänken und Geschichten; Hans Sachs predigte sie ein ums andere Mal in seinen Meisterliedern, Spruchgeschichten und Fastnachtsspielen, und viele heute Unbekannte taten es ihm nach. Den Begriff »die Hosen anhaben« gibt es in fast allen europäischen Sprachen, und ebenso waren Männer, die ihren Frauen im Haus die Hosen überließen, in allen Ländern des Spottes ihrer Geschlechtsgenossen sicher. Der drückte sich in so manchen Geschichten, Versen und Bildern aus. Offiziell waren solche Männer ein Ärgernis, weil sie ein schlechtes Beispiel gaben. Das hatten schon Xerxes' Berater erkannt und den König zu einer entsprechenden Intervention zugunsten des männlichen Herrenstatus veranlaßt. Dieses frühe Exempel fand viele Nachahmer. In einem Zusammenspiel ohnegleichen machten faktisch alle gesellschaftlich relevanten Kräfte, Dichter und Denker so gut wie Kirche und Staat, die biblische These, wonach der Mann Herr seiner Frau sein solle, zur Regel Nummer eins einer guten Eheführung. Paulus haben wir schon zitiert; seine diesbezüglichen Aussagen stehen nicht allein. Er macht immer wieder klar, daß die Frau dem Mann nicht gleichwertig sei und ihm zu gehorchen habe.

Die christliche Kirche setzte fort, was die Bibel begründet hatte. Kirchenvater Augustinus befand: »Es ist die natürliche Ordnung unter den Menschen, daß die Frauen den Männern dienen.« Thomas von Aquin konstatierte, die Frau sei »von Natur aus geringer an Tugend und Würde als der Mann« und bedürfe folglich männlicher Leitung; seine Quintessenz lautet: »Die Frau wird regiert, der Man regiert«, und diese »natürliche Ordnung« wurde fester Bestandteil der christlichen Gesellschaftslehre. In dem um 1140 von dem Kamaldulensermönch Gratian verfaßten Grundbuch des Kirchenrechts wurde sie festgeschrieben und im sogenannten Brautsegen allen jungen Ehepaaren feierlich ans Herz gelegt. Danach galt die eheliche Vereinigung als Abbild der Vereinigung Christi mit seiner Kirche, und da laut Paulus (Eph. 5, 22) Christus das Haupt der Kirche ist, sollte »der Mann das Haupt seines Weibes« sein. So steht es in den *Belehrungen über die wichtigsten kirchlichen Segnungen und Weihungen* von Pfarrer Franz Xaver Fecht, immerhin noch aus dem Jahr 1901.

Die Moslems stehen den Christen hierbei in nichts nach. In der vierten Sure, Vers 35, des Korans heißt es, rechtschaffene Frauen hätten treu, verschwiegen und ihren Männern gehorsam zu sein. Für den Fall, daß sie es an diesen Tugenden fehlen lassen oder ihren Mann in anderer Weise erzürnen, lautet der Rat: »Gebt Verweise, enthaltet euch ihrer, sperrt sie in ihre Gemächer und züchtigt sie.«

Es gab so gut wie keinen Widerstand gegen diese Einstellung, sondern vielmehr weitgehend Zustimmung und Beifall. »Er ist die Sonn / sie ist der Mond. / Sie ist die Nacht, / er hat die Tagesmacht«, reimte ein Renaissancepoet, und der Sangspruchdichter Reinmar von Zweter schrieb in der ersten Hälfte des 13. Jahrhunderts: »Zieh deine Freundlichkeit aus und greif nach einem großen Knüttel, den miß ihr auf den Rücken [. . .] mit aller Kraft, daß sie dich als Meister erkenne.« Diese Beispiele sind keine Einzelfälle, sondern typisch. Die Sänger und Dichter ließen die Frauen schmählich im Stich, die Denker nicht minder. Euripides war ebenso wie Schopenhauer ein Weiberfeind, und Friedrich Nietzsche empfahl, die Peitsche nicht zu vergessen, wenn man zum Weibe gehe.

Diese über mehr als zwei Jahrtausende bestehende Einhelligkeit der Männer, dazu die Vehemenz, mit der sie ihre angebliche Höherwertigkeit und ihren Herrschaftsanspruch gegenüber den Frauen vertraten, sowie die verbreitete frauenfeindliche Hetze lassen die Angst nicht nur ahnen, die sie im Grunde ihres Herzens vor den Frauen hatten. Diese Angst aber war kein Thema, sie war tabu, denn Männer haben keine Angst, schon gar nicht vor Frauen, geschweige vor der eigenen Frau. Doch zwischen Anspruch und Wirklichkeit klaffte eine erhebliche Lücke, denn in den eigenen vier Wänden hörte des Mannes Herrentum oftmals auf. Wenn auch nicht alle Frauen der sagenhaften Xanthippe glichen, dürfte doch die Mehrheit so verfahren sein, wie es ein altes Sprichwort sagt: »Ein frommes Weib herrscht über ihren Mann mit lauter Gehorsam.« Für diese Methode fanden wir bezeichnende Beispiele.

Der Stachel häuslicher Unterlegenheit saß den Männern tief im Fleisch, und darum träumten sie so gern davon, ihre Frauen zu zähmen. Davon handeln viele eindrucksvolle Geschichten, und die meisten sind rechte Trostpflaster für all jene Männer, die sich schwertun mit der Rolle, die ihnen der liebe Gott mit auf den Weg gegeben hat. In diesen Geschichten steht der männliche Held stets als Sieger da, und am Schluß liegt ihm die einst so Widerspenstige glücklich gezähmt und ergeben zu Füßen. Das Bechsteinsche Märchen »Vom Zornbraten« soll beispielhaft zeigen, wie man es anstellt, Herr seiner Frau zu werden und gleichzeitig die böse Schwiegermutter auszuschalten. Glaubt man diesem Märchen, so ist das gar nicht so schwer und allein die Frage der richtigen Methode.

Falsch fing es der Vater in dieser Geschichte an. Er erreichte den märchenhaften Zustand einer totalen Eheherrschaft nicht, obwohl er sein möglichstes tat. Zunächst einmal heiratete er ein blutjunges Mädchen, »ein kleines Mägdelein«. Das lag jedoch nicht an ihrem besonderen erotischen Reiz. Vielmehr folgte der gute Mann einem Rat, den schon die alten Griechen kannten und der sich lange Zeit gehalten hat: Ein junges Mädchen soll man freien, weil nur ein junges Bäumchen sich leicht biegen läßt. Heutzutage führt man die Vorliebe der Männer, jüngere Frauen zu heiraten, vornehmlich auf die reizvolle Jugendblüte der Jüngeren zurück. Das muß nicht stimmen, zumindest nicht der einzige Grund für diese Wahl sein. Nicht wenige Männer werden glauben, mit einer Jüngeren leichter fertig zu werden; wenn dann die Jugendblüte verwelkt ist, bleibt immer noch der Altersunterschied, und der wird manchem Mann ein beruhigendes Gefühl von Überlegenheit geben.

Solche männlichen Rechnungen gehen oft nicht auf, denn die Vergleiche mit der Gärtnerei hinken weit häufiger, als daß sie stimmen. Der Märchenvater jedenfalls scheiterte kläglich an seinem »Mägdelein«. Da die junge Frau sich absolut nicht als leicht zu biegendes Bäumchen erwies, schlug er sie drei Wochen lang alle Tage, bis sie lahm und krank davon war, und gab ihr nur Wasser zu trinken.

Uns Heutigen wird ein solcher Mensch wie ein Ungeheuer erscheinen; doch das ist eine ganz und gar zeitgenössische Bewertung. Im Märchen heißt es ausdrücklich, dieser Mann sei ein ehrenhafter, frommer Herr, ein guter Ritter und dazu »sanften Muts« gewesen. Für letzteres liefert er schließlich auch den Beweis, denn nach drei Wochen hört er mit dem Prügeln auf. Das jedoch wird ihm keineswegs als Verdienst, sondern als Fehler und als Schwäche angelastet, als ein Mangel an männlicher Härte; er hätte sein Werk so lange fortsetzen sollen, bis er sein Weib in die Knie gezwungen und dessen Willen gebrochen hätte. Doch es lag nicht allein am unzulänglichen Kampfgeist des Eheherrn – die junge Gattin ist ihm überlegen, denn sie ist zäher, als er gedacht hat. Auf jeden Fall verliert er den Kampf um die Hosen. Und das hat er nun davon: Lebenslang muß er dafür büßen, denn fortan hat allein sie das Sagen in der Ehe und er nichts mehr zu melden. Mehr noch: Sie rächt sich für das, was er ihr angetan hat, und macht ihm das Leben zur Hölle. Wer will es ihr verdenken?

Sie ist zu einer Männerhasserin geworden, und entsprechend erzieht sie ihre einzige Tochter. Auch sie soll sich niemals einem Mann beugen. Das will sie auch nicht; sie schwört, daß sie »allezeit in der Ehe das längere Messer tragen« werde, und gemäß dieser Einstellung geht sie mit den jungen Männern um. Obwohl sie bildhübsch ist, läßt sich kein Freier blicken. Vor Frauen wie ihr haben Männer eine höllische Angst, und diese Angst setzen die Männer im Märchen auf übliche Weise um: Sie lassen kein gutes Haar an der Schönen; sie sei launisch, tückisch und arg, heißt es, und man macht einen großen Bogen um sie. Der Vater sorgt sich um das Glück seiner einzigen Tochter; er beschwört sie, es nicht ihrer argen Mutter nachzutun, und prophezeit ihr, sie werde keinen Mann finden oder höchstens einen, der sie länger prügle, als er es bei der Mutter getan habe, und dann müsse sie mit Scham, Schimpf und Schande schließlich trotzdem nachgeben. Aber die Tochter hat nur häßliche Spottreden für ihn.

Schließlich findet sich doch ein Freier, und wahrhaftig kein schlechter: ein junger Ritter aus der Nachbarschaft, reich, dazu gutaussehend und von hervorragenden Manieren. Er weiß, worauf er sich einläßt, aber ihn reizt die Aufgabe. Er ist entschlossen, das Gemüt der jungen Maid zur Tugend zu wenden; er will sie gut machen, sagt er. Er und seinesgleichen verstehen, wie es der Tradition entspricht, unter weiblicher Tugend Gehorsam, und gute Frauen sind für sie solche, die sich ihren Männern bedingungslos unterordnen. Genau dazu will er sie bringen.

Der Mutter entgeht das nicht. Sie droht ihrer Tochter, der mütterliche Fluch werde sie treffen, wenn sie ihrem Mann nicht »mit Krieg und harter Rede allezeit und an jedem Ort« widerstehe, genauso, wie sie selber es beim Vater gehalten habe. »Ich sage Euch«, antwortet ihr »das feine Töchterlein«, »und sollt ich tausend Jahre leben, so mache ich meinen Mann zum Affen.«

Nach der Trauung holt der junge Ritter sie ab. Er ist mit Requisiten für sein Zähmungswerk wohlversorgt. Hoch zu Roß kommt er daher, mit einem Schwert gegürtet; auf der einen Hand trägt er einen Jagdfalken, und an einem langen Riemen führt er ein »schlankes Windspiel«. Obwohl er wirklich alle Hände voll zu tun hat – die Zügel muß er schließlich auch noch halten –, gelingt es ihm, seine Braut hinter sich auf das Pferd zu setzen, und dann trabt er mit ihr los. Er biegt sofort von der Straße in einen steilen, steinigen Pfad ab, der, wovon er sich vorher überzeugt hat, in unwegsames Gelände führt. Gerade sind sie eine halbe Meile geritten, da beginnt er sein Erziehungswerk. Er demonstriert seine Zähmungspädagogik zunächst an seinem Falken. Der hat einen Reiher erblickt und schlägt, wie es seine Art ist, mit dem Flügeln. Sein Herr verbittet sich das Federschlagen und droht, ihm den Kopf abzuschlagen, wenn er es nicht lasse. Der Falke läßt es nicht, kann es nicht lassen, schlägt beim Anblick einer Krähe abermals mit den Flügeln und will von der Hand. Er strebe nach Ungemach, erklärt ihm sein Herr, da er nicht Ruhe halte, und tut ihm sogleich, wie er sagt, sein Recht. »Stirb«, sagt er, »da du nicht meinen Willen halten willst!« Und er erwürgt den kostbaren Jagdfalken wie ein Huhn.

»Die Maid erschrak ob dieser Rede und der tödlichen Tat«, heißt es, und sie beginnt den Ritter zu fürchten. Genauso war es gedacht; Lektion eins hat gewirkt.

Als nächstes schlägt der Ritter sein nicht minder kostbares Windspiel mit dem Schwert tot, weil es auf dem steilen, steinigen Weg nicht recht zu folgen vermochte und an der Leine zog, was seinem Herrn und Gebieter lästig war.

Die Braut unterdrückt einen Aufschrei; gleichzeitig steigt lähmende Angst in ihr auf. Lektion zwei hat ebenfalls ihren Zweck erfüllt.

Der Ritter behält sein Schwert gleich »blank in der Hand« und führt Klage gegen das Pferd, weil es nicht Paß gehen will, was es niemals gelernt hat. Gleichviel, es gehorcht ihm nicht, und das geht nicht an; es muß so gut wie Falke und Hund sterben. Der Ritter schlägt ihm das Haupt vom Rumpf und bemerkt dazu, der Tod wäre ihm erspart geblieben, wenn es sich nach seines Herrn Willen gerichtet hätte.

Entsetzt wendet sich das Mädchen ab; jeder Widerstand ist in ihm erloschen. Doch sein ritterlicher Herr gibt sich damit nicht zufrieden. Er macht nicht den Fehler seines Schwiegervaters, zu früh mit der Zähmung aufzuhören.

Was er nun tut, ist ein Plagiat aus klassischer Zeit, allerdings mit umgekehrter Rollenverteilung: Er, der Mann, begehrt, seine Frau als Reittier zu benutzen. Es sei ihm ungewohnt und beschwerlich, zu Fuß zu gehen, und ihm fehle die Übung darin, erklärt er seiner Braut und macht Anstalten, ihr den Sattel aufzulegen. »Viel herzlieber Herre mein«, redet sie ihn an und bittet ihn, ihr den Sattel zu ersparen; »ich trage Euch ja sanfter und besser ohne ihn«, versichert sie ihm. Er hat dafür kein Verständnis. Wo käme er hin, ohne Sattel und Zaumzeug zu reiten? fragt er ärgerlich. Und was ihr einfiele, böse Widerrede gegen ihn zu führen? Also sattelt und zäumt er sie, wie es sich gehört, und sie muß ihn tragen, bis sie unter der schweren Last ohnmächtig zusammenbricht. Als sie die Augen wieder aufschlägt, fragt er, ob sie vielleicht außer Atem sei. »O nein, Herr!« antwortet sie; sie will ihn, wie sie sagt, gern weitertragen. »So wollt Ihr alles tun, was ich will?« fragt er nun. Da beteuert sie: »Und wenn ich tausend Jahre leben sollte, so wollte ich tun, was Euch lieb ist.« Sie benutzt die gleiche

Floskel, die sie vorher im entgegengesetzten Sinne gebraucht hat, und zeigt dadurch überzeugend ihre Bekehrung, ihren Wandel zum Guten an. Jawohl, ihren Wandel zum Guten, so wird ihre Unterjochung dargestellt. Das Märchen steht ganz und gar auf seiten des Ritters. Mit Genugtuung werden die wunderbaren Folgen seiner Maßnahmen herausgestellt. Die ehemals so Aufsässige ist nun das »allerliebste Weib, ehrbar und wohlgezogen, ohne List und Trug, treu, ruhig, mild, keine Tugend fehlte ihr«, heißt es, und ohne Haß und Unwillen erfülle sie nun, »wie ein biederes Weib tun soll, die Wünsche ihres Eheherrn«, heißt es weiter. Damit ist die Welt zwischen Mann und Frau wieder in Ordnung, und nicht allein das. Die Braut ist nicht nur bekehrt und gezähmt, sondern dazu noch zu einer Frau geworden, wie sie sich Ehemänner erträumen. Und er, der Mann, ist mit seiner unbarmherzigen Konsequenz der gefeierte Sieger, der sich die ihm zukommende Herrenrolle wohlverdient hat. Außerdem hat man es mit dem letzten Zähmungsakt der bösen Phyllis und allen Weibern ihresgleichen heimgezahlt.

Fürwahr ein schönes Märchen – aber, und für manche gewiß bedauerlicherweise, eben nur ein Märchen, und zwar im Sinne einer völlig unglaubwürdigen Geschichte. Das erweist schon der Vergleich mit der Realität. Man sehe sich doch einmal im wirklichen Leben um, ob man einen einzigen Mann findet, der, wie der junge Ritter es hier vorführt, seine Frau derart und mit einem so nachhaltigen und dauerhaften Erfolg gezähmt hat. Es wird auch schwerhalten, in der Vergangenheit ein vergleichbares Beispiel zu finden, war doch selbst Göttervater Zeus weit von einer Position entfernt, wie sie der Märchenheld erreicht hat; er wäre gewiß vor Neid erblaßt. Das aber hätte er nicht nötig gehabt, denn Zähmungen dieser Art funktionieren nur bei Frauen, wie sie in Büchern stehen, nicht aber bei solchen aus Fleisch und Blut. Wer's nicht glaubt, der kann es ja einmal ausprobieren.

Das Märchen lehrt aber nicht nur, wie man mit einer widerspenstigen Ehefrau fertig wird; es zeigt auch, wie man erfolgreich mit einer bösen Schwiegermutter umgeht.

Sie ist mit ihrem Mann bei dem jungen Paar zu Besuch eingetroffen und über das Verhalten der Tochter schier entsetzt. »Was?« empört sie sich. »Du lässest deinen Mann deinen Meister sein?« Dann stürzt sie sich auf sie, reißt sie an den Haaren, knufft und schlägt sie, schimpft sie ein »unseliges Weib« und eine »alberne Trine« und zetert, ihr müsse der Teufel durchs Hirn gefahren sein.

Von heimlicher Stelle sehen die beiden Männer dem Auftritt zu, und Schwiegervater seufzt, denn ihn behandelt die Gattin kaum besser. Er bewundert den Schwiegersohn, weil er es geschafft hat, seiner Tochter »starren Sinn« zu bezwingen, und fragt ihn, ob er ähnliches bei seiner Frau nicht auch bewirken könne. Das wolle er gern tun, erwidert der junge Ritter, wenn er es ihn auf seine Weise tun lasse. Dazu bekommt er sofort die Erlaubnis. »Siedet oder bratet sie, so will ich noch Holz dazutragen«, ermuntert ihn der geplagte Ehemann.

Der Schwiegersohn schreitet zur Tat. Er tritt auf seine Schwiegermutter zu und sagt: »Frau, laßt Eure Unart, das bitt ich Euch«, und er bittet sie auch, ihren Mann nicht täglich zu schelten und ihm nicht sein eigenes Haus zu verleiden. Aber da ist er an die Falsche geraten. Mit Hohn und Spott fällt sie über ihn her, nennt seine Reden Klaffen, ihn einen Klaffer und empfiehlt ihm, sich um seine eigenen Angelegenheiten zu kümmern.

Er versetzt hierauf, er wisse sehr wohl, was sie »so irr und wirr und böse« mache. Zwei Zornbraten säßen an ihren Hüften; die müsse man herausschneiden, dann wäre sie kuriert. Sie nennt ihn höhnisch einen »guten Arzt« und fragt ihn, ob er vielleicht auch Nieswurz feil habe. Er versichert ihr, der Spott werde ihr gleich vergehen. Auf ein Zeichen von ihm stürzen seine Knechte herein, packen sie, werfen sie nieder und halten sie so fest. Er wetzt ein großes Messer, setzt es ihr an die Hüfte und schneidet ihr »durch Gewand und Hemde eine lange tiefe Wunde, daß ihr Hohnlachen ihr ganz verging«. Ein bereitgelegtes Stück Fleisch wirft er in einen Topf. »Seht, Frau«, sagt er, »Ihr seid manches Jahr ein schlimmes Weib gewesen, daran waren Eure Zornbraten schuld«, und er macht Anstalten, ihr auch noch den zweiten herauszuschneiden. Sie schreit, jammert, bittet und fleht, dies doch zu unterlassen, und verspricht, das bravste und gehorsamste Weib von der Welt zu werden. Daraufhin läßt der Tochtermann es bei der einseitigen Operation bewenden.

Sie hält tatsächlich ihr Versprechen, wird »ein gut sittig Weib«, und hat sie einen Rückfall, braucht ihr Mann nur zu sagen, er müsse wohl nach dem Schwiegersohn schicken, und schon hängt der Haussegen wieder gerade.

Ja, so wird es gemacht. Wer noch ein rechter Mann ist mit genügend Mumm in den Knochen, der weiß seine Frau zu zähmen und wird auch mit einer bösen Schwiegermutter fertig. Das Exempel lehrt, wie leicht solches zu bewerkstelligen ist, wenn man nur den Nerv hat, das

Notwendige zu tun. Und es ist nicht das einzige Beispiel. Es gibt viele ganz ähnliche Geschichten. Auch Shakespeare nahm sich des Themas an. In *Der Widerspenstigen Zähmung* zeigt sein Held Petruchio an der verstockten Katharina, wie man weibliche Aufsässigkeit bricht, und er darf am Schluß des Stückes mit Fug und Recht stolz verkünden: »Ich bin's, der heut mit Recht der Sieger heiße.« Das demonstriert er gleich noch einmal. »Küß mich, mein Mädchen!« kommandiert er, und brav küßt sie ihn. In Cole Porters Musical kommandiert er mit gleichem Effekt: »Kiss me, Kate« – ein Welterfolg!

Der Mann ist der Sieger, der triumphiert über seine widerspenstige Gemahlin. Das klingt so schön, spielt und singt sich so schön – doch auch Shakespeare und Cole Porter machen die Geschichte nicht wahrer. Sie ist und bleibt ein Männertraum.

Das Vertrackte an all diesen Zähmungsmärchen ist jedoch, daß sie so ungemein überzeugend wirken. Sie erwecken den Eindruck, als sei das, was in Wirklichkeit so gut wie niemals gelingen will, eigentlich ganz einfach zu erreichen. So wirkt es durchaus glaubhaft, was der junge Märchenritter tut, und man zweifelt kaum daran, daß seiner Frau nichts anderes übrigbleibt, als ihn ihren »herzlieben Herrn« zu nennen und ihm als Reittier zu dienen.

Wie kommt das? Es werden lauter falsche Eindrücke und Vorstellungen erweckt, die man nicht auf den ersten Blick als solche erkennt. So erscheint der Mann von Anfang an als edel, schön und gut; nicht von ungefähr ist er ein Ritter. Er wird als positive Figur, als Held der Geschichte vorgestellt, und das nimmt für ihn ein. Kaum jemand bemerkt, daß er tatsächlich alles andere als ritterlich ist. Und ein Held ist er auch nicht. Oder ist es etwa heldenhaft, eine schwache Frau zu besiegen? Der Mann tritt der Frau nicht einmal unter fairen Bedingungen gegenüber: Sie erwartet ihn im Brautkleid, er hingegen kommt nicht nur hoch zu Roß, sondern auch hoch gerüstet daher. Das »längere Messer«, von dem sie sprach, war bildlich gemeint. Sie führt keinen Dolch im Gewande, er jedoch trägt ein langes Schwert an seiner Seite. Und er braucht Hund und Falken als weitere Requisiten, um mit ihr fertig zu werden. Außerdem hat er sorgfältig das Gelände erkundet und sich auch taktisch wohl vorbereitet. Das ist eine Menge Aufwand, um ein angeblich so schwaches Weib zu bezwingen, dem jeder Mann von Natur aus überlegen ist. Der Herr Ritter scheint von dieser gesellschaftlichen These nicht sehr überzeugt gewesen zu sein und geht, jede Fairneß mißachtend, auf Nummer Sicher.

Die Frage ist allerdings, ob seine erlesene Ausrüstung und das, was er damit angefangen hat, in Wirklichkeit so funktioniert hätten, wie es die Geschichte glauben macht. Ich meine: Mit Sicherheit nicht! Schon sein erstes Auftreten hätte ihn seine ritterliche Grandezza gekostet, denn wenn es ihm überhaupt gelungen wäre – Zügel, Hundeleine und Falke in den Händen –, seine Frau hinter sich aufs Pferd zu heben, dann nur mit Ach und Krach und etlichen Verrenkungen. Und dann soll er, hoch und beengt zu Pferde sitzend, seinen Hund erschlagen haben, dazu ein höchst bewegliches Windspiel? Unmöglich! Noch weniger glaubhaft ist es, mir nichts, dir nichts einem Pferd den Kopf abzuschlagen. Manch ein Scharfrichter ist sogar an einem Menschenhals gescheitert, und Pferde haben ganz andere Wirbel. Hätte aber der Ritter an dem armen Roß herumhacken müssen, dann wäre es um seine Würde wie um seine Heldenhaftigkeit geschehen gewesen, denn der Eindruck seiner Überlegenheit beruht vor allem darauf, daß er alles souverän, lässig und ungerührt tut. Das hätte er in Wirklichkeit niemals fertiggebracht; er wäre allein schon an der Tücke der Objekte gescheitert. Vermutlich hätte ihn seine Frau schon beim ersten Auftritt ausgelacht, weil er sich mit Zügel, Hundeleine und dem Falken auf der Hand hoffnungslos verheddert hätte.

Ungemein überzeugend, ja geradezu zwingend wirkt auch des Ritters Taktik. In der Wirklichkeit wäre sie jedoch keinen roten Heller wert gewesen, beruhte sie doch lediglich auf einer einzigen Voraussetzung: Die Braut mußte den Eindruck gewinnen und glauben, er werde mit ihr ebenso verfahren wie mit Falke, Hund und Pferd. Davon ging der Ritter aus. Das aber konnte er nur, weil er Frauen für geradeso dumm hielt, wie männliche Propaganda sie immer hingestellt hat.

Eine solche Fehleinschätzung hat schon so manchem Mann herbe Enttäuschungen bereitet, beispielsweise dem Helden in der sechsunddreißigsten Geschichte von Gianfrancesco Straparolas Sammlung *Die ergötzlichen Nächte* (um 1550). Er verfährt wie der Märchenritter und tötet vor den Augen seiner Frau ein ungehorsames Pferd. Zunächst begreift sie den Sinn dieser Tat nicht. Sie fragt, was ihm »in die Krone gefahren« sei und ob er den Verstand verloren habe. Daraufhin erklärt er, es werde ihr genauso ergehen wie dem Pferd, wenn sie ihm nicht gehorche. »O Tropf«, sagt sie und meint, dies könne vielleicht einem dummen Pferd passieren, aber doch nicht ihr. Sie lacht ihn aus und geht konsterniert über soviel männliche Einfalt davon.

Es ist in der Tat einfältig anzunehmen, ein Mann werde ohne weiteres seine Frau umbringen, nur um zu zeigen, daß er der Herr ist. Um nichts weniger einfältig ist der Held des Zornbratenmärchens, und letztlich ist all das, was er so dramatisch in Szene setzt, lächerlich und albern. Kaum ein Mädchen wäre darauf hereingefallen, und dazu müßte es nicht einmal sonderlich gescheit gewesen sein.

Mochte er seine edlen Tiere umbringen – es war allein seine Sache. Er hätte ungestraft auch seine Frau prügeln können. Sie umzubringen wäre jedoch eine ganz andere Sache gewesen. Dafür hätte man ihn gehenkt. Bei einem Mord dieser Art hatte die Herrenmoral der Männer überall ihre klare Grenze. Welcher Mann würde einer störrischen Frau wegen den Galgen riskieren!

Die Braut hätte den Ritter mitnichten »viel herzlieber Herre mein« genannt, und daß sie sich dazu hergegeben hat, ihm als Reittier zu dienen, ist lachhaft. Hier wird das Märchen zur Farce und ist nicht mehr ernst zu nehmen.

Nicht ernst zu nehmen ist auch die Sache mit den herausgeschnittenen Zornbraten. Aber diese Szene birgt immerhin – und fraglos ungewollt – eine bemerkenswerte Erkenntnis: Mit einer dermaßen rabiaten Frau kann ein Mann offenbar nur selbdritt fertig werden, nämlich mit Hilfe mindestens zweier Knechte, die sie festhalten, und dadurch, daß er der nunmehr Hilflosen eine schwere Körperverletzung zufügt. Doch selbst dieses »Heldentum« überschreitet weit die Grenze des Möglichen und Machbaren – es ist schiere Utopie. Der Tochtermann hätte nicht über die Schwiegermutter triumphiert, sondern hoffnungslos den kürzeren gezogen und wäre in Zukunft vermutlich von zwei Frauen gnadenlos beherrscht worden. Mein ist die Rache, spricht die Frau, sagt »man«. Diese Rache hat mancher Mann bitter erfahren müssen, der mit ähnlichen Mitteln wie der Märchenheld versucht hat, seine Frau zu unterjochen.

In all diesen Geschichten stellt sich die Machtfrage. Sie laufen auf den Machtkampf zwischen Mann und Frau hinaus. Den freilich gibt es nicht nur in einschlägigen Schwänken, und er ist nicht märchenhaft, sondern gehört vielmehr von jeher zum Alltag der männlich-weiblichen Beziehung. Dieser Kampf der Geschlechter erscheint fast als etwas, das mit Liebe und Ehe unvermeidlich einhergeht, und kaum jemand hat sich ernsthaft die Frage gestellt, warum das eigentlich so ist. Dabei liegt es nahe zu fragen, denn in vergleichbaren menschlichen Beziehungen gibt es derartige Kämpfe allenfalls am Rande: Freundschaften kennen weit weniger das Machtproblem, wie es sich in manchen Ehen in oftmals erschreckend aggressiv und verbissen geführten Kämpfen zeigt. Welchem Mann fiele es ein, Herr über seinen Freund sein zu wollen! Andererseits scheinen Liebe und Ehe Freundschaft weitgehend auszuschließen. Kein Brautsegen empfiehlt dem frischgetrauten Paar, Freunde fürs Leben zu werden. Nietzsche hat das erkannt; den meisten Paaren, so befand er, fehle es nicht an Liebe, wohl aber an Freundschaft.

Der Grund liegt auf der Hand: Frau und Freundin, Mann und Freund sind gleichberechtigt und gleichwertig. Für Mann und Frau hingegen hat das kaum jemals gegolten. Und daß sie nicht gleichwertig sind, ist weit mehr gewesen als eine gesellschaftliche These und auch weit mehr als ein Glaubensbekenntnis. Es verstand sich faktisch seit je von selbst. Es war ähnlich selbstverständlich wie die Annahme, daß die Sonne sich um die Erde drehe. Man zweifelte weder an dem einen noch an dem anderen. Allenfalls hat man um Nuancen gestritten, etwa über die Frage, ob auch Frauen eine Seele haben. Gestritten hat man ebenfalls in den Ehen; schließlich mußte der Mann auch in der Praxis beweisen, daß ihm die Herrschaft gebühre, wobei er dann die hinlänglich bekannten Schwierigkeiten hatte.

Die Idee der Gleichberechtigung von Mann und Frau ist brandneu und weltweit nur ansatzweise verwirklicht; sie schließt keineswegs automatisch ein, daß Mann und Frau auch gleichwertig seien. Bis heute sind Priesterinnen in der katholischen Kirche undenkbar, von Bischöfinnen oder gar einer Päpstin ganz zu schweigen – um nur diese Beispiele zu nennen. Männer haben nach wie vor das höhere Sozialprestige, und bei vielen zählen noch immer Söhne mehr als Töchter. Frauen hingegen galten und gelten weithin verbreitet als Menschen zweiter Klasse. Und der Mann wurde nicht ausgeschickt, um mit diesen Wesen befreundet zu sein, sondern erhielt den Sendungsauftrag, über sie zu herrschen. Unter solchen Voraussetzungen kann sich kaum eine einigermaßen beständige gute Beziehung zwischen den beiden Spielarten des Menschen entwickeln, nicht zu reden von lebenslanger Liebe und Freundschaft.

Trotz bemerkenswerter gesellschaftlicher Wandlungen hat sich daran wenig geändert. Auch in modernen Ehen fliegen gelegentlich die Fetzen, kommt es zu Szenen, die zwischen Mann und Mann wie zwischen Frau und Frau undenkbar wären. Der Geschlechterkampf geht munter weiter, auch dann, wenn sich Ehefrau und Ehemann noch so lange haben psycho- oder sonstwie therapieren lassen und unzählige Bände Ratgeberliteratur gelesen haben. Die Eheleute sind kaum glücklicher miteinander geworden; immer mehr Menschen scheuen den Bund fürs Leben.

Was also tun? Sollte man nicht einfach einmal Schluß machen mit dem unseligen Machtgerangel, dem lächerlichen Streit um die Hosen? Schließlich ist der Konkurrenzkampf außerhalb der eigenen vier Wände schon hart genug. Soll doch zunächst der Mann das tun, was längst fällig ist: seinen Anspruch, ihr Herr sein zu wollen, ersatzlos aufgeben. Er könnte sogar noch einen Schritt weiter gehen und seine Frau nicht nur als gleichberechtigt und gleichwertig akzeptieren, sondern sie endlich gewähren lassen, ihre Wünsche respektieren, ganz gleich, ob sie ihm gefallen oder nicht.

Für ein solches wahrhaft alternatives männliches Verhalten gibt es ein bekanntes Beispiel. Ein Mann hat nach genau diesem Rezept gehandelt. Er ist seines Zeichens Fischer, verehelicht mit Frau Ilsebill und wohnhaft in einem Pißpott. Das ist nicht wörtlich zu nehmen; es bedeutet lediglich, daß die beiden ärmlich leben. Die Geschichte hat man sich vielerorts erzählt. Der Maler Philipp Otto Runge (1777–1810) hat sie sich nicht nur mit Vergnügen angehört, sondern, weil er sie bemerkenswert fand, in seinem pommerschen Heimatdialekt aufgeschrieben. Das Manuskript gelangte schließlich an die Brüder Grimm, die es in der Urfassung 1812 unter dem Titel »Von dem Fischer un siene Fru« als neunzehntes Märchen in ihren *Kinder- und Hausmärchen* veröffentlichten. Die Geschichte hat so manchen bewegt. Der neuromantische Komponist Friedrich Klose machte 1916 »eine dramatische Symphonie« daraus und Günter Grass 1977 den schwergewichtigen Roman *Der Butt*.

Die Erzählung ist bemerkenswert, nicht allein deshalb, weil sie die Herrenrolle des Mannes konterkariert. Der Fischer ist ein Mann von besonderer Art, und wer ihn einfältig nennt, was viele taten, wird ihm nur bedingt gerecht. Er geht jeden Tag fischen, sitzt an der See, wirft seine Angel aus, sieht ins »blanke Wasser« und angelt und angelt, mit sich, der Welt und seinem Beruf zufrieden. Als er einmal seine Angel aus dem Wasser zieht, hängt ein großer Butt am Haken. Als er ihn losmacht, fängt der Butt an zu sprechen. Er sei ein verwunschener Prinz, sagt er und bittet den Fischer, sein Leben zu schonen und ihn wieder ins Wasser zu setzen. Wer wäre ob einer sprechenden Scholle nicht erstaunt und höchlichst verwundert gewesen! Nicht so der Fischer. »Nu«, sagt der Mann, »du brauchst nicht so viele Worte zu machen, einen Butt, der sprechen kann, den werde ich doch wohl schwimmen lassen.« Spricht's, setzt ihn wieder ins Wasser und angelt seelenruhig weiter. Besitzt dieser Fischer nicht genau jene Gelassenheit, die so vielen heute abhanden gekommen ist, und hat er nicht ein bemerkenswert lockeres Verhältnis zu Wundern?

Er tut etwas, was er besser nicht getan hätte: Er erzählt seiner Frau von dem Ereignis. Die reagiert ganz anders. »Hast du dir denn nichts gewünscht?« fragt sie. »Nee«, antwortet er, »was soll ich mir wünschen?« Sitzt in einem engen Pißpott und ist wunschlos glücklich! Gewiß kann man ihn einen Narren nennen. Doch wie war das mit dem griechischen Philosophen Diogenes? Der begnügte sich mit einer Tonne und pries seinen totalen Konsumverzicht als Unterpfand des Glücks und der Selbstverwirklichung. Man sollte nicht voreilig über den Fischer den Stab brechen.

Frau Ilsebill will eine Hütte haben. »Geh«, sagt sie zu ihrem Mann, »und wünsche eine kleine Hütte.« Dem Fischer ist das gar nicht so recht, aber er ist, wie gesagt, ein Mann, der die Wünsche seiner Frau respektiert, auch dann, wenn er sie nicht teilt. Also geht er zurück an die See. Doch das Wasser ist nun nicht mehr blank und klar, sondern gelb und grün. Er ruft den Butt. »Manntje, Manntje, Timpe Te / Buttje, Buttje in der See, / Myne Fru de Ilsebill / Will nich so, as ik wol will!« Ihm wäre es tatsächlich nicht eingefallen, aus der Rettung des verwunschenen Fisches Kapital zu schlagen. Seine Frau wolle die Hütte haben, erklärt er dem Butt. »Geh man hin«, sagt der, »sie ist schon drin.« Und so ist es. Die Frau ist zufrieden, und der Fischer meint, nun wollten sie in dieser schönen Hütte vergnügt leben. Darauf erwidert sie jedoch: »Wir wollen es versuchen.« Der Versuch währt keine vierzehn Tage, da will sie ein Schloß haben. Er möchte das nicht, macht Einwendungen, rät ab. Doch sie wischt alle Bedenken vom Tisch. »Geh du nur hin«, sagt sie, und er geht, wenn auch schweren Herzens. Das Wasser hat sich unheimlich dunkel gefärbt, aber der Butt erscheint und erfüllt auch diesen Wunsch. Das Schloß steht da, Ilsebill sagt: »Was ist das nur schön«, und der Fischer schlägt vor, in dem schönen Schloß zu bleiben und zufrieden zu sein. Sie hingegen befindet: »Das wollen wir noch bedenken«, und am anderen Morgen will sie, daß sie Könige werden über all das Land. Er ist entschieden dagegen und trifft für seinen Teil eine klare Entscheidung: Er mag nicht König werden, und daran läßt er keinen Zweifel. Sie stört das wenig. »Na, denn will ich König sein«, sagt sie. Er findet das nicht gut, bringt Gegenargumente vor; doch er kommandiert nicht, maßt sich ihr gegenüber keine Bestimmungsgewalt an. Anders sie. »Mann!« sagt sie, »geh stracks hin; ich muß König sein.« Er geht – er ist so. Die See ist schwarzgrau, das Wasser gärt von unten herauf. Der Fischer ruft den Butt, trägt ihm die Bitte seiner Frau vor, und dann ist sie König. Sie sitzt auf einem hohen Thron, eine goldene Krone auf dem Kopf. »Bist du nun König?« fragt er. Ja, sie sei König, antwortet sie. Er mustert sie eine Weile und stellt dann fest, wie schön es sei, daß sie König ist. Der Fischer ist wahrhaftig ein Gemütsmensch! Er akzeptiert nicht nur ihre Wünsche, die er für ungut hält, sondern hilft ihr, sie durchzusetzen, und freut sich dann auch noch mit ihr und macht ihr Komplimente. Er reagiert ganz und gar unüblich. Denn welcher Mann sieht es schon gern, wenn seine Frau Karriere macht und ihn überflügelt oder wenn sie auch nur mehr Geld verdient als er? Und wer freut sich darüber auch noch? Der Fischer tut's.

Ist ein Mann wie er der neue, der andere Mann, auf den die Frauen warten? Oder ist er selbst nach heutigen Maßstäben ein Pantoffelheld, den man nur auslachen oder verhöhnen kann? Ein Feigling ist er jedenfalls nicht. Ein ums andere Mal geht er an die Küste, wie bedrohlich das Meer auch immer wirkt. Nun aber ist es schwarz und dick, und heftige Böen fahren über die Fluten. Die Frau will Kaiser werden, und der Fischer findet das unverschämt. Das ist seine Auffassung, und aus der macht er keinen Hehl. Er sagt der Frau seine Meinung, versucht jedoch nicht, sie ihr kraft eines männlichen Herrschaftsanspruchs aufzuzwingen. Er möchte sie von ihrem Vorhaben abbringen und tut sein möglichstes, sie zu überreden – mehr jedoch nicht. Und: Er fühlt sich nicht verantwortlich für das, was sie erstrebt. Umgehend gibt er ihre Wünsche an den Butt weiter. Das sich verändernde Meer zeigt ihm klar genug, daß sich eine Katastrophe anbahnt, doch nach seinem Verständnis ist es allein ihr Problem, die Folgen ihrer Hybris zu tragen.

Sie will Papst werden, und zwar heute noch, sofort! Vergeblich versucht er, sie davon abzubringen; »das geht nicht gut«, prophezeit er ihr. Als er sich zur Küste aufmacht, zittern ihm die Knie; er spürt das drohende Unheil. Blitze zucken, der Donner kracht, die See kocht. Trotzdem geht er weiter. Er ruft den Butt. Ilsebill ist Papst.

Dennoch: Als er sie, von einer Lichterflut umgeben, auf dem riesigen Thron sitzen sieht, dieses Mal mit drei goldenen Kronen auf dem Kopf, da sagt er: »Ach, Frau, wie ist das schön, daß du Papst bist.«

Aber er warnt auch. »Frau«, sagt er, »nun sei zufrieden [...] mehr kannst du nicht werden.« Sie aber antwortet: »Das werde ich bedenken.« Bisher hatte sie »wir« und »uns« gesagt: »*Wir* wollen uns das bedenken [...] *wir* müssen König werden, *uns* soll der Butt ein Schloß schaffen.« Jetzt heißt es nur noch »ich«: »*Ich* muß heut noch Papst werden.« Sie hat die Gemeinschaft aufgekündigt; in einer anderen Version (»Der Goldfisch«) wählt sie sich auch einen anderen Mann.

Am nächsten Morgen genügt ihr nicht mehr, was sie ist. Als sie die Sonne aufgehen sieht, ärgert sie sich darüber, daß nicht sie das bewirken kann. Sie verlangt von ihrem Mann, daß er sofort zum Butt gehe. »Ich will werden wie der liebe Gott«, sagt sie. »Geh in dich und bleibe Papst«, bittet er sie. Doch sie hört nicht auf ihn. »Nein«, erwidert sie, »ich bin nicht zufrieden und kann es nicht aushalten, wenn ich Sonne und Mond aufgehen seh' und nicht ich sie aufgehen lassen kann; ich muß werden wie der liebe Gott.« Er argumentiert dagegen, versucht ihr klarzumachen, daß der Butt diesen Wunsch wahrlich nicht mehr erfüllen kann.

Vergebens. Die Frau wird böse. »Geh sofort zum Butt!« kommandiert sie, und er geht. Der Himmel ist pechschwarz, der Sturm heult, Bäume werden entwurzelt, die Felsen beben, und die Wellen sind hoch wie Berge. Es ficht ihn nicht an; er ruft den Butt. »Manntje, Manntje, Timpe Te... Myne Fru de Illsebill...« Sie will wahrhaftig nicht, wie er wohl will. Dennoch leitet er ihren Willen weiter. Aus Angst vor ihr? Darauf gibt es keinen Hinweis; außerdem hat er gezeigt, daß er sich ihren Wünschen ohne weiteres entziehen kann, dann nämlich, wenn sie *ihn* und *sein* Leben betreffen: König werden wollte er nicht, das hat er eindeutig und entschieden abgelehnt. Ein Mann, der nicht nein sagen kann, ist er nicht. Er findet ihre Absicht, wie Gott zu werden, aberwitzig. Das sagt er ihr, und versucht auch, sie davon abzubringen; er geht indes nicht so weit, entgegen ihrem Wunsch zu handeln. Er übernimmt, wie gesagt, keine Verantwortung für sie, agiert nicht als ihr Vormund. Obwohl ihm klar ist, daß ihre Vermessenheit ins Verderben führen wird, greift er nicht ein. »Sie will werden wie der liebe Gott«, sagt er zum Butt, und sie bekommt die Quittung für ihre Unersättlichkeit. »Geh nur hin«, sagt der Butt, »sie sitzt wieder im Pißpott.« Und so ist es denn auch. Das Märchen schließt mit der Feststellung, daß die beiden da noch bis auf den heutigen Tag sitzen.

Ist dieser Fischer nun ein Mann, von dem Frauen träumen? Jedenfalls spielt er nicht die traditionell männliche Rolle, will keineswegs das Haupt seiner Frau sein, maßt sich kein Bestimmungsrecht über sie an. Er nimmt sie ernst, akzeptiert sie in ihrem Sosein, wie sehr ihm auch mißfällt, was sie wünscht. Er sagt ihr seine Meinung, setzt sie jedoch nicht unter Druck, und er legt sich nicht mit ihr an. Konsequent verweigert er jeglichen Machtkampf. Dennoch ist er ihr weder hörig, noch steht er unter ihrem Pantoffel, und ein Schlaffi oder ein Softie ist er ebenfalls nicht. Für ihn endet die Sache auch keineswegs in einer Katastrophe. Sein Leben wird von den Ereignissen wenig berührt. Wie gewohnt wird er weiter fischen gehen, seine Angel auswerfen, aufs Meer und in die Wolken sehen, mit sich, der Natur und der Welt im Einklang, so, wie man es heute so gern propagiert. Trotz alledem macht er es den Leuten nicht recht.

Was er tut, sei zuwenig, reklamiert Verena Kast, Psychotherapeutin und Märcheninterpretin, in ihrem Buch *Mann und Frau im Märchen*. Ein Mann, dem gar nichts mehr in den Sinn kommt, was er sich wünschen kann, den mag sie nicht. Passiv sei der Fischer, unbeweglich und resigniert, stellt sie fest. Außerdem bescheinigt sie ihm fehlenden Mut und beklagt, daß er sich von seiner Frau nicht abgrenzen könne und nicht entschieden auftrete.

Noch abwertender urteilt die US-amerikanische Gestalttherapeutin Judith Brown in ihrem Buch *Und wenn sie nicht gestorben sind ... – Märchen als Schlüssel für Paarkonflikte*. Für sie ist der Fischer ein Mann, dem es an Willen und Selbstbehauptung mangelt, der keinen eigenen Standpunkt bezieht, sich davor drückt, Verantwortung zu übernehmen, der es nicht ein einziges Mal fertigbringt, nein zu seiner Frau zu sagen. Kurzum: ein Mann ohne Rückgrat, konstatiert sie.

Auch so manchen Vertreterinnen des anderen Geschlechts, fürchte ich, sitzt das traditionelle Rollenverständnis noch tief in den Knochen. Die beiden eben genannten sind immerhin Fachfrauen auf dem Gebiet der Paarbeziehungen! Nichtsdestoweniger plädieren sie für einen Mann, der seiner Frau Grenzen setzt.

Für Judith Brown ist die Grenze der weiblichen Freiheit der Frau Ilsebill erreicht, als die beiden die Hütte erhalten haben. Danach hätte der Mann eingreifen und den Fisch um nichts mehr bitten dürfen, fordert sie. Gewiß sehr richtig sieht sie voraus, daß Ilsebill daraufhin ein schreckliches Theater gemacht hätte. Das aber müßte der Mann nach ihrer Auffassung eben mit Anstand über sich ergehen lassen. Damit, so meint sie, täte er sich und der Frau einen Gefallen, denn danach werde gemäß ihrer Überzeugung folgendes geschehen: Die Frau werde stutzig, weil ihr Mann auf einmal ganz anders sei. Sie sehe ihn nun, man höre und staune, als jemanden, »der sie wahrnimmt, der sie mag«. Gleichzeitig erkenne sie, daß es zu nichts führe, eine Flut von Besitztümern und Macht anzuhäufen. Ihre innere Leere werde sich verkleinern, so prophezeit unsere Gestalttherapeutin, und einer hoffnungsvollen Zweisamkeit stehe dann nichts mehr im Wege.

Dieser Optimismus ist rührend, aber vielleicht reagieren ja US-Frauen so. Eine Fischersfrau von der deutschen Küste und vom Schlage der Ilsebill wird sich ganz gewiß anders verhalten.

Dennoch dürfte nicht nur Judith Brown den Fischer als einen Mann einschätzen, dem die Courage fehlt, sich bei seiner Frau durchzusetzen. Nach dem Erhalt der Hütte hätte Schluß sein müssen; das Schloß hätte er ihr nicht mehr gestatten dürfen, meint Mrs. Brown, die hinzufügt, es wäre gar nicht so schwierig gewesen, die Gattin zu bremsen. Gleichmütig hätte der Fischer seine Beine unter dem neuen Tisch ausstrecken und Ilsebill erklären können: »Wenn du unbedingt ein Schloß haben willst, mein Engel, dann bequeme dich gefälligst selbst ans Meer und bitte den Butt darum.« Gut, nicht wahr! Oder etwa nicht? Das wäre doch die Ehrenrettung für den Fischer gewesen! Er hätte genau das getan, was zwei gestandene Psychotherapeutinnen, und bestimmt nicht nur sie, von einem rechten Mann erwarten.

Hier kommt die Sache an einen heiklen Punkt: Soll der Mann, soll die Frau dem Partner Grenzen setzen, soll er, soll sie sich für die Gefährtin, für den Gefährten verantwortlich fühlen und gegebenenfalls gegen ihren, gegen seinen Willen Entscheidungen treffen und handeln?

Das, so scheint mir, ist eine entscheidende Frage zwischen Mann und Frau, und ich denke, der Fischer gibt das richtige Beispiel. Grenzen setzt man unmündigen Kindern. Für sie fühlt man sich verantwortlich, für sie trifft man auch gegen ihren Willen Entscheidungen; man handelt für sie, und das zu Recht. Mann und Frau hingegen sind erwachsen, und niemand sollte des anderen Herr, Erzieher und Vormund sein. Das aber ist bis heute, bis hin zu den jüngsten Paaren, weitgehend Theorie. Unsere Ehen waren und sind immer noch in unglaublicher Weise pädagogisch, und das sowohl von seiner wie von ihrer Seite.

Der Fischer ist nicht pädagogisch. Und was passiert? Man wirft es ihm vor, kreidet es ihm an – wie wir gesehen haben, auch von kompetenter weiblicher Seite. Hätte er aber, wie dargestellt, als beherzter

Mann gehandelt, wäre er der Achtung und der Anerkennung weiter Kreise sicher gewesen. So ist die Situation – auch heute noch. Doch was wäre geschehen, wenn der Fischer tatsächlich seine so wunderbar männliche Erklärung abgegeben hätte? Sie wäre einer Kriegserklärung an seine Frau gleichgekommen! Mit der ach so imponierenden Weigerung hätte er den Machtkampf in seiner Ehe eröffnet, und das, wie nur zu häufig bei derlei Auseinandersetzungen, mit üblen Methoden. Zunächst mit bitterer, die Atmosphäre vergiftender Ironie – und mit einer Farce. Der Fischer wußte sehr wohl, daß seine Frau vergeblich nach dem Butt rufen würde. Sie wußte das auch und konnte sich den Weg zum Meer sparen. Wut, Zorn, Ärger und Haß wären die Folge gewesen und selbstverständlich Rachegedanken. Feindseligkeiten hätten fürderhin diese Ehe bestimmt, und Frau Ilsebill wäre bis ans Ende ihrer Tage unzufrieden geblieben.

Die wirkliche Geschichte verläuft glücklicherweise anders. Der Fischer verzichtet darauf, bei seiner Frau Schicksal zu spielen. Er greift nicht ein, erteilt ihr keine Lehre. Dadurch, und nur dadurch, erlebt sie die Konsequenzen ihrer Vermessenheit: Sie sitzt wieder im Pißpott, und das ist eine Lehre, die wirkt. Das Leben selbst erteilt sie. Der Mann hat sich herausgehalten und ist folglich nicht schuld an der Misere seiner Frau. Sie kann ihm keine Vorwürfe machen, was sie sonst, darauf darf man getrost wetten, ihr Leben lang mit Ausdauer und Genuß getan hätte.

Gemeinsam wieder im Pißpott, haben die beiden noch eine Chance. Sonst hätten sie keine.

Günter Grass stellt die Sache auf den Kopf. Im Kapitel »Die andere Wahrheit« seines Butt-Romans erfindet er eine zweite Version der Geschichte. Sie zeigt eine bescheidene Ilsebill und einen maßlosen Mann. Im Krieg unbesiegbar will er sein, die Natur will er bezwingen, die Welt beherrschen, und fliegen will er auch können. Am Ende bricht alles zusammen. Türme, Brücken, Flugapparate werden vernichtet, Deiche brechen, Dürre folgt, die Berge speien Feuer, die Erde bebt und schüttelt so des Mannes Herrschaft ab. Diese andere Wahrheit wollen die Männer naturgemäß nicht wahrhaben, und Philipp Otto Runge verbrennt diese Version des Märchens.

Darin steckt arg viel Zeitgeist, aber die Grundtendenz ist gewiß richtig: Die andere Wahrheit ist fraglos, daß auch Männer vermessen sein können. Die Märchen bestätigen das. Es gibt in der Tat Versionen mit einer bescheidenen Ilsebill und einem unersättlichen Mann, und eine gibt es, da stehen sich Mann und Frau in nichts nach und enden gemeinsam wieder ganz unten. Heinz Rölleke hat in seinem Buch *Der wahre Butt* eine ganze Reihe von Varianten dieses Motivs versammelt.

Und er soll dein Herr sein. Soll er das? Alle Geschichten zeigen, und *die* Geschichte zeigt, daß wenig Gutes dabei herauskommt. Der Mann kann gar nicht Herr über die Frau sein, denn unter Gleichwertigen ist schlecht herrschen – es sei denn mit Gewalt. Männer haben mit Gewalt ihre Herrenrolle gespielt, und so gab und gibt es den Geschlechterkampf. Er hat die Liebe nicht umbringen können – die gegenseitige Anziehung der Geschlechter ist nun einmal ein Urtrieb, den gesellschaftliche Verhältnisse kaum außer Kraft setzen können. Wie heißt es doch in der Genesis? »Du hast Verlangen nach deinem Mann; er aber wird über dich herrschen.« Das war die Falle für die Frau. Aber er, der Mann, hat auch Verlangen nach der Frau, und das ist die Falle für ihn. Man müßte ergänzen: Du hast Verlangen nach deiner Frau, und das gibt ihr die Möglichkeit, über dich zu herrschen. Wie das vonstatten ging und geht, haben etliche Beispiele in diesem Buch gezeigt. Doch Herrschaft macht störrisch – ihn wie sie, und nicht nur das: Sie schließt Freundschaft und Vertrauen weitgehend aus. Das aber ist das Drama unserer Beziehungen.

Denn was hat sich daran bis heute Nennenswertes geändert? Der Mann hat wenig Neigung, seine traditionelle Rolle aufzugeben, zumal ihm von feministischer Seite der Wind ins Gesicht bläst – und so manche Frauen die Macht, die bisher der Mann innehatte, für sich beanspruchen. Es gibt jedoch auch die andere Seite, Frauen, die wieder nach dem starken Mann rufen. Die beiden zitierten Autorinnen haben das gezeigt: Der Mann, der Fischer, soll die Hybris seiner Frau bremsen. Nicht im Traum kommen sie auf die Idee, der werten Frau Ilsebill zuzumuten, für sich selbst Verantwortung zu übernehmen.

Das Fazit ist leicht zu ziehen: Jeder sei gefälligst für sich selbst verantwortlich und lerne es, über sich zu herrschen statt über den Partner. Er anerkenne dessen Gleichwertigkeit und Gleichberechtigung, lebe in Frieden und Freundschaft mit ihm und richte sich im übrigen nach dem, was die heutige Kirche den Brautleuten als Aufforderung mit auf den Weg gibt: Er liebe, achte und ehre seinen Ehepartner, und zwar in guten wie in bösen Tagen.

Nun, das ist zweifellos leichter gesagt als getan, und die Praxis zeigt, wie weit wir noch von einem solchen Ideal entfernt sind. Nicht zuletzt ist es die Vergangenheit, die als Bürde auf der Liebe lastet. Der »alte Adam« und die »Sünderin« Eva stecken uns eben noch tief in den Knochen. Es stünde gewiß besser um das Verhältnis zwischen Mann und Frau, wenn es anders gekommen wäre damals, im Paradies. Darum habe ich mir erlaubt, im folgenden Epilog die alte Geschichte rund um den Baum der Erkenntnis ein wenig zu korrigieren.

Epilog im Paradies

Gott sah die Welt an, die er geschaffen hatte, und erachtete sie für gut. Doch die Krönung seines Werkes fehlte noch. Er griff zu einem Lehmklumpen und sprach: »Laßt uns Menschen machen.« Nach einem Augenblick fügte er hinzu: »Als unser Abbild, uns ähnlich.« So geschah es, und »als Mann und Frau schuf er sie«. Er nahm sie, setzte sie in den Garten Eden und wartete gespannt, ob sie ihm tatsächlich gleichkommen würden. Er erlaubte ihnen alles – mit einer Ausnahme: Die Früchte vom Baum der Erkenntnis zu essen blieb ihnen untersagt. Sie würden sterben, wenn sie es täten, drohte er ihnen, und überließ sie dann sich selbst.

Die beiden hatten alles. Nichts ging ihnen ab, und keine Gefahr bedrohte sie. Gesellschaft hatten sie auch. Sie konnten alles, was sie wollten, gemeinsam tun; vor allem konnten sie sich miteinander unterhalten. Ohne Probleme hätten sie so bis in alle Ewigkeit weiterleben können.

Würden sie das tun? fragte sich der Schöpfer. Nicht wenn sie mir tatsächlich nachgeraten sind, befand er.

Die beiden Menschen ließen es sich gutgehen im Paradies. Sie »waren nackt, aber sie schämten sich nicht voreinander«. Sie dachten sich nichts dabei, und es bedeutete ihnen nichts.

Es dauerte eine Weile, dann kannten sie ihre Welt. Nichts Neues geschah, und allmählich ging ihnen der Gesprächsstoff aus. Sie lagen im schönen grünen Gras und langweilten sich. »Was hat Gott wohl gemeint, als er sagte, wir sollen fruchtbar sein und uns mehren?« wollte Eva wissen. »Keine Ahnung«, sagte Adam und kaute weiter auf einem Grashalm. Eva kam noch etwas anderes in den Sinn. »Und warum sollen wir wohl nicht die Früchte vom Baum der Erkenntnis essen?« fragte sie. »Bin ich der liebe Gott?« entgegnete er. Die Frage schien ihm uninteressant, gab es doch mehr als genug Früchte, die wunderbar schmeckten. »Warum sollen wir wegen dieser Äpfel unser Leben riskieren?« meinte er. Eva wußte das auch nicht und stimmte ihm zu. Dennoch faszinierte dieser Baum sie ungemein. Sie stand auf, schlenderte zu ihm hinüber – und erlebte eine Überraschung. Es gab noch jemanden, der sprechen konnte: die Schlange; und was die zu sagen hatte, war hochinteressant. Aufgeregt lief Eva zurück zu Adam und erzählte. Er setzte sich auf, spuckte den Grashalm aus, sagte »Donnerwetter« und fand das Leben gar nicht mehr langweilig. Er überlegte einen Augenblick und meinte dann, die Sache sei das Risiko wert. Eva dachte nicht anders. »Und wie schön wäre es, klug zu sein!« sagte sie. »Worauf warten wir dann noch?« fragte Adam, stand auf, und Hand in Hand gingen die beiden hinüber zu dem Baum, der so Unerhörtes zu bieten hatte.

Eva griff nach einer Frucht, pflückte sie ab und wollte hineinbeißen. »Halt!« rief er. »Warte einen Augenblick.« Und er pflückte seinerseits eine Frucht ab. »Laß uns zusammen hineinbeißen«, schlug er vor, denn er hatte keine Lust, allein zurückzubleiben, falls die Sache schiefgehen sollte. »Ohne dich wäre es hier vor Langeweile ja überhaupt nicht mehr auszuhalten«, sagte er und lächelte sie an. Sie lächelte zurück, kommandierte »Los!«, und beide bissen zugleich in ihren Apfel. Sie kauten, schluckten – und lebten weiter, aber es fiel ihnen wie Schuppen von den Augen. Adam sah Eva von oben bis unten an, wunderte sich, staunte und empfand Merkwürdiges. Eva musterte Adam von unten bis oben, guckte, guckte noch einmal, wunderte sich ebenfalls, und sie kicherte. Beide öffneten den Mund, um etwas zu sagen, sprachen dann aber doch nicht. Es war kein Augenblick zum Reden; es gab Besseres zu tun.

Gott sah ihrem Treiben zu und sprach befriedigt zu sich selbst: »Na bitte!«

Später pflückten Adam und Eva Blumen und Blätter, flochten sie zusammen und schmückten damit, was sie eben so lustvoll entdeckt hatten. Da erschien Gott, und sie erschraken nicht. »Warum habt ihr von dem Baum gegessen, von dem zu essen ich euch verboten habe?« fragte er sie. »Wir wollten klug werden«, antwortete ihm Eva, und Adam stimmte ihr zu. »Warum habt ihr der Schlange mehr geglaubt als mir?« wollte Gott nun wissen. »Wir mußten es ganz einfach riskieren«, antwortete Adam. »Ihr wolltet also lieber ungehorsam sein als dumm?« fragte Gott. Und die beiden nickten.

Sie hatten ihre Prüfung bestanden. »Ihr seid nun geworden wie unsereins«, stellte Gott fest und fuhr fort: »Ihr wißt nun, was ihr aneinander habt, erkennt Gut und Böse, und könnt fortan selbst entscheiden. Damit aber sind eure Tage im Paradies gezählt. Ihr seid nun erwachsen und müßt sehen, wie ihr allein zurechtkommt. Es wird nicht leicht sein, aber für leichte Aufgaben habe ich euch schließlich nicht geschaffen. Geht also hin, arbeitet im Schweiße eures Angesichts und macht euch die Erde untertan.« Er gab ihnen Röcke aus Fellen, bekleidete sie damit und führte sie hinaus aus dem Garten Eden.

Sie sind mir gut geraten, befand er – vielleicht zu gut. Ich muß wahrhaftig aufpassen, daß sie nicht auch noch vom Baum des Lebens essen und ewig leben. Und er beorderte einige Engel mit Flammenschwertern vor den Eingang des Paradieses.

Hand in Hand schritten Adam und Eva hinein in die unwirtliche Welt und ins feindliche Leben. Es schreckte sie nicht. Sie waren voller Neugier und voller Tatendrang. »Gemeinsam werden wir es schon schaffen«, versicherten sie einander zuversichtlich.

Am Anfang war nicht Adam, und am Anfang war nicht Eva. Gott war am Anfang und das Wort und die Tat – und zwei Menschen: Adam und Eva, Frau und Mann.

Literaturverzeichnis

Aischylos *Die Eumeniden. Orestie III.* Stuttgart 1959

Bachofen, Johann Jakob *Das Mutterrecht.* Eine Auswahl, hg. von Hans-Jürgen Heinrichs. Frankfurt am Main 1980
Badinter, Elisabeth *Ich bin du. Die neue Beziehung zwischen Mann und Frau oder Die androgyne Revolution.* München 1987
– *Die Mutterliebe. Geschichte eines Gefühls vom 17. Jahrhundert bis heute.* München 1981
Balsdon, Dacre *Die Frau in der römischen Antike.* München 1989
Beltz, Walter *Gott und die Götter. Biblische Mythologie.* Berlin/Weimar 1975
Blei, Franz *Formen der Liebe.* Berlin 1930
Boccaccio, Giovanni di *Das Dekameron.* Leipzig 1909
Brown, Judith *Und wenn sie nicht gestorben sind . . . Märchen als Schlüssel für Paarkonflikte.* Reinbek bei Hamburg 1987
Bumke, Joachim *Höfische Kultur. Literatur und Gesellschaft im hohen Mittelalter.* 2 Bde. München 1980

Durant, Will *Die Renaissance.* Bern 1961

Die Edda. Götterdichtung, Spruchweisheit und Heldensage der Germanen. Übertragen von Felix Genzmer. Eingeleitet von Kurt Schier. Düsseldorf/Köln 1981

Fecht, Franz Xaver *Aus dem Weihbuch der Kirche oder Belehrungen über die wichtigsten kirchlichen Segnungen und Weihungen für das christliche Volk.* Klagenfurt 1901
Fernau, Joachim *Disteln für Hagen. Bestandsaufnahme der deutschen Seele.* Berlin/München/Wien 1966
Fischart, Johann *Das Philosophisch Ehzuchtbüchlein.* Halle an der Saale o. J.
Frenzel, Elisabeth *Stoffe der Weltliteratur. Ein Lexikon dichtungsgeschichtlicher Längsschnitte.* Stuttgart 1983
– *Motive der Weltliteratur. Ein Lexikon dichtungsgeschichtlicher Längsschnitte.* Stuttgart 1988
Frischauer, Paul *Knaurs Sittengeschichte der Welt.* 2 Bde. München/Zürich 1968

Fromm, Erich *Ihr werdet sein wie Gott*. Reinbek bei Hamburg 1980
Fuchs, Eduard *Illustrierte Sittengeschichte*. 6 Bde. Frankfurt am Main 1985

Gorion, Emanuel bin *Der Born Judas. Legenden, Märchen und Erzählungen*. Wiesbaden 1959

Hauss, Friedrich *Biblische Gestalten*. Neuhausen/Stuttgart 1985
Hecht, Gretel und Wolfgang *Deutsche Heldensagen*. Leipzig 1980
Hennge, Paul *Die Bibelkorrektur*. Wien/Stuttgart 1979
Herder Lexikon Biblische Gestalten. Freiburg im Breisgau 1982
Die Historie von der tugendhaften Griseldis. In *Deutsche Volksbücher*. Leipzig 1986
Hoffmann, R. Hays *Mythos Frau. Das gefährliche Geschlecht*. Düsseldorf 1969
Hofmann, Werner (Hg.) *Eva und die Zukunft. Das Bild der Frau seit der Französischen Revolution*. München 1986
»Homerischer Hymnus ›An Aphrodite‹«. In Gasse, Horst (Hg.) *Liebesdichtung der Griechen und Römer*. Leipzig 1963
Huizinga, Johan *Herbst des Mittelalters. Studien über Lebens- und Geistesformen des 14. und 15. Jahrhunderts in Frankreich und in den Niederlanden*. Hrsg. von Kurt Köster. Stuttgart 1987

Illies, Joachim *Die Sache mit dem Apfel. Eine moderne Wissenschaft vom Sündenfall*. Freiburg im Breisgau 1972

Kast, Verena *Mann und Frau im Märchen. Eine psychologische Deutung*. München 1987
Kerényi, Karl *Die Götter- und Menschheitsgeschichten*. 2. Bde. München 1981
Kinder- und Hausmärchen. Gesammelt durch die Brüder Grimm. 2. Bde. Zürich 1946
Kinder- und Hausmärchen. Gesammelt durch die Brüder Grimm. Vollständige Ausgabe in der Urfassung. Wiesbaden o. J.
Klee, Gotthold *Die deutschen Heldensagen*. Gütersloh 1889
Kroker, Ernst *Katechismus der Mythologie*. Leipzig 1891

Das Leben in der Gotik. Text von Rolf Helmut Foerster. Nach einem Entwurf von Heinz Thiele. München 1969
Lehnhof, Rose Marie *Olympische Spielereien. Affären von Göttern und Menschen*. Bonn 1985
Lorris, Guillaume de *Der Rosenroman*. Stuttgart 1985

Mallet, Carl-Heinz *Kopf ab! Gewalt im Märchen*. Hamburg 1985
Minaty, Wolfgang *Die Loreley. Ein Lesebuch*. Frankfurt am Main 1988

Das Nibelungenlied. Stuttgart 1965

Olivier, Christiane *Jokates Kinder. Die Psyche der Frau im Schatten der Mutter.* Düsseldorf 1987
Ovid *Metamorphosen.* München 1987
– *Liebeskunst.* München/Zürich 1976

Peterich, Eckart / Grimal, Pierre *Götter und Helden. Die klassischen Mythen und Sagen der Griechen, Römer und Germanen.* München 1980
Petzold, Leander (Hg.) *Deutsche Schwänke.* Stuttgart 1979
Pomeroy, Sarah B. *Frauenleben im klassischen Altertum.* Stuttgart 1985
Praz, Mario *Liebe, Tod und Teufel. Die schwarze Romantik.* 2 Bde. München 1970

Ranke-Graves, Robert von *Griechische Mythologie. Quellen und Deutung.* 2 Bde. Reinbek bei Hamburg 1960
Ráth-Végh, István *Die Geschichte der Liebe.* Stuttgart 1986
Röhrich, Lutz *Lexikon der sprichwörtlichen Redensarten.* Freiburg im Breisgau 1973
Rölleke, Heinz *Der wahre Butt.* Düsseldorf/Köln 1978
Rose, Herbert Jennings *Griechische Mythologie. Ein Handbuch.* München 1978

Scherr, Johannes *Deutsche Kultur- und Sittengeschichte.* Berlin 1927
Schidrowitz, Leo (Hg.) *Sittengeschichte der Liebkosung und Strafe.* Wien/Leipzig 1928
Schondorf, Joachim (Hg.) *Orest. Vollständige Dramentexte.* Stuttgart 1967
Shakespeare, William *Der Widerspenstigen Zähmung.* Stuttgart 1972
Sophokles *König Oedipus.* München 1954
Sprenger, Jakob / Institoris, Heinrich *Der Hexenhammer.* München 1982
Stendhal *Über die Liebe.* Frankf./M., Berlin 1987
Straparola, Gianfrancesco *Die Novellen und Märchen der Ergötzlichen Nächte.* München 1920

Die Trobadors. Leben und Lieder. Bremen 1942

Vardimann, E. E. *Die Frau in der Antike. Sittengeschichte der Frau im Altertum.* Düsseldorf/Wien 1982
Vollmer *Wörterbuch der Mythologie.* Stuttgart 1874

Xenakis, Françoise *O Mann, Cleopatra. Wie die ägyptische Königin unter das Patriarchat fiel.* München 1989

Carl-Heinz Mallet

Untertan Kind

Nachforschungen über Erziehung

Ullstein Buch 34655

»... Das Buch zeigt, wie Pädagogen seit Martin Luther die Eltern dazu aufgerufen haben, an Gottes Stelle ihre Kinder zu züchtigen und zu bestrafen. Die Lektüre dieses Buches kann den heutigen Eltern helfen zu verstehen, weshalb sie sich in einer emotionalen Falle befinden und welchen Preis sie und ihre Kinder zu bezahlen haben, wenn sie sich an die überlieferten Werte der Erziehung halten...«
Alice Miller

Ullstein Sachbuch